黄茂荣法学文丛

债之保全、移转及消灭

债法通则之三

黄茂荣 著

债法通则全面涵盖债之基础问题，原则上采专论的形式，收录法规、令函及判解，写作时注重法学方法的引用，有助于法学方法在债法上的应用，力求在法律价值、观点、论证及实务思潮方面能与法治及法学进步国家的现况接近

厦门大学出版社
XIAMEN UNIVERSITY PRESS
国家一级出版社
全国百佳图书出版单位

图书在版编目(CIP)数据

债法通则.3,债之保全、移转及消灭/黄茂荣著.—厦门:厦门大学出版社,2014.6
(2019.7重印)
(黄茂荣法学文丛)
ISBN 978-7-5615-4994-0

Ⅰ.①债⋯　Ⅱ.①黄⋯　Ⅲ.①债权法－研究－中国　Ⅳ.①D923.34

中国版本图书馆 CIP 数据核字(2014)第 120475 号

厦门大学出版社出版发行

(地址:厦门市软件园二期望海路 39 号　邮编:361008)

http://www.xmupress.com

xmup @ xmupress.com

厦门集大印刷厂印刷

2014 年 6 月第 1 版　2019 年 7 月第 2 次印刷

开本:720×1000　1/16　印张:19　插页:2

字数:386 千字　印数:3 001～4 000 册

定价:83.00 元

本书如有印装质量问题请直接寄承印厂调换

序　言

　　债法通则将分五册:第一册含导论、债之关系及债之意定的发生原因。意定的发生原因指契约及悬赏广告。关于契约,再就契约之缔结、要式契约、电子商务进一步加以说明。第二册含损害赔偿之债的概论、债务不履行责任及特种侵权行为责任。第三册含债之保全、债权之确保、债之连带、债之移转、债之消灭。第四册含债之法定的发生原因中之无因管理及不当得利。另有一个重要之债的法定发生原因——一般侵权行为将编入第五册,预计一年内出版。以上将大致全面涵盖债之基础问题。

　　上述题目的体裁,原则上采专论的形式。法规、令函及判解的引用所以及于内容,主要是为节省读者查考的时间及检证的需要,因此篇幅比较长。写作时注重法学方法的引用,希望因此有助于法学方法在应用上的介绍,以及力求在法律价值、观点、论证及实务思潮方面,能和法治与法学进步国家的现况接近。

　　法律文化因与国情相依,而有不同法系间之差异,但由于人同此心,其基本价值及逻辑方法一般说来并无二异。如何透过比较法的研究,师人之长,缩短法治与法学之真正现代化及本土化的时程,与法律、经济及社会政策所追求之公平、效率及关怀目标的实践成果之高低,至为重要。愿以本书与有志于推动中华法治与法学之真正现代化及本土化的女士们、先生们,互相切磋、努力。

　　本书厦大简体版之出版,承厦门大学法学院李刚学长之慷慨帮助及厦门大学出版社副社长施高翔博士与责任编辑甘世恒先生之百般费心,十分感谢!

黄茂荣

2014 年 1 月

目　录

第一章　债之保全 …………………………………………………… 1

第一节　代位权 ……………………………………………………… 1

一、前言 ……………………………………………………………… 1

二、代位权的构成要件 ……………………………………………… 2

三、代位权之行使 …………………………………………………… 9

第二节　二重买卖与撤销诉权 …………………………………… 12

一、前言 …………………………………………………………… 12

二、二重买卖之利益冲突 ………………………………………… 12

三、规范目标:保护原来给付或履行利益 ……………………… 17

四、保护方式:撤销诉权 ………………………………………… 19

五、诈害债权行为之要件 ………………………………………… 21

六、得撤销之法律行为 …………………………………………… 23

七、契约责任与侵权责任 ………………………………………… 24

八、诈害债权与侵权行为 ………………………………………… 28

九、保护之规范类型的经济分析 ………………………………… 29

十、结论 …………………………………………………………… 34

第二章　债权之确保 ……………………………………………… 38

第一节　债权之确保 ……………………………………………… 38

一、概说 …………………………………………………………… 38

二、定金 …………………………………………………………… 40

三、违约金 ………………………………………………………… 42

四、票据担保或现金担保 ………………………………………… 47

五、第三人担保 …………………………………………………… 49

六、担保信托及强制担保信托 …………………………………… 49

七、担保物权之证券化 ·· 52

八、强制责任保险 ··· 52

九、选择权之销售与避险交易 ··· 53

第二节　抵押担保与担保信托 ··· 55

一、物上担保概说 ··· 55

二、抵押权之缺点 ··· 58

三、担保信托之优点:容易实行与流通 ····························· 58

第三章　债之连带——多数债务人或债权人之债 ··············· 61

一、概说 ·· 61

二、多数债务人之债 ·· 62

三、多数债权人之债 ·· 97

四、结论 ·· 101

第四章　债之移转——债之主体范围的变更或扩张 ············· 105

一、前言 ·· 105

二、债之移转 ·· 108

三、有第三关连之契约 ··· 148

第五章　债之消灭 ··· 163

第一节　债之消灭 ··· 163

一、债之消灭的概念 ·· 163

二、债之消灭的原因 ·· 165

第二节　有益费用之偿还义务及其保证或承担

　　　　——"最高法院"2003 年度台上字第 1540 号民事判决 ··· 224

一、事实要述 ·· 224

二、涉讼经过要述 ··· 224

三、问题提出 ·· 228

四、第三人同意偿还债务的连带关系 ································· 241

五、结论 ·· 245

第三节　债之清偿

　　　　——无效契约之债务的清偿效力 ···························· 248

一、清偿无效债务契约之债务 ··· 248

二、关于无效契约之效力的规定 ······································ 249

三、解除之善后规定得准用于撤销 251

四、利益第三人契约之清偿及其回复原状 251

五、因禁治产而无效之利益第三人契约 253

第六章 附 论 255

第一节 准占有 255

一、准占有之概念 255

二、准无权占有与信赖保护 256

三、准无权占有人之无权处分或无权代理 257

四、向债权之准占有人清偿债务 258

第二节 占有人权利之推定及其反证之举证范围 261

一、谁得质疑该推定之权利 263

二、所有人应负之举证责任的范围 265

第三节 盗赃物回复请求权与所有物返还请求权之竞合 ... 267

一、事实要略 267

二、"最高法院"对于本案先后两次判决所持见解 267

三、盗赃股票之转让 268

四、盗赃物回复请求权与所有物返还请求权之竞合 271

五、诉讼标的之特定及法院之阐明 273

六、争点的整理 275

七、法学方法上的检讨 276

八、结论 289

附录一 "最高法院"1996 年度台上字第 1329 号民事判决 291

附录二 "最高法院"1997 年度台上字第 2423 号民事判决 294

第一章

债之保全

第一节　代位权

一、前　言

为了保全债权人之债权的实现，"民法"在第 242 条至第 243 条规定了债权人之代位权，在第 244 条至第 245 条规定了债权人之撤销权，其功能与"民事诉讼法"第 522 条以下关于保全程序所定之假扣押、假处分相当。所不同者为，在"民法"所定之债的保全手段为代位行使债务人对于第三人之权利，或撤销债务人与第三人所为有损害于债权人之权利的法律行为；而在"民事诉讼法"中所规定之保全程序，则在于限制债务人对于其财产或权利之处分行为。两者相较，"民事诉讼法"所定之保全程序比撤销诉权积极，制于机先。至于代位权则又更具有自主增益债务人之清偿能力的意义。

在"民事诉讼法"所定之保全程序，因债权人对之行使权利的对象就是债务人，所以，就金钱请求或得易为金钱请求之请求，只要有日后不能强制执行或甚难执行之虞，债权人欲保全强制执行，即得声请假扣押（"民事诉讼法"第 522 条、第 523 条）。有无请求及假扣押之原因，债权人虽应释明之，但其如就债务人所应受之损害已供法院所定之担保，法院仍得命为假扣押（同法第 526 条）。相应的，在假扣押裁定内，应记载债务人供所定金额之担保后，得免为或撤销假扣押（同法第 527 条）。类似的，就金钱请求以外之请求，如有可能因请求标的之现状变更，致日后不能强制执行，或甚难执行之虞，债权人欲保全强制执行，得声请假处分（同法第 532 条）。关于请求假处分之原因的释明及担保的提供，准用假扣押之规定(同法第 533 条)。唯非有特别情事,法院不得允许债务人供担保而撤销假处分(同法第 536 条)。基于债之关系在主体上的相对性,本来仅债权人与债务人间始享有债权或负有债务。第三人非经债权之移转或授权,或非经债务承担或保证,原则上除法律另有规定外,不因他人间之债的关系而享有债权或负有债务,也不得介入他人之债务关系。① 在"民法"所定之代位权或撤销诉权的行使中,因不但其行使权利的对象扩及债务人以外之第三人,而且又违反债务人之明示或默示之意思,所以,其行使应有来自于债务人之危害的行为所构成之法定要件的限制:债务人之不作为(怠于对第三人行使其权利)或作为(与第三人从事诈害债权之行为)。代位权之行使可在诉讼外直接对于第三人为之;反之,诈害债权之行为的撤销,则须以诉的方法为之。是故,该撤销权也便习称为撤销诉权。

二、代位权的构成要件

关于代位权,"民法"第 242 条规定:"债务人怠于行使其权利时,债权人因保全债权,得以自己之名义,行使其权利。但专属于债务人本身者,不在此限。"② 第 243 条规定:"前条债权人之权利,非于债务人负迟延责任时,不得行使。但专为保存债务人权利之行为,不在此限。"归纳之,其要件为:(1)该权利非专属于债务人本身;(2)债务人怠于行使其权利;(3)债务人已应负迟延责任或系属专为保存债务人权利之行为;(4)因保全债权之需要。

---

① "债权债务之主体应以缔结契约之当事人为准,故契约当事人以外之第三人,不问其实际上有无参与情事,除有'民法'第二百四十二条规定之代位权外,不得本于他人间之契约关系,对于该契约之债务人请求履行债务。"("最高法院"1957 年度台上字第 1539 号民事判决)此即契约效力在主体上之相对性。是故,"基于租赁关系终止契约,请求返还租赁物及给付租金并赔偿损害者,除有特别情事(例如'民法'第二百四十二条之代位行使权利)外,唯出租人始得为之。至于所谓出租人,系指自己名义以物租与他人使用收益者而言,此观诸'民法'第四百二十一条以下关于租赁之规定自明"("最高法院"1955 年度台上字第 812 号民事判决)。

② "最高法院"1985 年度台上字第 1779 号民事判决:"债务人怠于行使其权利时,债权人因保全债权,得以自己名义行使其权利,固为'民法'第二百四十二条所明定;唯依此规定行使代位权,应以债权人为限。"

(一)该权利非专属于债务人本身

依上述要件,债权人所行使者必须是债务人之权利。[1] 唯该权利因含代位权,所以,可能基于代位权,而代位行使债务人之债务人的权利。[2] 这在特定物之辗转买卖,特别是因法律之规定,而不能移转标的物之所有权的买卖(例如违章建筑之买卖),最为常见。[3] 唯该权利必须不是专属于债务人本身之权利。[4] 所谓专属于债务人本身之权利,首先指以身份为基础,其次指基于人格权或社员权发生之权利。基于身份权者,必然是专属于债务人本身之权利,例如因婚约而为赠与契约之缔结时("民法"第 979 条之一),其赠与债权、扶养请求权。基于人

---

　　① "债权人依'民法'第二百四十二条规定以自己名义代位行使者,为债务人之权利,而非自己之权利,若债务人自己并无该项权利,债权人即无代位行使之可言。"("最高法院"1980 年度台上字第 1535 号民事判决、"最高法院"1981 年度台上字第 2643 号民事判决)

　　② 在此所称债务人之权利含债务人对于第三人之债权,及其对于该第三人之代位权。"最高法院"1954 年台上字第 243 号判例:"'民法'第二百四十二条,关于债权人之代位权之规定,原为债务人怠于行使其权利,致危害债权人之债权安全,有使债权人得以自己之名义行使债务人之权利,以资救济之必要而设。故债权人对于债务人之权利得代位行使者,其范围甚广,凡非专属于债务人本身之财产上权利均得为之(参照同条但书)。对于债务人负有债务之第三人之财产上权利,债务人得代位行使时,亦为非专属于债务人本身之财产上权利之一种,如债务人怠于行使此项权利,致危害债权人之债权安全者,自难谓为不在债权人得代位行使之列。""最高法院"1957 年台上字第 422 号判例:"债务人怠于行使其权利时,债权人因保全债权,得以自己名义行使其权利,为'民法'第二百四十二条所明定。登记请求权性质上得类推适用债权人代位权之规定,故甲代位乙行使乙对丙之不动产移转登记请求权,如该不动产系由丁让与丙,亦尚未为移转登记时,则甲亦自得代位丙行使对丁之移转登记请求权。"

　　③ 违章建筑,其起造人固能原始取得其所有权,但因违章建筑不准登记,而不动产之所有权依法律行为取得者,以登记为生效要件,所以,其买受人不能受其所有权之移转。于是,违章建筑在辗转买卖后,如为第三人所侵害,其最后之买受人必须辗转借助于代位权始能依所有权对于加害人请求赔偿。本例同时亦可说明,为何代位权之成立,不但不宜规定,以债务人有破产原因(债务超过资产、无清偿能力)为其要件,而且就所谓债务人怠于行使其权利的认定,亦宜以债务人有得行使,而不即为行使的情事为已足。

　　④ 关于"民法"第 242 条但书所称专属于债务人本身之权利,请参考孙森焱,《民法债编总论》,作者自刊,1979 年初版,第 445、446 页。

格权或社员权者则通常如此,但不必然,例如专利权、著作财产权。① 其中与社员权有关者例如"民法"第 684 条规定:"合伙人之债权人,于合伙存续期间内,就该合伙人对于合伙之权利,不得代位行使。但利益分配请求权,不在此限。"此即基于权利之性质对于债权人代位权之行使的限制。

由于债权人代位行使债务人之债权的情形,债权人所得请求者依然是对于债务人为给付,不因代位而发生财产利益之归属的移转结果。所以,债权之让与性或继承性受到法定或意定之限制的情形,原则上不因此导出其不可代位性。与是否可代位有关之论点,应在于系争权利之行使与否,论其性质应尊重债务人之意思的情形。"民法"第 242 条但书所称"专属于债务人本身",当作如是观。基于上述认识,"民法"第 194 条、第 195 条关于人格权之侵害所造成之非财产上损害的赔偿,其请求应尊重债务人之意思,当无疑问。至于第 294 条所定不得让与之债权,是否皆不得代位,恐还须就个案具体情形认定之。又劳务之债务契约的给付义务内容固常因具有属人性,而在移转上受有限制,但是否因此不得代位,同样不能一概而论。

得代位行使之权利态样繁多,"不以保存行为为限,凡以权利之保存或实行

---

① 例如就特定专门技术申请专利的权利。除"专利法"另有规定或契约另有订定外,以发明人、创作人或其受让人或继承人为专利申请权人("专利法"第 5 条)。专利申请权及专利权虽均得让与或继承(同法第 6 条第 1 项)。但专利申请权因涉及人格权之行使,在技术人不愿行使时,其债权人不得代位行使。在著作权方面亦有类似的问题。唯在著作权的发生与取得改采创作主义后,已无所谓著作申请权。于是,与之有关的问题必须退到著作发表权,亦即著作人到底愿不愿意发表其已完成之著作。这应尊重著作人之意思("著作权法"第 15 条)。盖著作首次以何种方式发表,应定性为著作人格权之行使的层次。从而在著作人不愿发表时,其债权人并不得代位行使其著作发表权,将之以著作人不同意之方式,公开发表。至于同一著作已一度以一定之方式发表后,继续以该方式发表的问题,可定性为著作财产权的层次。唯其改作又回到著作人格权的层次。这时候,是否得勉强其以未改作的形态继续发表,进入著作财产权与著作人格权之交集层次,应采否定的见解("著作权法"第 41 条)。因为既涉及著作人格权,便应尊重著作人之意思。关于著作人格权之保护,"内政部"1986 年 8 月 23 日台内营字第 429302 号释称:"三、同法第二十五条规定,'受让或继承著作权者,不得将原著作改窜、割裂、变匿姓名或更换名目发行之。但经原著作人同意或本于其遗嘱者,不在此限',旨在保障著作人有保持其著作及其标题之同一性之权利,此项著作权利(著作人格权)专属于著作人享有。建筑物变更设计之设计建筑师,并非限为原设计之建筑师,但出资人或第三人之变更设计,如侵害原设计之著作人格权(同一性保持权)时,依著作权法之立法精神,应经原设计之建筑师同意。"唯"著作人约定不行使著作人格权时,契约之他方当事人如有未经著作人同意而公开发表、表示或不表示著作人之姓名或改变著作之内容、形式及名目等行为者,因著作人对该他方当事人已约定不行使其著作人格权,自不得向其主张著作人格权"("内政部"1994 年 3 月 18 日台内著字第 8304406 号函)。

为目的之一切审判上或审判外之行为,诸如假扣押、假处分、声请强制执行、实行担保权、催告、提起诉讼等,债权人皆得代位行使"("最高法院"1970 年台抗字第 240 号判例)。含债务人对于第三人之代位权。① 在特定物之租赁、买卖,而该标的物尚为债务人之债务人(第三人)所有或占有。而第三人对于债务人负有返还或移转该物的债务且届清偿期者,债权人即得代位行使债务人对于第三人之返还②或移转请求权,即便标的物系违章建筑亦然。③ 代位权既然涉及债务人之权利的行使,该权利在债权人代位行使时必须处于可以行使之状态。④

"唯在诉讼程序中之行为,如依法律之规定,仅该当事人始得为之,且依其性质,并不适于由他人代位行使之诉讼行为,自不能准由该当事人之债权人代位行使,例如提起上诉、对强制执行方法之声明异议、对假扣押假处分裁定提起抗告、攻击防御方法之提出等是。又依'民事诉讼法'第五百十六条第一项规定,仅债务人得对于支付命令提出异议,如债务人于法定期间内提出异议,依同法第五百十九条第一项规定,其支付命令即失其效力,以债权人支付命令之声请,视为起诉或声请调解。是债务人对于支付命令之异议权,依其性质,与前揭之上诉、抗告权相类似,一旦行使,即足以使原已可确定之法律关系,再度归于不确定之状态,唯仍由原来之当事人继续进行诉讼,自不适于由当事人以外之第三人代位行

---

① "最高法院"1963 年度台上字第 1403 号民事判决:"'民法'第二百四十二条关于债权人代位权之规定,原为债务人怠于行使其权利致危害债权人之债权安全,有使债权人得以自己之名义行使债务人之权利以资救济之必要而设。故债权人对于债务人之权利得代位行使者,其范围甚广,凡非专属于债务人本身之财产上权利均得为之(参照同条但书)。对于债务人负有债务之第三人之权利,债务人得代位行使时,亦为非专属于债务人本身之财产上权利之一种。如债务人怠于行使此项权利,致危害债权人之债权安全者,自难谓为不在债权人得一并溯及而为代位行使之列。"

② "最高法院"1958 年台上字第 1815 号判例:"出租人有以合于所约定使用收益之租赁物交付承租人不动产之义务,苟租赁物为第三人不法占有时,并应向第三人行使其返还请求权,以备交付,其怠于行使此项权利者,承租人因保全自己债权得代位行使之,此观'民法'第四百二十三条及第二百四十二条之规定自明。"

③ "最高法院"1963 年台上字第 681 号判例:"房屋之买卖无论房屋为违章建筑与否,除其前手本身即为债务人外,在未为移转登记前,凡因第三人就买卖标的物对于承买人主张权利,指由执行法院实施查封时,原出卖人既均负有担保之义务,以排除第三人对于承买人之侵害(参照'民法'第三百四十九条),则承买人本于'民法'第二百四十二条代位前手行使此项权利,要无不合。"

④ "最高法院"1976 年台上字第 381 号判例:"'民法'第二百四十二条前段所定债务人怠于行使其权利时,债权人因保全债权,得以自己之名义,行使其权利之先决条件,须债务人果有此权利,且在可以行使之状态,始有债权人代位行使之可言。兹债务人对被上诉人之移转系争房屋所有权之请求权,尚不得行使,上诉人主张代位其行使,殊非有理。"

使。"("最高法院"1996 年度台抗字第 590 号民事裁定)①

(二)债务人怠于行使其权利

所谓债务人怠于行使其权利,指债务人对于第三人之权利已得行使,而债务人不为行使。因为在代位权的行使,所行使者为债务人对于第三人之权利,是故,是否得代位行使,不用与债权人对于债务人之债权比清偿期之先后。② 其专为保存债务人权利者,甚至不以债务人已负迟延责任为必要。

(三)债务人已负迟延责任或得专为保存债务人之权利

债务人对于债权人固然负有给付的义务,但并不因此使得债权人取得介入债务人之事务的权限。③ 是故,首先必须债务人已负迟延责任,债权人为保全其债权,始在必要之范围内,得代为行使债务人怠于行使之权利。有疑问者为,如债务人尚未陷于给付迟延,债权人在什么情形下,依"民法"第 243 条但书,得专为保存债务人权利而代位行使债务人之权利? 依该但书规定,本来看似只要专

---

① "司法院"1989 年 11 月司法业务研究会第 16 期之十九:"按债务人怠于行使其权利时,债权人因保全债权,固得依'民法'第二百四十二条之规定以自己之名义,行使其权利,唯在诉讼程序上所为之行为,仅诉讼当事人或诉讼法所规定之关系人始得为之。尚非他人所得任意代位行使。依'民事诉讼法'第五百十六条第一项规定,债务人对于支付命令,得不附理由向发命令之法院提出异议。足见对支付命令声明异议者,唯该支付命令之债务人始得为之,此乃诉讼程序上唯有债务人始得进行之程序,揆诸前开说明,自非他人所得代位行使。"

② "最高法院"1983 年台上字第 3534 号判例:"债权人为保全其债权,行使'民法'第二百四十二条规定之代位权者,于债务人怠于行使其权利时,即得为之。至于债权人所欲保全之债权与债务人怠于行使之权利,孰先孰后,则与代位权之行使,不生影响。"

③ 行使代位权者与其所行使之权利的权利人间,必须有债权债务关系。"最高法院"1968 年度台上字第 3322 号民事判决:"'民法'第二百四十二条所定之代位权,系债权人代行使债务人之权利,故代行者与被代行者之间必须有债权债务关系之存在,否则即无行使代位权之可言。"基于该意旨,"最高法院"1995 年度台上字第 1022 号民事判决意旨称:"又土地征收之性质与买卖有别,非属继受取得,而系原始取得,需用土地人与被征收土地之所有权人之间,并无任何私法上之债权债务关系之存在。原审未说明被上诉人与阮吕阿陂间有何债权债务关系存在,遽谓被上诉人得依'民法'第二百四十二条之规定代位阮吕阿陂请求上诉人涂销系争土地之赠与登记,非无可议。"

为保存债务人之权利的行为，[①]在债务人履行债务前，债权人皆得无条件代位行使债权人得行使而未行使之权利。然这似乎有点操切。盖既云为保全，自必须有不代位行使权利，即有危及债权之可能的情事存在，方始该当。这当中，债务人纵非已陷于给付迟延，至少必须有陷于主观给付不能的情事。单单因为具有债权人身份，便认为即可无限制地为债务人从事以权利之保存或实行为目的之一切审判上或审判外的行为，显然过当。

(四)因保全债权之需要

代位权之行使目的既在于保全债权，则债权人虽得因代位权之行使，而自第三人受领权利或物品，但其受领之权利或物品仍应直接归属于债务人[②]。债务人如欲从其自第三人受领之给付获得清偿，尚必须经过移转或交付的方法。这在外观上虽不必然以仪式性的操作表现出来，但还是必须注意有该过程之存在。特别是必须有债务人自己对于债权人之履行行为。不得认为，债权人单独的即

---

①　"最高法院"1970年台抗字第240号判例要旨认为："债务人怠于行使其权利时，债权人因保全债权，得以自己名义行使其权利，为'民法'第二百四十二条前段所明定。此项代位权行使之范围，就同法第二百四十三条但书规定旨趣推之，并不以保存行为为限，凡以权利之保存或实行为目的之一切审判上或审判外之行为，诸如假扣押、假处分、声请强制执行、实行担保权、催告、提起诉讼等，债权人皆得代位行使。"以该判例见解为基础，就"债权人甲对债务人乙之土地取得所有权移转登记胜诉判决确定后，尚未完成登记时，其他债权人丙对该土地执行假扣押(可能采系乙串通丙假扣押阻碍甲登记)，问甲得否依假扣押裁定所定金额提供担保请求撤销假扣押？又甲如主张系债之履行有利害关系之人，于债权人丙拒绝甲代为清偿时，甲可否清偿提存，请求执行法院涂销查封登记。"这个法律问题，"司法院"第一厅研究意见认为："本题情形债务人乙对丙之执行假扣押，若怠于依假扣押裁定所定金额提供担保请求撤销假扣押，债权人甲因保全其债权，自得代位行使之。至债权人甲如主张系债之履行有利害关系之人，于债权人丙拒绝甲代为清偿时，甲虽可为清偿提存，唯仍应依'民法'第二百四十二条之规定，以假扣押原因消灭为由，代位声请撤销假扣押裁定后，始可请求执行法院启封并涂销查封登记。"("司法院"1983年12月29日厅民二字第0920号函复台高院之一)"司法院"第一厅之研究意见的意旨为：在该问题所示情形，债权人固得以利害关系人的身份依'民法'第三百十二条清偿债务人对于第三人所负之债务，但在该债务清偿后，系争假扣押之撤销的声请权因仍属于债务人，固债权人还是必须依'民法'第二百四十二条之规定，以代位的方法为之。所谓专为保存债务人之权利的行为，孙森焱认为中断时效、申请登记及报明破产债权等皆属之(氏著，《民法债编总论》，作者自刊，1979年初版，第443页)。

②　"查债权人依'民法'第二百四十二条规定行使代位权之效果，直接归属于债务人，债权人行使者既为代位权，权利之内容，并非债务人固有之请求权，即不得请求第三债务人径向债权人为给付。故承租人对无权占有租赁物之第三人，代位出租人行使返还请求权，自不得请求径向自己为给付，此与代位债务人受领第三人清偿之行为不同。"("最高法院"1982年度台上字第863号民事判决)

得就其自第三人受领之给付,经由双方代理完成清偿的过程。要之,这当中必须保留给债务人之其他债权人参与分配的机会。① 至若债权人如果事先同意债权人以双方代理的方式清偿,则这已非代位权之行使,而是委任。

与"因保全债权之需要"这个要件有关之另一个重要问题是,代位权之行使是否应以债务人有破产原因为要件?② 这是比应以债务人已陷于给付迟延、已陷于或将会陷于主观给付不能更进一步的要件。从第 244 条第 3 项规定债务人之行为……仅有害于以给付特定物为标的之债权者,不适用前两项关于诈害债权的规定观之,应当认为第 242 条关于代位权之规定的适用,亦应以债务人有破产原因为必要。唯实务上认为只要系实现债权所必要即得代位行使,这特别表现在以特定物之给付为债之标的的情形。③ 类似的问题为第三人与土地共有人之一缔结合建契约,协议在其将来分割所得之单独所有土地上合建房屋者,该第三人为实现其债权,于其债务人与其共有人迟迟不能协议分割时,代位提起分割

------

① "最高法院"1968 年度台上字第 3010 号民事判决:"'民法'第二百四十二条关于债权人代位权之规定,原为债务人怠于行使其权利,致危害债权人之债权安全,有使债权人得以自己之名义,行使债务人之权利,以资救济之必要而设。故债权人对债务人之权利,除专属于债务人本身者外,如债务人怠于行使其权利,均在债权人得代位行使之列。又债权人行使债务人对于第三债务人之债权时,虽应以其行使债权所得之利益,归属于债务人,俾总债权人得均沾之,但不得因此即谓该债权人无受领第三债务人之权利。"

② "最高法院"1999 年度台上字第 694 号民事判决:"查债务人怠于行使其权利时,债权人因保全债权,固得以自己之名义,行使权利;唯此须以有保全债权之必要为前提,即债权人如不代位行使债务人之权利,其债权即有不能受完全满足清偿之虞时,债权人始有保全其债权之必要,而得行使代位;倘债之标的与债务人之资力有关者,如金钱之债,其债务人应就债务之履行负无限责任,债务人苟有资力,债权即可获得清偿;若债务人陷于无资力或资力不足,债权之经济上价值即行减损,故代位权之行使应以债务人陷于无资力或资力不足为要件。"

③ "最高法院"1995 年度台上字第 1730 号民事判决:"出租人有以合于所约定使用收益之租赁物交付承租人之义务,苟租赁物为第三人不法占有时,并应向第三人行使其返还请求权,以备交付,其怠于行使此项权利者,承租人因保全自己债权得代位行使之,此观'民法'第四百二十三条及第二百四十二条之规定自明。又当事人对于代位权行使与否,意思不明时,审理事实法院之审判长,有依'民事诉讼法'第一百九十九条第二项行使阐明权之职责。"

共有土地之诉便有必要。① 以上问题的答案系关于如何保护债权的政策立场。重视债权之履行者，认为只要是实现债权所必要，即得代位行使；重视市场竞争机能者，认为债权之保护应止于履行利益之赔偿，而不达到原来债之内容的实现。

三、代位权之行使

代位权在行使上之特征为，债权人得以自己之名义为之。唯其虽得以自己之名义，但其行使之成果，犹如授有代理权之法定委任，应归属于债务人（"民法"第 541 条），充为债务人所负债务之总担保。② 是故，不但在第三人因债务人行使代位权而对其给付时，与其受领之给付相关的权利应直接归属于债务人，纵使

---

① 台湾地区高等法院暨所属法院 1996 年法律座谈会民事类第五："甲乙共有一笔土地，应有部分各为二分之一，乙与建商丙订立合建契约，约定乙应分割系争土地（未约定特定部分）交由丙兴建房屋，唯嗣乙以合建契约所示内容不利于己，故迟迟不与甲协商分割系争土地，致丙未能兴建房屋，丙为保全其权利，代位乙与甲协议分割系争共有物不成，乃以甲、乙为共同被告代位乙请求分割系争土地后，由乙将分得之土地交付丙兴建房屋，其诉有无理由？讨论意见甲说：按不动产物权系采登记主义，分割共有物之诉自限于有登记之共有人方能提起，丙非共有人自不得提起分割系争共有物之诉，再者，对于分割土地，分割前之共有与分割后之单独所有只是所有权存在之样态不同，并无优劣之分，不请求分割共有物并非怠于行使权利，丙欲行使'民法'第二百四十二条之代位权，自属与法未合，其代位乙提起分割共有物之诉等为无理由。乙说：'民法'第二百四十二条所定债务人怠于行使其权利时，债权人因保全债权，得以自己之名义，行使其权利，并无限制债权人所得代位行使债务人权利之种类，故无论物权、债权或形成权、请求权均得代位行使之，因而丙为保全债权，自得代位乙提起分割共有物之诉。审查意见采乙说。研讨结果照审查意见通过。"

② "最高法院"1984 年度台上字第 1163 号民事判决："债权人依'民法'第二百四十二条之规定行使其权利而求为财产上之给付时，因债务人之财产为总债权人之共同担保，故债权人虽有代位债务人受领给付之权限，而系指向债务人给付而由债权人代位受领而言，非谓债权人得请求第三债务人直接对自己为清偿。"

给付种类相同,债权人亦不得主张抵销,①而且除非债权人另依其他规定享有优先受偿权,否则,仍应与其他债权人平等受偿。由此可见,在代位权之行使中,虽以债权人自己之名义为之,但在法律上还是等于以债务人之名义为之。基于该效力,将依"民法"第 242 条赋予之权利称为代位权,不如称为法定代理权较为传神,且容易理解。称为代位权,且要求应以债权人自己之名义为之,而又将代位行使权利之结果规定应直接归属于债务人,其效力内容与其权利之行使的方式事实上是互相矛盾的。②

　　因之,司法实务上认为,债权人代位债务起诉请求给付时,须声明被告(第三

---

　　①　在此意义下,债权人如因行使代位权而自第三人取得有体物之占有,其占有为辅助占有。债权人仅是债务人关于该物之占有辅助人。"占有辅助人,或称主人之占有机关,系指受雇人、学徒或基于其他类似之关系,受主人之指示,为主人而对于物为占有之人而言。"("最高法院"1969 年度台上字第 1020 号民事判决)"'民法'第九百四十二条所规定之占有辅助人于受他人指示而为他人管领物品时,应仅该他人为占有人,其本身对于该物品即非直接占有人,与同法第九百四十一条所定基于租赁、借贷关系而对于他人之物为直接占有者,该他人为间接占有人之情形不同。"("最高法院"1999 年度台上字第 2818 号民事判决)至于委任,因称委任者,谓当事人约定,一方委托他方处理事务,他方允为处理之契约,"民法"第 528 条定有明文。故受任人基于委任关系对于物有管领之力者,其究为直接占有人或占有辅助人,非无疑问。"最高法院"1997 年度台上字第 1049 号民事判决采直接占有人说。"唯查所谓占有辅助人(原法院称为辅佐占有人),重在其对物之管领,系受他人之指示,至是否受他人之指示,仍应自其内部关系观之。所谓内部关系即'民法'第九百四十二条所指受雇人、学徒或基于其他类似之关系。再抗告人虽为债务人李达淮之女,并与李达淮住于同一屋内,但其本人如确已结婚成家,独立生活,而无从自内部关系证明其使用执行房屋系受李达淮之指示时,尚难谓该再抗告人为李达淮之占有辅助人,可不另行取得执行名义对之强制执行。"("最高法院"1976 年度台抗字第 163 号判例)该判例要旨虽续谓,应自内部关系证明占有人之使用系争房屋是否受房屋所有人之指示,认定其究为直接占有人或占有辅助人,但究诸实际,其认定显非以其占有是否应依委任人之指示而定,而应以其占有在形式上是否以自己之名义,或在实质上是否为自己之利益而定。盖受任人依委任人之指示,可能应以自己之名义,或以委任人之名义,从第三人受领物之给付。当其以委任人之名义受领,受任人为占有辅助人;当其以自己名义受领,仍不失其为直接占有人("民法"第 541 条)。辅助占有人既非为自己之利益而为占有,故在法律上辅助占有人不是占有人,而仅是直接占有人之占有机关而已。不论是直接占有或间接占有,皆是为自己之利益而为占有。但为自己之利益而为占有,并不即表示其系以所有之意思而为占有。必须"以所有之意思而占有,即系占有人以与所有人对于所有物(之)支配相同之意思而支配不动产(或动产所构成)之占有"("最高法院"1992 年度台上字第 285 号民事判决),其占有始为"自主占有"。

　　②　"最高法院"1982 年度台上字第 4947 号民事判决:"债权人依'民法'第二百四十二条规定代位行使之权利,原属债务人之权利,故债权人行使代位权时,唯有请求第三债务人向债务人为给付。原判决既认被上诉人代位林某行使权利为正当,竟命上诉人将系争土地所有权直接移转登记予被上诉人,尤见矛盾。"

债务人)应向债务人为给付之意旨,并就代位受领为适当之表明,①,始与代位权行使效果之法理相符。于是,提高了代位权之行使的技术难度。② 即便如此,如认为,只要债权人有代位受领之表示,即可不经债务人对于债权人为给付,而取得其所代位受领之给付的利益,其实还是不符代位权制度的意旨。

---

① 关于法律问题:"某甲将其所有房屋出售某乙,业已收受全部价金,并将其房屋所有权办理移转登记与乙完竣,嗣因见某乙将该屋高价转售某丙,并已收受全部价金及办妥所有权移转登记,致心有不甘而拒不将该屋交付某乙之管领。某丙因某乙怠于行使其对于某乙之房屋交付请求权致未能管领该屋,某丙能否依据'民法'第二百四十二条之代位权起诉请求某甲交付房屋?""讨论意见采乙说认为,债权人代位行使债务人对第三人之请求权,得否请求第三人直接对自己为给付,虽不无争议,唯债权人得代位受领,早经'最高法院'著有判例(1932年上字第305号),该判例既未将交付特定不动产之清偿行为除外,则本件给付,除某丙不具备代位权存在之要件外,要不能谓某丙无代位受领之权(参见'最高法院'1960年台上字第4045号判决——《'司法院'公报》第13卷,第9期)。倘某丙主张代位受领,则其请求应予准许;否则,即应驳回其请求。就此,司法院第一厅研究意见认为,研讨结论采乙说固无不合,唯依'最高法院'1975年台上字第2916号判例意旨,债权人代位债务起诉请求给付时,须声明被告(第三债务人)应向债务人为给付之意旨,并就代位受领为适当之表明,始与代位权行使效果之法理相符。"('司法院'1983年2月22日厅民一字第0119号函复给"高院"之五)

② "最高法院"1983年度台上字第1417号民事判决:"查上诉人本件请求之标的,如所主张,为一、代位行使马某在合伙存续期间对被上诉人之利益分配请求权('民法'第六百八十四条但书);二、马某退伙效力发生后('民法'第六百八十五条),对被上诉人得行使之出资返还请求权与其利益分配请求权。关于前者,马某在合伙存续期间所对被上诉人之利益分配权,依'民法'第六百八十四条但书规定,为债权人之上诉人固非不得代位行使。唯债务人财产为总债权人之共同担保,债权人代位行使债务人之权利,其诉求为财产上之给付,其诉求所得,应直接属于债务人,即代位起诉之债权人不得以之供清偿一己之债权。如须满足自己之债权,应另经强制执行程序始可。债权人虽亦有代位受领第三债务人清偿之权限,但系指应向债务人给付而由债权人代位受领而言,非指直接请求第三债务人向自己清偿,故债权人代位债务人起诉请求给付者,须声明被告(第三债务人)应向债务人为给付之旨,并就代位受领为适当之表明,始与代位权行使效果之法理相符。兹上诉人代位马某起诉请求被上诉人给付其此部分之利益分配款在声明中并未表明应向马某给付而由上诉人代位受领之旨,于法即有未合。关于后者,上诉人初无就马某于退伙效力发生后所得对被上诉人行使之出资返还请求权与其利益分配请求权直接向被上诉人为请求之权限,如谓亦系代位行使,依同一理由,仍非正当。"

第二节　二重买卖与撤销诉权

一、前　言

　　足以终局影响债权之实现的因素为给付不能与债务人之支付能力。给付不能属于债务不履行之一种，视其是否因可归责于债务人之事由而发生，决定债务人是否应为之负损害赔偿责任；就债权之实现，债务人无支付能力虽会导致与给付不能相同之结果，但除债务人犯有诈欺破产罪外，[①]债务人并不因使自己陷于无支付能力而对于债权人另负债务不履行以外之责任。倒反是"破产债权人依调协或破产程序已受清偿者，其债权未能受清偿之部分，请求权视为消灭。但破产人因犯诈欺破产罪而受刑之宣告者，不在此限"（"破产法"第 149 条）。

　　关于债权之保护的规划有不同强度之规范模式。有接近于物权，赋予可对抗第三人之准物权效力者。其表现方式主要为：（1）限制债务人对于债权标的之处分权，违反之者，其处分论为诈害债权；（2）禁止第三人从事有害于该债权之实现的行为，违反之者，论为侵权行为。有在履行前仅赋予对于债务人请求履行之权利，与物权效力（亦即与权利之移转、变更、设定或消灭）有关之事项的法律行为悉以公示物权归属现状之公信力为发展基础。至于公信力之主张是否有诚信原则之适用，与第三人侵害债权是否只能依"民法"第 184 条第 1 项后段或同条第 2 项课以赔偿义务，为政策上之抉择问题。

二、二重买卖之利益冲突

　　所谓二重买卖，指出卖人以两个买卖契约，将同一买卖标的物先后价卖于两个买受人。由于在有体财产出卖人只能对于其中一人移转买卖标的物之所有权

---

　　①　关于诈欺破产罪，"破产法"第 154 条规定："破产人在破产宣告前一年内或在破产程序中以损害债权人为目的，而有左列行为之一者，为诈欺破产罪，处五年以下有期徒刑：一、隐匿或毁弃其财产或为其他不利于债权人之处分者。二、捏造债务或承认不真实之债务者。三、毁弃或捏造账簿或其他会计文件之全部或一部，致其财产之状况不真确者。"与之相关者为同法第 155 条规定："债务人声请和解经许可后，以损害债权人为目的，而有前条所列各款行为之一者，为诈欺和解罪，处五年以下有期徒刑。"此即诈欺和解罪。

并交付该物,以履行出卖人对于买受人所负之债务,①所以,在二重买卖最后发展的结果,出卖人势必对于买受人中之一,陷于嗣后主观的给付不能。在这种情形,如果出卖人先对之为履行者为第二买受人,可能引起下述三种利益冲突的形态:(1)出卖人与第一买受人间,此为债务不履行的问题;(2)前后买受人间,此为债权对于其标的物权之让与性的拘束问题;(3)一般人与第一买受人间,此为对于债权之侵权行为的问题。

第一种利益冲突之规范政策的抉择,表现在是否将以原来给付为内容之债权的实现列为保护的目标。此为在给付还可能时,是否容许债务人不履行债务,而以金钱赔偿不履行之损害的问题? 在当事人有解约定金②或解约违约金③之约定的情形,采肯定的见解。其他情形则原则上应为原来给付之履行("强制执行法"第123条以下)。唯应注意,债务人能够利用将标的物移转于他人的方法,

---

①　此与无体财产权之非排他的授权(non-exclusive license)不同。在无体财产权之非排他授权的情形,能够在同一时空将之授权于两人以上实施该无体财产权。例如专利权、著作权之授权使用。反之,在有体财产权之使用的授权,基于其存在上的限制,在同一时空只能授权于一人。例如房屋之租赁。但这并不排除房屋之共同租赁。

②　"最高法院"1983年台上字第85号判例:"解约定金,系以定金为保留解除权之代价,定金付与人固得抛弃定金,以解除契约;定金收受人亦得加倍返还定金,以解除契约。唯此项解除须于相对人着手履行前为之,相对人已着手履行时,则不得再为此项解除权之行使。"(《"最高法院"判例要旨》上册,1927年至1988年,第161页)此为"最高法院"一贯之见解,例如"最高法院"1995年度台上字第1213号民事判决、"最高法院"1995年度台上字第1235号民事判决、"最高法院"1995年度台上字第2857号民事判决。"行使解除权者,为悔约之人。"(《"司法院"公报》第32卷第5期第73页:"最高法院"1990年度台上字第372号民事判决)

③　"最高法院"1979年度台上字第3887号判例:"查违约金系当事人约定契约不履行时,债务人应支付之惩罚金或损害赔偿额之预定,以确保债务之履行为目的。至若当事人约定一方解约时,应支付他方相当之金额,则以消灭契约为目的,属于保留解除权之代价,两者性质迥异。核本件两造约定内容为:'甲方(按指买受人)如系舍弃承买时,将所付之款,由乙方(按指出卖人)没收,乙方如反悔不卖时,按一般买卖之时价计算,作为违约赔偿。'其意是否在于双方同时为解除权保留之约定,亦即就上诉人言,如果反悔不卖时,仅按一般时价赔偿被上诉人即可解除契约。抑系旨在约定双方任何一方违约时,他方得解除契约,并得照时价请求赔偿其损害,而解除权之行使属于不违约一方? 是乃两造争执重点所在,原审就此并未推阐明晰,徒凭上揭理由为上诉人不利之判断,未免疏略,上诉论旨,执是指摘原判决不当,声明废弃,非无理由。"(1977年至1979年"最高法院"民刑事判例全文汇编,第143页)。要之,并非一切违约金之约定皆属解约违约金。

不困难地使自己陷于主观给付不能的状态。① 于是,将受让人卷入该利益冲突中,使利益之冲突的焦点转至债权人(第一买受人)与受让人(第二买受人)间。

第二种利益冲突之规范政策的抉择,表现在物权之让与性是否因以之为债权标的而受到限制。② 债权之让与虽亦有让与性之限制,但依"民法"第294条之规定,除非有"一、依债权之性质,不得让与者。二、依当事人之特约,不得让与者。三、债权禁止扣押者"③之情形,债权人不但原则上得将债权让与第三人,而且"不得让与之特约,不得以之对抗善意第三人"。至于物权之让与性,只要有处分权,为保护交易安全通常不加以限制,倒反而有时为保护交易安全,利用善意取得制度,而对于自无权处分人受让权利者,提供保护。例如"民法"第801条、

---

① 关于给付是否尚有可能之认定,"司法院"1981年2月18日厅民一字第098号函复台高院表示:"按物之出卖人,依'民法'第三百四十八条第一项之规定,负有使买受人取得该物所有权之义务,纵令买卖契约成立后出卖人为二重买卖,如无给付不能之特别情事,出卖人对于买受人仍有移转所有权于买受人之义务。本件甲将其所有之土地一笔先后出卖与乙、丙二人,虽业经乙诉请法院判决命甲为所有权移转登记确定,唯在未经登记前,既经丙声请假处分执行在案,则甲移转土地所有权于丙,尚非不能给付(参见土地登记规则第128条第2款及'最高法院'1941年上字第1253号判例),从而,丙又起诉请求甲办理所有权移转登记,法院仍应予准许,甲说谓既经判决确定命移转登记与乙,丙再为此项请求已有法律上之障碍而为给付不能,其法律见解显有未合,乙说谓法院为丙之胜诉判决时,应附以假处分撤销后始为移转登记之条件,亦欠允妥。"《民事法律问题研究汇编》,第一辑,第43页)。唯尚应注意,"民事诉讼法"第四百零一条第一项关于既判力之主观范围规定"确定判决,除当事人外,对于诉讼系属后为当事人之继受人者,及为当事人或其继受人占有请求之标的物者,亦有效力"。

② "民法"第425条及第426条所定买卖不破租赁原则具有债权限制物权之效力。该效力之类型属于他项权利之负担。亦即除物权外,债权亦例外地可构成物权之负担。此为租赁债权之例外的追及效力。新增第426条之一规定:"租用基地建筑房屋,承租人房屋所有权移转时,其基地租赁契约,对于房屋受让人,仍继续存在。"该规定虽看似与买卖不破租赁原则类似,其实不然。盖第426条之一所规定者非基地租赁之追及效力,而系基地租赁权对于依该租赁权所建房屋之从属性。此为主权利移转时从权利随之移转的原则。在具体案件从权利是否跟随主权利移转的障碍在于从权利之属人性。例如"民法"第295条第1项规定:"让与债权时该债权之担保及其他从属之权利,随同移转于受让人。但与让与人有不可分离之关系者,不在此限。"

③ 关于债权让与之限制,"民法"第195条第1项规定:"前项请求权,不得让与或继承。但以金额赔偿之请求权已依契约承诺,或已起诉者,不在此限。"第484条规定:"雇用人非经受雇人同意,不得将其劳务请求权让与第三人,受雇人非经雇用人同意,不得使第三人代服劳务。"第543条规定:"委任人非经受任人之同意,不得将处理委任事务之请求权,让与第三人。"第716条第1项规定:"领取人得将指示证券让与第三人。但指示人于指示证券有禁止让与之记载者,不在此限。"

第 886 条、第 948 条以下;"土地法"第 43 条。① 是故,第二买受人先于第一买受人自出卖人受买卖标的物之移转时,应可取得其所受移转之权利。② 有疑问者为,第一买受人是否有适当规范基础得撤销该移转行为,或请求第一买受人回复

---

① "土地法"第 43 条规定:"依本法所为之登记,有绝对效力。"然何谓该条所定之绝对效力? 就此,"最高法院"认为:"依'土地法'所为之登记有绝对效力,固为同法第四十三条所明定,唯该条系为保护因信赖登记而善意取得不动产物权之第三人起见,将登记事项赋予绝对真实之公信力,如其取得不动产权利并非出于善意,即无适用该条余地。"(《台湾地区裁判类编(民事法)》第 4 册第 18 页:"最高法院"1956 年度台上字第 182 号民事判决)又在何时受让人应为善意? 同院 1996 年度台上字第 1517 号民事判决认为:"'土地法'第四十三条所谓登记有绝对效力,系为保护因信赖登记取得土地权利之第三人而设。第三人于订立买卖契约时,虽属善意,但其在办妥登记取得土地权利前,如已知登记有无效或得撤销之原因,而仍执意续为登记,即难认其为信赖登记而为新登记第三人,应不受'土地法'第四十三条之保护。"登记有无效原因固当构成登记不实之客观事由,但登记仅有得撤销之原因者,则否。盖撤销权人是否行使其撤销权,撤销权人尚享有自由决定的余地。是故,该判决关于"第三人知有得撤销原因"之见解,尚有商榷余地。

② "最高法院"1929 年上字第 25 号判例:"卖主就同一标的物为二重买卖,在前之卖约仅发生债权关系,而后之卖约,已发生物权关系者,前买主除依习惯有先买权外,对于后买主不能就该标的物已经发生之物权关系,主张其为无效。""最高法院"1930 年上字第 138 号判例亦采相同见解。于是,"移转该物所有权于原买受人之义务即属不能给付,原买受人对于出卖人仅得请求赔偿损害,不得请求为移转该物所有权之行为"("最高法院"1941 年上字第 1253 号判例、"最高法院"1951 年度台上字第 1166 号民事判决、"最高法院"1960 年度台上字第 452 号民事判决、"最高法院"1982 年度台上字第 1548 号民事判决)。盖"买卖契约仅有债之效力,不得以之对抗契约以外之第三人。因此在二重买卖之场合,出卖人如已将不动产之所有权移转登记与后买受人,前买受人纵已占有不动产,后买受人仍得基于所有权请求前买受人返还所有物,前买受人即不得以其与出卖人间之买卖关系,对抗后买受人"("最高法院"1984 年台上字第 3243 号判例)。

原状,以移转所受移转之权利。①

　　第三种利益冲突之规范政策的抉择,表现在是否肯认债权可为侵权行为之加害客体。债权是否为侵权行为法所保护之客体,为侵权行为法上讨论已久的问题。②"民法"第184条第1项前段规定:"因故意或过失,不法侵害他人之权利者,负损害赔偿责任。"而债权为一种权利,而非仅是一种受法律保护之财产上利益,所以债权应为该项前段所规定的权利之一,受侵权行为法之保护是没有疑

---

　　① 就此,台湾高等法院1968年第二次法律座谈会表示:"依1930年上字第138号判例:'卖主就同一标的之物,为二重买卖,如前买约,仅生债权关系,而后买约已发生物权关系时,前之买主,不得主张后买约为无效'之反面解释,如后买约,尚未发生物权关系,难谓前约之买主,不得主张后买约为无效,但纵其不主张后之买约无效,苟订立在后之买卖契约,构成诈害行为,损害前约买主,非不得依'民法'第二百四十四条第二项诉求撤销订约在后之买卖行为。"(参照1967年台上字第656号判决理由后段,载《司法院》公报》第9卷第6期)该法律座谈会结论中关于依1930年上字第一三八号判例之反面解释的看法,从结果看,其所谓"如后买约,尚未发生物权关系,难谓前约之买主,不得主张后买约为无效"的见解,与债权效力之相对性冲突,盖当只发展到债权关系的阶段,后买约对于前买约并无加害性,从而前约买主并无主张后买约无效之权利保护的必要性。另从逻辑看亦有谬误,盖要就一个命题反面解释,必须其前提与结论两端都是二分法可穷尽时,其反面解释方有逻辑上的说明力。而后买约尚未发展至物权关系时,就前约买主对之可能有的关系,在规范上可能有的规划为:(1)主张为有效;(2)主张为无效;(3)不理它。到底以何者为妥,应视前约买主权利保护上之正当需要而定。超出正当需要程度者,欠缺权利保护要件。

　　② 在德国民法中,其争议来自于债权是否可解释为该法第823条第1项所定其他权利之一。这取决于债权是否具备与所有权类似之特征。"然其类似性何在,自德国民法早期即有争议。所有权之特征正确的说来,应置于其社会典型之公开性上。该公开性对于所有权而言是独特的,从而有意义来对于每一侵害所有权者课以损害赔偿义务。而债权作为债务人与债权人间之关系不能拥有所有权这种性质。债权系因之而不属于其他权利之一,而不是由于绝对权与相对权之概念上的区别。"(Esser/Weyers, Schuldrecht Band II, Besonderer Teil, 6. Aufl., 1984, S. 464)这个看法修正了Esser先前在该书第2版,以债权是相对权为基础的说理基础:"债权作为契约当事人间之相对权,其侵害只要没引起契约上之损害赔偿请求权,依现行法,便仅能就侵权行为在第八百二十三条第二项、第八百二十六条,就不当得利在第八百十六条第二项之范围内制裁之。"(Esser, Schuldrecht, 2. Aufl., 1960, S. 845)在德国,纵使其通说不将债权论为德国民法第823条第1项所定之其他权利,第三人如果有认识的妨碍他人间债务的适当履行,仍可能依德国民法第826条(相当于台湾地区"民法"第184条第1项后段)或《反不正当竞争行为法》第1条(UWG)对之课以损害赔偿义务(Soergel-Zeuner, Kommentar zum BGB, 11. Aufl., 1985, § 823 Rz 43)。在德国,第三人侵害债权是否会构成《德国反不正当竞争行为法》第1条之违反,主要系于其导致债务人不履行债务之行为是否有违反效能竞争的情事。例如利用对于竞争对手之客户之采购人员或供货商之业务人员贿赂的方法,使该客户或该供货商不向其竞争对手采购或供货。详细的说明请参考Baumbach/Hefermehl, Wettbewerbsrecht, 16. Aufl., 1990, § 1 Rd694ff..

问的。然而为何还是有实务上之请求的障碍存在？其障碍不在于债权是否为侵权行为法保护之客体，而在于其违法性、主观要件或因果关系之构成要件要素在具体案件是否满足。例如在二重买卖中，有基于市场竞争机能之维护，引起其违法性是否具备的疑问；在第三人侵害债务人之身体、健康或侵害作为债之客体的物或权利，致债务人不能对于其债权人履行债务的情形，有加害人对于损害之引起有无故意或过失，加害人之加害行为与债权人所受损害间有无相当因果关系的问题。就其违法性之评价，在价值面有加入违反公序良俗或违反公平竞争秩序的考虑；就其主观要件或因果关系之构成要件要素，在事实面有应强调损害之可预见性，并利用提高其主观要件至故意的方法加以考虑。例如"民法"第184条第1项后段规定："故意以背于善良风俗之方法，加损害于他人者"，亦应负损害赔偿责任。其中违法性之明确程度会缓和关于故意之主观要件的要求。① 例如同条第2项规定："违反保护他人之法律，致生损害于他人者，负赔偿责任。但能证明其行为无过失者，不在此限。""公平交易法"第24条规定："除本法另有规定者外，事业亦不得为其他足以影响交易秩序之欺罔或显失公平之行为。"

三、规范目标：保护原来给付或履行利益

对于二重买卖所构成之诈害债权，于出卖人尚有支付能力，亦即无破产原因的情形，这个问题之发生在根本处，首先为：在二重买卖中，对于特定物之买卖债权的保护，究竟以原来给付之实现还是以履行利益之赔偿为其规范目标的政策考虑？以原来给付之实现为保护目标者，认为相对于一般第三人，对于第一买受人之债权应赋予和支配权同等之不可侵害性的保障；以利益之回复的经济价值立论者，认为履行利益之赔偿或原来给付之实现所带来之利益，在赔偿后对于第一买受人是无所轩轾的。因之，选择仅肯认第一买受人之履行利益的赔偿请求权，以在无损于第一买受人之利益的前提下，维护市场竞争机能，使买卖标的物入于对其有较高效益之第二买受人，其经济总效益应当最大。唯这个比较尚未考虑采取其中任何一个保护方案可能引起之规范成本或交易成本。

在本次民法债编修正前，依修正前"民法"第244条第2项之原规定："债务人所为之有偿行为，明知有损害于债权人之权利者，以受益人于受益时亦知其情事者为限，债权人得声请法院撤销之。""最高法院"1956年台上字第1316号判例认为："债权人之债权，因债务人之行为，致有履行不能或困难之情形者，即应

---

① 例如《德国反不正当竞争行为法》第1条规定："对于在业务交易上，为竞争之目的从事违反善良风俗之行为者，得请求其停止及赔偿损害。"

认为有损害于债权人之权利。故在特定债权,倘债务人所为之有偿行为,于行为时明知有损害于债权人之权利,而受益人于受益时,亦知其情事者,债权人即得行使'民法'第二百四十四条第二项之撤销权以保全其债权,并不以债务人因其行为致陷于无资力为限。"① 亦即采"原来给付之实现"应予保护的观点。② 但债务人之行为非以财产为标的者,无该条规定之适用。

不过该规定,在自 2000 年 5 月 5 日起施行之修正中,经增订第 3 项后段及第 4 项:"债务人之行为非以财产为标的,或仅有害于以给付特定物为标的之债权者,不适用前二项之规定(第三项)。债权人依第一项或第二项之规定声请法院撤销时,得一并声请命受益人或转得人回复原状。但转得人于转得时不知有撤销原因者,不在此限(第四项)。"其中第 3 项之修正,以修法的方式变更了"最高法院"1956 年台上字第 1316 号判例的见解。这显示司法机关在实务上未能体现社会主流价值的演变。于是,债务人有破产原因自此成为其行为是否构成诈害行为的要件。但即便债务人有破产原因,在其未经破产宣告前,其处分财产之行为,纵使有害于债权,亦仅生其债权人得依"'民法'第二百四十四条第二项……以诉请求撤销买卖行为(而已),究不能认其行为为无效"。③

第 4 项但书关于"债权人依第一项或第二项之规定声请法院撤销时,得一并声请命受益人或转得人回复原状。但转得人于转得时不知有撤销原因者,不在

---

① 该见解亦适用于"债务人所为之无偿行为,有害及债权"的情形……(参照本院 1956 年度台上字第 1316 号判例)"(《最高法院》民刑事裁判选辑》第 1 卷第 2 期,第 96 页;"最高法院"1980 年度台上字第 1302 号民事判决)。

② "信托法"第 6 条规定:"信托行为有害于委托人之债权人权利者,债权人得声请法院撤销之(第一项)。前项撤销,不影响受益人已取得之利益。但受益人取得之利益未届清偿期或取得利益时明知或可得而知有害及债权者,不在此限(第二项)。信托成立后六个月内,委托人或其遗产受破产之宣告者,推定其行为有害及债权(第三项)。"该规定自其内容观之,应属于"民法"第 244 条所定之撤销诉权在信托关系上的表现。但该条所定之撤销要件与"民法"第 244 条所定者不尽一致。首先"信托法"第 6 条第 1 项不分诈害行为之有偿或无偿,适用相当于"民法"第 244 条第 1 项关于无偿行为之规定。但就受益人已取得之利益,依第 2 项规定适用相当于"民法"第 244 条关于有偿行为之规定。至于本次新增"民法"第 244 条第 3 项、第 4 项之规定对于"信托法"第 6 条关于信托关系之规定的内容是否造成影响,值得探讨。应采肯定的见解。

③ 最高法院 1938 年上字第 1040 号判例:"债务人不能清偿债务而未受破产之宣告时,对于自己之财产尚未丧失处分权,纵令将其不动产廉价卖与债权人中之一人,以所得价金对于该债权人清偿债务,其他债权人亦仅于有'民法'第二百四十四条第二项情形时,得以诉请求撤销买卖行为,究不能认其行为为无效。"(《"最高法院"判例要旨》,上册,1983 年 5 月版,第 160 页)

此限"的规定表示:撤销诉权即便经有效行使,其间善意信赖公示之法律事实而转得权利者,仍应受到保护。在物权法及土地法关于无权处分之善意取得规定的背景下,此为自明的道理。盖在第 4 项但书规定的情形,纵使第二买受人之取得权利有得撤销之原因,但在转得人自第二买受人取得权利时,他还是经法定之公示方式所公示之权利人,从而转得人之转得,尚属自有权处分人继受权利,这较诸善意取得人善意自无权处分人继受权利,自更有受保护的资格。

四、保护方式:撤销诉权

"民法"第 244 条所定诈害债权之行为,须以诉的方法,声请法院撤销,经确定判决撤销该诈害债权之行为,始失其效力。① 此与法律行为有自始无效之原因而自始无效,例如双方通谋所为之虚伪意思表示("民法"第 87 条),② 或有得

---

① "最高法院"1967 年台上字第 19 号判例:"'民法'第二百四十四条所规定债权人撤销权之行使方法,与一般撤销权不同,一般撤销权仅依一方之意思表示为之为已足,而'民法'第二百四十四条所规定之撤销权,则必须声请法院撤销之,因此在学说上称之为撤销诉权。撤销诉权虽亦为实体法上之权利而非诉讼法上之权利,然倘非以诉之方法行使,即不生撤销之效力,在未生撤销之效力以前,债务人之处分行为尚非当然无效,从而亦不能因债务人之处分具有撤销之原因,即谓已登记与第三人之权利当然应予涂销。"(《"最高法院"判例要旨》,上册,1983 年 5 月版,第 163 页)是故,"非先经债权人诉求撤销债务人与第三人间之有偿或无偿行为,尚不得径行涂销其所有权移转登记"(《"最高法院"判例要旨》,上册,1983 年 5 月版,第 163 页:"最高法院"1967 年台上字第 347 号判例)。

② 最高法院 1937 年上字第 609 号判例:"'民法'第二百四十四条所称债务人所为之无偿行为或有偿行为,均系真正成立之行为,不过因其行为有害于债权人之权利,许债权人于具备同条所定要件时声请法院撤销,若债务人与他人通谋而为虚伪意思表示者,依'民法'第八十七条第一项之规定,其意思表示当然无效。此种行为有害于债权人之权利者,债权人只须主张其无效,以保全自己之权利,无声请撤销之必要。"(《"最高法院"判例要旨》,上册,1983 年 5 月版,第 160 页)。

由表意人以意思表示撤销之事由,并由撤销权人表示撤销,而即溯及失其效力者不同。① 因之,实务上与学说上称第244条所定之保护手段为撤销诉权。② 有无诈害之情事,由债权人负举证责任。③ 所以为如此规定的主要理由为:一个法律行为是否有诈害债权的情事,亦即是否满足诈害债权之要件,只要有争议,几乎可预期,当事人难以自行了断,而必须由法院以裁判的方式为两造公平决定之。是故,在诈害债权之争议中,诉讼可谓为不能节省的争议手段。以"民法"第244条为依据之撤销诉权,除得由债权人行使外,并得由破产管理人行使之。④

然撤销诉权之行使应以谁为被告?当诈害债权之行为为"单独行为时,应以债务人为被告,其行为为双方行为时,应以债务人及其相对人为被告,故其行为

---

① 最高法院1933年上字第546号判例:"不动产经查封后,债务人将其所有权移转于第三人者,其移转行为对于债权人固不生效力,若其移转行为系在查封之前,则虽在债权人声请强制执行之后,亦唯其行为为双方通谋所为之虚伪意思表示,或有其他之无效原因始为无效。其仅为'民法'第二百四十四条所谓有害于债权人之行为者,在债权人提起撤销之诉得有胜诉之确定判决以前,仍不失其效力,不得仅以其为债权人声请强制执行后之行为,即认为无效。"(《"最高法院"判例要旨》,上册,1983年5月版,第159、1322页)是故,"因其处分而取得所有权之第三人,自得拒绝债权人之执行,不能因其处分具有撤销之原因,即谓不生移转所有权之效力"(《"最高法院"判例要旨》(上册,1983年5月版,第159页、1310页;最高法院1933年上字第619号判例)。

② "最高法院"1965年台上字第975号判例:"'民法'第二百四十四条之撤销权,即学说上所称之撤销诉权,须以诉之形式向法院请求为撤销其行为之形成判决,始能发生撤销之效果,此与同法第一百十六条所定仅以意思表示为撤销者迥有不同。原审认上诉人请求涂销登记及交还土地,性质上已包含撤销债务人所为诈害行为之形成之诉在内,毋庸经法院为撤销之宣告,其法律上之见解殊有错误。"(《"最高法院"判例要旨》,上册,1983年5月版,第162页)

③ "最高法院"1959年台上字第338号判例:"债权人对于债务人所为之有偿行为,如欲声请法院予以撤销,必先证明自己之权利系因该项行为致受损害而后可,否则无撤销权行使之可言。"(《"最高法院"判例要旨》,上册,1983年5月版,第161页)

④ "最高法院"1962年台上字第3635号判例:"破产人在破产宣告前所为之有偿行为,有损害于债权人之权利,依'破产法'第七十八条之规定,破产管理人固得声请法院撤销之,唯仍应依'民法'第二百四十四条第二项之规定得撤销者,始得撤销之。"(《"最高法院"判例要旨》,上册,1983年5月版,第162、1340页)是故,在有偿行为"依'民法'第二百四十四条第二项规定,须上诉人于受益时亦明知有损害债权人之权利者,方得撤销"(《"最高法院"判例要旨》,上册,1983年5月版,第163、1341页;"最高法院"1971年台上字第3795号判例之一)。

当事人有数人时,必须一同被诉,否则应认其当事人之适格有欠缺"。① 唯在破产的情形,其诉由破产管理人依"破产法"第 78 条提起者,破产人无一同被诉之必要。②

五、诈害债权行为之要件

依"民法"第 244 条修正后之规定,诈害债权之要件可归纳为:(1)债务人有破产原因;(2)债务人从事减损其支付能力之行为;(3)致减损当时存在之债权③得受清偿的程度;(4)在有偿行为债务人及受益人明知其行为有害于债权。是故,债务人不但不因有破产原因,而即丧失其对于如经宣告破产,应构成破产财团之财产的处分权;而且只要其处分不生减少资力之结果,其处分行为亦难谓为诈害行为。④

---

① 最高法院 1939 年上字第 978 号判例:"债权人依'民法'第二百四十四条第二项行使其撤销权,如仅请求撤销债务人之行为,则应以行为当事人为被告,即其行为为单独行为时,应以债务人为被告,其行为为双方行为时,应以债务人及其相对人为被告,故其行为当事人有数人时,必须一同被诉,否则应认其当事人之适格有欠缺。"(《"最高法院"判例要旨》,上册,1983 年 5 月版,第 160、1259 页)

② "最高法院"1949 年台上字第 308 号判例:"债权人依'民法'第二百四十四条第二项行使其撤销权,请求撤销债务人之行为,如其行为为双方行为时,固应以债务人及其相对人为被告,否则应认其当事人之适格有欠缺。唯破产管理人就属于破产财团之财产为诉讼,依'民事诉讼法'第四百条第二项之规定,其所受判决既对于破产人亦有既判力,是破产管理人为'破产法'第七十八条之声请,破产人自无一同被诉之必要。"(《"最高法院"判例要旨》,上册,1983 年 5 月版, 第 161、1339 页)

③ "最高法院"1973 年台上字第 2609 号判例:"债权人得依'民法'第二百四十四条规定行使撤销权,以其债权于债务人为诈害行为时,业已存在者为限,若债务人为诈害行为时,其债权尚未发生,自不许其时尚非债权人之人,于嗣后取得债权时,溯及的行使撤销权。"(《"最高法院"判例要旨》,上册,1983 年 5 月版,第 164 页)

④ "最高法院"1962 年台上字第 302 号判例:"债务人出卖其财产非必生减少资力之结果,苟出卖之财产已获得相当之对价,用以清偿具有优先受偿权之债务,则一方面减少其财产,一方面减少其债务,其对于普通债权人,即难谓为诈害行为。"(《"最高法院"判例要旨》,上册,1983 年 5 月版,第 162 页)是故,"最高法院"1959 年台上字第 1750 号判例下述见解,当以因系争行为而减损债务人之支付能力的情形而言:"债务人所有之财产除对于特定债权人设有担保物权外,应为一切债之总担保,故债务人明知其财产不足清偿一切债务,而竟将财产出卖于人,及受益人于受益时亦知其情事者,债权人即得依'民法'第二百四十四条第二项之规定,声请法院撤销。此项撤销权之效力,不特及于债权行为,即物权行为亦无例外。"(《"最高法院"判例要旨》,上册,1983 年 5 月版,第 161 页)

所谓有害于债权,除减损债务人之一般支付能力的情形外,还包括无义务,①而对于一部分无担保债权人提供担保,致其他无担保债权人之债权的总担保发生减损的情形。② 然只要不减损其支付能力,债务人即便只对一部分债权人清偿债务,"最高法院"亦不认为有害于债权。③ 唯债务人如有破产原因,其对一部分特定债务人之清偿可能构成违反债权人平等主义的问题。对于这个问题,"破产法"第79条虽规定:"债务人在破产宣告六个月内所为之左列行为,破产管理人得撤销之:一、对于现有债务提供担保。但债务人对于该项债务已于破

---

① 基于义务而提供担保,非诈害债权之行为。"最高法院"1981年台上字第453号判例:"不动产抵押权之设定,固应以书面为之。但当事人约定设定不动产抵押权之债权契约,并非要式行为。若双方就其设定已互相同意,则同意设定抵押权之一方,自应负使他方取得该抵押权之义务。又口头约定设定抵押权时,若为有偿行为,当不因债务人以后为履行义务,补订书面抵押权设定契约及办理抵押权设定登记,而使原有偿之抵押权设定行为变为无价行为。原审所持相反之见解,尚有未合。"(《"最高法院"判例要旨》上册,1927年至1988年,第83、157、355页)依台湾地区"民法"之规定,物权行为为无因行为,单纯以物权之设定或移转为其内容,因此,就物权行为并不能论断其为有偿或无偿。如果要对一个物权行为界定其有偿或无偿,究诸实际,必须以其原因行为论之。然关于物权行为之无因性并未为物权法明文规定,而只见于实务上之明白地肯认。例如"最高法院"1998年度台上字第1400号民事判决:"按不动产所有权移转登记行为系物权行为,而具无因性,是若义务人有移转不动产所有权登记之意思,并已依'民法'第七百六十条规定作成书面,纵该书面所载移转不动产所有权登记之债之原因与其真意不符,除其意思表示有无效或得撤销之原因而经撤销者外,尚不生所有权移转登记应否涂销之问题。"至于原因行为经解除者,因"契约解除之效果,仅在使债之关系溯及订约时失其效力,未履行之债务,可不再履行;已履行者,即发生回复原状之义务。至于物权契约,因物权行为有独立性及无因性,则不因解除而失其效力。基此,契约之解除,只发生回复原状之义务,亦即债权人只得请求移转经给付之物权,而不得请求涂销原已办理之登记行为。"("最高法院"1990年度台上字第2415号判决)另必须注意,"民法"第166条之一规定:"契约以负担不动产物权之移转、设定或变更之义务为标的者,应由公证人作成公证书。"依该规定,以负担不动产物权之移转、设定或变更之义务为标的之债权契约,已修正为应由公证人作成公证书。这是比单纯之书面,更为正式的要式契约。

② "最高法院"1962年台上字第3528号判例:"债务人以其所有之不动产设定抵押权,同时向他人借贷款项,其设定抵押权之行为,固属有偿行为,若先有债权之存在而于事后为之设定抵押权者,如无对价关系,即属无偿行为。倘有害及债权,则债权人自得依'民法'第二百四十四条第一项之规定以撤销之。"(《"最高法院"判例要旨》,上册,1983年5月版,第162页)

③ "最高法院"1966年台上字第2839号判例:"债务已届清偿期,债务人就既存债务为清偿者,固生减少积极财产之结果,但同时亦减少其消极财产,于债务人之资力并无影响,不得指为'民法'第二百四十四条第一项或第二项之诈害行为。唯在代物清偿中,如代偿物之价值较债权额为高,损害于债权人之权利时,而受益人于受益时方知其情事者,仍有同法条第二项之适用。"(《"最高法院"判例要旨》,上册,1983年5月版,第163页)

产宣告六个月前承诺提供担保者,不在此限。二、对于未到期之债务为清偿",但并未根本禁止其对一部分已到期之债务为清偿。

与之相反者为,债务人所为之法律行为虽减损其支付能力,但如债权人之债权附有充足之物上担保,相对于该债权人,该法律行为还是不论为诈害债权行为。从而该债权人也不享有"民法"第244条之撤销诉权。①

六、得撤销之法律行为

债权人得诉请撤销之法律行为,除物权行为外,是否包括债权行为,"最高法院"采肯定的见解。② 然基于债权行为效力在履行请求上之相对性,对于债权人之债权应无加害能力观之,是否有容许债权人以诈害债权为理由,撤销诈害债权之原因行为非无疑问,盖权利之行使不得超过保护自己之利益所必要的限度,以损害他人为目的。

另受益人基于诈害债权行为而取得之权利经处分或实行时,第三人因之取得之权利是否应受保障?"最高法院"曾对因诈害而为抵押权设定的情形表示:

---

① "最高法院"1970年台上字第313号判例:"有担保物权(抵押权、质权)之债权,而其担保物之价值超过其债权额时,自毋庸行使撤销权以资保全,又担保物虽灭失,然有确实之赔偿义务人者,依据'民法'第八百八十一条及第八百九十九条之规定,该担保物权即移存于得受之赔偿金之上,而不失其存在,此即所谓担保物权之代物担保性,凡此各点,于处理撤销权事件时,不能不予注意。"(《"最高法院"判例要旨》,上册,1983年5月版,第163、422页)盖"债权人行使'民法'第二百四十四条第二项所规定之撤销诉权,以债务人于行为时,明知有损害于债权人之权利,且事实上将发生有害于债权人之结果为要件,如果设定动产抵押权之系争出租车十六辆之价值,除该抵押权所担保之债权额外,显足以清偿债务人所负其他一切债务,则设定抵押权既不发生有害债权人之结果,自仍不容债权人对该设定抵押权之行为行使撤销诉权。"(《"最高法院"判例要旨》,上册,1983年5月版,第164页:"最高法院"1978年台上字第1564号判例)

② "最高法院"1953年台上字第323号判例:"债权人依'民法'第二百四十四条规定,撤销债务人所为之有偿或无偿行为者,只须具备下列之条件:(一)为债务人所为之法律行为;(二)其法律行为有害于债权人;(三)其法律行为系以财产权为目的;(四)如为有偿之法律行为,债务人于行为时,明知其行为有害于债权人,受益人于受益时,亦明知其事情。至于债务人之法律行为除有特别规定外,无论为债权行为抑为物权行为,均非所问。"(《"最高法院"判例要旨》,上册,1983年5月版,第161页)

债权人经由撤销诉权之行使得取回之利益,应限于其代位物。[①] 针对这个问题,"民法"第244条第4项增修规定:"债权人依第一项或第二项之规定声请法院撤销时,得并声请命受益人或转得人回复原状。但转得人于转得时不知有撤销原因者,不在此限。"有注意者为,该增修规定就转得人部分提出与善意取得相当的保护。依该条规定转得人之善意应由转得人负举证责任。然自转得人系从在受益后有权处分之受益人转得论之,如其转得系有偿,且基于对转得后公示之权利归属状态的信赖,鉴于公示事实之公信力,就转得人是否明知有诈害事实,似应由债务人负举证责任。至其转得如为无偿,转得人不论善意与否,应不受保护。盖在诈害债权,受益人之受益,于诈害行为经撤销后,类似于不当得利。[②]

七、契约责任与侵权责任

契约责任与侵权责任间有几个问题一直引起人们的讨论,而尚不能称已有一定之见解:(1)契约债务之不履行在构成债务不履行之余,是否另可构成侵权行为;(2)积极侵害债权(加害给付)与侵权行为之损害赔偿责任的竞合;(3)债权是否得为"民法"第184条第1项所定之权利,从而得为侵权行为之加害客体,亦即第三人对于债权能否为构成侵权行为之加害行为;(4)就第三人侵害债权,得否依"民法"第184条第1项后段、第2项,或"公平交易法"第24条请求损害赔偿。这些皆属于在契约责任之外是否可另成立损害赔偿责任的问题,与"民法"第244条所定之撤销诉权,论诸实际仅在于禁止一定之法律关系的发展,具有消极不作为之请求特征者不同。撤销诉权与债权之物权效力或债权对于其标的物

---

① "最高法院"1984年台上字第2696号判例:"抵押权设定行为为诈害行为时,其抵押权虽嗣后因抵押物拍卖而消灭,破产管理人仍得行使撤销权,俾使返还基于抵押权所为拍卖而得之价金,以保全债务人共同担保。"(《"最高法院"判例要旨》,上册,1927年至1988年,第158、1303页)

② 此为第三人自争议当事人之一受让有争议之标的时,其权益是否得对抗其他争议当事人的问题。与之类似者为"民法"第183条规定:"不当得利之受领人,以其所受者,无偿让与第三人,而受领人因此免返还义务者,第三人于其所免返还义务之限度内,负返还责任。"

之让与性或设定负担的限制有关。①

　　关于契约债务之不履行在构成债务不履行之余,是否另可构成侵权行为,如在契约之成立上无该当侵权行为要件之情事,例如无诈欺、胁迫而使相对人为给付或为给付之约定的情事,而仅是事后单纯的不为债务之履行,则"最高法院"实务上认为只构成债务不履行,而不另构成侵权行为。例如迟延损害不适用侵权

---

　　①　在实务上之显著的案例为共有人所定之分管契约对于受让人之拘束力的问题。就此,"司法院"1994 年 6 月 3 日大法官会议释字第 349 号解释:"'最高法院'1959 年度台上字第 1065 号判例,认为'共有人于与其他共有人订立共有物分割或分管之特约后,纵将其应有部分让与第三人,其分割或分管契约,对于受让人仍继续存在',就维持法律秩序之安定性而言,固有其必要,唯应有部分之受让人若不知悉有分管契约,亦无可得而知之情形,受让人仍受让与人所订分管契约之拘束,有使善意第三人受不测损害之虞,与宪法保障人民财产权之意旨有违,首开判例在此范围内,嗣后应不再援用。至建筑物为区分所有,其法定空地应如何使用,是否共有共享或共有专用,以及该部分让与之效力如何,应尽速立法加以规范,并此说明。"该解释虽以受让人之善意作为考虑的基础,然深究之,应在于重申,规范上欲给予物权效力时,应有符合物权法上之"公示原则"的制度相配合。法定公示方法的遵守与法定公信力之赋予,属于制式之配套的规定。其与以受让人之善意为基础的保护似同而异。其差异在于只要信赖公示之事实,原则上即应受保护,持相反意见者,至少其他共有人应证明受让人有违反诚信原则之恶意;反之,如自始以受让人(关于分管契约)之善意为保护的前提,受让人应证明自己之善意,始能有不受未经公示之分管契约拘束的权利。至于公信力之主张,是否还应受诚信原则之限制,为物权法上或债权之准物权效力有关规定上应考虑的事项。如采肯定说,则遵守物权法上所定之公示方法所作之公示将仅具事实之推定的效力,而不再有像"土地法"第 43 条所定之"绝对效力"。"'土地法'第四十三条所谓依本法所为之登记有绝对效力,系为保护第三人起见,将登记事项赋予绝对真实之公信力,故第三人信赖登记而声请所有权移转登记。""纵其登记有无效或得撤销之原因,真正权利人亦不得该第三人取得土地权利后,诉请涂销其登记。"(《台湾地区裁判类编(民事法)》,第 5 册,第 272 页:"最高法院"1958 年度台上字第 1595 号民事判决)"纵令嗣经法院查封而对于查封后始办妥移转登记,执行债权人亦不得对之主张债务人无权处分,而认第三人尚未取得所有权……唯此系指所有权移转登记之情形而言,不包括所有人之保存登记在内。盖保存登记并非具有创设效力,须经地政机关为登记之公告,在公告期内无人提起异议者,始得视为确定,倘在公告期内已经法院查封,即失其效力。"(《"最高法院"判例要旨》,上册,1983 年 5 月版,第 735 页:"最高法院"1961 年台上字第 929 号判例)所以,"买卖契约成立后,出卖人为二重买卖,并已将该物之所有权移转于后之买受人者,移转该物所有权于原买受人之义务即属不能给付,原买受人对于出卖人仅得请求赔偿损害,不得请求为移转该物所有权之行为"(《台湾地区裁判类编(民事法)》,第 6 册,第 95 页:"最高法院"1960 年度台上字第 452 号民事判决)。

行为之时效规定。① 反之,在缔约时如有诈欺或胁迫等该当侵权行为要件之情事,则其债务不履行可另构成侵权行为。例如,因受诈欺而为之买卖,未使相对人之财产总额因而减少者,因其未受有损害,所以不成立侵权行为或不当得利,②因受诈欺而核贷,则由于相对人受有损害而成立侵权行为或不当得利。③准确言之,应是在缔约时即已构成侵权行为。

　　有疑问者为:不行使因诈欺或胁迫而生之撤销权,致因诈欺或胁迫而缔结之契约继续有效存在时,其存在对于以诈欺或胁迫为要件事实之侵权行为有无违法阻却的作用。"最高法院"实务上采无阻却作用的见解。不过,在这种情形必须注意,不撤销的结果,被诈欺或胁迫者本得依因受诈欺或胁迫而缔结之契约的内容请求履行,而这样的法律效力之内容与侵权行为责任之主张是背道而驰的。是故,依前述见解,论诸实际等于容许被诈欺或胁迫者,在撤销权之除斥期间经过后,依其选择或者请求相对人履行因受诈欺或胁迫而缔结之契约,或主张废止

---

　　① "最高法院"多次在判例中认为给付迟延与侵权行为性质相同。例如"最高法院"1954 年台上字第 639 号判例之一称:"给付迟延与侵权行为,性质上虽属相同,但因债务人之迟延行为侵害债权,在'民法'上既有特别规定,自无关于侵权行为规定之适用。"(《"最高法院"判例要旨》,上册,1983 年 5 月版,第 150 页)"最高法院"1954 年台上字第 752 号判例:"侵权行为,即不法侵害他人权利之行为,属于所谓违法行为之一种,债务不履行为债务人侵害债权之行为,性质上虽亦属侵权行为,但法律另有关于债务不履行之规定,故关于侵权行为之规定,于债务不履行不适用之。'民法'第二百三十一条第一项,因债务延迟所发生之赔偿损害请求权,与同法第一百八十四条第一项,因故意或过失不法侵害他人之权利所发生之损害赔偿请求权有别,因之基于'民法'第二百三十一条第一项之情形,所发生之赔偿请求权,无同法第一百九十七条第一项所定短期时效之适用,其请求权在同法第一百二十五条之消灭时效完成前,仍得行使之,应为法律上当然之解释。"(《"最高法院"判例要旨》,上册,1983 年 5 月版,第 121 页)

　　② "最高法院"1974 年度第二次民庭庭推总会议决议之一:"因受诈欺而为之买卖,在经依法撤销前,并非无效之法律行为,出卖人交付货物而获有请求给付价金之债权,如其财产总额并未因此减少,即无受损害之可言。即不能主张买受人成立侵权行为而对之请求损害赔偿或依不当得利之法则而对之请求返还所受之利益。"

　　③ "最高法院"1988 年度第十九次民事庭会议决议之一:"A 银行征信科员甲违背职务故意勾结无资力之乙高估其信用而非法超贷巨款,致 A 银行受损害(经对乙实行强制执行而无效果)。按债务人之违约不履行契约上之义务,同时构成侵权行为时,除有特别约定足认有排除侵权责任之意思外,债权人非不可择一请求,A 银行自得本侵权行为法则请求甲赔偿其损害。台湾地区判例究采法条竞合说或请求权竞合说,尚未尽一致。唯甲对 A 银行除负债务不履行责任外,因不法侵害 A 银行之金钱,致放款债权未获清偿而受损害,与'民法'第一百八十四条第一项前段所定侵权行为之要件相符。A 银行自亦得本于侵权行为之法则请求损害赔偿。"

相对人因该契约而取得之债权。当其主张废止加害人之债权,适用侵权行为之时效规定。① 这是否符合该除斥期间之规范意旨值得检讨。

关于积极侵害债权与侵权行为间之竞合,其肯定可谓是通说的看法。其竞合之认定上的障碍存在于:侵权行为之违法性要件,本来以法律针对一般人间所定一般保护义务之违反的禁止为基础。从而具体债务关系中之个别的保护义务是否亦为侵权行为法禁止违反之保护义务引起疑问。早期的见解泛采否定说,近年已多倾向于视所侵害之法益为何而定。受害法益如为固有利益,则原则上可以构成竞合。其理由为:具体债务关系所提供之接近的可能性,提高债务关系当事人侵害其相对人之固有利益的机会,所以需要个别的保护义务,防止损害事件之发生。在这里,保护义务虽有个别与一般之别,但其目的则一。因此,应让积极侵害债权与侵权行为的责任或规定可以竞合,以便这些规定之考虑在规范竞合之处理中,可以获得系统整合的机会,而有更圆满的发展。作为其中最主要之案例者为加害给付。所谓加害给付,通常指债务人因清偿给付,而加害于债权人之固有利益。鉴于诈害债权行为所涉及者为债权人之约定给付的请求权,不属于固有利益的范畴,所以,在诈害债权原则上不引起积极侵害债权责任与侵权行为责任之竞合。

关于第三人侵害债权之类型,经"最高法院"实务上肯认者,例如债务人与第三人利用通谋虚伪意思表示,将其所有不动产为第三人设定抵押权,以免其财产被强制执行,②或第三人教唆债务人不履行债务。③ 此外,无受领权人自债务人

---

① "最高法院"1939年上字第1282号判例:"因被胁迫而为负担债务之意思表示者,即为侵权行为之被害人,该被害人固得于'民法'第九十三条所定之期间内,撤销其负担债务之意思表示,使其债务归于消灭,但被害人于其撤销权因经过此项期间而消灭后,仍不妨于'民法'第一百九十七条第一项所定之时效未完成前,本于侵权行为之损害赔偿请求权,请求废止加害人之债权,即在此项时效完成后,依'民法'第一百九十八条之规定,亦得拒绝履行。"(《"最高法院"判例要旨》,上册,1983年5月版,第34页)

② "最高法院"1984年台抗字第472号判例:"债务人欲免其财产被强制执行,与第三人通谋而为虚伪意思表示,将其所有不动产为第三人设定抵押权者,债权人可依侵权行为之法则,请求第三人涂销登记,亦可行使代位权,请求涂销登记。二者之诉讼标的并不相同。"(《"最高法院"判例要旨》,上册,1927年至1988年,第33、106、153页)可"任其选择行使之"("最高法院"1978年度第五次民庭庭推总会议决议之一)。

③ "最高法院"1929年上字第2633号判例:"债权之行使,通常虽应对特定之债务人为之,但第三人如教唆债务人合谋,使债务之全部或一部陷于不能履行时,则债权人因此所受之损害,得依侵权行为之法则,向该第三人请求赔偿。"(《"最高法院"判例要旨》,上册,1983年5月版,第98页)

受领清偿给付而生清偿效力时,①这与其他无权处分的情形一样,会介入债权人之债权的归属权(die Fordernungszuständigkeit),而使债权人遭受与物权之无权处分类似的损害,自己虽无受领清偿给付,却丧失其债权。②

八、诈害债权与侵权行为

对于诈害债权,当"民法"第244条规定以赋予撤销诉权的方法对于债权人提供救济时,立法者到底有无对于诈害债权是否会同时构成侵权行为表达立场,值得推敲。

按撤销诉权的功能是消极性的,只在于使诈害债权之行为失其效力,以回复原状,并不课受益人以损害赔偿责任。因此,债权人如果因为诈害债权之行为,而除债权未能获得实现之损失外,另受有固有利益之损害,则应依侵权行为的规定始能对于受益人请求赔偿。这是比较清楚的部分。比较有疑问的是,在债权人不能依"民法"第244条撤销系争诈害债权的行为时,债权人还可不可以利用侵权行为达到同一目的? 这个问题之出现的可能性在于:系争行为经认定为不充分第244条所定之要件,或虽充分但第245条所定之除斥期间已经过。

在第一种情形应认为侵权行为自始亦不成立,盖在第1项所定情形,其不成立的理由必在于无损害;在第2项所定情形,其不成立的理由必在于受益人善意,从而欠缺损害或故意、过失的要件。在第二种情形中,诈害行为不论无偿或有偿,皆不一定构成侵权行为,是否构成侵权行为尚须视具体情形而定。如果成立,撤销诉权之除斥期间的经过,尚非其损害赔偿请求权之行使上的障碍。

第244条第3项后段新增:"……仅有害于以给付特定物为标的之债权者,不适用前二项之规定。"有疑问者为,该规定对于诈害债权行为是否构成侵权行为的影响为何? 就其中已具备故意要件者而论,应从违法性论断。亦即从善良风俗或公平竞争的观点斟酌其是否应构成(特别)侵权行为。盖该项规定显然有一般的放松,以给付特定物为标的之债权的规范趋势,容认二重买卖的行为,以维护合乎善良风俗之公平的市场竞争机能。既然从市场竞争机能出发,有必要对之从经济的角度分析之。

---

① "民法"第310条第2款规定,向第三人为清偿,经其受领,而"受领人系债权之准占有人者,以债务人不知其非债权人者为限,有清偿之效力"。其结果,债权人虽未因清偿而受领给付,其债权还是消灭,从而与其他无权处分的情形一样,债权人可能因之受有损害。

② Larenz认为,"在此限度债权应被视为德国民法第823条第一项所称之其他权利。盖这与对于债务人请求给付之权利无关,而与债权之归属权有关",参见 Larenz, Lehrbuch des Schuldrechts Band II Besonderer Teil, 11. Aufl. , 1977, S. 534f.

九、保护之规范类型的经济分析

关于"民法"第 244 条规定之诈害债权,以二重买卖为例,可以有不同的规范模式。在其规范模式的规划或分析上首先必须界定相关制度所划定之回旋空间,归纳当事人间主要之对立利益,以及为维护这些利益所必须付出之交易成本。

(一)制度上之回旋空间

其相关制度所划定之回旋空间为:(1)配合物权法之公示制度建立之信赖保护制度;(2)约定给付之内容的贯彻以给付可能为前提,给付不能者,改以履行利益之赔偿代之;(3)第三人(第二买受人)无探知未经公示之债权关系的义务。

该回旋空间为赋予第一买受人之买卖债权以准物权效力之制度上的障碍。按第二买受人系信赖公示事实之公信力而为交易,其自出卖人受领买卖标的物之所有权的移转,属于自真正权利人受让权利,本无所谓善意与否的问题。是故,"民法"第 244 条第 2 项之规定,已是对于该公信力之保护的限制。基此认识,同条第 3 项之规定仅是将"以给付特定物为标的之债权"的部分再回复到公示原则而已。因之,对于第一买受人之买卖债权的保障,极其量只能赋予接近于无权处分之善意取得制度对于真正权利人所提供的保护,[①]亦即就诈害债权之行为,第二买受人必须是善意第三人。唯即便如此,因第二买受人系信赖公示事实之公信力而为交易,其善意应被推定为存在。从而债权人应证明第二买受人明知第二次买卖系诈害债权之行为,始能取得撤销诉权。这是"民法"第 244 条第 2 项规定的立论基础。同条第 3 项后段规定:"债务人之行为……仅[②]有害于以给付特定物为标的之债权者,不适用前二项之规定。"该规定的意义为舍弃利用撤销诉权保障以给付特定物为标的之债权的实现。其结果,倾向于不以强制履行釜底抽薪,防止二重买卖,而利用金钱赔偿的方法填补第一买受人因二重买

---

① 其中道理为将第一买受人视为买卖标的物之真正权利人,但因其容许出卖人不即为履行,导致相对于该拟制之权利的归属状态,买卖标的物继续在出卖人的占有中,从而使出卖人基于该(表见)事实,得再将该买卖标的物的物价卖于第二买受人。此际,因出卖人尚为买卖标的物经公示之权利人,所以,第二买受人自出卖人受让买卖标的物的物者,至少应有接近于无权处分之善意取得制度的保护。反面解释即:第一买受人极其量只能主张,第二买受人就诈害债权之行为恶意者,不得对抗第一买受人。

② 在此所谓"仅"有害于以给付特定物为标的之债权,指无碍于债权人全体之利益,亦即无碍于债务人之支付能力而言。

卖所受之损害。第 3 项的规定不是现行制度在公平观点下之唯一选择,而是政策的抉择。因之,必须利用经济分析,从制度效率的观点进一步加以斟酌。

(二)当事人间主要之对立利益

为了进行经济分析的说明,必须先厘清在不同的方案中,当事人间究竟有哪些主要之对立利益。兹分从出卖人、第一买受人、第二买受人就收益面及成本面列表如下:

	收　益　面	成　本　面
出卖人	出卖人自第二次买卖可能取得之价差利益	第二次买卖之费用① 争讼费用
第一买受人	(1)第一买受人取得原来给付,以实现其债权的利益 (2)替代原来给付之履行利益的赔偿 (3)原来给付与履行利益的赔偿在二重买卖不能并存	争讼费用
第二买受人	第二买受人受领同一给付之预期利益	第二次买卖之费用 争讼费用

兹说明之:

1. 为简化二重买卖对于出卖人及第一买受人之经济利益的影响因素,以便说明,前述观点暂不考虑违约对于出卖人商誉的减损,以及第一买受人畏缩于据理力争,对其后来商务气势及其他交易计划之贯彻,可能有之不利的影响。

2. 必须出卖人之价差利益能大于第一买受人之履行利益及第二次买卖之费用和争讼费用,第二次买卖对于出卖人方始有利。其中第一买受人之履行利益是出卖人应赔偿第一买受人的,第二次买卖之费用和争讼费用是出卖人应自己负担的。在这种情形中,出卖人违约从事二重买卖,被评价为有效率之不履行债务或违约。对于有效率之不履行,是否应利用回复原状之排除的方法容认之,为债务不履行制度规划上的重要政策抉择项目。

3. 出卖人之价差利益的大小系于第二买受人就取得同一给付之预期利益。

---

①　第一次买卖之费用已构成第一次买卖价金之取得成本,所以对于第二次买卖可能取得之价差利益的计算,已无增减的意义,有影响的仅第二次买卖之费用及因之发生的争讼费用。这是本次民法债编修正将第 397 条第 2 项修正如下的道理:"再行拍卖所得之价金,如少于原拍卖之价金及再行拍卖之费用者,原买受人应负赔偿其差额之责任。"

盖第二买受人就取得同一给付之预期利益的期待愈高,其在第二次买卖中愿意出的价金便愈高。出卖人之价差利益,可以指第二次买卖价金高于第一次买卖价金之差额,也可以指第二次买卖价金高于第一次买卖价金及第二次买卖费用之差额。以下为说明上的方便,将之限指第二次买卖价金高于第一次买卖价金之差额。

4. 争讼费用系为维护各种利益所必须付出之交易成本,然因损害赔偿实务上,关于争讼费用的补偿,承认之科目不完全,例如原则上裁判费固由败诉的一造负担,但律师费用则不赔偿。因之,使争讼风险对于双方而言,不尽公平,从而不利于必须利用协议或争讼才能维护自己利益的一方。盖在胜诉时,与原来约定之利益相较,至少还是少了自己之律师费用。因之,理论上当事人之一方常可迫使相对人,在相当于其预期之律师费用的限度内让步。

5. 唯双方所应支付之律师费用如果不等,则费用较高的一方会比较不利。在假设双方议价能力相当的前提下,以双方之律师费用和除以 2 所得之商减去自己之律师费用的差,可能成为律师费用较省的一方经由争议可以获得之额外利益。另一算法为以双方之律师费用的差除以 2,作为律师费用较省的一方经由争议可能获得之额外利益。这个考虑亦适用于其他费用之不均衡的情形。

6. 兹将前述观点以公式表现如下

①金钱赔偿

在二重买卖中,当以金钱赔偿作为对于第一买受人所受损害的赔偿方法时,其公式为:

$$Ks = Pd - (Eb1 + Cs2 + Csk) \tag{1}$$

此为二重买卖对于出卖人方之经济意义。Ks 指二重买卖之争议后对于出卖人最后之经济结果,正数为得,负数为失;Pd 指第二次买卖价金大于第一次买卖价金之数额;$Eb1$ 指第一买受人之履行利益,为出卖人在二重买卖应对于第一买受人赔偿之数额;$Cs2$ 指第二次买卖在出卖人发生之费用;Csk 指出卖人因第二次买卖可能负担之争讼费用,包括裁判费及律师费。$Cs2$ 及 Csk 由出卖人自己负担。

$$Kb1 = Eb1 - Cb1k \tag{2}$$

此为二重买卖对于第一买受人方之经济意义。$Kb1$ 指二重买卖之争议后对于第一买受人最后之经济结果,正数为得,负数为失;$Eb1$ 指第一买受人之履行利益,为第一买受人可自出卖人取得之赔偿;$Cb1k$ 指第一买受人因第二次买卖可能负担之争讼费用,包括裁判费及律师费。

由于二重买卖对于出卖人之经济上的得失,系于 Ks,而 Ks 有为正数或负数之可能,所以在二重买卖的争讼中,出卖人有可能获利,亦有可能受损;反之,因 Kb1 与 Eb1 相较,Kb1 必小于 Eb1,所以,二重买卖的争讼对于第一买受人必然不利。该争讼常常只是在第一买受人与出卖人间,就第一买受人因二重买卖所受履行利益上之损害数额,不能获得协议时,为确认其数额所采取之不得已的措施。为避免这个损失或困扰,规范上可采取之防范措施为:在不能要出卖人速为履行时,利用惩罚性违约金之约定,及必要时之假处分。

二重买卖如发展至诉讼,双方的争讼费用可以说是既不利于双方当事人,亦不利于整体经济利益的事件。可惜它却是双方要达成恐怖均衡的手段。如果争讼费用庞大,导致 Ks<0,出卖人会倾向于履约;导致 Kb1<0,第一买受人会倾向于和解。争讼费用会基本地决定当事人双方,是否以和解的方法,协议第一买受人因二重买卖所受履行利益上之损害数额。有时甚至因争讼费用使二重买卖争议后对于出卖人之得失成为负数(Ks<0),而促使出卖人缩手不为二重买卖。其间之基本考虑为,在 Ks>Kb1 时,因不履行对于出卖人有经济利益,极有可能引发出卖人不履行契约。在 Ks<Kb1,但 Pd>Kb1 时,虽然二重买卖之争讼最后对于出卖人较不利,出卖人还是有可能由于期待,第一买受人考虑到争讼后其履行利益(Eb1)可能缩水到只剩扣除争讼费用后之 Kb1,而愿意在 Eb1(履行利益)与 Kb1 间,以一个小于 Pd(前后买卖间之价差)的数额,亦即以 Pd 与 Kb1 间之数额和出卖人达成和解,而不顾第一买受人将来如决心玉石俱焚时,自己可能遭受之较大的不利,而先行从事导致违约之二重买卖。要之,Ks>Kb1 时,出卖人极可能违约;Pd>Kb1 时,出卖人可能违约。

②强制履行

在二重买卖中,当以强制履行作为对于第一买受人所受损害的赔偿方法时,其公式为:

$$Ks = Pd - (Eb1 + Cs2 + Csk) \tag{3}$$

Ks 指二重买卖之争议后对于出卖人之得失,正数为得,负数为失;Pd 指第二次买卖价金大于第一次买卖价金之数额;Eb1 指第一买受人之履行利益;Cs2 指第二次买卖在出卖人发生之费用;Csk 指出卖人因第二次买卖而可能负担之争讼费用,包括裁判费及律师费。因在强制履行时,出卖人无差价利益之收益,第一买受人无履行利益之损失,所以其中 Pd 及 Eb1 皆为零。换言之,在争讼后,出卖人只有第二次买卖费用及争讼费用之支出,而无其他收益。其结果,该公式可简化为:

$$Ks = -(Cs2 + Csk) \tag{4}$$

此为二重买卖对于出卖人方之经济意义。

$$Kb1 = Ub1 - Cb1k \tag{5}$$

此为二重买卖对于第一买受人方之经济意义。Kb1 指二重买卖之争议后对于第一买受人之得失,正数为得,负数为失;Ub1 指第一买受人取得原来给付之利益;Cb1k 指第一买受人之争讼费用,包括裁判费及律师费。由于在以强制履行作为解决二重买卖之方法时,Ks 恒为负数,而 Kb1 虽小于 Ub1,但终有正数之可能,所以,其争议对于出卖人恒为不利。这是强制履行所以被认为是防止二重买卖之最佳利器。唯在这里仍不能忽略,"民法"第 244 条第 2 项对于以强制履行为原则之规范结果的影响。盖依该项规定,不但第二买受人之善意取得仍受保护,而且就第二买受人之明知为诈害债权之行为,由第一买受人负举证责任。因之,Kb1 如小于 Eb1,亦即第(6)式成立,第一买受人取得原来给付之利益(Ub1)减除其争讼费用(Cb1k)后的余额,如小于第一买受人不取得原来给付,而接受履行利益(Eb1)之赔偿的数额时,第一买受人还是可能与出卖人达成和解,接受以履行利益之赔偿,作为解决争议的方法。

$$Kb1 - Eb1 < 0 \tag{6}$$

在强制履行虽然特别强调以履行原来给付,而不以赔偿履行利益作为解决争议的方法,但在经济的盘算上,其实第一买受人也必须将其利用受领之给付可能得到的利益量化,以资比较。所不同者为在这种情形中,第一买受人不需要就其量化之结果对出卖人证明,而在履行利益之赔偿,就其所受履行利益上之损害的数额,第一买受人负有举证责任。

(三)不同保护方案之利弊

在诈害债权中,关于第一买受人之债权的保护,如前所述主要有两种方案或主张:(1)赋予准物权效力,准予强制履行;(2)赋予债权效力,仅得请求以金钱赔偿其履行利益上之损害。其利弊如下:

1. 赋予准物权效力,使第一买受人绝对能实现其债权

利:阻绝第二次买卖及因之发生之争议费用。

弊:与物权之公示制度的信赖保护原则冲突,不能使出价较高者取得用益机会。

就赋予准物权效力的结果,如举重以明轻,[①]准用善意取得制度,保护善意信赖公示事实之第二买受人,则必须以第二买受人明知系二重买卖为撤销诉权之成立要件。其结果,利用赋予准物权效力所拟消弭之争讼成本,将因第一买受人就第二买受人之明知应负举证责任,而大打折扣,没有预期之简单。

---

① 所谓举重以明轻,指在无权处分,已有善意取得制度之设,以保护善意信赖公示事实之公信力者,在二重买卖之出卖人所作之有权处分,自更当对于善意之第二买受人提供信赖保护。是故,"民法"第 244 条第 2 项可谓是第二买受人应享有之最低保护的规定。

2. 仅赋予债权效力,亦即只维护债务人之支付能力,而不保障取得原来给付

利:能使出价较高者取得用益机会,以增进资源之整体经济效益。

弊:会有因二重买卖之争议,而产生之争议费用。

3. 比较效益

在二重买卖的规范规划,其经济分析的考虑如被引用,应当是通案的,而不是个案的。亦即不是在个别案件中,因为不履约比较有效率,而容许;而是从通案的观点决定究竟应实行如何之规范内容,会比较有效率。

以争议费用换取延长之市场竞争效益。如果争议费用小于换取之延长的市场竞争效益,则"民法"第 244 条第 3 项后段之增订可评价为比较有效率。此外,尚有一点不能忽视者为善意第二买受人之信赖保护,以及不对其信赖加以保护时,可能引起之交易成本。

十、结论

(一)症结何在

关于撤销诉权之问题症结何在,有谓在于债权与物权之区分。因此,解决这个问题的根本之计应是否认债权与物权之区分。问题是债权与物权之区分,与其说是来自于其权利本身之内容,不如说是来自于其权利内容所决定之公示的可能与方式。[①] 假使物权之客体,不因为其为物,而得以占有或登记的方法公示之,亦无以之为基础,引申出来之公信力的保护问题。同理,当债权能克服其公示上之困难,而能使其权利人对之取得事实上之管领,亦即对之为准占有,对于此种债权在规范上也能够,从而可以从事一些相当于物权之规范方式的安排。租赁债权之所以能够被物权化,其间固有社会政策与经济政策上之考虑,但租赁

---

① 与权利归属有关之债的关系,未予适当公示而容易引起交易安全之问题者,例如信托关系。"称信托者,谓委托人将财产权移转或为其他处分,使受托人依信托本旨,为受益人之利益或为特定之目的,管理或处分信托财产之关系。"("信托法"第 1 条)"受托人因信托行为取得之财产权为信托财产(第一项)。受托人因信托财产之管理、处分、灭失、毁损或其他事由取得之财产权,仍属信托财产(第二项)。"(同法第 9 条)但"以应登记或注册之财产权为信托者,非经信托登记,不得对抗第三人(第一项)。以有价证券为信托者,非依目的事业主管机关规定于证券上或其他表彰权利之文件上载明为信托财产,不得对抗第三人(第二项)。以股票或公司债券为信托者,非经通知发行公司,不得对抗该公司(第三项)"(同法第 4 条)。

客体之有体性,及因其履行必由债权人占有之事实特征亦为其物权化所必需的存在基础。^①至于票据债权之物权化,则以其经以文据将之有体化、文义化为基础。是故,如拟赋予债权像物权之对世效力,在辗转移转中,必须解决其内容之公示问题。其结果会发现,论诸实际只是将由公权力机关办理之登记业务,转由民间办理而已。因此,关于赋予债权以对世效力的问题,首先遭遇的是由政府或民间办理登记业务,到底谁比较经济? 而一有了登记制度,接下来便是信赖保护。如果给予信赖保护,等于承认经公示之债权(亦即物权)与不经公示之债权的区别。反之,如不给予信赖保护,登记制度将只是权利瑕疵保险的配套措施。比较这两种不同公示制度的成本,不难发现,即便登记成本相当,但其查询成本必然升高,何况此外还有保险费的负担。而倘由公权力机关办理登记,不但可以提高其公信力之保护,而且由于还可配合税务行政上的需要而实质上降低其应分摊之登记成本。

其实,目前引起众多讨论之分管契约的对世效力问题所涉及者,不亦正是登记业务之僵化不能配合现代物权变化之需要,以致不能登记而引起公示的困难,使原状的保护与交易安全发生冲击。而容其登记,有登记成本;不容其登记,有调查成本所构成之交易成本,以及万一调查不周所发生之交易风险或调整成本。欲舍弃登记之公示制度,对于一切债权皆赋予对世效力所将面临的便是这样一个多样但不稳定的权利世界。

"司法院"1994 年 6 月 3 日大法官会议释字第 349 号解释称:"'最高法院'1959 年度台上字第 1065 号判例,认为'共有人于与其他共有人订立共有物分割或分管之特约后,纵将其应有部分让与第三人,其分割或分管契约,对于受让人仍继续存在',就维持法律秩序之安定性而言,固有其必要,唯应有部分之受让人若不知悉有分管契约,亦无可得而知之情形,受让人仍受让与人所订分管契约之

---

①　所以,关于买卖不破租赁,"民法"第 425 条规定:"出租人于租赁物交付后,承租人占有中,纵将其所有权让与第三人,其租赁契约,对于受让人仍继续存在(第一项)。前项规定,于未经公证之不动产租赁契约,其期限逾五年或未定期限者,不适用之(第二项)。"其中第 1 项之规定意旨在于:租赁权应经占有公示,始得享有买卖不破租赁原则的保护;第 2 项之规定意旨在于:租赁期限应以公证的方法存证、并有体化。值得注意者为,违反第 2 项规定者即根本无买卖不破租赁原则的适用或保护,而非将其期间缩短为 5 年。此与"民法"第 422 条之规定方式不同:"不动产之租赁契约,其期限逾一年者,应以字据订立之,未以字据订立者,视为不定期限之租赁。"关于租赁权之物权化,"民法"第 422 条之一还规定:"租用基地建筑房屋者,承租人于契约成立后,得请求出租人为地上权之登记。"该条堪称为配合买卖不破租赁原则的规定,利用地上权登记将基地租赁加以公示的规定。该规定引起两个问题:(1)关于基地租赁还有无用益债权之存在余地;(2)依"民法"第 166 条之一第 1 项及第 73 条规定,基地租赁未经公证者,是否有效? 应采否定的看法。

拘束,有使善意第三人受不测损害之虞,与宪法保障人民财产权之意旨有违,首开判例在此范围内,嗣后应不再援用。至建筑物为区分所有,其法定空地应如何使用,是否共有共享或共有专用,以及该部分让与之效力如何,应尽速立法加以规范,并此说明。"

该号解释虽肯认分管契约对于知情受让人之拘束力,从而给予有限度之对世效力,但其解释理由书尚强调物权行为:"于以公示方法使第三人得知悉之状态下,对任何第三人均发生法律上之效力。故动产以交付为公示方法,不动产以登记为公示方法,而以之作为权利取得、丧失、变更之要件,以保护善意第三人。"要之,公示实为物权所以有对世效力之道理所在。换言之,物权不过为利用此种权利之公示可能性所作的规范设计。

基于以上的认识,是否肯认物权与债权之区别,在这个层次之交易成本或调整成本的差异并不必然有其轩轾。真正构成争点的是:对于未经公示之债权到底适合提供何种保障?

(二)未经公示之债权的保障

关于未经公示之债权的保障,其不同意见之纠缠有伦理的、经济的考虑。首先是对于债务人,其次为对于第三人(亦即受让人)之非难,最后是对于无辜之善意受让人准备给予何种保护。这是善意取得制度之承认与建制的问题。一旦承认善意取得制度,问题的重心便从物权与债权之区别,移动到由谁就受让人之善意负举证责任:由债务人或由受让人? 如由债务人负举证责任,等于课其通知或公示义务;如由受让人负举证责任,等于课其探知义务。[①]

这个问题在债权之对世效力的主张上,往往容易受到忽略。其忽略的缘由在于不知不觉中假定所处理的案件皆是受让人明知有系争债权存在,而其实因该债权未经公示,受让人是有可能不知情的。这中间受让人是否知情固有疑问,然谁又能确保主张存在于先之债权是否真正存在,而且存在于先? 当提高了债权之伦理及保护的地位,假债权之道德风险便易随之而生,其中同样存在有难以估算之交易成本或风险。

所以,"民法"第 244 条第 2 项之下述规定可谓是受让人之保护的底线:"债

---

① 前后买受人之保护的取舍,在于经发展后之状态的优先保护。否则,必须再以回复原状,改变已发展的状态。这并不经济。至于出卖人如已无支付能力,纵使撤销债务人与受让人间以"给付特定物为标的之债权"对于该债权之债权人并无因之必可获得约定之给付的利益。"破产法"第 92 条第 8 款规定:"破产管理人为左列行为时,应得监查人之同意:八、双务契约之履行请求。"

务人所为之有偿行为,于行为时明知有损害于债权人之权利者,以受益人于受益时亦知其情事者为限,债权人得声请法院撤销之。"至于第 3 项后段关于以给付特定物为标的之债权的规定:"债务人之行为……仅有害于以给付特定物为标的之债权者,不适用前二项之规定"为另一政策层面的问题。其伦理的判断与竞争政策有关。

(三)该二规范模式之交会点

由以上的说明,关于债权之保护看似有绝然不同的模式,而毫无交集的空间,其实不然。当利用公示制度区分物权与债权,并对于债权的保护采取比较审慎保守的立场,认为第二买受人自出卖人受让所有权,为自有权者有效继受权利时,其实为债权之保护上的需要,已经利用"民法"第 184 条第 1 项后段以及"公平交易法"第 24 条予以补强,以便第一买受人能够例外的,依以之为基础之损害赔偿请求权,请求第二买受人回复原状,返还其自出卖人继受之物及其所有权。唯因其为例外的救济手段,第一买受人就第二买受人故意违反善良风俗,从事竞争加损害于第一买受人应负举证责任。反之,当自始否认债权与物权之区别的妥当性,认为第一买受人在第一次买卖契约缔结时,便已取得买卖标的物之所有权时,其实该制度在实务上的开展,一开始便已面临存证与举证上的问题。当在交易市场存在着大量辗转接续发展的债权行为,而且这些债权行为皆于其有效缔结时,即马上发生对世效力,而对之却无具有公信力之适当公示记录时,可以想象为维持这样一个法律系统之正常运作,使其具有适度的透明性,并对于善意第三人提供合理之保护,那是不容易的。但不管如何还是必须记录,对于善意第三人还是必须提供信赖保护。于是在这里,债权之对世效力同样被缓和下来。在这种情形中,第二买受人要主张善意信赖的保护,应就其善意负举证责任。经此缓和,其结果前述物权或债权保护手段的实质差异便仅存在于举证责任上。

第二章

债权之确保

第一节 债权之确保

一、概说

在债之关系,就其圆满履行,总是或高或低包含一定程度之风险。为降低该风险,不但关于双务契约,"民法"首先有同时履行抗辩("民法"第 264 条第 1 项),及不按抗辩之规定(第 265 条、第 368 条第 1 项),而且对于因负先为给付之义务,而来不及主张同时履行抗辩者,另有法定留置权("民法"第 928 条)或法定抵押权("民法"第 513 条)之担保,以确保其债权。此外,在不适合以法定担保物权提供担保的情形,另有优先权的规定提供保障。例如"劳动基准法"第 28 条第 1 项规定:"雇主因歇业、清算或宣告破产,本于劳动契约所积欠之工资未满六个月部分,有最优先受清偿之权。"该积欠工资之最优先受清偿权究竟有多优先?

"内政部"及"财政部"之函释认为工资债权只最优先于无担保债权。[①]

　　债权人为避免因该风险,最后遭受债务不履行或积极侵害债权的损害,可能从事确保债权的安排。其可能之安排为:(1)约定定金、违约金作为预定之赔偿;(2)债务人提供押金担保债权;(3)债权人自己购买保险;(4)由债务人向第三人

---

　　① 关于这个问题,"内政部"1985 年 5 月 21 日台内劳字第 294903 号函释:"'劳动基准法'第二十八条规定,雇主因歇业、清算或宣告破产,本于劳动契约所积欠之工资未满六个月部分,有最优先受清偿之权。其优先顺位除法律另有规定外,仅次于抵押权,优先于其他一切债权受偿。"相同的问题,"法务部"1991 年 4 月 24 日(八十)法律字第 05978 号函释:"一、按'劳动基准法'第二十八条第一项规定:'雇主因歇业、清算或宣告破产,本于劳动契约所积欠之工资未满六个月部分,有最优先受清偿之权。'系指该工资优先于普通债权及无担保之优先债权而言。上开工资与税捐,何者优先受偿? 端视该税捐就其受偿顺序有无特别规定以为区别。例如土地增值税之征收,就土地之自然涨价部分,优先于一切债权及抵押权('税捐稽征法'第六条第二项);应缴或应补缴之关税,就应缴关税而未缴清之货物优先于抵押权(参见'关税法'第三十一条第一项、第三项及'司法院'大法官会议释字第 216 号解释)等,自当依其规定优先于上开工资而受偿。至于受偿顺序未有特别规定之税捐,自当依'税捐稽征法'第六条第一项规定,优先于普通债权而受偿。唯该税捐债权与上开同属优先于普通债权之工资债权并存时,基于保障劳工之基本生存权并维护社会安定,以工资('劳动基准法'第二十八条第一项)较无特别规定之税捐优先受偿为宜。"积欠之工资之受偿顺位,所以适合规定为后于土地增值税乃因土地涨价部分应负担多少土地增值税除能够预先计算外,在一定程度上还具有由土地所有人与国家共享之性质。应缴或应补缴之关税,就应缴关税而未缴清之货物,所以适合规定优先于以该货物为标的之抵押权,乃因关税是货物要通关进入市场前应清缴之税捐。唯超出该土地或货物,其对于其他债权之优先即不再有事理上之依据。至于"劳动基准法"第 28 条第 1 项原规定:"雇主因歇业、清算或宣告破产,本于劳动契约所积欠之工资未满六个月部分,有最优先受清偿之权。"而上述函释将其最优先受清偿之顺位,除因"税捐稽征法"第 6 条第 2 项,"财政部"解释其次于"土地增值税、地价税、房屋税"外,为何"内政部"还解释其次于抵押权,成为只优先于无担保债权之最优先受清偿债权。更是欠缺法律之明文依据。其实优先权的优先性原则上是优先于担保物权的。例如"海商法"第 24 条首先在第 1 项第 1 款规定,"船长、海员及其他在船上服务之人员,本于雇佣契约所生之债权"为海事优先权担保之债权,有优先受偿之权。其位次,在船舶抵押权之前(同条第 2 项)。"建造或修缮船舶所生债权,其债权人留置船舶之留置权位次,在海事优先权之后,船舶抵押权之前。"(同法第 25 条)"不属于同次航行之海事优先权,其后次航行之海事优先权,先于前次航行之海事优先权。"(同法第 30 条)上述海商法的规定亦彰显工资在受偿上之优先性。其理由为:(1)因为劳工负先为劳务给付的义务,其工资债权属于欠缺同时履行抗辩权保障之费用性债权。(2)受雇人因执行职务,受雇主之指示,而对于雇主之物有管领之力者,仅雇主为占有人("民法"第 942 条)。所以,受雇人并不能因执行职务占有雇主之物而取得留置权("民法"第 928 条),以确保其工资债权。(3)与短期间之工资对应之劳务的财务贡献,原则上还会表现在陷于支付困难之事业的财产中。是故,肯认其优先受偿权,一方面有其必要,另一方面不致有害于雇主之其他债权人的债权。

购买履约保证;(5)由债务人觅得第三人为保证人与债权人缔结保证契约;(6)由债务人或第三人提供担保物设定担保物权,担保债权。

归纳上述安排的作用,不外乎是预定赔偿额,以降低关于损害之有无及其数额之证明的困难;对于债务提供保证或担保,以增加应负责清偿之人或取得优先于其他债权人之债权受偿的地位。

债务的风险有不等的层次。最高者为负给付危险,只要债务人不为给付,不论是否可归责于债务人,债务人或担保人对于债权人一概负履行利益之赔偿责任。其次为过失之债务不履行责任。

二、定金

定金的约定与授受,在于表达双方缔约之决意。是故,订约当事人之一方,由他方受有定金时,推定其契约成立("民法"第248条)。[①] 定金约款必须经定金之授受,方始生效。规定收受定金时,推定而非视为其契约成立的意旨在于保留当事人事后仍得根据事实,反证契约实际上尚未成立。例如双方就"民法"第153条第2项所定,当事人应有一致之意思表示的必要之点,或非必要之点,尚未有一致之意思表示。虽有定金之授受,而事后经证明契约未成立者,该定金之给付即成为无法律上原因之给付,其给付者得依不当得利的规定请求返还("民法"第179条以下)。[②] 唯这时必须注意实务上有所谓"要达成协议之协议"

---

① 有学者按定金之作用,将之区分为证约定金、成约定金、违约定金、解约定金及立约定金(孙森焱:《民法债编总论》下册,作者自刊,2004年1月修订版,第724页)。具体约定之定金究竟属于何种定金,属于契约解释的问题。同一定金是否可兼具不同属性之定金种类,或不同种类之定金间可否有转化的关系,同样应就个案具体约定之情形论断。证约定金、成约定金、违约定金、解约定金及立约定金等在逻辑上,彼此并存互相不排斥。定金之授受,除证明其为立约定金外,通常基本具有证约定金、成约定金的作用。是否兼具违约定金或解约定金的作用,视具体约定之情形论断。成为问题者为:有疑义时,原则上采兼具或不兼具的看法。基于"民法"第249条第2款、第3款的规定,应采原则上兼具违约定金或解约定金的作用。约定为立约定金者,可能同时约定,立约定金在缔约后不转化为违约定金、解约定金,也不得作为给付之一部("民法"第249条第1款参照)。在这种情形中,对于给付立约定金者而言,立约定金的意义接近于选择权买卖之权利金的给付。不同者为:在选择权买卖,于选择权人表示行使选择权时,出售选择权者不得以加倍返还立约定金为代价,免按约定价格,购买或出售约定数量的约定标的之履行义务。而在立约定金,收受定金者得以加倍返还立约定金为代价,拒绝缔约。唯其如不为缔约之拒绝,则在缔约后,双方除另有约定外,应各不再得将该立约定金转化为违约定金或解约定金。主张另有得转化之约定者,就有该约定,负举证责任。

② Esser, Schuldrecht, 2. Aufl., 1960, Karlsruhe, § 69 2.

(agreement to agree)的效力,及该协议之违反的赔偿问题。本来基于契约自由原则中之缔约自由,参与缔约协商者对于缔约相对人并无达成协议之义务,亦即可以不具理由停止参与缔约协商。不过,在双方有要达成协议之协议之约定的情形,各当事人即不再可以不具理由,任意停止协商。直以协议不可能达成为理由停止协商,要冒相当风险。

由于定金以现实授受为其生效要件,所以事后不得以定金过高为理由,声请法院酌减。此与违约金只是将来违约时应给付一定金额以为赔偿的约定不同。定金除如"民法"第 248 条所定有证约的作用外,因"民法"第 249 条第 2 款规定,"契约因可归责于付定金当事人之事由,致不能履行时,定金不得请求返还",第 3 款规定,"契约因可归责于受定金当事人之事由,致不能履行时,该当事人应加倍返还其所受之定金",通常亦具有类似于违约金之违约损害与赔偿额预定的意义。"预定"在此具有拟制有该约定数额之损害发生的意义。是故,为违约金之请求,请求权人并无证明其因相对人违约,受有损害及其数额的举证责任。然赔偿义务人是否得透过证明请求权人未受有损害,或其实际所受损害较少,来免除或减轻自己的责任?这虽采否定的见解,但请求权人实际所受损害的大小仍是法院认定约定之违约金,是否过高,应予酌减的重要因素("民法"第 252 条)。只是该二款规定以"不能履行"为违约态样,该二款规定首先自只适用于"给付不能"的情形,而后才可能类推适用于迟延给付于债权人无利益("民法"第 232 条)或债务人虽经定相当期限催告其履行,而于期限内不履行的情形(依"民法"第254 条)。唯如只是给付迟延,而尚未发展至"民法"第 232 条或第 254 条所定上述情事,则无"民法"第 249 条第 3 款之适用。[①] 因依"民法"第 249 条第 2 款、第3 款,定金是可归责于当事人之一方致不能履行时,该当事人对于相对人所负之赔偿总额,所以,定金原则上亦具有解约定金的意义。唯此项解除须于相对人着手履行前为之,相对人已着手履行时,则不得再为此项解除权之行使。[②] 这等于

[①] "最高法院"1982 年度台上字第 2992 号民事判例:"契约当事人之一方,为确保其契约之履行,而交付他方之定金,依'民法'第二百四十九条第三款规定,除当事人另有约定外,只于契约因可归责于受定金当事人之事由,致不能履行时,该当事人始负加倍返还其所受定金之义务,若给付可能,而仅为迟延给付,即难谓有该条款之适用。"

[②] "最高法院"1995 年度台上字第 1235 号民事判决:"解约定金,系以定金为保留解除权之代价,定金付与人固得抛弃定金,以解除契约;定金收受人亦得加倍返还定金,以解除契约。唯此项解除须于相对人着手履行前为之,相对人已着手履行时,则不得再为此项解除权之行使。"

是以定金购买不履行契约之选择权。① 不过,如果双方决定履行契约,因定金并非是当事人之一方取得缔约机会的权利金,所以于"契约履行时,定金应返还或作为给付之一部"("民法"第 249 条第 1 款),"契约因不可归责于双方当事人之事由,致不能履行时,定金应返还之"("民法"第 249 条第 4 款)。这亦适用于当事人有正当理由而解除契约的情形。在这种情形,其定金之返还的请求,以"民法"第 249 条第 4 款或第 259 条第 2 款,而不以不当得利的规定为依据。②

三、违约金.

与定金类似而不同者为违约金之约定。其类似处在于原则上皆可能具有违约及解约之损害赔偿额之预定的意义。基本的不同为:(1)定金以现金之授受为生效要件,而违约金只是如有违约应赔偿一定数额之约定,无现金之授受。(2)定金之授受有证约的作用,而违约金之约定并无证约的作用。(3)定金只赔偿可归责于当事人一方之不能履行的损害,而违约金除可能就给付不能以外之各种债务不履行的情形加以约定外,还可能为惩罚性违约金之约定。

在双务契约之履行,有时双方约定,负分期给付金钱之义务者,如有逾期未为给付的情形,契约即视为解除,其已给付之各期款项不得请求返还,充为预定违约损害之赔偿。学说上称此为失权特约。③ 参诸"民法"第 389 条规定:"分期付价之买卖,如约定买受人有迟延时,出卖人得即请求支付全部价金者,除买受人迟付之价额已达全部价金五分之一外,出卖人仍不得请求支付全部价金。"及第 390 条规定:"分期付价之买卖,如约定出卖人于解除契约时,得扣留其所受领价金者,其扣留之数额,不得超过标的物使用之代价,及标的物受有损害时之赔

---

① 德国民法称解约金为悔约金(Reugeld)。德国民法第 336 条第 2 项规定:"有疑义时,定金(Draufgabe)不认定为悔约金。"第 353 条规定:"保留用给付悔约金交换契约解除权,而在解除之表示时或之前未交付该悔约金,且相对人以此为理由即拒绝该表示者,该解除无效。在该拒绝之表示后即为该悔约金之交付者,该解除之表示仍然有效。"

② Esser, Schuldrecht, 2. Aufl., 1960, Karlsruhe, § 69 3.

③ 关于失权特约,请参考孙森焱:《民法债编总论》下册,作者自刊,2004 年 1 月修订版,第 733～734 页。

偿额。"此种失权约款应论为违反诚信原则或重利禁止原则,无效①。

　　一个演艺人员与其经纪人、剧院或电视台约定,其如不依约在约定之期日在约定之场所表演者,应支付违约金新台币 10 万元;如在任何时候在非约定之场所为他人表演者,应支付违约金新台币 50 万元。在第一种情形,其约定除预定损害赔偿额外,是否兼具负担给付危险的意义? 如采肯定的见解,则只要该演艺人员不依约出台表演,不论过失之有无,皆应负债务不履行的赔偿责任。其问题主要在于,系争意思表示是否含负担给付危险之意思。在第二种情形中,为竞业之禁止。在该演艺人员违约为他人表演时,其债权人除依约定请求给付违约金外,是否并得对于该演艺人员提起不作为之诉,禁止其为他人表演? 其问题主要在于,竞业之禁止是否违反宪法关于工作权保障②及竞争法关于限制竞争之禁止规定? 关于竞业的禁止需要特别发生在经理人("民法"第 562 条参照)、业务员、研发人员及其他需要特殊技艺的委任或雇佣关系。

　　为债务不履行之损害赔偿,事先约定违约金者,一直有下述疑问:(1)是否为损害之有无及数额之预定? (2)该约定之违约金数额有无预定最高或最低赔偿额的意思? (3)是否亦适用于任意解除契约的情形?

　　对于上述问题,如无特约,通常解释为损害之有无及数额之预定。债权人并

---

　　① 　就附条件买卖,"动产担保交易法"第 28 条规定,买受人不依约定偿还价款者,出卖人得取回占有标的物。出卖人取回占有该标的物,而其价值显有减少者,得向买受人请求损害赔偿。第 29 条规定:"买受人得于出卖人取回占有标的物后十日内,以书面请求出卖人将标的物再行出卖;出卖人纵无买受人之请求,亦得于取回占有标的物后三十日内将标的物再行出卖(第一项)。出卖人取回占有标的物,未受买受人前项再行出卖之请求,或于前项三十日之期间内未再出卖标的物者,出卖人无偿还买受人已付价金之义务,所订附条件买卖契约失其效力(第二项)。"出卖人未依第 29 条再出卖标的物者,出卖人对于买受人无标的物之损害赔偿或用益利益之返还请求权;反之,其依该条规定再出卖标的物者,固有标的物之损害赔偿或用益利益之返还的请求权,但再出卖所得价金超过标的物之损害及用益利益者,应将超过部分返还买受人。

　　② 　台湾高等法院 1997 年度上更(一)字第 435 号判决:"按受雇人有忠于其职责之义务,于雇用期间若未得雇用人之允许,固不得为自己或第三人办理同类之营业事务,否则同业竞争之结果,势必有利自己或第三人,而损害其雇用人('民法'第 562 条参照);为免雇人因知悉前雇用人之营业资料而作不公平之竞争,双方亦得事先约定,于受雇人离职后,在特定期间内不得从事与雇用人相同或类似之行业,以免有不公平之竞争,若此竞业禁止之约定期间、内容为合理时,与宪法工作权之保障无违。"由于基本权利本来是用来保障人民免于受到公权力的侵害,所以,基本权利在私法关系上是否有直接的适用性,引起疑问。跟随 Ipsen,德国学者将"基本权利对于私法关系之直接适用性称为'基本权利之第三效力'。(Drittwirkung der Grundrechte)"(Dürig in Maunz/ Dürig, Kommentar z. Grundgesetz, München 1990, Art, 1 vor Rdnr. 127.)

不需要证明其受有损害及损害额。① 因此，既是最低也是最高之预定赔偿额。在具体案件中，因约定之违约金一直有被解释为预定之最高赔偿额的可能，所以，事后债权人纵使能够证明有更多之损害，并不得请求赔偿。此外，在违约金与定金的情形相同下，都有可能被解释为任意解除契约之赔偿额的预定，因此，被赋予解约违约金的性质：当事人任何一方，得支付违约金，赔偿相对人的损害，解除契约。② 所以，当事人间如有不同的想法，应预为清楚约定。③ 应约定至何种程度方始清楚，司法实务上曾经认为光称为"违约罚锾"或"照约受罚"，尚不足以表明，所约定之违约金是惩罚性违约金。④ 关于惩罚性违约金必须针对各种

① 唯"最高法院"1994年度台上字第2879号民事判决认为："按'民法'第二百五十条就违约金之性质，区分为损害赔偿预定性质之违约金，及惩罚性违约金，前者乃将债务不履行债务人应赔偿之数额予以约定，亦即一旦有债务不履行情事发生，债权人即不待举证证明其所受损害系因债务不履行所致及损害额之多寡，均得按约定违约金请求债务人支付，此种违约金于债权人无损害时，不能请求。后者之违约金系以强制债务之履行为目的，确保债权效力所定之强制罚，故如债务人未依债之关系所定之债务履行时，债权人无论损害有无，皆得请求，且如有损害时，除惩罚性违约金，更得请求其他损害赔偿。"该要旨关于损害赔偿预定性质之违约金的论述，前后矛盾。其依据何在，不明。

② "最高法院"1979年度台上字第3887号民事判例："违约金系当事人约定契约不履行时，债务人应支付之惩罚金或损害赔偿额之预定，以确保债务之履行为目的。至若当事人约定一方解除契约时，应支付他方相当之金额，则以消灭契约为目的，属于保留解除权之代价，两者性质迥异。"

③ "最高法院"1997年度台上字第1620号民事判决："违约金有赔偿性违约金及惩罚性违约金，其效力各自不同。前者以违约金作为债务不履行所生损害之赔偿总额。后者以强制债务之履行为目的，确保债权效力所定之强制罚，于债务不履行时，债权人除得请求支付违约金外，并得请求履行债务，或不履行之损害赔偿。当事人约定之违约金究属何者，应依当事人之意思定之。如无从依当事人之意思认定违约金之种类，则依'民法'第二百五十条第二项规定，视为赔偿性违约金。"

④ "最高法院"1980年度台上字第4782号民事判决："所谓惩罚性（制裁性）之违约金，依'民法'第二百五十条第二项规定，必须于契约中明定，如债务人不于适当时期或不以适当方法履行债务时，而须支付违约金者，始足当之。否则，契约纵有履行期或履行方法之约定，其所定违约金，仍应视为赔偿总额之预定。本件两造所定买卖契约第十条仅载：'若乙方违约，应将其所收款项，于甲方通知日起三日内，加倍返还甲方'，似无从解为属于上开惩罚性违约金之特别约定，原审就此未予注意辨认，徒以契约另有履行期间之约定，及事后双方来往函件，另有'违约罚锾'或'照约受罚'之语，即认两造间所定之违约金为惩罚性质，而非赔偿总额之预定，并本于惩罚性违约金之法律关系，判命上诉人高添运等给付违约金，尚嫌率断。"

不同之违约态样约定其违约金。① 这可从"民法"第 250 条下述规定推论而出②："当事人得约定债务人于债务不履行时,应支付违约金。违约金,除当事人另有订定外,视为因不履行而生损害之赔偿总额。其约定如债务人不于适当时期或不依适当方法履行债务时,即须支付违约金者,债权人除得请求履行债务外,违约金视为因不于适当时期或不依适当方法履行债务所生损害之赔偿总额。"不是解约违约金的约定通常也即是惩罚性违约金。在惩罚性的违约金中,因其意义在于惩罚,所以该违约金之给付不用来抵付债权人因债务人违约所遭受之损害。③ 违约金债权于约定之原因事实发生时,即已发生,不因后来契约解除④或债权人受领迟延给付而消灭。⑤ 在定金中亦有类似的问题。值得注意的是,在为定金之约定的情形中,其解约,司法实务上认为有时程上的限制:"须于相对人

---

① "最高法院"1990 年度台上字第 229 号民事判决:"违约金有属于惩罚之性质者,有属于损害赔偿约定之性质者,依'民法'第二百五十条第二项前段规定,违约金除当事人另有订定外,视为因不履行而生损害之赔偿总额,故惩罚性违约金固以当事人有特别订定者始足当之,然不论何者,既云'当事人得约定债务人不履行债务时,应支付违约金',依其约定内容,尚可分为因给付不能、拒绝给付,或因迟延给付,或因不完全给付时,应支付之违约金。至'民法'第二百五十条第二项但书规定:'约定如债务人不于适当时期或不依适当方法履行债务时,即须支付违约金者',系指给付迟延或不完全给付时应支付损害赔偿总额预定性之违约金而言。"

② "最高法院"1984 年度台上字第 4284 号民事判决:"'民法'所定违约金有两种:一为以预定债务不履行之损害赔偿为目的,此种违约金于债务人不履行债务时,债权人仅得就本来之给付或违约金择一请求,不得并为请求;二为以强制债务之履行为目的,此种违约金于债务人不履行债务时,债权人除得请求违约金外,并得请求本来之给付。而当事人所定违约金究竟属于何种,应依当事人之意思定之,倘当事人未予约定,则视为以预定债务不履行之损害赔偿为目的,此观'民法'第二百五十条第二项规定自明。"

③ "最高法院"1973 年度台上字第 1394 号民事判例:"违约金,有属于惩罚之性质者,有属于损害赔偿约定之性质者,本件违约金如为惩罚之性质,于上诉人履行迟延时,被上诉人除请求违约金外,固得依'民法'第二百三十三条规定,请求给付迟延利息及赔偿其他之损害,如为损害赔偿约定之性质,则应视为就因迟延所生之损害,业已依契约预定其赔偿,不得更请求迟延利息赔偿损害。"

④ "最高法院"1972 年度台上字第 2922 号民事判例:"违约罚性质之违约金,于有违约情事时其请求权即已发生,不因其后契约之解除而谓并无违约情事,自无因契约解除而随同消灭之理。本件被上诉人既经原审认定其已发生违约情事,并认定两造约定之违约金,系违约罚性质,而又谓契约已经解除,上诉人不得请求该项违约金,将第一审该部分之判决废弃,改为上诉人败诉之判决,核诸前开说明,即难谓无违误。"

⑤ "最高法院"1953 年度台上字第 497 号民事判例:"双方约定违约金之债权,于约定之原因事实发生时,即已独立存在。定作人于迟延后受领工作时,虽因未保留而推定为同意于迟延之效果,仍不影响于已独立存在之违约金债权。"

着手履行前为之。"① 此与违约金之约定不同。唯因定金约款之生效具有要物性,所以,其解约由受定金者为之时,必须同时提出定金之倍额对付定金者给付,始生解约的效力。②

约定之违约金过高者,法院得依职权或因债务人之诉请,减至相当之数额("民法"第252条)。③ 唯债务人之诉请减低违约金,应在其给付前为之。④ 约定之违约金是否过高,法院应按就债权人因债务人违约所受损害、⑤所失利益⑥等一切与债权人之正当利益有关的情状客观衡量。债务人之过咎程度或无过失是

---

① "最高法院"1995年度台上字第2857号民事判决:"解约定金,系以定金为保留解除权之代价,定金付与人固得抛弃定金,以解除契约;定金收受人亦得加倍返还定金,以解除契约。唯此项解除契约须于相对人着手履行前为之,相对人如已着手履行时,则不得再为此项解除权之行使。"同样见解,另见"最高法院"1983年度台上字第85号民事判决、"最高法院"1995年度台上字第1235号、"最高法院"1995年度台上字第1213号民事判决。

② "最高法院"1993年度台上字第1325号民事判决:"付定金者欲解约,依意思表示为之即可,无须另为抛弃定金之表示;受定金者欲解约,须于为解约之意思表示前或同时提出定金之倍额,否则,不生解约之效力。"

③ "最高法院"1990年度台上字第1612号民事判例:"'民法'第二百五十二条规定:'约定之违约金额过高者,法院得减至相当之数额。'故约定之违约金苟有过高情事,法院即得依此规定核减至相当之数额,并无应待至债权人请求给付后始得核减之限制。此项核减,法院得以职权为之,亦得由债务人诉请法院核减。"

④ "最高法院"1990年度台上字第1915号民事判例:"约定之违约金过高者,法院得减至相当之数额,'民法'第二百五十二条定有明文。至于是否相当,即须依一般客观事实,社会经济状况及当事人所受损害情形,以为斟酌之标准。且约定之违约金过高者,除出于债务人之自由意思,已任意给付,可认为债务人自愿依约履行,不容其请求返还外,法院仍得依前开规定,核减至相当之数额。"

⑤ "最高法院"1960年度台上字第807号民事判例:"当事人约定契约不履行之违约金过高者,法院固得依'民法'第二百五十二条以职权减至相当之数额,唯是否相当仍须依一般客观事实、社会经济状况及当事人所受损害情形,以为酌定标准,而债务已为一部履行者,亦得比照债权人所受利益减少其数额。"在相当于债务不履行之法律效力的审定上,一般客观事实或社会经济状况属于情事变更制度下始考量的因素。

⑥ "最高法院"1962年度台上字第19号民事判例:"约定之违约金是否过高,应就债务人若能如期履行债务时,债权人可得享受之一切利益为衡量之标准,而非以仅约定一日之违约金额若干为衡量之标准。"

否亦为衡量因素之一,司法判例采否定的看法。① 约定之数额如与实际损害显相悬殊,法院自得以当事人实际上所受损失为标准,酌予核减(最高法院1930年上字第1554号民事判例)。"债务已为一部履行者,法院得比照债权人因一部履行所受之利益,减少违约金。"("民法"第251条)就违约金之衡平酌减,"民法"第252条虽然仅规定过高为其酌减事由,但除约定之违约金是否过高外,系争约款所涉债务人的义务,法律对之有无保护的规定,该违约金约款是否构成该保护规定的规避? 该违约金的请求是否违反诚信原则或有权利滥用的情事?② 例如信用卡之发卡银行为填补高倒账危险之持卡人的倒账损失,而普遍地提高一般持卡人之迟延违约金及加算其迟延利息之迟延天数,即值得深入检讨其是否违反诚信原则或有权利滥用的情事。③

四、票据担保或现金担保

交易习惯上,有时债权人要债务人开立本票作为其所负债务之担保。此即票据担保。本票如以债务人为发票人,其交付事实上并无担保的作用。不过,因为依"票据法"第123条,"执票人向本票发票人行使追索权时,得声请法院裁定后强制执行"。本票准许强制执行之裁定,系"强制执行法"第4条第1项第6款之执行名义("最高法院"2006年度台简上字第26号民事判决)。所以,以本票

---

① 最高法院1940年沪上字第18号民事判例:"'民法'第二百五十二条仅规定约定之违约金额过高者,法院得减至相当之数额,并未规定债务人之不履行债务,非由于故意或重大过失者,法院亦得减少违约金。原审既认债务人某等所称违约金过高之主张为非正当,而又以某等之不履行债务非由于故意或重大过失,即减少其与债权人约定之违约金额,于法殊有未合。""民法"原则上虽不按故意或过失的有无定赔偿额之高低,但这应适用在实际发生之损害。在不以实际发生之损害为赔偿客体,或甚至仅是惩罚性之赔偿的情形,债务人之故意或过失的有无,应当还是一个重要的审酌因素。例如"健康食品管理法"第29条前段规定:"出卖人有违反本法第七条、第十条至第十四条之情事时,买受人得退货,请求出卖人退还其价金;出卖人如系明知时,应加倍退还其价金;买受人如受有其他损害时,法院得因被害人之请求,依侵害情节命出卖人支付买受人零售价三倍以下或损害额三倍以下,由受害人择一请求之惩罚性赔偿金。"德国肯定说有 Esser, Schuldrecht, 2. Aufl., 1960, Karlsruhe, § 68 5.

② Esser, Schuldrecht, 2. Aufl., 1960, Karlsruhe, § 68 6.

③ 假定一个持卡人与发卡银行约定在每月15日清缴上月的签账款。依目前通行的约款,如果该持卡人在该月16日始缴款,则他会被加计之利息不是一天,而是16天。这合理吗? 如此加计的理由通常为:发卡银行在上月底已将其签账款,结账支付特约店。问题是:特约店已向发卡银行支付按签账金额之一定比例计算的费用,该费用已含自结账日至缴款日的利息在内。且该费用事实上亦包含在特约店之价格中,由持卡人负担。是故,上述不按持卡人实际迟延给付利息之天数,计算迟延利息的约款显失公平。

为担保具有方便强制执行的好处,其受欢迎。引起疑问的是:债权人常要债务人开立其实际所负债务数倍之面额的本票为担保,其超过债务部分,发票人事后得否抗辩其基础关系不存在?这应依"票据法"第 14 条第 1 项规定:"以恶意或有重大过失取得票据者,不得享有票据上之权利。"反之,如由第三人开立本票担保,则与开立他人债务之保证函一样,具有担保之真正的作用。

在非金钱之债中,有由债务人提供现金担保其债务的约定。以现金为担保品的情形,例如押租金、押标金及履约保证金。因为"民法"第 603 条规定,"寄托物为金钱时,推定其为消费寄托"。而在消费寄托,寄托物之所有权移转于受寄人,由受寄人以种类、质量、数量相同之物返还("民法"第 602 条第 1 项前段)。所以,在以金钱为担保物的情形中,除双方另有特约外,该为担保之现金于交付时,其所有权不但即移转于债权人,而且债权人还得任意处分支用。于是,在现金担保,事实上等于是以该现金之返还请求权为标的之权利质权。其特色为该质权之担保权人正是该质权标的之债权的债务人。

押租金为承租人为担保租金之给付及租赁债务之履行而对于出租人给付之现金。押标金为参与投标者随标单,给付招标人之现金,以担保其:于投标时,遵守投标须知,不为围标或其他妨碍投标程序之行为;于得标时,会按投标内容与招标人缔结契约。① 如果投标人得标而不签约,对于招标人并不负超出押标金以上之赔偿责任。必须在缔约后,不履行契约才有债务不履行的责任。为担保得标人履行契约,双方在缔约时,可能约定,得标人对于招标人给付一定数额之现金为履约保证金,担保其会依约履行。在有履约保证金之约定的情形,双方可能约定将押标金转为履约保证金的一部分。

履约保证金并不是违约金之约定,无预定债务不履行之损害赔偿额的意义,而仅有现金担保的作用。在得标人债务不履行时,招标人要对得标人请求债务不履行之损害赔偿,依然必须证明其受有损害及其损害数额。此与押标金具有

---

① "最高法院"1992 年度台上字第 2963 号民事判决:"工程投标者所缴付之押标金,乃投标厂商为担保其践行投标程序时愿遵守投标须知而向招标单位所缴交之保证金,必须于投标以前支付,旨在督促投标人于得标后,必然履行契约外,兼有防范投标人围标或妨碍标售程序之作用。与违约金系当事人约定债务人不履行债务时,应支付之金钱或其他给付,必待债务不履行时始有支付之义务,旨在确保债务之履行有所不同,投标厂商所缴交之押标金应如何退还,悉依投标须知有关规定办理,既非于债务不履行时始行支付,而系在履行契约以前,已经交付,即非属违约金之性质,自无从依'民法'第二百五十二条规定由法院予以核减。"

损害赔偿额之预定及惩罚性功能、其请求不以实际有损害发生为必要者，[①]
不同。

五、第三人担保

为强化债务人之债信，以确保债权，债权人除有时要债务人提供物上担保物
权，以就担保物，取得优先于其他债权人之受偿地位外，债权人可能要债务人寻
觅第三人与债权人缔约提供人的保证或物的担保。此即第三人担保。

基于第三人担保之约定而产生之保证债权或担保物权，对于所担保之债权
有从属性。所以，该受担保之债权如果因为任何事由而无效，确保该债权的约定
皆将因失其目的而无效。然金融事业总是尝试，利用任何第三人对其特定债权
提供保证或担保的机会，除去该保证或担保对于特定债权之从属性，扩张该保证
或担保应为其确保之债权的范围。这不是一个诚信的做法。盖在从事特定融资
案件之核贷的时候，其征信范围本不及于事后因他案而带进来之保证或担保。
关于债务不履行责任，无故牵连过广，提高无经验或陷于急迫之保证人或担保人
的财务风险，不是确保自己债权之正当方法。

六、担保信托及强制担保信托

担保信托指以担保为目的之信托。最为传统的担保信托为让与担保。让与
担保所以定性为担保信托，其理由为"债务人为担保其债务，将担保物所有权移
转于债权人，而使债权人在不超过担保目的范围内，取得担保物所有权"[②]。该
关系之内容具有信托之类型特征：为一定之经济目的（例如为担保之目的），而采
取超过该目的所必需之法律手段（例如移转担保物之所有权于担保权人）。其不

---

① "最高法院"1970 年台上字第 1663 号民事判例："押标金除督促投标人于得标后，必
然履行契约外，兼有防范投标人故将标价低于业经公开之底价，以达围标或妨碍标售程序之
作用，被上诉人既经公告标价低于底价者没收押标金，原不以是否有实际损害为要件，上诉人
以被上诉人未受损害，不得没收押标金，自非可取。"

② "最高法院"1981 年度台上字第 104 号民事判例："债务人为担保其债务，将担保物所
有权移转与债权人，而使债权人在不超过担保之目的范围内，取得担保物所有权者，为信托的
让与担保，债务人如不依约清偿债务，债权人得将担保物变卖或估价，而就该价金受清偿。"

超过经济目的之法律手段为：设定担保物权。①

担保信托之态样不限于让与担保。举凡为担保之目的而成立信托关系皆是担保信托。可能约定为担保信托之信托财产之标的不限于对于物之所有权。任何有财产价值之标的皆可以约定为信托财产之客体。例如债权、智慧财产权、各种担保物权。在以担保物权为信托财产的情形，其实是以该担保物之一部分的价值权无信托标的。这时该充为信托财产之担保物权尚不必须与任何受担保债权结合起来。亦即其将担保之债权一时尚属空白。是故，类似于一张尚未记载受款人姓名或名称之无记名票据一样，这可称为无记名担保信托。其将担保之债权尚待事后依信托目的载入。在其载入时，建立该担保信托与特定债权间之从属关系，该特定债权成为该担保信托担保的债权。利用担保信托设定担保，一方面可以适应担保物在担保期间依其业务计划之动态发展的需要，另一方面可以适应所担保之债权之增减需要及流通。

现代的担保信托为：信托人为担保一定之债权（信托目的），将一定之财产自其他财产分离移转于受托人，作为信托财产，并以该信托财产担保之债权的债权人为受益人。这主要可应用于债务人单一，而有多数债权人的场合。特别是这些债权人常常是小额债权人或投资人，而且又可能在债权存续中有必要移转其债权的情形。例如预售屋之买卖，礼券、公司债之发行，分时度假权、高尔夫球证

---

① 让与担保是否有效，可能受到下列质疑：（1）是否违反物权法定主义，创设新担保物权？（2）是否属于通谋虚伪意思表示？第一个问题在司法实务上并未引起讨论。因为物权法定主义所限制者为物权之类型及其内容，而在让与担保，因为双方所利用之物权类型仍为法律所明定之物权类型：所有权，所以并无逾越物权法定主义。至于其法律手段超过经济实质造成之落差属于信托人与受托人间之内部的债务关系。是故，受托人就信托财产所为违反信托意旨之越权处分仍为有效。例如"最高法院"1996 年度台上字第 1226 号民事判决认为："所谓信托行为系指信托人将财产所有权移转登记与受托人，使其成为权利人，以达到当事人间之一定目的之法律行为而言。受托人在法律上为所有人，其就受托财产所为之一切处分行为完全有效。纵令其处分，系违反信托行为之内部约定，信托人亦不得请求赔偿因违反约定之所受之损害，在受托人未将受托财产移还信托人以前，不能谓该财产仍为信托人之所有。"在让与担保中，其担保物权之实行虽然较诸抵押权或质权简单，但让与担保之担保权人并不得以其反正已是担保物之所有权人，而主张流质效力：于债务人给付迟延时，主张其即在抵偿的意义下，取得担保物的所有权。要之，即便在让与担保，依然受流质之禁止的适用。第二个问题，"最高法院"1981 年度台上字第 104 号民事判例认为："债务人为担保其债务，将担保物所有权移与债权人，而使债权人在不超过担保之目的范围内，取得担保物所有权之信托的让与担保，非双方通谋而为之虚伪意思表示，不能认其为无效。"

及其他各种先付款后享受之将来给付债权或会员权之销售的情形。① 此外，在联贷契约，为方便主办银行为其他参与联贷之银行，对于债务人行使基于该联贷关系取得之债权或担保物权，也常常以债务人为信托人，以主办银行为受托人，以全部联贷银行为受益人，利用担保信托担保联贷债权。

担保信托依然是一种担保，所以该信托与所担保之债权间一样有从属性。为防止债务人方或债权人方滥用担保信托，扩大相对人所不预期之担保范围，必须就其担保之债权规定，如何建立其从属关系，以界定该担保信托所担保之债权的范围。例如：(1)在预售屋之买卖，以土地、在建之建筑物及订购房屋者之各期房地款为信托财产设定管理及担保信托，受托人一方面管理按工程计划中所载进度及财务计划对于土地、建材、营造商等付款；另一方面管理信托财产，以担保预购房地之债权的实现。预售屋之投资计划应经受托人核可。(2)在礼券之发行，以各发行批次售得之价金为信托财产，设定管理及担保信托，在购买人使用礼券提货前，以所收款项专户储存，担保该批次之礼券债权的实现；在购买人使用礼券提货后，以储存于该专户之预收款支付货款。在劳务礼券之发行，亦同。发行之礼券应经受托人签证。(3)在公司债发行，以各发行批次售得之收入为信托财产，设定管理及担保信托，担保该公司债债权，并监督发行公司按发行计划使用发行所得之款项。使用该款项取得之财产应以所有权或担保物权的形式，转入信托财产，担保该公司债债权。发行之公司债应经受托人签证。(4)在高尔夫球证的销售，如以球场及其相关设施为信托财产设定担保信托，担保球证债权应按球场及其相关设施的合理服务能量，限制球场经营者得发行之球证张数，并规定发行之球证事先应经受托人签证。分时度假权证之销售，亦同。

在一个事业基于同一业务，对多数人销售同一种类之将来债权的情形，为确保该将来债权，有必要以法律规定，该事业应设定担保信托担保该债权，以防止从事将来债权之销售的事业，错估财务情势，过渡膨胀信用，导致泡沫危机。

---

①　为保护交易安全，在此种典型的将来债权之交易市场的建立与管理，应立法规定，以其销售收入为信托财产，强制设定管理及担保信托。是否有此种立法对于实务上的影响是：有立法时，只有信托业者才得为其受托人，其目的是事业主管机关也才有必要之管理工具。无立法时，人人皆可为此种信托之受托人。问题是：少有销售此种商品者，愿意主动利用信托，接受管理并保障其交易相对人之债权。这类规范之规划需要相当的研究能量，而其研究成果具有正面的外部性，如果不对其研究成果提供专属使用权的保障，其研究者不容易从市场回收其研究费用。所以，有必要由政府提供研究经费之补贴，或由相关可能受益之产业提供研究计划，奖励其研究。上述方法中，以对其研究成果提供智慧财产权的保护较容易全面启动市场机能，激发各方的研究潜力，投入相关的研究及产品的开发。

七、担保物权之证券化

担保物权固以担保一定债权为其目的,并从而成为所担保之债权的从权利。但担保物权并不一定必须后于所担保之债权而发生,其发生与存续对于所担保之债权也不一定有从属性。重要的只是:必须在适当的时点,建立起该担保物权对其担保之债权的从属性,确定该担保物权担保之债权,并对于担保人之其他债权人为必要之公示,以正当化其受偿的优先性。

基于以上的认识,得将物权证券化,以该物权证券化后取得之有价证券为设定之权利质权之标的物。① 该质权于担保人指示其担保之债权,并背书交付该证券于质权人时,生设定质权之效力("民法"第 908 条)。为明确该担保物权对于所担保之债权的从属性,应规定以背书的方法记载设定质权之意旨并指示其担保之债权。该有价证券担保之债权的债权人受清偿时,应将该有价证券(质权标的)返还债务人。债务人取得该有价证券时,该有价证券并不因混同而消灭,债务人仍得再以该有价证券为标的物,设定权利质权担保其指示之债权。这是将担保物权证券化可能产生之担保物权的流通性,有助于提高担保物权之使用效率。唯基于担保物权对于其担保之债权的从属性,其担保权人不得将该充为质权标的物之有价证券独立于其担保之债权,以背书的方法转让他人,而只能随同其担保之债权移转("民法"第 295 条第 1 项)。

八、强制责任保险

现代的生产、职业或生活活动常常带有危险,所以,"民法"虽尚不因此一般地引入无过失的危险责任,但关于商品制造及输入("民法"第 191 条之一),汽车、机车或其他非依轨道行驶之动力车辆的使用("民法"第 191 条之二)及经营一定事业或从事其他工作或活动之人,其工作或活动之性质或其使用之工具或方法有生损害于他人之危险者("民法"第 191 条之三),已明定其行为人对他人因此所受之损害,应负接近于无过失责任的中间责任。

更进一步,"强制汽车责任保险法"第 7 条规定:"因汽车交通事故致受害人

---

① 将物权证券化的方法,通常可透过信托先将物权转为基于该信托关系对于受托人享有之信托债权,然后将该信托债权以受益凭证的方式证券化。如是该受益凭证因有信托财产支撑,具有实质的担保价值,从而可以之为权利质权之标的物,设定权利质权担保特定债权。其一般存在的问题是:以一件或多件物担保数债权时可能存在之问题。

伤害或死亡者,不论加害人有无过失,请求权人得依本法规定向保险人请求保险给付或向财团法人汽车交通事故特别补偿基金(以下简称特别补偿基金)请求补偿。"此为典型的危险责任。为落实该无过失责任,同法第 6 条规定,汽车所有人或其使用人或管理人应为其汽车投保强制汽车责任保险。"消费者保护法"第 7 条虽有类似之无过失责任的规定,但该法并无与第 7 条配套之强制消费责任保险的要求。这会使大规模之消费损害案件的赔偿请求落空。

九、选择权之销售与避险交易

如前关于强制担保信托及强制责任保险之说明所示,由于来自于投机或道德危险,市场可能失效,所以,有些种类之债权的确保或交易风险的防止,并不能全靠债务人之诚实履行的意志,而必须靠配套之合理制度,矫正因为债务人想要以小博大,以致过度扩大信用,朝向泡沫化营运;或防止债务人低估低损害发生率之危险,侥幸行险,不提拨赔偿准备,致在提拨者与不提拨者间,进行恶性竞争。但并不是一切交易都能够透过强制担保或强制保险确保其债权之实现。有些债权之确保必须依靠债务人自己或委托他人为其从事避险交易。选择权之销售即属于此种需要配套之避险交易的交易类型。

按在选择权交易,给付权利金,购买选择权者,有权利,但无义务,在约定之期间内或期日,以约定之价格向售出选择权者,购买或出售约定数量之约定标的。约定有权购买者为认购选择权;约定有权出售者为认售选择权。因为该权利金之给付是取得该选择权的对价,所以,后来选择权人如果决定购买或出售约定之标的,售出选择权者并无义务,以减收或加计该权利金于价金的方法,返还该权利金。双方单纯以约定之价格乘以约定标的之数量计算因选择权之行使而应给付之价金。唯实际上双方如非以约定标的之交易,而以现金结算选择权购买者之利益,则会直接以约定价格与选择权标的之市价的差额乘以约定标的之数量,计算出售选择权者应对购买选择权者给付之数额。

自选择权之效力内容观之,选择权其实就是效力加长型之要约。此与支付解约定金,取得契约解除权者,不同。由于要约拘束力期间以约定加长后,提高要约人之风险,增加受要约人之利益;所以,有避免选择权标的之行情涨跌风险需要者,选择权交易便成为其重要的避险工具:给付固定的代价(权利金),避免不可测之行情涨跌的风险。与之对应,售出选择权者同样必须另谋避险的方法:从事避险交易。在选择权交易,如果售出选择权者不预为从事避险交易,其售出选择权即是一种扰乱交易秩序之买空卖空[①]的违法行为。是故,对于以有价证券为选择权标的之选择权的销售,强制其从事避险交易,[②]以确保其支付能力。

售出选择权者必须在该权利金收入提供之回旋空间内,从事避险交易。由于透过选择权的行使,选择权标的之涨跌利益属于选择权人;透过选择权的不行使,选择权标的之涨跌损失属于售出选择权者。所以,售出选择权者从事该避险交易,原则上会遭受避险损失。该损失即是其履行或准备履行的损失。既然避险原则上会遭受损失,为何还要从事避险?其理由为:如不从事避险,固可躲开为准备履行之避险损失,但在购买选择权者,因行情涨跌对其有利,而行使选择权时,售出选择权者便可能遭受难以负担之履行损失。无论是履行或准备履行之损失,皆是售出选择权者因负担选择权债务,而支出之必要费用。因为该避险交易之必要性及其避险损失之发生的客观事实,不会由于所得税法对于选择权标的之交易所得有免税规定而异,所以,在其权利金收入之损益的计算上,皆应

---

① 最高法院 1930 年上字第 438 号民事判例:"区别定期买卖与买空卖空之标准,当以买卖当事人间在订约之初,其意思系在交付实货抑仅计算市价差额,以定输赢为断。"最高法院 1929 年上字第 818 号民事判例:"买空卖空之成立,须当事人于订约之初,即有仅凭市价差额计算输赢之意思,而当事人订约之初,是否即有此意思,不能仅凭至期有无授受实货之事实以为臆测。倘其买卖,原约明以至期授受实货为目的,而嗣后因违约不能履行或其他原因,仅依市价差额以定盈亏者,不能即与买空卖空同论。"

② 发行人申请发行认购(售)权证处理准则(2008 年 12 月 29 日)第 10 条第 1 项规定:"发行人经本会(按:指'行政院'金融监督管理委员会)核给其发行认购(售)权证之资格认可后,应取得证券交易所或柜台买卖中心申请同意其拟发行之认购(售)权证上市或上柜,并俟证券交易所或柜台买卖中心同意其发行计划后,始得办理发行及销售。"无论认购(售)权证系上市或上柜,发行人如无适当之风险管理措施,本会得予不认可其发行认购(售)权证之资格(同准则第 7 条第 6 款)。所谓风险管理措施,系指建立避险专户,以供投资人要求履约时作为履约专户之用。关于避险专户及履约专户,台湾证券交易所股份有限公司认购(售)权证上市审查准则(2009 年 5 月 19 日)第 14 条规定:"(1)发行人应于初次发行国内及以国内证券为标的证券发行海外认购(售)权证时向本公司申请设立专户,发行人如为自行避险或部分自行避险,该专户应作为发行认购(售)权证之后建立避险部位及将来投资人要求履约时提供作为履约专户之用。发行人如全数委托其他机构避险,该专户则作为将来投资人要求履约时提供作为履约专户之用,另其委托之风险管理机构亦须于发行人处开设专户,作为其发行认购(售)权证之后建立避险部位之用。(2)前项发行人专户一律设于自营商账号下,唯外国发行人系透过直接或间接持股百分之百之子公司在台湾地区境内设立分支机构提出申请者,该外国发行人应于该分支机构证券经纪商部门设立避险专户;风险管理机构于发行人处开设之避险专户,应设于证券经纪商部门。上开避险专户账号一律为 888888-8,均须先向本公司申报,并只得买卖因避险所采之避险金融工具,另于该避险专户内之有价证券一律不得办理质押。"关于上柜之认购(售)权证部分,财团法人台湾地区证券柜台买卖中心证券商营业处所买卖认购(售)权证审查准则(2009 年 5 月 4 日)第 19 条亦有相类似之规定。

准许将该避险损失计入。必如是,一方面前述强制售出选择权者,从事避险交易;另一方面依所得税法对于权利金收入课征所得税的规定,才有其正当性。

第二节 抵押担保与担保信托

一、物上担保概说

为了确保债权,有各种担保之方法。其中以物为担保之客体者称为物上担保或担保物权。物上担保属于对物的权利,因之,依物权法定主义其类型及内容以法律明文规定者为限。当事人不得依契约自由原则创设之。此为契约自由原则例外所受的限制之一。现行法所定之担保物权主要有物权法所定之抵押权、质权、留置权、典权①;动产担保交易法所定之动产抵押、附条件买卖及信托占有。

担保物权在态样上虽受物权法定主义的限制,但在实务上很快发展出利用移转或其他方式使债权人取得对于担保物之权利或所有权,以提供担保的方法。此即为担保目的,而移转或提供权利或所有权的情形。② 由于移转或提供权利

---

① 民法债编中所定之买回虽亦具有类似于典权之担保的作用,但不归类为担保物权。盖依"民法"第 379 条以下之规定,买回仅具债之效力,此与典权具有物权效力者不同。

② 在信托关系中,如何使受托人自谁取得对于信托物的权利,并无限制。"最高法院"1997 年度台上字第 796 号民事判决:"依本院 1977 年台再字第四二号判例所论:'信托行为,系指委托人授与受托人超过经济目的之"权利",而仅许可其于经济目的范围内行使权利之法律行为而言……'等意旨,其所称之'权利',自应包括'债权'或'物权'或其他一切之财产权利在内,均得作为'授与'之标的。且该'授与',解释上,亦不以委托人须'直接'移转权利与受托人或以书面契约予以公示者为限。苟因占有改定、简易交付、请求权让与等等情形,而得'使受托人成为权利人,以达一定目的'之信托本旨,应无予以排斥之理。原审徒以被上诉人均自始登记为春辉公司之股东,而'原始取得'如附表所示之股份,该股份非'继受'自上诉人之'移转',即为两造间无信托关系存在之认定,已嫌速断。"即便如此,在信托物为建筑物且该建筑物为新建的情形,其第一次所有权之登记是否应先登记为信托人所有,而后再以信托为原因,移转登记为受托人所有,或者可以申请直接登记为受托人所有,而省略掉先登记为信托人所有,再移转登记为受托人所有之手续?为在土地登记簿上保存相关产权之移转记录,以维护交易安全及公共利益,应采第一个见解。这亦符合信托关系应予公示的要求。关于信托关系之公示其实不仅涉及信托人与受托人之私人的利益,而且也涉及他们之债权人的利益,以及公共利益。是故,公示与否,并非只要课以"不能对抗善意第三人"的效力,即可圆满解决相关问题。

或所有权的手段超出其担保目的的本来之所需，具有信托的特征，①所以称此种担保方法为担保信托。在这种情形中，担保物（信托物）得由债务人或第三人提供，

---

①　"最高法院"1998 年度台上字第 907 号民事判决："称信托者，谓委托人将财产权移转或其他处分，使受托人依信托本旨，为受益人之利益或为特定之目的，管理或处分信托财产之关系，'信托法'第一条固有明定。唯信托法于 1996 年 1 月 26 日公布前，'民法'虽无关于信托行为之规定，然因私法上法律行为而成立之法律关系，非以'民法'有明文规定者为限，苟法律行为之内容不违反强行规定或公序良俗，即应赋予法律上之效力。斯时实务上认为信托行为，系指委托人授与受托人超过经济目的之权利，而仅许可其于经济目的范围内行使权利之法律行为而言。"该要旨所要表示之意旨为："信托法"第 1 条对于信托行为虽有立法解释，但除不否定该法施行前已成立之具有信托特征的行为外，显然认为该定义亦能涵盖其施行前之各种信托行为。唯"最高法院"1997 年度台上字第 796 号民事判决对于信托法是否得适用于其施行前成立之信托行为表示存疑："查依上诉人所主张其为兴建系争房屋，自 1980 年9 月 5 日成立春辉公司，将公司之百分之五十股份'信托登记'为被上诉人名义时起，以迄1984 年 10 月 1 日领得系争房屋之使用执照，经其于 1994 年 2 月间以诉状缮本之送达，向被上诉人表示终止信托契约时止等事实，如两造间有信托关系之存在，其成立及消灭，似均在1996 年 1 月 26 日信托法公布施行之前，则该施行在后之信托法所规定之条款，能否溯及适用，而以之规范两造间前此所成立之上开法律关系？非无疑义。"细究该立法解释与其施行前之司法解释的内容，其主要差别在于："信托法"第 1 条仅凸显，对于财产权（信托物）所从事之"移转或其他处分"系为"受益人之利益或为特定之目的"；而先前之司法解释则强调信托行为之手段"超过经济目的"的特征。此为"最高法院"在信托法施行前著为判例一贯所持之见解。例如"最高法院"1977 年台再字第 42 号判例："按因私法上法律行为而成立之法律关系，非以民法（实质民法）有明文规定者为限，苟法律行为之内容，并不违反公序良俗或强行规定，即应赋予法律上之效力，如当事人本此法律行为成立之法律关系起诉请求保护其权利，法院不得以法无明文规定而拒绝裁判。所谓信托行为，系指委托人授与受托人超过经济目的之权利，而仅许可其于经济目的范围内行使权利之法律行为而言，就外部关系而言，受托人固有行使超过委托人所授与之权利，就委托人与受托人之内部关系而言，受托人仍应受委托人所授与权利范围之限制。信托关系因委托人信赖受托人代其行使权利而成立。应认委托人有随时终止信托契约之权利。"相同见解另见"最高法院"1984 年度台上字第 4052 号民事判例。其中所谓外部关系主要指受托人与第三人关于信托物因交易而发生之法律关系；所谓内部关系主要指受托人与信托人关于信托物基于信托契约所发生之法律关系。受托人或信托人自己之债权人对于信托得主张之权利亦应受该内部关系的拘束。简言之，必要时，该债权人仅得就该信托关系结算后，受托人或信托人分别享有之利益引为其债权之总担保。

该信托物之提供者通常即为信托人，①而债权人即为受托人②。不过，为信托物之管理或开发之目的，担保信托后来进一步发展出委由第三人担负受托人的新态样。这时候自受托人观之，该担保信托转具管理信托之特征。唯其信托物之管理或开发的最后目的还是在于担保。以经营此种信托为业之机构，称之为信托业（"信托业法"第2条）。其设立应经许可（"信托业法"第10条第2项、"银行法"第53条），其得经营之业务应经核定（"信托业法"第18条），其就信托财产从事之行为不得违反"信托业法"第25条至第27条之禁止规定，其业务之经营应遵守该法有关监督之规定。

唯在让与担保，其与一般之信托行为一样，如果在移转信托物之权利时，未利用适当之证据方法，将其系为信托目的而为移转之事实，予以存证，事后很容

---

① 在信托物由第三人直接对于受托人（债权人）提供的情形中，第三人有可能以债务人之代理人的地位代为提供。若然，则其提供与债务人自己之提供无异。这与约定由第三人给付之债务契约类似（"民法"第268条）。"最高法院"1996年度台上字第2300号民事判决要旨释称："所谓信托行为，系指信托人将财产所有权移转于受托人，使其成为权利人，以达到当事人间一定目的之法律行为而言。而信托财产移转为受托人所有之方式，由委托人就自己所有之财产为移转行为者有之，由委托人使第三人将财产权移转于受托人者亦有之，以委托人与受托人间有信托合意为已足，殊无限制信托财产须由委托人取得所有权后，再移转于受托人之必要。"对此，"最高法院"1998年度台上字第907号民事判决要旨又释称："其受托人取得信托财产之方式，由委托人就自己所有之财产为移转者有之；由委托人使第三人将财产移转于受托人者有之；由受托人原始取得受托财产者亦有之。唯以受托人为房屋起造名义人之方式，将信托人建筑之房屋信托予受托人者，须待依土地法令办竣保存登记后，始得谓受托人为该信托房屋之所有权人。"相同见解另见"最高法院"1999年度台上字第247号民事判决。

② 这与在信托占有中，债务人称之为受托人，债权人称之为信托人者不同。"最高法院"1987年度台上字第1230号民事判决："信托占有之效用，在以原供信托之动产标的物所有权为信托人债权之担保，而受托人则依信托收据而占有处分标的物，此观'动产担保交易法'第三十二条之规定自明。则信托占有之担保效力，当系源于信托标的物之所有权而发生，该标的物如有加工、附合或混合之情形，其担保效力依同法第四条之一规定，既及于加工物、附合物或混合物，该等动产之所有权即仍为信托人所有。"在信托占有中，信托物之所有权亦原为债务人（受托人）所有，并为担保之目的之移转于债权人（信托人），而后为使债务人能就担保物为加工或处分，以满足其营运上之需要，再容受托人依信托收据，占有、处分标的物。信托收据上应记载："受托人出卖标的物者，其买受人应将相当于第二款所列金额部分之价金交付信托人。"（"动产担保交易法"第33条左列事项）。是故，论诸实际，在信托占有中，其信托人本当亦为债务人（担保人），而非债权人。

易在当事人间引起否认其为信托关系的争议。① 是故,配合信托制度之发展,应
尽速建立可靠之信托的公示制度。

二、抵押权之缺点

在各种担保物权中,实务上利用比较频繁者为对于不动产之抵押权。其所
以受欢迎的缘故为:在传统上其价值相对稳定,除非有估价或征信不实的情事,
其担保比较确实。至其缺点则为变现性低,必要时之强制执行的程序繁复。②
因之,也降低第三人受让抵押权所担保之债权的意愿。此外,适合由其担保之债
权的流通性亦有证券化上的困难。是故,如何简化担保物权之执行手续及提高
担保债权之流通性成为银行融资业务现代上的重要课题。

三、担保信托之优点:容易实行与流通

然要如何才能克服前述担保物权在实行上的困难,并将其担保之债权证券
化,以提高其之让受意愿及流通性? 这在传统的担保物权皆有其不便。因之,必

---

① “最高法院”2000 年度台上字第 2685 号民事裁定:“查系争土地系上诉人之被继承人
邱再添信托登记于诉外人蔡圣宇,上诉人虽诉请受托人蔡圣宇(嗣因死亡,而由其继承人蔡邱
金叶等人承受诉讼)移转系争土地所有权登记,然迄未获得胜诉判决确定,且该土地纵系诉外
人蔡凤英以假买卖方式移转登记与被上诉人林丽雯、卢启明、沈云翔,然在上诉人对之提起涂
销所有权移转登记,回复及移转所有权登记为其所有之前,尚不能认为上诉人对系争土地有
所有权,为原审合法确定之事实。则上诉人仅得依据信托关系,享有请求被上诉人林丽雯、卢
启明、沈云翔涂销所有权移转登记,并请求诉外人蔡邱金叶等人返还该土地所有权之债权而
已。原审上诉人对于系争土地既无所有权,自无足以排除强制执行之权利,其主张第三人执
行异议之诉为无理由,而为上诉人败诉之判决,并无违误。”该裁定要旨显然认为,只要信托人
尚未回复其所有权,即无足以排除强制执行之权利。其结果会变成只要受托人之债权人就信
托物声请强制执行,信托人非终经止信托关系,取回信托物,即无足以排除强制执行之权利。
这并不合理。适当的见解应是:信托人只要能证明系争标的之权利系基于信托关系,经其移
转于受托人即可认为信托人有足以排除强制执行之权利。
　　② “强制执行法”第 4 条第 1 项规定:“强制执行,依左列执行名义为之:一、确定之终局
判决。二、假扣押、假处分、假执行之裁判及其他依民事诉讼法得为强制执行之裁判。三、依
民事诉讼法成立之和解或调解。四、依公证法规定得为强制执行之公证书。五、抵押权人或
质权人,为拍卖抵押物或质物之声请,经法院为许可强制执行之裁定者。六、其他依法律之规
定,得为强制执行名义者。”为抵押物之强制执行,该项第 5 款就其执行名义之取得虽已有较
为简化的规定,但就其强制执行依然应适用关于不动产之一般程序(“强制执行法”第 75 条以
下),旷废时日。

须借助于现代的担保类型,特别是利用信托的方法。

为何信托制度能够提供一方面可比较简便实行,另一方面又可能将之证券化的担保手段?其道理在于,在担保信托,其原始形态为债权人就是担保物基于信托关系移转后之所有权人。是故,债权人可以依双方在信托契约中的约定,以所有人的地位,不经强制执行程序处分信托物(担保物),并从所得之价金取偿。从而简化其强制取偿的程序。① 不过,这个时候必须注意,在抵押权中,其与所担保之债权的优先受偿关系,系以抵押权对于其所担保之债权的从属关系为基础。此为一种客体的关联;而让与担保所构成之担保信托之担保机能,建立在债权人即是信托物之所有人的基础上,亦即并非以客体的关联,而以主体的关联为其基础。其运转机制为受托人变卖信托物后,依信托所构成之内部关系,受托人固应将其价金返还信托人,但因受托人就该价金债务,可以在信托人对于自己所负之债务的限度,对其主张抵销,从而产生优先于信托人之其他债权人就该价金取偿的效果。这个形势在以第三人,而不以债权人为担保信托之受托人时会产生变化。盖在这个时候信托物与其所要担保之债权间之主体的关联不再存在。因此,必须探讨如何维系该主体的关联,或另行建立其间之客体的关联。

关于主体的关联之维系,可以利用相继信托的方式为之,亦即由债务人先将担保物信托移转于债权人,此为担保信托;再由债权人将之信托移转于信托业者,此为管理信托。关于客体的关联之建立,可以利用信托质权之设定的方式为之,亦即由债务人先将担保物信托移转于信托业者,然后再以债务人基于其与信托业者间之信托关系所取得之债权为标的,设定质权担保债权人对于债务人(信托人)享有之债权。此为一种权利质权。这个设计之优点为,可容许视个别案件

---

① "最高法院"2000年度台上字第1085号判决:"查原审认定两造所订买卖契约隐藏担保信托之法律关系,订约之真意为借贷而非买卖,其真意既在成立担保信托契约,自应受该契约之拘束。果系如此,债务人为担保其债务,将担保物所有权移转与债权人而使债权人在不超过担保之目的范围内,取得担保物所有权者,为信托之让与担保,债务人如不依约清偿债务,债权人得将担保物变卖或估价,而就该价金受清偿,本院1981年台上字第104号著有判例。本件上诉人如未依约清偿债务,依前揭判例意旨,被上诉人仅能将担保物变卖或估价,而就该价金受偿。两造间前开契约是否有以回赎期间为其金钱债务清偿期之合意?自应详查。倘如原审所认定:上诉人如届期未为清偿不动产之所有权即归属于被上诉人(即承认债权人有所谓归属权),是否与'民法'第八百七十三条第二项规定之情形相当而应归无效?非无斟酌余地。"该旨之前段说明,利用让与担保,债权人可以不经向执行法院声请强制执行,而以径行"将担保物变卖或估价,而就该价金受偿"的方法,满足其债权。至于后段则说明,债务人虽将担保物之所有权移转于债权人,当事人关于流质或回赎期间的约定还是因涉及对于流质之禁止及典权之规定的脱法行为而当无效。

之需要,灵活规划信托关系之内容,以适应单纯担保债权或兼具合资开发等功能。

前述让与担保,基于让与之特征,不能像抵押权之设定那样,可设定第二顺位以下之抵押权,从而引起信托物之剩余价值的闲置问题。为克服这个问题,必须利用将前述负有权利质权负担之信托债权再次投入金融市场交易的方法。例如再以之为质权标的,担保其他债权。① 为使该交易比较有效率,可将该信托债权证券化,并依相关规定容许其在票券市场买卖。

---

① 这会引起是否得就同一债权先后重复设定权利质权的问题。质权虽原为占有质,但因债权不一定有得为占有之形体,且"依'民法'第九百零四条规定,以债权为标的物之质权,固应以书面设定之,然书面之形式,法未明定其一定之格式,由出质人与质权人同意将设定权利质权之意旨,载明于书面者,即为已足"("最高法院"1975 年台上字第 684 号判例)。是故,如发展出适当之记载、公示的方法,就同一债权非无肯认先后重复设定权利质权的可能。

第三章

债之连带

——多数债务人或债权人之债

一、概说

债之关系的当事人有两造,其义务人为债务人,权利人为债权人。在双务契约中双方因互负有对价关系之给付义务,而互为债务人及债权人(例如买卖、租赁、承揽、雇佣、有报酬之委任)。在单务契约原则上仅一方对于他方负给付义务。在这种情形仅一方为债务人,他方为债权人(例如赠与、使用借贷)。然在单务契约亦有双方皆负给付义务的情形,学说上称此为不完全之双务契约。其典型为:在无报酬之委任,受任人依"民法"第 541 条对于委任人负交付或移转其因委任事务之处理而取得之金钱、物品、孳息或权利的义务,其有挪用委任人之金钱者,依第 542 条并应支付利息,赔偿损害;反之,依第 546 条,受任人就其因处理委任事务而支出之必要费用,负担之必要债务,或非可归责于自己之事由所受之损害,得请求委任人偿还其费用及自支出时起之利息,或清偿其所负担之债务,或赔偿其损害。在这种情形,其给付义务间虽因欠缺对价关系,而无同时履行抗辩之适用("民法"第 264 条)。但双方仍互为债务人及债权人。在这里,双方如有确保债权之需要,需借助于法定或意定担保物权。

一个债之关系中之债务人及债权人可能有多数人。其债务人为多数者称为多数债务人之债；其债权人为多数者，称为多数债权人之债。①

二、多数债务人之债

"民法"第271条规定："数人负同一债务……而其给付可分者，除法律另有规定或契约另有订定外，应各平均分担……之；其给付本不可分而变为可分者，亦同。"②在这种情形，该债务在发生上虽有共同之债的形式，但在效力上其实与各债务人分别就其分担之部分给付与债权人成立债务关系者无异。数人负同一债务者，不论其给付是否可分，要构成连带债务，依"民法"第272条，必须在契约中明示，或法律有规定各债务人对于债权人各负全部给付之责任，始为连带债务。["最高法院"1997年度台上字第2656号民事判决："查连带债务之成立，须数人负同一债务，而明示对于债权人各负全部给付之责任，或法律有规定者为限。上诉人并未举证证明其与被上诉人间有成立连带债务之明示，法律复未规定两造间应成立连带债务。两造系基于法律规定之不同原因，对于薄中南等人各负全部给付之责任，虽其给付具有同一之目的，其中一人给付，他造即同免其责任，但其性质应为不真正连带债务。"该判决要旨显然认为，在多数债务人之债，各债务人纵使负全部给付之责任，但只要其非以债权人与债务人间之明示约定或法律之明定为其规范基础，即不论为连带债务，唯仍可论为不真正连带债务。关于一个多数债务人之债是否为连带债务的认定，就德国民法Helmut Rüssmann认为："顺服于将连带债务限制在契约约定及法律规定之案件是不合适的。这只是在连带债务之外，为探讨正确之求偿途径，开展一个新的论战。"(Helmut Rüssmann, Die Abgrenzung der Gesamtschuld von anderen Schuldnermehrheiten — BGHZ 59, 97, JuS 1974, 298)]此为非连带债务原则。[《德

---

①　由于个人权利意识的兴起，以及确保债权的考虑，多数债权人或债务人的关系较之以往为多，例如在汽车、住宅等高价位之交易，其购买人为夫妻者，交易双方可能分别都希望以夫妻共同为契约当事人。此外，也可能基于夫妻之共同生活关系或财产制而引起与之有关的连带债务的问题(Joachim Gernhuber, Der Gesamtschuldnerausgleich unter Ehegatten, JZ 1996, 696ff. , 765ff.)。类似问题亦可能一般发生在不可分之给付的交易上。在这种交易中，如非推出一个人以其单独之名义为全体，而由全体具名购买，即会造成多数债务人或债权人之债。在可分之债也有基于社会安全之需要而将之规定为多数债务人之债者，例如共同侵权行为之债。请参考 Esser/Schmidt, Schuldrecht Band I, Allgemeiner Teil, Teilband 2, 8. Aufl. , Heidelberg, 2000, S. 327f. .

②　本条之适用有债之给付是否可分的举证问题。请参考 Ernst Krönig, Die Beweislast-Probleme der §§ 752 bis 754 BGB, MDR 1951, 602.

国民法》第 420 条虽有与"民法"第 271 条类似之规定:"数人负一个可分之给付的债务,或数人有一个可分之给付的债权者,有疑义时,每一个债务人只对平分之部分负有义务,每一个债权人只对平分之部分享有权利。"但其第 427 条规定:"数人因契约而有义务共同为可分之给付者,有疑义时应负连带债务人之责任。"亦即共同负担可分给付之债者,依该条规定,该债务原则上定性为连带债务。关于连带债务之成立,由该两条规定可见,德国民法之规范规划的出发点与"民法"不同。Helmut Rüssmann, aaO. (FN3), JuS 1974, 297:"多数债务人之债依现行法原则上应理解为连带债务,并依其规定处理之。剩下来的工作是:描述那些尽管如此,还是不当纳入连带债务之多数债务人之债。"]然在数人依法律或法律行为,负同一债务,而债权人得对于债务人中之一人或数人或其全体,同时或先后请求全部或一部之给付的情形,纵使无契约之明示或法律之明定,是否应按其效力特征,将之论为连带债务,值得探讨。[依"民法"第 272 条,必须契约明示约定,或法律明文规定,对于债权人各负全部给付之责任者,始为连带债务。自上述规定观之,其所谓明示或明定,并不要求必须提及"连带",而只必须明示约定或明文规定,对于债权人各负全部给付之责任即可。唯有时法律虽规定对于债权人各负全部给付之责任,但因"民法"第 218 条之一规定:"关于物或权利之丧失或损害,负赔偿责任之人,得向损害赔偿请求权人,请求让与基于其物之所有权或基于其权利对第三人之请求权(第一项)。第二百六十四条之规定,于前项情形准用之(第二项)。"而使该条所定赔偿责任人与第三人对于损害赔偿请求权人是否负连带债务产生疑问。其典型的案例为:甲将其汽车寄托于乙,而因乙之过失致该汽车为丙所窃。因该车之失窃事件,甲基于寄托契约对于乙有损害赔偿请求权;基于其所有权对于丙有所有物返还请求权及侵权行为之损害赔偿请求权。这当中特别是甲分别对于乙、丙享有之损害赔偿请求权所要填补之损害相同。针对德国民法第 255 条所定与"民法"第 218 条之一相当的问题,Larenz 认为应不构成连带债务。其理由何在? Larenz 从各债务人所负债务不具有同阶性立论[Larenz, Lehrbuch des Schuldrechts, Band I, Allgemeiner Teil, 11. Aufl., München 1976, § 32 I(S. 440f.)]。Esser 赞同 Larenz 之上述看法,进一步指出没有将前述数人对于同一给付负欠缺同阶性之债务定性为不真正连带债务的必要(Esser, Schuldrecht, 2. Aufl., Karlsruhe, 1960, § 97, 4)。唯该债务不具同阶性的事理依据何在? 仍然值得推敲。其间法律规定仅谁对谁有求偿权,已是规范上评价的结果,而非所以当为如是评价之事理所在。在损害赔偿之债,其可能之事理为:(1)谁给予引起该损害之根本原因,这常存在于一个契约之债务人的契约责任与第三人之侵权责任间;(2)法律有无关于该损害之负担顺位的规定,这常存在于责任保险(强制汽车责任保险)与(全民)

健康保险或火灾保险间;(3)债务人间有无关于该损害负担顺位之明示或默示的约定,这常存在于被保险人之侵权责任与责任保险间。第二种情形虽以法律为依据,但其立法理由与第一种情形一样,显然都是以引起损害之根本原因的可归责对象为最后应负责之人。学说上简称其为"就近原则"(Näher－daran－Prinzip)[Esser/Schmidt, aaO. (FN1), S. 342]。至于第三种情形因以所涉当事人之明示或默示的约定为依据,定其最后应负责之人,所以其定序可盖过其他规定或原则所定之负责顺位。在这种情形,其应负责者反而不是引起损害的人。其所以如此的理由为:依其约定,例如在责任保险,被保险人投保之目的即在于使保险人为自己之过失或无过失行为引起之损害负赔偿责任。因此,保险人赔偿后对于被保险人自无求偿权。而被保险人先为赔偿者,依保险契约之意旨,在承保的范围内,自得向保险人请求理赔。要之,除非有当事人之约定为其定序之依据,否则,其定序皆应以一定之事理为基础。该基础通常是因果关系之远近及强度。]这个问题之所以引起疑惑,主要理由有二:(1)多数人所负之债务间无(双向的)外部连带关系,这以"民法"第218条之一第1项所规定者为代表。(2)多数人所负之债务间无(双向的)内部连带关系。这涉及后述关于不真正(不纯粹)连带债务是否为连带债务的争议。由于有法律明定为连带债务者之债务人间亦无(双向的)内部连带关系(例如"民法"第188条第3项),使真正(纯粹)与不真正(不纯粹)连带债务之区分标准的规范化,在形式与实质要素的选择间遭遇困难。

(一)公同债务

公同债务指基于公同关系而对于第三人所负之债务。[①] 例如执行合伙业务之合伙人为合伙业务自第三人订购货物,或为其共有建筑物之修缮与第三人缔结承揽契约而负债务。公同债务属于公同共有财产所构成之特别财产的债务。公同财产之所有人必须待公同共有财产不足以支应公同债务时,始为其不足部分负人的责任。[②] 就公同债务,债权人首先只得对债务人全体,而不得对个别债

---

① "最高法院"2003年度台上字第2325号民事判决:"'民法'第六百八十一条固规定各合伙人于合伙财产不足清偿合伙之债务时,始需对于不足之额连带负责。唯所谓合伙债务,系指合伙营业所负债务而言,合伙人因筹措出资资金所负之债务,系合伙人个人之债务,无上开规定之适用。"关于公同共有债务,请参考孙森焱:《民法债编总论》下册,作者自刊,2004年1月修订版,第946~947页。

② 最高法院1931年上字第1394号判例:"合伙财产不足清偿其全部债务时,各合伙人均应以其私产清偿。"Esser/Schmidt, aaO. (FN1), S. 331f.

务人请求给付。① 唯合伙财产经债权人证明不足清偿合伙之债务时,②各合伙人对于不足之额,③连带负其责任("民法"第 681 条)。依该条规定合伙人就合伙债务所负之责任类似于享有先诉抗辩权之一般保证。④ 其所称之连带责任,固类似于数人共同保证同一债务时,所负之连带保证责任("民法"第 748 条)。但仍非保证责任。是故,不但不因合伙债务另有保证人之故,即可主张与保证人共同分担债务,而且在保证人为合伙代为清偿合伙债务后,其合伙人并应依"民法"第 681 条对于保证人负偿还义务。至合伙人不因有保证人而可免负"民法"第681 条对于不足之额之连带偿还责任,更不待言。⑤ 学说上与实务上称此为保证

① 最高法院 1929 年上字第 387 号判例:"合伙债务应先就合伙财产为清偿,必合伙财产不足清偿合伙债务时,始由各合伙人任清偿之责。"请参考 Soergel-Manfred Wolf, Kommentar zum BGB, 11. Aufl., 1986, § 421 Rz. 22.

② "最高法院"1977 年度第九次民庭庭推总会议决议:"合伙财产不足清偿合伙之债务,为各合伙人连带责任之发生要件,债权人求命合伙人之一对于不足之额连带清偿,应就此存在要件负举证之责(本院 1940 年上字第 1400 号判例)。此与保证债务于保证契约成立时即已发生债务之情形有别,故在未证实合伙财产不足清偿合伙债务之前,债权人对于各合伙人连带清偿之请求权,尚未发生,即不得将合伙人并列为被告,而命其为补充性之给付。况对于合伙之执行名义,实质上即为对全体合伙人之执行名义,故'司法院'院字第 918 号解释明示'原确定判决,虽仅令合伙团体履行债务,但合伙财产不足清偿时,自得对合伙人执行'。是实务上尤无于合伙(全体合伙人)之外,再列某一合伙人为共同被告之理。"

③ 最高法院 1939 年上字第 1864 号判例:"合伙财产不足清偿合伙之债务时,各合伙人对于不足之额连带负其责任,为'民法'第六百八十一条之所明定。所谓合伙财产,不仅指合伙债权人向合伙人请求连带清偿时属于合伙之动产、不动产而言,即其时合伙对于第三人之债权及其他有交易价额之一切财产权,得为强制执行之标的者,亦包含之。如就此等财产按照时价估计,其总额并不少于债务总额,固非所谓不足清偿,即使财产总额少于债务总额,各合伙人亦仅对于不足之额连带负责,并非对于债务全额负有此种责任。"相同见解另见"最高法院"1999 年度台上字第 1945 号民事判决。

④ "最高法院"1974 年台上字第 1862 号判例:"'民法'第六百八十一条系规定合伙财产不足清偿合伙之债务时,各合伙人对于不足之额始连带负其责任。现上诉人既未向合伙人请求货款,即无从知悉其合伙财产是否不足清偿债务,更不知其不足金额如何,是显难令被上诉人径负连带给付责任。"

⑤ "最高法院"1969 年台上字第 3420 号判例:"保证债务之成立,并非债之承担,主债务人之债务不因有保证人之故,而失其存在。合伙债务亦不因有保证人之故,其合伙人即可免负'民法'第六百八十一条对于不足之额之连带偿还责任。"

连带。① 这时，该债务属于连带债务，有外部连带的效力。② 债权人就该不足之额，得对于各合伙人请求为一部或全部之给付。除隐名合伙之情形外，该连带责任不能以合伙人间之特约排除之。③

在有一方由数人共同为契约之缔结的情形，关于其内部关系，司法实务上认为应平均分担或分受该方因此所负之债务或所享之债权。关于其外部关系，除另有约定外自应共同返还。④ 所谓应共同返还，其效力接近于连带债务。

(二)连带债务

1. 连带债务的概念

多数债务人之债中最为重要与常见的态样为连带债务。"民法"并没有对于连带债务的概念加以定义，而只对其发生及其效力加以规定。因此，关于连带债务的概念或类型特征只能从其发生与效力规定推知。

"民法"虽于第 272 条规定"数人负同一债务，明示对于债权人各负全部给付之责任者，为连带债务(第一项)。无前项之明示时，连带债务之成立，以法律有规定者为限(第二项)"，但连带债务之成立是否真正需要有明示之约定或法律之

---

① 因为合伙人必为多数人，所以，当合伙人应为合伙财产不足清偿之合伙债务负责时，其状态与数人保证同一债务类似。保证连带与连带保证不同。保证连带仅指数保证人关于保证债务之外部连带的效力，不及于保证人与主债务人间之外部连带。就保证人与主债务人分别对于债权人所负之责任与债务要构成外部连带，必须有"民法"第 746 条所定之先诉抗辩权的丧失事由。

② 最高法院 1940 年度上字第 1105 号民事判决："合伙财产不足清偿合伙之债务时，依'民法'第六百八十一条之规定，各合伙人对于不足之额虽连带负其责任，但合伙之债权人为合伙人中之一人时，自己亦为连带债务人中之一人，其对于合伙之债权与其所负之连带债务已因混同而消灭，依'民法'第二百七十四条之规定，他合伙人亦同免其责任，故该合伙人对于他合伙人，仅得依'民法'第二百八十一条、第二百八十二条之规定，行使其求偿权，不得更行请求连带清偿。"本判决之意旨有二：(1)各合伙人对于不足之额虽连带负其责任；(2)在各合伙人(连带债务人)间之内部求偿关系，其依第 282 条所负之分担义务虽具内部连带的效力，但相于求偿权人并无外部连带之效力。求偿权人并不得对于负偿还义务之其他债务人中之一人或数人，同时或先后请求超出其应分担部分之给付("民法"第 273 条第 1 项)。

③ 最高法院 1937 年上字第 971 号判例："合伙契约订定，合伙人中之一人，于其出资之限度外不负分担损失之责任者，在各合伙人间，固非无效，但不得以之对抗合伙之债权人。合伙财产不足清偿合伙之债务时，该合伙人对于不足之额亦连带负其责任。"

④ "最高法院"1995 年度台上字第 365 号民事判决："本件租赁契约之出租人除上诉人外，尚有陈式滨，有租赁契约书可凭。除法律另有规定或契约另有订定外，应由上诉人及陈式滨平均分担或分受租赁契约上之责任及权利。租金及保证金系由上诉人及陈式滨共同收受，除另有约定外自应共同返还。"

明文规定,仍有疑问。当数人就同一债务,对于债权人各负全部给付之义务,首先导出一个类型特征:"债权人,得对于债务人中之一人或数人或其全体,同时或先后请求全部或一部之给付(第一项)。连带债务未全部履行前,全体债务人仍负连带责任(第二项)。"(第273条)此即连带债务之"外部连带"的效力。而有时虽无明示之约定或明文之规定,数人就同一债务亦具备该外部连带的效力特征。于是,引起此种债务是否亦为连带债务的疑问。这涉及连带债务之概念的定义问题。如果执着于连带债务的发生需有法律明文或契约明示的规范依据,则那些仅具连带效力,而无前述明文或明示之发生依据者,便可能被称为准连带债务或不真正连带债务。因之,司法实务上有以是否有法律明文规定或契约之明示约定为其连带依据,区分为真正与不真正连带债务者。①

关于多数债务人之债的效力,就其给付义务,除相对于债权人有外部连带的效力问题外,尚有该债务在债务人间之内部分担的(比例)问题。② 此即连带债务之"内部连带"的效力。于是,在效力的层次,就何谓连带债务,学说上与实务上有是否应兼具该二连带效力,始成其为连带债务的争议。学说上有认为数人就同一债务对于债权人纵使各负全部给付之义务,但只要其欠缺内部连带的效力,仍然不成其为连带债务者。这属于否认不真正连带债务系一种连带债务的

---

① "司法院"1985年2月27日厅民一字第124号函复台高院:"保证人放弃先诉抗辩权,于主债务人不能清偿借款时,债权人是否可起诉保证人与主债务人应负连带清偿责任?法律问题:甲以乙为保证人向丙借用新台币(下同)十万元,并约定乙不得主张先诉抗辩权。清偿期届至,甲未依约定偿还,丙乃起诉请求甲、乙连带清偿借款十万元,有无理由。⋯⋯'司法院'第一厅研究意见:保证人抛弃先诉抗辩权,是否即为连带保证,学者间固无定论,纵令认系连带保证,其亦系保证之一种,仍不失其从属性,应适用保证之有关规定,与一般连带债务亦有不同。唯保证人既抛弃先诉抗辩权,其与主债务人对于债权人,就同一内容之给付,即应各负全部履行之责任,此二债务具有同一经济上之目的,倘其中一人为给付,他人就其给付范围内,亦同免其责任,故应认保证人与主债务人对于债权人负有不真正连带债务,债权人得请求保证人及主债务人连带清偿债务。研讨结果采肯定说之第二说,核无不当。讨论意见肯定(二)说:(二)连带保证具有连带债务性质,而连带债务依'民法'第二百七十二条规定,除法律有规定外,非有明示不得成立,故先诉抗辩权之抛弃,不当然即属于连带保证(郑玉波著《民法债编》下册,第872~873页)。唯此时甲乙就同一内容之给付,各负全部履行之义务,且因一人之履行,债权人之债权即获满足,他债务人之债务亦随之而归于消灭,甲、乙之间应构成不真正连带债务关系(郑健才著《债法通则》,第230页)而不真正连带债务之给付效果与连带债务相同,故丙请求甲乙连带清偿借款并无不合,唯应于理由中叙明其为不真正连带债务关系。"(《民事法律问题研究汇编》(第4辑),第124页]。请参考杨淑文《论连带保证与连带债务》,载《台湾本土法学》第25期(2001年8月),第14页以下。

② 连带债务人间之求偿问题非"民法"第228条(按:该条现列移为"民法"第218条之一第1项)所规定之问题("最高法院"1996年度台上字第975号民事判决)。

看法。在效力的层次,有以连带债务人间之内部求偿关系的有无,亦即内部连带之有无为标准,区分真正与不真正连带债务者。[①] 然就内部有主债务人与次债务人之区分,亦即欠缺内部连带效力之多数债务人之债务,也有于法律有明文规定,数人应就同一债务,对于债权人各负全部给付之义务(例如"民法"第188条),亦即具备外部连带效力的情形,例外的依然肯认其为连带债务者。学说上因此认为,内部连带不是连带债务之概念上的要素,而仅是其类型上通常具备之特征。由此可见,当将连带债务之定义推至极端,认为应兼含外部连带与内部连带效力,则势必一般难以兼顾不具内部连带效力之不真正连带债务的规范需要。

此外,学说[②]上与实务[③]上还有以各债务人所负债务之发生原因是否相同区分其为真正或不真正连带债务者。以此为标准者,又认为内部连带之欠缺乃其

---

① "最高法院"1996年度台上字第975号民事判决:"(一)不真正连带债务因只有单一之目的,各债务人间无主观之关联,而连带债务则有共同之目的,债务人间发生主观的关联,二者不同,故连带债务之有关规定,于不真正连带债务,并不当然适用。就不真正连带债务人与债权人间之外部关系而言,债权人对于不真正连带债务人之一人或数人或全体,得同时或先后为全部或一部之请求。不真正连带债务人中之一人为清偿,满足债权之给付,同时满足不真正连带债务之客观上单一目的时,发生绝对效力。就不真正连带债务相互间之内部关系而言,不真正连带债务人间互无分担部分,因而亦无求偿关系。"该判决要旨中所称:"就不真正连带债务相互间之内部关系而言,不真正连带债务人间互无分担部分,因而亦无求偿关系。"所指者其实不是不真正连带债务人全体根本互无分担部分,因而亦无求偿关系;而是因为其中有一部分人无应分担部分,所以,他人先为清偿者,对其无求偿权。反之,如系无应分担部分者先为清偿,则该先为清偿者对于有应分担部分之连带债务人,依然有求偿权。

② 关于真正及不真正连带债务之区别有注重于其发生原因不同者,例如孙森焱:《民法债编总论》下册,作者自刊,2004年1月修订版,第912页。然发生原因不同者,依法仍有可能构成连带债务。例如数人先后与债权人缔结保证契约保证同一债务,仍可构成保证连带("民法"第748条)。请参见黄立:《民法债编总论》,2007年初版,第591页。

③ "最高法院"1966年度台上字第1450号民事判决:"数债务人基于不同之发生原因,对于债权人负同一给付为标的之数个债务时,固为学说上所谓之不真正连带债务,唯债权人向其请求,仍须证明就单一法益而发生时对于数个不同债务人之请求权存在,始有不真正连带债务关系可言。"

不同发生原因之延伸结果。① 至于债务之内容则不要求其相同。〔学说上有认为发生原因及给付内容皆非连带债务之构成要件者,例如 Esser/Schmidt,aaO.(FN1),S.343.在建筑物因建筑师监工与营造商施工之疏失而造成损害的情形,建筑师与营造商对于业主所负之债务是否构成连带债务,从债务之给付内容是否必须同一立论,在德国学说上与实务上有深入的讨论。在肯认其为连带债务后,与之相随,紧接着还有各债务人间之分担问题。请参考 Peter Raisch,Zur Begriffsbestimmung der Gesamtschuld,JZ 1965,703ff.〕另纵使债务之内

---

① "最高法院"2003 年度台上字第 1540 号民事判决:"不真正连带债务,系数债务人基于不同之债务发生原因,就同一内容之给付,对于同一债各负全部给付义务,因一债务人给付,他债务人即同免其责任。其各债务发生之原因既有不同,仅因相关法律关系偶然竞合,致对同一债权人负同一内容之给付,自不生'民法'第二百八十条所定连带债务人间内部分担求偿之问题,其利益自不及于他债务人,要无'民法'第二百七十五条规定之适用。"本件所涉问题为:(1)在添附之不当得利返还请求权或借用人之有益费用返还请求权发生后,对于债权人立据同意偿还该债者,与原债务人就该债务是否负连带债务之责任;(2)该立据同意偿还者偿还后,对于原债务人有无求偿权。立据同意偿还若定性为并存的债务承担,则构成连带债务;若定性为保证,则不构成连带债务。清偿后对于原债务人是否有求偿权,在保证上,原则上有;在并存的债务承担视承担人与债务人之内部关系定之。有疑义者,应采肯定的见解。其理由与第三人清偿相同。盖承担可论为清偿之前置行为。第三人无法律上原因,未经承担阶段而径为清偿者,即有视情形依债权之法定移转、不当得利或无因管理求偿的权利;在经承担的情形,自当赋予相同之效力。该判决之评释请参考黄茂荣:《有益费用之偿还义务及其保证或承担》,载《植根杂志》第 20 卷第 5 期。

容及经济目的相同,只要债权人对该债务之给付利益不同,还是不构成连带债务。[①]

其实就连带债务在交易上之机能论,连带债务的意义应在于归属个别债务人之无支付能力所构成的风险。该风险由每一个连带债务人对于债权人独立负担。[②] 连带债务之外部连带效力的作用超出全体债务人就系争债务之全部互为连带保证人。盖就他连带债务人之应分担部分,各连带债务人所负之责任无所谓从属性,都是自己的主债务。是故,关于连带债务之探讨或规范,应注重在其外部连带,及其对于发生在个别债务人与债权人间之下述事件的延伸影响。

2. 连带债务之外部连带的延伸效力

自连带债务之外部连带的效力,首先引申出"因连带债务人中之一人为清偿、代物清偿、提存、抵销或混同而债务消灭者,他债务人亦同免其责任"(第274

---

① 其典型的案例为:债权人虽只需要一份,但分别向不同债务人订购相同内容之物(重复订购)。请参考 Larenz, aaO. (FN5), S. 495f.. 在因受托人之疏懈,致寄托物为第三人所窃的情形,由于受害法益在寄托关系为履行利益,在失窃关系为固有利益,亦会引起债权人分别依契约及侵权行为之规定,对于受托人及窃贼所取得之损害赔偿请求权之给付利益不同的情事。唯因寄托人在寄托关系所享之该履行利益兼具固有利益的性质,所以,该二损害赔偿请求权在行使上有重复满足的问题。在受托人先为清偿的情形,立法者利用"民法"第218条之一,消弭其重复行使之可能性的方法,解决该问题。在窃贼先为清偿的情形,受托人得以寄托人无损害为理由,主张免负赔偿责任。不过,这当中尚必须注意,寄托人请求赔偿之费用的赔偿问题。与之类似的情形:甲自乙窃得手机一部后随即将之价卖于丙,设在甲将手机交付丙后,在丙将价金给付甲前,为乙获悉并分别向甲请求赔偿,向丙请求返还手机或交付价金。于是,造成重复满足的情事。在这种情形究竟是甲或丙对于乙有返还请求权? 又乙、丙间之法律关系所受影响又如何? 这当中首先必须厘清者为,乙如不承认甲、丙间之交易,丙不能善意取得。从而乙对甲有侵权行为之损害赔偿请求权,对于丙有所有物返还请求权。这可能有下述发展的可能性:(1)两者一个是债权,一个是物权,虽不能构成连带债务,但甲如先为赔偿,乙应将该物之所有权移转于甲,移转后,甲、丙间之买卖转为自己之物的买卖,丙对甲不得拒绝给付价金。丙如对乙给付价金,不生清偿效力。其结果,丙应再对甲为价金之给付。至于丙对乙给付之价金应依不当得利的规定请求返还。在窃盗案件之损害赔偿中,所有权人与窃贼就赔偿事宜最后虽然通常都以和解契约之缔结的形式表现出来,但该和解之创设效力原则上并不改变系争给付之为损害赔偿的原来性质。(2)倘乙虽受领赔偿给付,而对甲不为所有权之移转,反先将所有权移转给丙,并自丙受领价金之给付,则甲对于乙之侵权行为将因无损害而不生赔偿义务。从而乙(在和解契约解除后)应依不当得利的规定返还自甲受领之赔偿给付。至于甲、丙之间的买卖最后应依债务不履行的规定解决。请参考 Hartmut Reeb, Der Ausgleich bei Doppelbefriedigung des bestohlenen Eigentümer durch Dieb und Abnehmer des Diebes-BGHZ 52, 39, JuS 1970, 214ff. ; Helmut Rüssmann, Noch einmal: Das gestohlene Farbfernsehgerät, JuS 1972, 44ff. .

② Esser/Schmidt, aaO. (FN1), S. 341.

条),以防止债权人之重复满足。不过,在连带债务人中之一人为清偿、代物清偿、提存、抵销或混同而债务消灭的情形,其实该债务除为清偿之连带债务人自己所应分担之部分有"民法"第309条意义下之消灭外,其他债务人应分担之部分并未消灭,而只是法定的移转于为清偿之连带债务人。

在法律无特别之禁止或限制规定时,连带债务人虽得以抵销的方法消灭债之关系(第335条),但其他连带债务人对于债权人之债权主张抵销者,以该债务人应分担之部分为限(第277条)。① 另一消灭债之关系的事由为:债权人向连带债务人中之一人免除债务。在这种情形中,倘债权人无消灭全部债务之意思表示,则除该债务人应分担之部分外,他债务人仍不免其责任(第276条第1项)。② 该项规定并准用于连带债务人中之一人消灭时效已完成的情形(第276条第2项)。③ 亦即"连带债务人中一人消灭时效已完成者,除该债务人应分担之部分外,他债务人仍不免其责任,是消灭时效完成者,就该债务人应分担部分,发生绝对效力,从而仅连带债务人中之一人有分担部分,他债务人无之者,就有

---

① 自谁主张抵销论之,"民法"第277条对于第334条所定:"二人互负债务"之抵销要件构成例外。盖连带债务人中之一人,以他连带债务人,而非自己对于债权人享有之债权主张抵销。

② "民法"第282条第2项规定,连带债务人中之一人应分担之部分已免者,仍应依同条第1项比例分担之规定,负其责任。该条所以如此规定的理由为:依私法自治原则,债权人不得在其他连带债务人未参与的情形下,介入连带债务人间之内部关系。这首先主要适用于债之免除及消灭时效完成的情形。而后适用于责任债权之事先抛弃及在和解中事后让步的情形。有疑问者为:在责任债权之事先抛弃的情形,该债权后来是否还是先一度发生,而后随即免除? 抑或自始不发生? 盖必须解释为"先一度发生,而后随即免除",在该经抛弃之责任债权属于连带债务时,始能比较清楚地说明连带债务人间之内部关系,以及该抛弃对于其他连带债务人之利益("民法"第276条:经免除之债务人的应分担部分,其他债务人亦免其责任)。至于就连带债务为和解的情形,债权人在和解中对于一部或全部连带债务人如有让步,其让步首先固依和解之规定发生其创设(形成)效力,但其在连带债务人间之内部关系的作用仍应依连带债务之规定("民法"第276条)。详请参考 Andreas Wacke, Der Erlaß oder Vergleich mit einem Gesamtschuldner-Zur Befreiung Mithaftender beim Regreßverlust durch Gläubigerhandeln, AcP 170(1970), 43ff. (67ff).

③ "民法"第276条第2项规定,在连带债务各债务人之所负债务之消灭时效期间分别计算。其道理为:"民法"第273条既然规定:"连带债务之债权人,得对于债务人中之一人或数人或其全体,同时或先后请求全部或一部之给付。"亦即不一定必须对于连带债务人全体同时请求全部之给付。则债权人未对其请求者之消灭时效期间自不因其已对于他连带债务人请求而中断。这与连带债权的情形不同。在连带债权,各债权人既"各得向债务人为全部给付之请求"(第283条),且连带债权人中之一人为给付之请求者,为他债权人之利益,亦生效力"(第285条)。则连带债权人之债权的消灭时效期间不可能分别计算。

分担部分之债务人时效完成时,他债务人即全免其债务"("最高法院"1997年度台上字第1524号民事判决)。① 该意旨是否亦适用于发票人、承兑人、背书人及其他票据债务人间依"票据法"第96条对于执票人所负之连带责任?"最高法院"采否定的见解。唯执票人对前背书人之追索权消灭时效已完成者,如后背书人不得径行援用"民法"第276条第2项规定,主张时效利益,免其对该消灭时效已完成部分之责任,则后背书人在履行责任后,对于消灭时效已完成之前背书人的追索利益将因债权人或其前手之懈于行使权利而同归于丧失。这是否合理,非无推求余地。["最高法院"2001年度台上字第153号民事判决:"唯按发票人、承兑人、背书人及其他票据债务人,对于执票人连带负责,为'票据法'第九十六条第一项所明定。所谓连带负责,就票据债务人与执票人间之关系言,系指各票据债务人就执票人所得追索之金额,负全部清偿责任,此固与'民法'之连带债务相当,然就票据债务人相互间之内部关系言,仅有追索权之问题,即票据债务人为清偿时,仅得对其前手行使追索权,直至发票人为止,但票据债务人相互间并无内部如何分担之问题,即并无'民法'上连带债务人间分担、求偿或代位之关系,此与'民法'上之连带债务有别。故本票发票人及背书人虽依'票据法'第九十六条第一项之规定,应对执票人连带负责,唯该连带负责既非'民法'上之连带债务,自无'民法'第二百七十六条规定之适用。倘上诉人对被上诉人之请求权未罹于时效消灭,则上诉人之此请求权即不受其对发票人绮梦思公司请求权已罹消灭时效之影响。原判决以发票人绮梦思公司为连带债务人之一,其应分担部分之请求权消灭时效既已完成,依'民法'第二百七十六条第一项、第二项规定,被上诉人自全免其债务之法律见解,即有未当。""最高法院"2002年度台简上字第23号民事判决:"按连带债务人中一人消灭时效已完成者,依'民法'第二百七十六条第二项规定,该债务人应分担之部分,他债务人固同免其责任。唯票据前后背书人依'票据法'第九十六条第一项规定对于执票人所负之连带责任,其背书人间仅生清偿后再行使追索权之问题,而无'民法'连带债务人间内部分担、求偿或代位之关系,该'票据法'所称之'连带负责'者,系一种不完全连带责

---

① "最高法院"1996年度台上字第1131号民事判决:"连带债务人中之一人消灭时效已完成者,依'民法'第二百七十六条第二项规定,固仅该债务人应分摊之部分,他债务人亦同免其责任,唯'民法'第一百八十八条第三项规定雇用人赔偿损害时,对于为侵权行为之受雇人有求偿权,则雇用人与受雇人间并无应分担部分可言,倘被害人对为侵权行为之受雇人之损害赔偿请求权消灭时效已完成,如雇用人不得援用受雇人之时效利益,就全部债务同免责任,则于其为全部清偿后,尚得向受雇人为全部求偿,无异剥夺受雇人之时效利益,显非事理之平。""最高法院"1996年度台上字第651号民事判决亦采相同见解。

任,殊与'民法'所定之连带债务人责任未尽相同,自无'民法'第二百七十六条第二项规定之适用,是执票人对前背书人之追索权消灭时效如已完成者,后背书人亦无径行援用该条项规定主张时效利益而免其对该部分责任之余地。"该见解可能套用自不真正连带债务之债务人之所为对于他债务人无效的看法。然公式性地认为,在"不完全连带责任"(不真正连带债务),发生于一个债务人之事件,对于他债务人无效力的看法,是不成立的。盖不真正连带债务之不同于真正连带债务者,为其无内部连带,而非无外部连带效力。而"民法"第 274 条至第 278 条所定者为关于外部连带之效力,所以,对于真正及不真正连带债务皆应有其适用。其实,发生于一个债务人之事件,对于他债务人无效力的情事,主要存在于"民法"第 275 条所定之反面的情形:"连带债务人中之一人受确定判决,而其判决非基于该债务人之个人关系者,为他债务人之利益,亦生效力。"亦即基于连带债务人个人关系之事件对于他债务人无效力。问题是:那种事件可谓是基于连带债务人个人关系发生之事件?]是故,依"票据法"第 96 条第 2 项,票据执票人虽得对于该条第 1 项所定债务人之一人或数人或全体行使追索权,不受其负担债务之先后的限制;但因其请求对象之先后的选择,而引起消灭时效分别完成之不利结果时,仍必须为之负责,不得损及其他应负连带责任之债务人对于其前手的求偿利益。否则,可能减损被追索者已为清偿时,依同条第 4 项本当取得之与执票人同一的权利。

由于因连带债务人中之一人为清偿、代物清偿、提存、抵销或混同而债务消灭者,他债务人亦同免其责任("民法"第 274 条),所以,债权人对于连带债务人中之一人有迟延时,为他债务人之利益,亦生受领迟延之效力("民法"第 278 条)。此外,"民法"第 275 条还规定:"连带债务人中之一人受确定判决,而其判决非基于该债务人之个人关系者,为他债务人之利益,亦生效力。"[①]是故,"连带债务人中之一人提起上诉,提出非基于其个人关系之抗辩有理由者,对于各连带债务人即属必须合一确定,应适用'民事诉讼法'第五十六条第一项之规定,其上

---

① 王千维:《连带债务之判决效力及相关问题——民事诉讼法研究会第八十次研讨会纪录》,载《法学丛刊》,第 48 卷第 1 期,第 133 页以下。

诉效力及于其他连带债务人"("最高法院"2000 年度台上字第 1089 号民事判决)。① "民法"第 275 条所称"非基于该债务人之个人关系"的事由，所指者主要为：(1)系争之债据以发生之事由自始无效或嗣后因撤销而无效；② (2)系争之债的关系已因有债之消灭事由而消灭("民法"第 274 条、第 276 条、第 278 条)。③

就连带债务人中之一人所生之事项，除前 5 条规定或契约另有订定者外，其利益或不利益，对他债务人不生效力("民法"第 279 条)。

3. 内部连带的效力

当数人就同一债务对于债权人负全部之给付义务，在多数债务人间自然存在该债务之内部分担的问题。对此，"民法"第 280 条规定："连带债务人相互间，

---

① "最高法院"1997 年度台上字第 2488 号民事判决："(一)最高法院 1943 年上字第 4810 号判例要旨称：'"民法"第二百七十五条规定连带债务人中之一人受确定判决，而其判决非基于该债务人之个人关系者，为他债务人之利益亦生效力，故债权人以各连带债务人为共同被告提起给付之诉，被告一人提出非基于其个人关系之抗辩有理由者，对于被告各人即属必须合一确定，自应适用'民事诉讼法'第五十六条第一项之规定'等语，显系自'民法'第二百七十五条规定衍生而来。是得依该判例意旨，认有'民事诉讼法'第五十六条第一项规定适用之连带债务诉讼，自以合于'民法'第二百七十五条规定者为限，不宜扩张该判例之适用范围，此由最高法院 1922 年抗字第 10 号判例意旨称：'债权人以各连带债务人为共同被告提起给付之诉，以被告一人提出非基于其个人关系之抗辩，而经法院认为有理由者为限，始得适用'民事诉讼法第'五十六条第一项之规定，共同被告之一人对于第一审命其连带给付之判决，提起上诉或声请诉讼救助，尚未经第二审法院为实体上之调查，无从断定其提出抗辩是否非基于其个人关系而有理由，自无同条项之适用，应就其个人提起上诉或声请诉讼救助是否合法，应否准许，予以调查裁判'等语，即得佐证。本件被上诉人请求上诉人连带给付违约金及迟延利息，于第二审对邱彭玉端以外之上诉人提起上诉，并非有利上诉人之行为，与'民法'第二百七十五条规定，尚有不合，自无首揭判例援用之余地。"

② "最高法院"1954 年度台上字第 266 号民事判决："'民法'第二百七十五条所谓连带债务人中之一人受确定判决，而其判决非基于该债务人之个人关系，系指债权人因该债务人负担债务之法律行为有无效或撤销之原因致受败诉判决而言。所谓为他债务人之利益亦生效力，系指因连带债务不成立或消灭而受败诉判决之债权人向他债务人请求履行或提起诉讼时，他债务人得援用该判决以拒绝履行或为既判力之抗辩而言。"该判决意旨仅适用于各债务人依同一法律上原因而负连带债务的情形。倘连带债务人所以负债务之法律上原因不同，则由于连带债务不成立、自始或嗣后无效的事由通常与该债务据以发生之契约有关，因此，关于个别连带债务人所负债务是否存在之确定判决，即有基于该债务人之个人关系的可能。

③ 最高法院 1942 年上字第 2683 号判例："债权人向连带债务人中之一人免除债务，而无消灭全部债务之意思表示者，他债务人就该债务人应分担之部分，亦同免其责任，此观'民法'第二百七十六条第一项之规定自明。故连带债务人中之一人所受胜诉之确定判决，以债权人向该债务人免除债务为基础者，关于该债务人应分担之部分，非基于该债务人之个人关系为之，依'民法'第二百七十五条之规定，为他债务人之利益亦生效力。"

除法律另有规定或契约另有订定外,应平均分担义务。但因债务人中之一人应单独负责之事由所致之损害及支付之费用,由该债务人负担。"当连带债务人相互间就连带债务有分担义务,该连带债务即有内部连带的效力。① 基于内部连带,不但"连带债务人中之一人,因清偿、代物清偿、提存、抵销或混同,致他债务人同免责任者,得向他债务人请求偿还各自分担之部分,并自免责时起之利息"("民法"第 281 条第 1 项),而且"连带债务人中之一人,不能偿还其分担额者,其不能偿还之部分,由求偿权人与他债务人按照比例分担之。但其不能偿还,系由求偿权人之过失所致者,不得对于他债务人请求其分担(第一项)。前项情形中,他债务人中之一人应分担之部分已免责者,仍应依前项比例分担之规定,负其责任(第二项)"("民法"第 282 条)②。此外,"求偿权人于求偿范围内,承受债权人

---

① 连带债务人之一人因清偿、代物清偿、提存、抵销或混同,而致其他连带债务人同免责任者,其他连带债务人对于该连带债务人除负有偿还其应分担部分之义务外,其他连带债务人中有不能偿还其分担额者,其不能偿还之部分,由求偿权人与他债务人按照比例分担之("民法"第 282 条)。就该不能偿还之部分,其他连带债务人所负之债务虽类似于一般保证之责任,但不构成保证连带("民法"第 748 条),并非连带债务。所以,该有求偿权之连带债务人并不得"对于债务人中之一人或数人或其全体,同时或先后请求全部或一部之给付"("民法"第 273 条),而只得分别对其请求偿还其应分担之部分。不过,在下述情形,有偿还义务之连带债务人中有一部分人所负之偿还义务构成连带债务:甲为乙之雇用人,且乙因执行职务而与丙因共同侵权行为对丁引起一个损害。就该损害乙与丙依"民法"第 185 条负共同侵权行为责任,而甲与乙依"民法"第 188 条负雇用人之责任。因此,甲、乙与丙就该损害负连带债务。其中甲、乙是一组,共同为乙应负责的部分负责。如果乙、丙之原因力相同,甲、乙共同应分担部分为 1/2。丙亦为 1/2。如果丙先为清偿,甲、乙对丙所负之偿还义务为连带债务。是故,丙得随意对于甲或乙求偿者为 1/2,而非 1/4。丙如先对甲求偿,甲在清偿后,得对于乙求偿其给付之全部(第 188 条第 3 项)。请参考 Wolfgang Thiele, Gesamtschuld und Gesamtschuldnerausgleich, JuS 1968, p. 155.

② "民法"第 282 条第 2 项所称"他债务人中之一人应分担之部分已免责者"之免责事由主要指:"民法"第 276 条所定债权人向连带债务人中之一人免除债务,而无消灭全部债务之意思,以及连带债务人中之一人消灭时效已完成的情形。在这两种情形,一方面因其免责事由皆具有个人性;另一方面因出自于债权人一方之免责因素的效力,不得介入连带债务人间之内部连带,所以,经债权人免除债务,或因债权人未对其行使债权而致消灭时效完成之连带债务人,就他连带债务人不能偿还之部分,仍应按其应分担比例,负其责任。请参考 Wolfgang Thiele, aaO., JuS 1968, p. 156.

之权利。但不得有害于债权人之利益"（"民法"第 281 条第 2 项）。①

"民法"第 282 条所定连带债务人中之一人无偿还资力时，其他连带债务人之分担义务更进一步彰显连带债务之内部连带的效力。一个多数债务人之债务

---

① "民法"第 281 条第 2 项所定之效力为所清偿之债权的法定移转。这是"民法"关于有利害关系之第三人清偿债务时之标准效力。例如"民法"第 312 条规定："就债之履行有利害关系之第三人为清偿者，于其清偿之限度内承受债权人之权利。但不得有害于债权人之利益。"这在学说上称之为第三人清偿的代位权。类似的规定有：(1)"民法"第 749 条规定："保证人向债权人为清偿后，于其清偿之限度内，承受债权人对于主债务人之债权。但不得有害于债权人之利益。"(2)"民法"第 879 条规定："为债务人设定抵押权之第三人，代为清偿债务，或因抵押权人实行抵押权致失抵押物之所有权时，依关于保证之规定，对于债务人有求偿权。"上述债权之法定移转的规定适用于真正之第三人清偿固属允当，但适用于连带债务人之一的清偿，则与就连带债务所作下述规定的意旨不尽相符："民法"第 272 条规定，每一债务人对于债权人各负全部给付之责任，及第 273 条规定，连带债务之债权人，得对于债务人中之一人或数人或其全体，同时或先后请求全部或一部之给付。是故，连带债务之他人债务的性质必须从连带债务之内部关系说明之。亦即从内部关系论，超出各连带债务人自己应分担部分以上之清偿，皆具有第三人清偿的实质。在债权因第三人清偿而移转的情形，清偿人之求偿权的消灭时效期间除应继受所受让之债权的时效期间的法定长度外，并应继受对于其他债务人分别已经过之期间，而非自其清偿时起重新起算。此外，该债务之担保是否随同移转亦是一个复杂而不能一概而论的问题。请参考 Esser/Schmidt, aaO. (FN1), S. 352f. . 他们认为，除非该担保系专为先为清偿者而提供，否则，基于连带债务之一体性，原则上连带债务之担保不因连带债务人中之一人的清偿而消灭，而应随同该债务法定移转于先为清偿者(S. 353)。在无利害关系之第三人清偿的情形，因所清偿之债务消灭，所以，视情形在该第三人与债务人间成立无因管理或不当得利的关系。由于这是一个基于新事实所发生之新债权，其消灭时效期间除自当依无因管理或不当得利的规定，定其期间之长度外，并应自其发生时起算。然倘债务人直到原债务消灭时效完成前，不知在时效期间完成前有第三人清偿之情事，该时效期间之实质上的延长对其是否合理，值得探讨。此外，在债权之法定移转也有债务人之抗辩权及抵销权之保障的问题。这同样有"民法"第 299 条之适用。是故，先为清偿之连带债务人为确保自己之求偿权，应尽早通知其他连带债务人。关于连带债务人之求偿及德国民法第 406 条抵销权保障，请参考 Johannes Denck, Gesamtschulderregreß und Aufrechnungsschutz nach § 406 BGB, JZ 1976, 669ff. .

如果不具备内部连带的效力,不论其发生之规范基础是否为法律,皆非真正的连带债务。[1] 唯学说上关于真正与非真正连带债务的区分标准有时置于其规范基础。从而不论一个连带债务是否有内部连带的效力,只要其以法律为其发生的依据,即将之认定为真正连带债务。例如"民法"第 188 条所定之连带债务虽因有该条之明文规定而被肯认为真正的连带债务,但因该条第 3 项规定"雇用人赔偿损害时,对于为侵权行为之受雇人,有求偿权",显示该连带债务并无内部连带的效力。[2] 是故,如以连带债务有无内部连带效力为准,区分真正及不真正连带债务,该条所定之连带债务虽有法律之明文规定为其规范基础,还是应论为不真正连带债务。由此可见,以规范基础为标准所作之分类,从功能论是没有意义的。

关于不真正连带债务的规范,其真正的困难为:在具体案件或类型究竟应以何为标准,认定连带债务人中之哪些人应负最后的责任,从而其先为清偿者,对

---

[1]　Wolfgang Thiele, aaO. (FN35), JuS 1968, p. 155:"德国民法第四百二十一条中之连带债务的定义并没有穷尽界定第四百二十二条以下(关于外部连带)之规定的适用要件。唯为完整其要件并不需要其他法定之概念特征(例如内部关联、共同目的、同阶性或履行的共同性)。为明确之,只要提示到相对于第四百二十一条以下关于求偿权的特别规定即已足够。连带债务之概念的界定问题重点因此移至关于求偿权规定之适用范围的问题。对我来讲,法定让与之构成要件较之第二百五十五条更适合作为(连带债务在类型之)归属上的终点。" Wolfgang Thiele 上述见解亦明白显示出,内部连带在连带债务之类型化上的重要性。剩下来的问题是:究竟应以内部连带(亦即求偿权之有无)作为连带债务的认定标准,或作为真正连带债务与不真正连带债务的判别标准?

[2]　关于雇用人对受雇人之求偿权,请参考郑玉山:《雇用人求偿权之限制与时效免责之抗辩(下)》,载《台湾本土法学杂志》第 32 期(2002 年 3 月),第 2 页以下。

于其他连带债务人无求偿权;或其他连带债务人先为清偿者,对其有求偿权。[①]连带债务人间关于连带债务之分担问题,固可笼统的认为应按其内部关系定之。问题是:其内部关系究竟为何。这还受到蛮多因素的影响。[②] 例如在共同侵权行为或共同危险行为(例如消费责任、公害责任及交通事故责任),至少其内部分

[①] "最高法院"1997年度台上字第2656号民事判决:"按受雇人因执行职务,不法侵害他人之权利者,由雇用人与行为人连带负损害赔偿责任,'民法'第一百八十八条第一项定有明文。所谓受雇人,凡客观上被他人使用为之服劳务而受其监督者均属之。在货车靠行之场合,受靠行之公司为司机名义上之雇用人,货车车主则为司机事实上之雇用人,于司机因执行职务致侵害他人权利时,受靠行之公司应与司机对被害人负连带赔偿责任,货车车主亦应与司机对被害人负连带赔偿责任。上诉人为张金昌名义上之雇用人,其赔偿薄中南等人二百六十六万元,乃为履行其自己所负雇用人之侵权行为连带赔偿责任,并非为被上诉人管理事务,亦非因此受有损害,核与无因管理或不当得利之要件不合。上诉人依无因管理及不当得利之法律关系,请求被上诉人给付二百六十六万元及其利息,尚属无据,不应准许。次查连带债务之成立,须数人负同一债务,而明示对于债权人各负全部给付之责任,或法律有规定者为限。上诉人并未举证证明其与被上诉人间有成立连带债务之明示,法律复未规定两造间应成立连带债务。两造系基于法律规定之不同原因,对于薄中南等人各负全部给付之责任,虽其给付具有同一之目的,其中一人给付,他造即同免其责任,但其性质应为不真正连带债务。而不真正连带债务人相互间并无分担部分,'民法'第二百八十一条第一项关于连带债务人求偿权之规定,于不真正连带债务人间并无适用之余地。"当以有无内部连带为真正与不真正连带债务之区别标准,就连带债务必须先论究竟在连带债务人间有无分担部分,而后定性其是否为真正连带债务,而非先定性其为不真正连带债务,而后认为其相互间无分担部分。否则,即有倒果为因的谬误。就受雇人因执行职务所引起之损害,该判决一方面认为其名义上及事实上雇用人皆应依"民法"第188条与受雇人连带负赔偿责任;另一方面又以其负责之原因不同,不成立真正连带债务,从而认为该二雇用人之一先为清偿者,对于他雇用人无求偿权。该结论之实质理由何在? 未见说明。按靠行系一种管理信托,管理费用应由信托人负担。所以,在该判决所示案例中,名义上雇用人(受托人)先为赔偿者,得以之为信托费用对于事实上雇用人(信托人)求偿;反之,事实上雇用人先为赔偿者,对于名义上雇用人无求偿权。然在管理信托,因信托人(事实上雇用人)与加害人(受雇人)间并无雇佣关系,所以,其信托人对于第三人是否还应直接负法律责任,尚有疑问。这要看信托人是否事实上从事信托事务之执行而定。要之,在连带债务一方面应按连带债务人间之内部关系的实质,定其责任之最后归属,债务之发生原因是否同一尚非充分之认定依据;另一方面,在涉及信托的情形,正如在行纪的情形一样,信托人与行纪人原则上皆不直接对于受托人之交易相对人或第三人负责。在因法律行为及非因法律行为所发生之债务关系,受托人之相对人是否得穿透信托之法律形式,主张按其经济利益之实质的归属,直接要信托人负责,是有疑问的。直接代理及间接代理的区分实益即在于此。

[②] Gerhard Frotz, Dogmatische Fortschritte im Verständnis der Regreßmethoden bei Schuldnermehrheit? Zugleich eine Bespreschung von Walter Selb, Schadensbegriff und Regreßmethoden, JZ 1964, 665ff..

担,应视其对于损害之原因力的大小定其分担比例;责任保险之保险人对于被保险人无求偿权;责任保险与健康保险之保险人间健康保险之保险人对于责任保险之保险人有求偿权;因执行危险职务而对于第三人引起损害者,雇用人对于受雇人应无求偿权。[①]

4. 真正连带债务之态样

依"民法"第 272 条规定,首先可以按其规范基础区分为约定之连带债务及法定之连带债务。这在其表现形式分别有:在约定的情形,明示之外,是否还承认默示的态样;在法定的情形,是否必须以"连带"的用语明白规定,或是只要依法律之规定,数人就同一债务对于债权人各负全部给付之责任,即为已足? 有法律以连带责任规定之者,是否即为连带债务? 为说明这些疑点,并为较好地认识真正连带债务,以说明与不真正连带债务有关的问题,有必要将法律明定之连带债务加以分类,以归纳出所以规定其为连带债务的道理所在。

(1)侵权行为之连带债务

因侵权行为所发生之损害赔偿之债,不但在共同侵权行为或准共同侵权行为(共同危险行为),其行为人就所生损害所负之连带赔偿责任构成连带债务;由数人分别之侵权行为所引起之同一损害的赔偿责任,在学说[②]上与实务[③]上亦肯认其为连带债务。[④] 不过,论诸实际,后一情形所涉情节是一种准共同侵权行

---

① Esser/Schmidt, aaO.(FN1), § 39 III.

② 请参考孙森焱:《民法债编总论》上册,作者自刊 2004 年 1 月修订版,第 278 页。

③ "最高法院"1995 年度台上字第 658 号民事判决:"查数人共同不法侵害他人之权利者,对于被害人所受损害,所以应负连带赔偿者,系因子人之行为共同构成违法行为之原因或条件,因而发生同一损害,具有行为关连共同性之故。民事上之共同侵权行为与刑事上之共同正犯,其构成要件虽非全同,共同侵权行为人间在主观上固不以有犯联络为必要,唯在客观上仍须数人之不法行为,均为其所生损害之共同原因即所谓行为关连共同,始足成立共同侵权行为。"

④ 在不当得利亦可能有类似的问题,唯"最高法院"1985 年度台上字第 2733 号民事判决认为:"第查因不当得利发生之债,并无共同不当得利之观念,亦无共同不当得利人应连带负返还责任之规定。同时有多数利得人时,应各按其利得数额负责,并非须负连带返还责任……被上诉人因上诉人与陈国忠无权占有讼争房屋及基地所受相当于租金之损害,应斟酌该房屋及基地位置,上诉人与陈国忠利用房屋及基地之经济价值及所受利益,并与相邻之房屋及基地租金相比较,以为决定。原审以定期存款一年期利率年息百分之七点七五作为计算此项损害之标准,亦有未合。"该见解固有"民法"第 272 条为其依据,然倘无权占有人系共同利用他人之土地,或外人难以分算其分别所受利益,则若不肯认不当得利为原因之连带债务,其返还请求权之行使将倍加困难,显不适宜。关于该判决之评释,请参考王泽鉴:《民法债编总论》第二册,不当得利,作者自刊,1994 年版,第 217 页以下。

为。其特征为同时或先后数行为最后引起一个损害,而难以认定各原因行为对于系争损害之发生原因力的有无及其比例,从而在因果关系及其赔偿责任范围之认定上遭遇困难。于是,为不影响被害人之损害赔偿请求权的成立及其请求范围之认定,先规定全体加害人就全部损害应负连带赔偿责任。至于各自应负责之部分,事后留待加害人间按其内部应分担比例有关的规定解决。

属于共同侵权行为及准共同侵权行为之一般规定为"民法"第185条。该条规定:数人共同不法侵害他人之权利者,连带负损害赔偿责任。不能知其中孰为加害人者亦同。造意人及帮助人,视为共同行为人。其具体规定例如:①共同或连接之拖船,因航行所生之损害,对被害人负连带责任。但他拖船对于加害之拖船有求偿权("海商法"第93条)。②碰撞之各船舶有共同过失时,有过失之各船舶,对于因死亡或伤害所生之损害,应负连带责任("海商法"第97条)。此为一种过失共同侵权行为。

(2)一般的准共同危险行为

契约外损害赔偿制度的发展,首先是依过失责任主义建立侵权行为的损害赔偿制度。而后鉴于被害人举证之困难,或为在危险责任之建制的过渡时期实质上课加害人以无过失责任,而将与故意或过失及因果关系之有无的举证责任移转于加害人。此种责任之强度介于过失责任与无过失责任之间。所以学说[①]上与实务[②]上称之为中间责任。此为无过失责任中之危险责任或保险责任的滥觞。然所谓无过失责任分别按其类型,其实有深层的实质考虑。[③] 其中有基于衡平考虑者,例如"民法"第187条第3项规定,被害人"如不能依前二项规定受损害赔偿时,法院因被害人之声请,得斟酌行为人及其法定代理人与被害人之经济状况,令行为人或其法定代理人为全部或一部之损害赔偿"。第188条第2项规定:"如被害人依前项但书之规定,不能受损害赔偿时,法院因其声请,得斟酌雇用人与被害人之经济状况,令雇用人为全部或一部之损害赔偿。"此即衡平责任。另有基于危险源之导入的考虑者。这又按其危险之导入在生活与职业或业

---

① 请参考孙森焱:《民法债编总论》,作者自刊(下册)2004年1月修订版,第298页。

② "最高法院"1995年度台上字第2641号民事判决。不过,"最高法院"仍极少提到中间责任。这当是因为中间责任仅是责任形态之描述,不含论理价值,没有在理由中加以引用论述的意义。

③ 无过失责任之课责的伦理基础有认为在于损害结果之引起。此即结果责任意义下之无过失责任。结果责任的主张与过失责任主义根本对立,是一个不能与过失责任主义互相契合的论点。鉴于任何法律原则都不能绝对化的认识,采过失责任主义者,必须针对一些特别情形,肯认中间责任、衡平责任或危险责任调整之;采结果责任主义者,必须针对一些特别情形,排除无过失责任调整之。

务上之必要性区分为:补偿性的危险责任及保险性的危险责任。前者在于补偿自己引入之非必要危险对于他人引起的损害。后者在于分散因自己引入之必要之危险对于他人引起的损害。因其分散的方法主要借助于保险,所以亦可称之为保险性的危险责任。两者虽同属危险责任,但其建制所根据之伦理基础并不相同:前者为补偿正义,后者为分配正义。

鉴于在危险造成的损害,有原因力之危险源也可能来自数个权利主体所管领的范围。所以,当数个危险源是一个损害之发生原因,则类似于数个不法行为共同造成损害,应构成共同危险行为。[1] 其因果关系不能就个别危险源确切证明者,一样必须利用肯认准共同危险行为规范之。[2] 不过,不论是合法共同危险行为或是准合法共同危险行为,法律目前对之皆无明文规定。是故,其责任之课予的规范基础,有赖于类推或目的性扩张适用"民法"第185条关于不法共同侵权行为或不法共同危险行为(准共同侵权行为)的规定。不过,该条之适用仍以先有其他规定肯认一定活动之危险责任为前提。例如:①关于汽车,有强制汽车责任保险法就因汽车交通事故所致受害人体伤、残废或死亡造成之损害,在相当于该法规定之保险金额范围内,不论加害人有无过失,对于受害人提供保障(第5条)。②关于消费损害,有"消费者保护法"第7条第3项规定,企业经营者违反前2项规定,致生损害于消费者或第三人时,应负连带赔偿责任。③关于公害,例如土壤及地下水污染整治法第14条第3项规定:"土地使用人、管理人或所有人因前项管制所遭受之损害,得向污染行为人请求损害赔偿。"唯这些都还不是关于危险责任的一般规定。现行法中比较接近于一般危险责任之规定者为"民法"第191条之三规定:"经营一定事业或从事其他工作或活动之人,其工作

---

[1]　"最高法院"1984年度台上字第593号民事判决:"'民法'第一百八十五条规定之共同侵权行为,分为共同加害行为、共同危险行为、造意及帮助行为。所谓共同加害行为,须共同行为人皆已具备侵权行为之要件,始能成立;共同危险行为须数人共同不法侵害他人权利,而不能知其中孰为加害人为要件;造意及帮助行为,须教唆或帮助他人为侵权行为,方足当之。本件上诉人某航运公司为法人,如何依'民法'第一百八十五条之规定而应负侵权行为责任?殊属费解。"该判决中所称之共同危险行为仍属不法行为,此与危险责任中所称之危险行为系合法行为者,不同。为使两者有所区别,可将"民法"第185条第1项后段所定者称为不法共同危险行为,将在危险责任中所规范者称为合法共同危险行为。

[2]　"民法"第185条第1项后段所定之侵权行为,所以称为准共同侵权行为,而不直称为共同侵权行为的理由在于彰显该条前后段分别所定者在因果关系上的区别。而"准"字在此有"隼用"的意义,这是一种授权之类推适用的符号。同理,在构成危险责任之危险行为与损害间之因果关系,如有类似于第185条第1项后段所示情事而不够明确的情形,系争加害行为亦当称为准(合法)共同危险行为。

或活动之性质或其使用之工具或方法有生损害于他人之危险者,对他人之损害应负赔偿责任。但损害非由于其工作或活动或其使用之工具或方法所致,或于防止损害之发生已尽相当之注意者,不在此限。"然因该条尚有但书后段关于无过失之免责规定,所以,这还只是危险责任之初阶的中间责任。

可能之准共同危险行为有三个重要态样:①甲、乙、丙三人分开三辆汽车先后急驰而过丁家门口的道路。虽其皆未超速,但不知由哪一辆车弹出之一颗小石头在其驰过当时击破丁之落地窗。②A向甲购买由乙设计,由丙制造之汽车。该汽车后因不明原因爆冲,致A及路人B受伤。③甲、乙、丙三人分别在同一地区办厂,其虽遵守相关废水、废气之排放的规定,但其附近农田之农作还是因此受到污染,造成公害。① 在上述三种情形中,虽然假设损害应是因甲、乙或丙之所为所引起,但都不能确知个别因果关系之有无,或虽能确知但不能知其程度时,其损害赔偿请求权之成立便有类似于"民法"第185条第1项后段所定:"不能知其中孰为加害人"的情形。这时如肯认得类推或目的性扩张适用"民法"第185条关于共同不法侵权行为的规定,固可提供其请求之规范基础,但仍有这三种情形是否适合一体规范的疑问。其中第二种情形有是否应有赔偿之最高限额;第三种情形,除一样应有赔偿限额之考虑外,尚有是否应按一定之标准,例如按相关产品之产量的比例,计算其应分担金额,以及是否得肯认在这种情形,甲、乙、丙仅就其依前述标准得之数额负责,而不对于受害人负连带赔偿责任等考虑的必要。至于第一种情形是否亦给予赔偿限额之考虑,视对于汽车所构成之危险源之引入的价值判断而定。认为是生活所必要者,可能采肯定说。此为关于生活及生产之必要危险源之危险责任的规范原则。②

(3)消费损害之准共同危险责任

一件消费损害之发生有时难以确实分辨与系争消费有关之商品或服务,究竟在设计、生产、制造或销售之哪一个环节出错,以致造成系争之消费损害。因此,"消费者保护法"第7条第3项、第8条第2项规定,从事设计、生产、制造商品或提供服务之企业经营者,及从事经销之企业经营者,就其提供之商品或服务的危险所致消费者或第三人之损害,应负连带赔偿责任。另从事经销之企业经营者,如果改装、分装商品或变更服务内容者,其自身依第8条第2项规定,视为前条之企业经营者。唯在这种情形,其前手是否因此免连带负危险责任?这应从前手之加害行为的因果关系是否为后手中断寻求答案。在本类型中,上述规

———————

① 请参考孙森焱:《民法债编总论》下册,作者自刊,2004年1月修订版,第280页。
② 关于危险责任之理论基础及其规范方式,请参考王泽鉴:《侵权行为法》第一册,作者自刊,1998年版,第17页以下。

定对于该债务之内部连带的问题同样没有加以规定。

(4)环保损害之准共同危险责任

环保损害之准共同危险责任的类型特征为,如前所述必须寻求适当的标准定其应分担之责任的范围,以及是否应肯认共同危险责任之各债务人对于债权人仅就其应分担之部分负责。亦即该损害虽有共同之危险原因,但还是不构成连带债务,以减轻因公害而应负环保损害之准共同危险责任者之财务风险。这显示出,连带债务之承认的政策考虑。该考虑固属必要,但尚属例外。

(5)准共同积极侵害债权

违反契约上对于相对人之保护义务致损害债权人之固有利益者,构成类似于侵权行为之损害赔偿之债。学说上与实务上称此为积极侵害债权。其有数债务人违反保护义务者为共同积极侵害债权。若有数人对于同一债权人违反保护义务造成损害,而不能确知该损害究竟是因哪一位债务人之违反行为所引起时,引起类似于准共同侵权行为之准共同积极侵害债权。现行法对于一些具体类型有明文规定:①运送物由数运送人相继运送者,除其中有能证明无第635条所规定之责任者外,对于运送物之丧失、毁损或迟到,应连带负责("民法"第637条)。此为相继运送人之连带责任。②控制公司负责人直接或间接使从属公司为不合营业常规或其他不利益之经营,而未于会计年度终了时为适当补偿,致从属公司受有损害者,应与控制公司就该损害负连带赔偿责任("公司法"第369条之四第2项)。控制公司使从属公司为前条第1项之经营,致他从属公司受有利益,受有利益之该他从属公司于其所受利益限度内,就控制公司依前条规定应负之赔偿,负连带责任("公司法"第369条之五)。③无限公司之清算人应以善良管理人之注意处理职务,倘有怠忽而致公司发生损害时,应对公司负连带赔偿之责任,其有故意或重大过失时,并应对第三人负连带赔偿责任("公司法"第95条)。

在本类型中,上述规定对于该债务之内部连带的问题虽亦同样没有加以规定,但在第一类型显然应按其运费之比例分担,在第二类型显然应由因此获不当之利益者负最后之赔偿义务,而非简单以法律无另有规定或契约无另有订定为理由,认为应由连带债务人平均分担("民法"第280条)。盖如因债务之发生原因,债务人中有人获不当利益,且该利益之获得与债权人所以遭受损害有因果关系者,该获利之事实应可论为其应单独负责之事由。至于在第三类型中,如果能够认定各债务人之过失或其对于损害之发生的原因力的比例,则应按该比例分担;如果不能,那只得由连带债务人平均分担。

(6)为他人之侵权行为负责之连带债务

有一种侵权行为,论诸实际系一个人为他人之侵权行为负责。例如①法人之机关责任：①法人之机关责任指法人对于其董事或其他有代表权之人因执行职务所加于他人之损害，与该行为人连带所负之赔偿责任。"民法"第 28 条为法人之机关责任的一般规定。此外还有一些具体的规定：a. 法人董事违反对于法人债权人之保护义务时，董事之连带赔偿责任。例如未依法向法院声请破产，致法人之债权人受损害（"民法"第 35 条）。b. 公司负责人对于公司业务之执行，如有违反法令致他人受有损害时，对他人应与公司负连带赔偿之责（"公司法"第 23 条）。c. 清算人违反应经监理人、债权人会议决议或法院之许可的规定，而为公司财产之处分、借款、诉之提起、成立和解或仲裁契约、权利之抛弃者，应与公司对于善意第三人连带负其责任（"公司法"第 346 条）。该条规定之行为属于须经他人同意之行为，其未经同意而为者，因逾越权限而成为无权代理之行为，其效力未定。如后来该同意之欠缺不能经承认而获得补正，其交易相对人就因此所受损害，自得向清算人请求赔偿。然为何相当于本人地位之公司亦应连带负责？ 当系从将清算人论为公司之机关的观点出发。唯鉴于清算人在此所违反者为法律之规定，交易相对人纵使善意，但是否有过失，仍有探求余地。如有过失，在无权代理或无权代表之事件，是否还当享有损害赔偿请求权，应采否定的看法。②雇用人之雇用责任：雇用人为受雇人因执行雇佣事务而对于第三人所为之侵权行为负连带赔偿责任（"民法"第 188 条）。③国家赔偿责任：公务员因故意违背对于第三人应执行之职务，致第三人受损害者，国家应负赔偿责任。此为类似于"民法"第 188 条规定之雇用责任。唯"民法"并未将相当于雇用责任之国家赔偿责任规定于"民法"，而依"宪法"第 24 条，另行制定国家赔偿法加以规定。其结果，公务员因执行职务而有侵权责任者，公务员依"民法"第 186 条，而国家依"国家赔偿法"第 2 条负赔偿责任。然因"民法"第 186 条第 1 项规定因公务员过失者，以被害人不能依他项方法受赔偿时为限，负其责任，而"国家赔偿法"第 2 条第 2 项规定，公务员于执行职务行使公权力时，因故意或过失不法侵害人民自由或权利，或因怠于执行职务，致人民自由或权利遭受损害者，国家应负损害赔偿责任。但同条第 3 项又规定："前项情形，公务员有故意或重大过失时，赔偿义务机关对之有求偿权。"所以在过失的情形，仅"国家"对于被害人有赔偿责任；在故意的情形，国家与违法之公务员就同一损害，对于被害人皆负赔偿责任。在此限度具有外部连带之效力的特征。不过，与"民法"第 188 条所定的情形一样，

---

①　法人之机关责任与国家赔偿责任有一个共同的特征，即其机关本来只是与其所属法人或国家有个别性之契约关系，并因之而有执行一定职务的义务。今在其违反该义务，而对于第三人造成损害时，课该法人机关或公务员对于第三人负损害赔偿之义务，使该特定人间之个别契约对于第三人具有保护效力的意义。

仅国家对于公务员有求偿权。然既肯认第 188 条所定者为连带债务,则就公务员执行职务时故意违法之侵权行为所引起之损害的赔偿,"国家"与违法之公务员所负之责任的规范基础虽然不同,仍应论为连带债务。这一类型最能说明:只要有法律明文规定对于债务之外部连带效力背书,就连带债务之认定,其是否具有内部连带便不再重要。由此可见,内部连带并非连带债务在类型之构成上不可或缺的特征。④法定代理人之监护责任:无行为能力人或限制行为能力人就其侵权行为,与其法定代理人之连带损害赔偿责任("民法"第 187 条第 1 项)。依该项规定负连带赔偿责任者,其先为赔偿者对于他赔偿义务人并无求偿权。①此与第 188 条所定之雇用人就受雇人因执行职务所为侵权行为所致损害,与行为人所负之连带损害赔偿责任不同。依同条第 3 项,雇用人赔偿损害时,对于为侵权行为之受雇人,有求偿权。⑤不实广告之准共同侵权行为:一件不实广告之发生,除广告主外,通常还有广告代理业或广告媒体业之帮助或参与。其所为该当于"民法"第 185 条所定之准共同侵权行为。是故,"消费者保护法"第 23 条规定,广告媒体就其过失刊登或报道之不实广告与企业经营者负连带责任。"公平交易法"第 21 条规定,广告代理业或广告媒体业就因过失而制作、设计、传播或刊载不实广告者,应与广告主负连带损害赔偿责任。关于不实广告之连带损害赔偿责任,该两条规定可说是"民法"第 185 条之具体的规定。就该损害赔偿责任,这些规定,在债务人相同时,相对于该个别债务人,构成系争请求权之规范竞合;反之,在债务人不同时,相对于多数债务人全体,构成连带债务之规范基础。在这些情形,同样有因求偿权未经明文规定而引起之疑问,待于为通案或个案加以厘清。

　　另有一种类似于为他人之侵权行为负责的类型为:由于债务人之疏忽而使第三人有机会对于自己所管领的债权人之物为侵权行为。例如受托或承租人因疏于保管,致寄托物或租赁物为第三人所窃。这是"民法"第 218 条之一所定之典型的态样:关于物或权利之丧失或损害,负赔偿责任之人,得向损害赔偿请求权人,请求让与基于其物之所有权或基于其权利对第三人之请求权。该条所定情形是否构成连带债务,素有争论。在此种多数债务人之债,因无双向的求偿

---

　　①　关于无行为能力人或限制行为能力人之侵权行为,"民法"第 187 条第 1 项就其与法定代理人所负之连带损害赔偿责任虽无求偿权的规定;但在无行为能力人或限制行为能力人于行为时有识别能力者,应认为法定代理人对其有求偿权。反之,在其无识别能力的情形,法定代理人单独负赔偿责任并为赔偿时,对其应无求偿权。

关系(内部连带),因此,少有认定为真正连带债务者,极其量只认定为不真正带债务。①

归纳之,关于共同侵权行为之连带债务的地位虽有法律明文规定为其依据,但其内部连带(相互求偿权)亦常或者未加规定,或者明定为不存在。由此可见,内部连带并非连带债务之必要条件。肯定的倒是:法律之明文规定为连带债务之充分条件。从当为规定应有事实面的存在基础论之,这不是一个适当的规范规划。

(7)契约之债

契约之债之履行义务或债务不履行责任,有依法律之规定发生连带债务者:①未经认许其成立之外国法人的代理人就其代理行为,应与该外国法人负连带责任("民法总则施行法"第 15 条)。②共同为法律行为者,就该法律行为所生债务应负连带责任。例如数人共借一物者,对于贷与人,连带负责("民法"第 471条)。二人以上在票据上共同签名时,应连带负责("票据法"第 5 条第 2 项规定)。此种债务因其发生原因统一,所以其目的共同、位阶相同,毫无疑问的可构成连带债务。② 就票据债务,"二人以上为保证时,均应连带负责"("票据法"第62 条)。③ ③"发票人、承兑人、背书人及其他票据债务人,对于执票人连带负责。"(同法第 96 条)④股份共有人,对于公司负连带缴纳股款之义务("公司法"第 160 条)。此为一种共同债务。⑤会首就已得标会员应给付之各期会款,负连带责任("民法"第 709 条之九第 2 项)。这论诸实际系一种法定之连带保证责任,而非法定之并存的债务承担。

(8)发行股份之共同行为

因公司之设立或股份之发行的共同行为所发生之费用、股款之缴纳,其发起人或董事所负之连带责任:①关于公司设立所为之行为,及设立所需之费用,应负连带责任,其因冒滥经裁减者亦同("公司法"第 150 条)。②对于公司在设立登记前所负债务,在登记后亦负连带责任。③股份有限公司之发起人就第一次发行股份有未认足或已认而未缴股款之情事者,应连带认缴("公司法"第 148条)。④发行新股超过股款缴纳期限,而仍有未经认购或已认购而撤回或未缴股

---

①　采不真正连带债务说者,例如谢铭洋:《连带债务与不真正连带债务》,载《台湾本土法学杂志》第 15 期(2000 年 10 月),第 120 页以下。然如下述,德国通说认为德国民法第 255条(与"民法"第 218 条之一所定者相当)所定者不属于连带债务。

②　Gerhard Dilcher, Zu Begriff und Funktion der Gesamtschuld, JZ 1967, 113.

③　共同保证固得以一契约,或以数个同时或先后缔结之保证契约为其规范基础。唯在票据债务之保证,因为必须在票据上做成,通常会以一个契约为之。不过,这并无事理上之必然性。

款者,有行为之董事,对于因该情事所致公司之损害,应负连带赔偿责任("公司法"第276条第2项)。

(9)公司负责人之违法责任

公司负责人如有违法行为致公司受损害者:①有时法律规定该负责人应与因该行为而受益之第三人对于公司连带负返还义务,其有损害者并应连带赔偿。例如:公司负责人违反"公司法"第15条第1项规定将公司资金贷与股东或任何他人者,应与借用人连带负返还责任;如公司受有损害者,亦应由其负损害赔偿责任("公司法"第15条第2项)。②未经设立登记,而以公司名义经营业务或为其他法律行为者,行为人应自负民事责任;行为人有两人以上者,连带负民事责任("公司法"第19条)。③公司应收之股款,股东并未实际缴纳,而以申请文件表明收足,或股东虽已缴纳而于登记后将股款发还股东,或任由股东收回者,公司负责人应与各该股东连带赔偿公司或第三人因此所受之损害("公司法"第9条第2项)。④监察人对公司或第三人负损害赔偿责任,而董事亦负其责任时,该监察人及董事为连带债务人("公司法"第226条)。⑤公司发行公司债经核准后,如因其申请事项,有违反法令或虚伪情形,而经证券管理机关撤销核准时,未发行者,停止募集;已发行者,实时清偿。其因此所发生之损害,公司负责人对公司及应募人负连带赔偿责任("公司法"第251条)。⑥对于公司设立事项,如有怠忽其任务致公司受损害时,应对公司负连带赔偿责任("公司法"第155条)。

其因此而致第三人受损害者,例如:①法人组织违法经营保险业务,其负责人就有关债务,对公司之债权人应负连带无限清偿责任("保险法"第136条第3项、第153条第1项)。②外国公司在台湾地区境内之负责人或分公司经理人,违反前两条规定时,对于外国公司在台湾地区境内营业,或分公司所生之债务,应与该外国公司负连带责任("公司法"第382条)。①

---

① "公司法"第382条中所谓违反前两条规定之内容究竟为何? 按"公司法"第380条规定:"撤回、撤销或废止认许之外国公司,应就其在台湾地区境内营业,或分公司所生之债权债务清算了结,所有清算未了之债务,仍由该外国公司清偿之(第一项)。前项清算,以外国公司在台湾地区境内之负责人或分公司经理人为清算人,并依外国公司性质,准用本法有关各种公司之清算程序(第二项)。"其所课义务之内容为准用公司法与该外国公司种类有关之清算程序,了结其债权债务。第381条规定:"外国公司在台湾地区境内之财产,在清算时期中,不得移出台湾地区国境,除清算人为执行清算外,并不得处分。"归纳之,外国公司在台湾地区境内之负责人或分公司经理人任清算人者,如无未准用公司法与该外国公司种类有关之清算程序,了结其债权债务,或在清算时期中,非为执行清算之目的而处分其在台湾地区境内之财产,或将之移出台湾地区国境等情事,清算人应无第382条所定违反前两条规定之责任。唯这无碍于该外国公司应继续就其分公司在台湾地区境内所生之债务单独负清偿责任。

(10)并存的债务承担

因营业之概括承受而并存的承担债务者,就所承担之债务与原债务人负连带债务。其明文规定例如:①并存承担他人之债务者,因对于债权人为承受之通知或公告,而生承担债务之效力。从此就承担之债务与债务人连带负其责任。就他人之财产或营业,概括承受其资产及负债者,双方纵无并存债务承担的约定,依"民法"第305条亦生并存的债务承担的效力:债务人关于到期之债权,自通知或公告时起,未到期之债权,自到期时起,2年以内,与承担人连带负其责任。②股份有限公司经分割后,受让其营业之既存公司或新设公司,应就分割前公司所负债务于其受让营业之出资范围负连带清偿责任。但债权人之连带清偿责任请求权,自分割基准日起2年内不行使而消灭("公司法"第319条之一)。这相当于"民法"第305条因概括承受他人之财产或营业所生并存的债务承担的效力。所不同者为,前者系有限责任,而后者系无限责任。③"企业并购法"第32条第6项规定:"分割后受让营业之既存或新设公司,除被分割业务所生之债务与分割前公司之债务为可分者外,应就分割前公司所负债务,于其受让营业之出资范围,与分割前之公司负连带清偿责任。但债权人之债权请求权,自分割基准日起二年内不行使而消灭。"④分割后受让业务之公司,除被分割业务所生之债务与分割前公司之债务为可分者外,就分割前公司所负债务于受让业务出资之财产范围内负连带清偿责任。但其连带责任请求权自分割基准日起算2年内不行使而消灭("金融控股公司法"第35条)。

(11)基于数契约负担同一债务:共同保证、重复保险

责任保险重复者,因其保险之损害同一,而被保险人又不得重复受领保险给付,于是,各保险人就该保险金负连带给付的债务。例如:①数人保证同一债务者,除契约另有订定外,应连带负保证责任("民法"第748条)。[1] 本类型常被引为由数个契约发生之债务构成一个连带债务的案例。[2] ②汽车交通事故系由数汽车所共生或涉及数汽车者,且肇事汽车全部或部分为被保险汽车者,受害人或受益人得在本法规定之保险金额范围内,请求各被保险汽车之保险人连带给付保险金。该被保险汽车之保险人间,应按其所承保之肇事汽车数量比例,负分担

---

[1]　数人共同保证一个债务的情形,其保证责任之债务固为一种连带债务,但因该保证债务与其所保证之债务间仍不失其主从关系,所以,就主债务而言,保证人与主债务人仍非连带债务人。请参考 Soergel-Manfred Wolf, aaO. (FN8), § 421 Rz. 23.

[2]　人保与物保竞合时,是否亦构成相当于共同保证意义下之连带债务,系立法及司法实务上之重要课题。目前因缺乏明文规定,争议不下。关于人保与物保间之担保连带与责任分担,请参考黄茂荣:《保证连带与担保连带》,载《植根杂志》第20卷第6期,第272页以下。

之责("强制汽车责任保险法"第 34 条第 1 项第 1 款、第 2 项)。

(12)公同债务

基于公同关系所发生之公同债务,其公同共有人应负连带清偿的责任。例如:(1)因家庭生活费用所生之债务,由夫妻负连带责任("民法"第 1003 条之一第 2 项)。(2)继承人对于被继承人之债务,负连带责任。"最高法院"1980 年度台上字第 1364 号判例:"本件租赁关系之存续,两造皆系因继承而取得其出租人及承租人之地位,就被上诉人所欠租谷言,被上诉人固为连带债务人,就本件租谷债权言,依'民法'第一千一百五十一条规定,上诉人对之享有公同共有之权利,至所谓连带债权,系指多数债权人有同目的之数个债权,得各自或共同请求全部或一部之给付,而债务人对于其中任何一人为全部给付即可消灭其债务者而言,与公同共有之债权为一个权利,其债务人仅得向公同共有人全体清偿始生消灭债务之效力者,迥不相同,原审认上诉陈盈科为连带债权人之一,被上诉人得向其一人为清偿,所持法律上之见解,亦有违误。"要之,依该判例的见解,因公同共有关系而发生之债务固为连带债务,但因而发生之债权则非连带债权。该见解显然以"民法"第 828 条为依据。该条规定:"公同共有人之权利、义务,依其公同关系所由规定之法律或契约定之(第一项)。除前项之法律或契约另有规定外,公同共有物之处分,及其他之权利行使,应得公同共有人全体之同意(第二项)。"唯该见解是否适合于合伙业务之发展,值得探讨。参酌"民法"第 671 条第 1 项规定,合伙事务之执行固以由合伙人全体共同执行为原则,然仍得以契约或决议另为订定。因此,与合伙从事业务往来,应特别注意:执行合伙事务者之权限的有无及范围。为确保交易安全,应参考"民法"第 553 条以下关于经理权的规定,给予适当调整或修正。与之类似的问题为:"农民健康保险条例"第 40 条第 2 项规定,支出殡葬费之人有领取同条第一项所定丧葬津贴的请求权。依该规定,丧葬津贴请求权的权利人为谁,初看似无疑问:谁支出殡葬费即是丧葬津贴请求权的权利人。换言之,该请求权虽以被保险人死亡为其发生原因,但其请求权人并非基于继承而取得。故没有应由继承人或应由继承人全体共同请求的问题。然同条例施行细则第 66 条第 5 款规定,请领丧葬津贴者为被保险人之配偶或二亲等以内亲属时,其请领丧葬津贴申请书免检附支付殡葬费之证明文件。这又一定程度上使该请求权与殡葬费之支出的事实脱钩,转为基于身份而取得之请求权。于是,保险人如向非实际支出殡葬费之配偶或二亲等以内亲属给付丧葬津贴时,其给付即有是否向第三人清偿的疑问。如为肯定,则需有"民法"第 310 条 3 款所定情事之一,始有清偿效力。唯该施行细则第 66 条第 5 款的规定也可能引起一个类似于"民法"第 164 条第 1 项关于悬赏广告所定情形的态势,从而是否可认为,保险人善意给付丧葬津贴于依该款规定最先提出申请之人时,其给付丧葬津贴之义务,即为消灭?为贯彻该款规定的意旨,应可采肯定的见解。以该见解为基础的规定及第 164 条第 2 项皆可认为是"民法"第 310 条的特别规定。基于上述理由及"农民健康保险条例"第 40 条第 2 项之规定,殡葬费由数人支出者,该丧葬津贴并不当然需由其共同请领。然为被保险人支出殡葬费者如为数人,且请领人系被保险人之配偶或二亲等以内亲属时,不论实际支出殡葬费之总额高于或低于该丧葬津贴,皆应由其按各自支出之数额占总数之比例分受利益。请领人非被保险人之配偶或二亲等以内亲属,且其实际支出之总数额低于该丧葬津贴者,只得请求各自实支之数额。支出殡葬费者中,如同时有被保险人之配偶或二亲等以内亲属及不具此身份者,该丧葬津贴应如何分配?法律无明文规定,应循先疏后亲的原则:即不具该身份者之请求权优先于具该身份者之请求权。必须注意:保险人如知有数人为被保险人支出殡葬费,则类推适用"民法"第 164 条第 1 项,应按上述原则所定之数额或比例计得之数额分别对于各请求权人给付。由以上说明可见,当一个看来清楚的规定要适用到具体个案时,立时可能产生许多在立法时意想不到的问题。所以,法律的解释有对于具体案件之关连性。①继承人相互间对于被继承人之债务,除另有约定外,按其应继分比例负担之("民法"第 1153 条)。合伙财产不足清偿合伙之债务时,各合伙人对于不足之额,连带负其责任。这是类似于共同保证之保证连带(第 681 条)。③无限公司之资产不足清偿债务时,由股东负连带清偿之责("公司法"第 60 条)。④无限公司之股东退股或转让其出资者,应向主管机关申请登记,对于登记前公司之债务,于登记后 2 年内,仍负连带无限责任("公司法"第 70 条)。⑤无限公司之股东依第 76 条第 1 项之规定,改为有限责任时,其在公司变更组织前,公司之债务,于公司变更登记后 2 年内,仍负连带无限责任("公司法"第 78 条)。无限公司股东之连带无限责任,自解散登记后满 5 年而消灭("公司法"第 96 条)。⑥两合公司之无限责任股东,对公司债务负连带无限清偿责任;有限责任股东,以出资额为限,对于公司负其责任("公司法"第 114 条第 2 项)。

(三)德国学说简介

德国民法第 421 条规定:"数人,以每一个债务人皆有义务履行全部给付的方式,就一个给付负债务,而债权人有权仅请求一次之给付者(连带债务人),债权人得随意对于任一债务人请求全部或一部之给付。直到全部给付履行前全体债务人仍负义务。"该条以德国民法习见关于概念的语法对于连带债务加以定

---

① 请参考黄茂荣:《法学方法与现代民法》,2009 年 8 月增订 6 版,第 448 页以下。

义。由该定义导出连带债务之结构上的特征为：每一债务人应为全部之给付，而债权人只得获得一次之给付。由于该定义并没有将学说上与实务上认为重要之真正与不真正连带债务分别明文规定，而有笼统的缺点，[①]因此，引起其区分的必要性及区分标准的问题。为区分真正与不真正连带债务，Enneccerus-Lehmann 提出应以"目的之共同"（Die Zweckgemeinschaft）作为其分辨之特征的看法。该见解对于德国司法实务有极强的影响。所谓目的之共同不含目的之偶然的同一。在后一情形中只构成不真正的连带债务。唯就何谓目的之共同，其认定仍有问题。[②] 在此所称之目的共同，与同以满足债权人之利益为目的仍有不同。盖在不真正的连带债务亦含有共同之履行利益。当认为目的之共同系连带债务之必要特征，则不仅加害人与保险人对于受害人，而且过失之保管人或承租人与窃贼对于所有权人等之赔偿关系都将自连带债务排除。这时负次要责任者如先为赔偿，德国帝国法院认为其可依无因管理的规定请求偿还费用。由于目的之共同不能满足分类上之需要，德国学者又提出内部关联（der innere Zusammenhang）或非偶然之竞合（nicht bloßzufälliges Zusammentreffen）的概念作为认定标准。唯数个造成同一损害之互相独立的（准共同）侵权或危险行为（例如数人先后排放有毒废水），其内部关联系因法律规定其应连带负责而存在；

---

① Wolfgang Thiele，aaO. (FN35)，JuS 1968，151.

② 例如德国民法第 255 条规定："因物或权利之丧失而应为损害赔偿之给付者，应于自赔偿权利人受其基于对于该物之所有权或基于该权利对第三人拥有之请求权的移转时为赔偿。"在该条所定情形中，就因物或权利之丧失而发生的损害，该赔偿义务人与第三人所负者是否为连带债务，德国学说上与实务上素有争议。与之类似的规定为德国民法第八百四十条。该条规定：数人为一个侵权行为所生损害一起负责者，应负连带债务人之责任（第一项）。除依第八百三十一条、第八百三十二条为他人引起之损害负义务者外，该他人亦应为该损害负责者，则在其内部关系，该他人单独，在第八百二十九条监护人单独负义务（第二项）。除依第八百三十三条至第八百三十八条负损害赔偿义务者外，第三人亦应为该损害负责者，则在其内部关系该第三人单独负义务（第三项）。"依该条第 2 项、第 3 项，虽有部分债务人应单独负责，亦即依其内部关系，对于其他债务人无求偿权，但因有该条第一项之明文规定，仍论为连带债务。于是，在德国民法第 840 条所定情形，如有债务人为其他债务人之应分担部分为给付，债权人对于其他债务人之债权即生德国民法第 426 条之法定移转的效力。此与在德国民法第 255 条所定情形，仅使债权人负移转债权之义务者不同。该等配合求偿权之债权移转规定的态样固有形成条件与请求权之差异，但是否因此即使德国民法第 840 条所定者论为连带债务，德国民法第 255 条所定者论为非连带债务之事理上的理由？值得探讨。在"民法"第 218 条之一及第 185 条亦有类似的问题。请参考 Helmut Rüssmann，aaO. (FN3)，JuS 1974，292ff.. 关于监护人之连带责任，请参考 Werner Sundermann，Schadensausgleich bei Mitschädigung Minderjähriger durch Vernachlässigung der Aufsichtspflicht und Haftungsprivileg（§1664 Abs. 1 BGB），JZ 1989，927ff..

而侵权行为与财产保险之赔偿责任之所以发生在一起,对于受害人而言,系投保时便为防万一所作之事先的安排,并非偶然。然前者被肯认为连带债务,而后者则否。^① 由此可见,以内部关联或非偶然之竞合作为连带债务之认定标准,并未获得贯彻。

鉴于目的共同说不能圆满说明真正与不真正连带债务之划分的特征,Esser及 Larenz 分别提出新的标准。Esser 认为其划分特征见诸债权人之统一的担保或满足目的(Der einheitliche Sicherungs-und Befriedigungszweck)。欠缺该目的者只可称之为表见的连带债务(scheinbare Gesamtschuld)。^② 其特征为:各债务人相互间对于债权人之满足,并不负同等的责任。其中有人应为其他人负全责。这是以连带债务人之内部关系为标准所作之分类。^③ Gerhard Dilcher 认为Esser 前述观点的缺点为会将德国民法第 840 条第 2 项、第 3 项所明定之连带债务归类为表见的连带债务。^④ 问题是:在一个多数债务人之债,其债务人间之内部关系该当如何,应另有其实质判断的基础;而后才以其内部关系之效力状态,认定其是否为真正的连带债务。要之,在规范逻辑上,不是先定性其为连带债务,而后赋予连带债务的效力。按法律规定为连带债务者,固被期待有一定之实质考虑为其当为之规范基础,但由于有时立法上并不一定有充分、一贯之成熟的考虑,所以,单凭业经法定的事实,而未探究其深一层的价值判断何在,即以之为理论建构的依据,并无说服力。是故,Gerhard Dilcher 之前述批评,尚非允当。关于连带债务之认定,Larenz 提出债务人所负债务究为同阶性(die Gleichstufigkeit)或异阶性(die Verschiedenstufigkeit)作为划分的特征。如果依法秩序的价值判断认为,债务人之一的给付不该使他债务人得到好处,则该等债务有异阶性。由此可见,是否具有同阶性属于价值判断的问题。^⑤ 问题是法秩序之价值判断的标准何在? 对此,Larenz 的论点主要有三:(1)多数加害人为

---

① Gerhard Dilcher, aaO. (FN56), JZ 1967, 110ff.

② Esser, aaO. (FN5), S. 445, 447.

③ Esser, aaO. (FN5), S. 453.

④ Gerhard Dilcher, aaO. (FN56), JZ 1967, 112.

⑤ Larenz, aaO. (FN5), S. 440f.. Wolfgang Thiele 认为如果连带债务之认定以同阶性为其标准,而是否具有同阶性又待于价值判断,则一个可清楚定义并可供涵摄之连带债务的概念应不存在。盖需评价者不能定义,从而亦不能涵摄。是故,为厘清与连带债务有关的问题,必须掌握多数债务人之债的结构特征,并据之尽可能加以分类,而后将法律未予规定之案件归类为已知的类型[Wolfgang Thiele, aa). (FN35), JuS 1968, 150]。检讨关于连带债务的思维方法,并提出类型化思维的必要性,首见于 Peter Raisch, aaO. (FN23), JZ 1965, 706, 708,而后见于 Gerhard Dilcher, aaO. (FN56), JZ 1967, 113ff..

同一损害事件,依侵权行为、危险责任或契约而一起负责者,原则上对于受害人负连带债务人之责任。亦即每一个人都应为全部损害负责。唯该对于全部损害的责任可能按受害人分别相对于各加害人之与有过失的程度,或按加害人之原因力的强度修正之。① 这主要适用于(准)共同侵权行为、(准)合法共同危险行为、(准)共同积极侵害债权。当其受害法益皆为固有利益,且受害之固有利益同一,侵权行为、危险责任与积极侵害债权等之责任债务亦可构成连带债务。② (2)重复订购(die Doppelbestellung):有时一个债务人为确保自己能对于债权人履行债务,而分别向二个以上之事业,重复订购其为履行债务所需之材料,而只要其中之一依约供应订购之材料,即能满足其对于债权人履行债务之需要。该二契约之缔结虽有相同的动机,但仍互相独立,并不结合在一起。所以,不构成连带债务。③ (3)德国民法第 255 条(相当于"民法"第 218 条之一)规定:"为一件物或一份权利之损失应为损害赔偿之给付者,仅在受让赔偿权人基于对于该物之所有权或基于该权利对于第三人拥有之请求权时,始负赔偿义务。"它认为,由该条规定可见,在其所定的情形,法律对于不同债务人之义务的评价并不相同。因此,不构成连带债务的关系。④ 例如受托人或承租人因疏于保管,致寄托

---

①　Larenz,aaO.(FN5),S. 440.

②　Larenz/Canaris,Lehrbuch des Schuldrechts,Band II,Halbband 2,Besonderer Teil,13. Aufl.,München 1994,§ 82 Ⅳ.

③　Larenz 倾向于认为欠缺内部连带效力者为非连带债务的看法。Larenz 称该内部连带为个别债务人所负之债务的同阶性(Gleichstufigkeit)。他将债务的同阶性及债权人对于各债务人之债务之给付利益(Leistungsinteresse)的同一性论为构成连带债务之要件。至于各该债务之发生的法律上原因及各该债务之应给付内容并不需要同一(例如分别以侵权行为、危险责任或契约责任为其法律上原因;不需要基于同一生活事件,例如先后缔结之契约,含共同保证、债务承担,侵权行为之事后参加或帮助)。他并称此为德国通说的见解。至于在债务人间是否需要有目的之共同,Larenz 采否定的见解,并认为在采应有共同目的之见解的情形,其所指者其实是债权人之同一的给付利益。他并以下例说明何谓给付利益不同一:一个营造厂为避免建材供应不继,影响工程进度,而向两家建材供应商订购相同数量与质量之建材。在此,该重复订购所追求之经济目的固属同一,但营造厂在各该订购契约所享有之给付利益却不相同。盖给付利益系针对个别契约之债权的相对概念。不因为不同契约约定之给付内容相同,债权人之给付利益即可认定为同一[Larenz,aaO.(FN5),S. 496ff.]。然也不因为给付之内容不同而不构成连带债务。例如就同一损害,加害人负回复原状之义务,而其责任保险之保险人负金钱赔偿之义务[Esser/Schmidt,aaO.(FN1),S. 343f.]。

④　Larenz,aaO.(FN5),S. 440f.;Rüssmann,aaO.(FN3),JuS 1974,292 Anm. 5:"第二百五十五条及连带债务的规定互相排斥的看法,在今日可谓已是私法释义学上具有确信的认识。"

物或租赁物为他人所窃；①因加害人纵火焚毁所有权人投有财产保险（火灾保险）之物，使加害人负侵权行为之损害赔偿责任，火灾保险之保险人负保险赔偿金额之给付义务。② 这一类型的共同特征为：引起损害者，对于受害人所加害之法益单纯为固有利益，而因此受连累而应对于受害人负赔偿义务者，其应填补之损害所属法益，纵非单纯之履行利益，至少兼有履行利益及固有利益的性质。因其应满足之损害的法益不完全相同，所以，不构成连带债务。在本类型，由比较接近于损害原因之行为人负最后赔偿责任。这通常是其行为单纯引起债权人固有利益之损害者。

---

① 针对德国民法第 255 条所定与"民法"第 218 条之一相当的问题，Larenz 认为应不构成连带债务。盖在这种情形债权人虽得依其选择决定先向其中之一人请求全部给付，唯其如选择先向第三人请求，第三人对于赔偿责任人并无求偿权；反之，如选择先向赔偿责任人请求给付，债权人在赔偿责任人给付时，应同时将其对于第三人之请求权或基于其物之所有权让与赔偿责任人。这有同时履行抗辩之适用。如果债权人从赔偿责任人获得满足后，未将前述权利移转赔偿责任人，而再向第三人请求，从而重复满足时，赔偿责任人得以法律上原因嗣后消灭为理由，依不当得利的规定对于债权人请求返还。该效力与肯认其为连带债务时不同。盖如肯认其为连带债务，则债权人应依不当得利的规定对于其对之重复请求者负返还义务。至于先为给付者仍应依内部分担的规定对于其他连带债务人求偿。该求偿权不因债权人对于他连带债务人之重复请求而受到影响。在连带债务的构成上，Larenz 之上述见解，以该赔偿责任人与第三人分别所负之义务非立于相同阶层，亦即不具有同阶性（die Gleichstufigkeit der Verpflichtungen）为论据[Larenz, aaO.（FN5），§ 32 I（S. 440f.）]。当数人就同一债务所负之义务不具同阶性时，这些债务间可以区分出主债务人（der Primärverpflichtete）及次债务人（der Sekundärverpflichtete）。因为主债务人在给付后对于次债务人无求偿权，所以认为其分别所负之债务不具同阶性。此为以同阶性之有无区分连带债务与非连带债务的见解。Esser 赞同 Larenz 之上述看法，进一步指出没有将前述数人对于同一给付负欠缺同阶性之债务定性为不真正连带债务的必要[Esser, aaO.（FN5），§ 97，4.]。对于上述案例，该见解在结果上固属允当，唯何谓债务之阶层性？应以何为标准，认定债务人分别所负之债务是否具备"同阶性"（die Gleichstufigkeit）。Larenz 认为其依据就在德国民法第 255 条。依该条规定次债务人（寄托之受托人）先为清偿时，债权人对于主债务人（侵权行为人）享有之债权既不消灭，也不法定移转于次债务人，其移转待于债权人之移转行为。反之，如主债务人先为清偿，次债务人之债务即随同消灭。在第二种情形中，次债务人之债务所以随同消灭的理由为：因主债务人之赔偿或返还所有物，使债权人不再因次债务人之过失而受有损害。是故，一个多数债务人之债不能同时依德国民法第 255 条及依连带债务之规定清理[Helmut Rüssmann, aaO.（FN3），JuS 1974，298]。然该区分除了法义理上的意义外，对于债权人及次债务人之利益的保护，是否引起有意义的差别？这值得仔细推敲。

② 关于该二赔偿责任之关系，"保险法"第 53 条第 1 项有类似于"民法"第 218 条之一的规定："被保险人因保险人应负保险责任之损失发生，而对于第三人有损失赔偿请求权者，保险人得于给付赔偿金额后，代位行使被保险人对于第三人之请求权；但其所请求之数额，以不逾赔偿金额为限。"

为说明连带债务的概念及其功能，Gerhard Dilcher 将连带债务归纳出以下几个案型：(1)数人由于契约而共同地负担一个可分给付的义务。该债务因有该法律行为为其统一的法律上原因，所以显然具有目的之共同及同阶性。这可该当于最狭义之连带债务。(2)数人分别基于不同之契约而负债务者，亦可能构成连带债务。其典型为数人分别与债权人缔结保证契约担保同一债务。该保证连带的构成不以这些保证人互相知悉分别与债权人缔结有保证契约为必要。是故，在这种情形，其目的之共同及同阶性非基于主观之认识，而是基于客观之解释，认为各保证人有共同保证同一债务，以满足债权人之利益的意思：统一担保及满足之目的。反之，如数人依不同契约所负之债务间，其债务有主从性或其履行得以重复，则不构成连带债务。前者例如保证债务之于其所保证之债务间有从属性(Subsidiarität)；后者例如债权人为确保建材之供应无缺，分别向不同之供应商，为同一工程订购相同质量、数量，并约定在同一期间交货。在这种情形，债权人为确保供应之目的只是其动机，不影响该等债务之效力。该等债务也不因其动机相同而构成连带债务。债权人得分别对于各供应商请求给付，该供应商之给付对于他供应商之债务的效力无所影响。其同时或先后履行，无所谓重复满足的问题。(3)并存的债务承担纵使依其内部关系有主从之别，但在对于债权人之外部关系仍不失其同阶性。是故，仍构成连带债务。这与保证不同。(4)财产及营业之概括承受。(5)数人就同一损害分别依相同或不同之法律上原因负赔偿义务。例如基于一个共同侵权行为、不同之数侵权行为或甚至分别基于侵权行为及契约都有可能在损害赔偿构成连带债务。例如公交车上之乘客因该车司机不小心与迎面而来之汽车对撞，而受伤时，该乘客一方面依积极侵害债权之规定对于其所搭乘之公交车公司，另依侵权行为或危险责任之规定对于另一部车之驾驶人、车主有损害赔偿请求权。有时甚至对于双方车主投保责任保险之保险人亦有保险金之给付请求权。这些债务之被肯认为连带债务纯然因为其赔偿或补偿之损害同一，而非因其法律上原因同一。所以，法律上原因不是辨别连带债务的特征。(6)德国民法第 840 条第 1 项虽然首先规定，"数人为一个侵权行为所生损害一起负责者，应负连带债务人之责任"，但其第 2 项、第 3 项又规定："除依第八百三十一条、第八百三十二条为他人引起之损害负义务者外，该他人亦应为该损害负责者，则在其内部关系，该他人单独，在第八百二十九条监护人单独负义务(第二项)。除依第八百三十三条至第八百三十八条负损害赔偿义务者外，第三人亦应为该损害负责者，则在其内部关系该第三人单独负义务(第三项)。"依该条第 2 项、第 3 项仅一部分债务人对于他部分债务人有求偿权。亦即该法定之连带债务无内部连带效力。于是，不但债务原因之不同，而且求偿权之片面性皆非连带债务之成立上的障碍。归纳上述案例有一个共同特征，即债务人引起或共同引起系争损害。这适用于契约之债的不履行、侵权行为、危险责任、雇用人之雇佣责任及债务人之履辅责任。(7)另有一种情形中,一个人因为是扶养义务人、社会保险人或雇主而在发生损害事件时,负给付义务。在这些情形中,该债务人并非引起或共同引起该损害之人。因此,没有应将德国民法第830条及第840条等关于法定连带债务之规定类推适用至这些案件的道理。Gerhard Dilcher 从而主张,在损害赔偿之债,必须是引起或共同引起该损害之人始得论为其连带债务人。至于其应分担之比例,应按其原因力之大小定之。(8)基于相同的理由,Gerhard Dilcher 认为窃贼与受托人或承租人就该窃盗所引起之损害对于所有权人所负之债务可构成连带债务。这与 Larenz 前述见解不同。(9)总结关于以上类型的规定,他认为德国民法之立法者已放弃过去关于连带债务之分类,而将之简化,包含一切结合在一起之多数债务关系。依该见解不再区分真正与不真正连带债务。从而肯认毁损投有保险之物者就因此所生损害,应与该保险之保险人对于所有权人依连带债务之规定负责。① 这里所谓不再区分真正与不真正连带债务当指关于连带债务的定性,单纯以外部连带效力之有无为标准;而非为在此定义下之连带债务,概有内部连带之效力。是故,在连带债务之效力的层次,按其内部连带之效力的有无,将连带债务区分为纯粹的(真正的)与不纯粹的(不真正的)连带债务尚有说明利益。

　　归纳德国学者上述关于认定连带债务之特征的看法,无不偏重在内部求偿权利之有无,而未兼及"每一债务人应为全部之给付,而债权人只得获得一次之给付"之外部效力的特征。其出发点都在于否定不具内部求偿关系之多数债务人债务为连带债务。亦即不承认不真正连带债务。然由于多数债务人的债务分别在其内部关系及其与债权人之外部关系,皆有规范上的需要,所以上述见解在结果上,使欠缺内部求偿权利之多数债务人的债务,在其外部关系的规范上顿失直接的规范依据,而必须借助于类推适用。② 既要类推适用,何不直接肯认其亦为一种连带债务,只是不具内部连带之效力而已!

　　在连带债务之概念难以获得一致之见解的情形下,德国司法实务上还是倾向于扩大德国民法第421条以下关于连带债务之外部连带效力之规定的适用范围:肯认对于其他连带债务人无求偿权之主债务人的连带债务。亦即肯认无内

① Gerhard Dilcher,aaO.(FN56),JZ 1967,113ff.
② Gerhard Dilcher,aaO.(FN56)JZ 1967,111.

部连带之连带债务。① 既然肯认无内部连带之连带债务,自有必要将之与有内部连带之连带债务相区分。是故,以有无内部连带效力为标准,区分真正及不真正连带债务是有意义的。唯不可否认的,以"不真正连带债务"称呼不具内部连带效力之多数债务人的债务确有不妥之处。比较适当的称呼当是"不纯粹连带债务"。盖在逻辑上不纯粹者尚可论属同类,而不真正者已属异类,强论为同类,自有理解上的障碍。

(四)小　结

由上述所引法律关于连带债务之规定可见,关于法定连带债务之构成,不要求有共同之发生原因或规范基础。唯有共同原因者,必为连带债务。法定之所有连带债务皆有外部连带效力,但不一定有内部连带效力。于是,如以是否有法律明文规定为其依据,作为区分是否为连带债务的基准,法定连带债务中将有含及不含内部连带效力之连带债务。如果法律无关于内部连带(相互求偿权)之规定,其求偿权之有无以及谁对谁有求偿权,必须就通案或个案经评价后,解释认定之。既然内部连带不是连带债务之必要条件,而外部连带原则上可取决于法律对于多数债务人所课之债务,在满足上有无消长的关系,则关于连带债务之认定便仅是其效力事实上存在状态的描述。对其当为内容,法律并不得偏离事实,有所增减。在此认识下,为能分别给予含及不含内部连带效力之连带债务以其应有之体系上的地位,首先应承认只要具有外部连带效力,即是连带债务,而后再以其是否含内部连带效力将之区分为:纯粹与不纯粹连带债务。并逐渐取代真正与不真正连带债务的称谓。盖不真正连带债务有否定其为连带债务的隐意,而不纯粹连带债务,则无。

三、多数债权人之债

"民法"第 271 条规定:"数人……有同一债权,而其给付可分者,除法律另有规定或契约另有订定外,应各平均……分受之;其给付本不可分而变为可分者,亦同。"在这种情形,该债权在发生上虽有共同之债的形式,但在效力上其实与各债权人分别就其享有之部分给付与债务人成立债务关系者无异。必须是数人依法律或法律行为,有同一债权,而各得向债务人为全部给付之请求者,始为连带

---

① Esser/Schmidt, aaO. (FN1), S. 344; Soergel-Manfred Wolf, aaO. (FN8), §421 Rz. 17:"连带债务人间内部关系之特别性的有无,不再与连带债务之要件特征有关。从而也不能引为区别真正与不真正连带债务的理由。"

债权("民法"第 283 条)。由此可见,要构成一个连带债权与要构成一个连带债务不同,①并不需要有契约之明示,或法律将之明定为连带债权,而只需数人依法律或法律行为,有同一债权,而各得向债务人为全部给付之请求,即可。

在多数债权人之债,②其债权人内部,按其权属之态样主要可分为分别所有、分别共有及公同共有。其权属以分别共有或公同共有为基础者,为共有债权;非以分别共有或公同共有为其基础,而各债权人得对于债务人请求全部之给付者,即是连带债权。此即连带债权之外部连带的效力。

(一)共同债权

共同债权可能以法律或契约为其发生之规范基础。③ 例如一人加损害于数人分别共有或公同共有之物,该数人即分别共有或公同共有因该加害事件所发生损害赔偿请求权。一人向数人购买其分别共有或公同共有之物者,该数人即分别共有或公同共有因该买卖所发生之价金债权。上述之多数债权人之债的发生因以分别共有或公同共有财产为基础,所以该债权同样是属于分别共有或公同共有之债权。其行使应依分别共有或公同共有的规定。④

常见之公同共有关系为合伙、夫妻共同财产及共同继承("民法"第 668 条、第 1031 条、第 1151 条)。公同共有关系之特征为:其公同共有财产,含公同共有债权系从公同共有人之其他财产分离,具有独立地位的特别财产(das Sondervermögen)。其与分别共有之最主要的区别为:不但在公同共有关系终止前,各共有人皆不得请求分割共有财产("民法"第 823 条、第 829 条),而且不得将其对于公同共有财产之应有部分(股份)任意处分,或处分于公同共有人以外之人("民法"第 819 条第 1 项、第 683 条)。但"民法"第 1164 条规定:"继承人得随时请求分割遗产。但法律另有规定或契约另有订定者,不在此限。"此为适应共同继承之法定公同共有关系的例外规定。在此其分割遗产之请求含终止公同共有关系之意思表示。其意旨在于容许继承人随时请求终止其因继承而就遗产成立之公同共有关系,以利遗产之利用效率。

---

① 数人依法律或法律行为,负同一债务,而债权人得对于债务人中之一人或数人或其全体,同时或先后请求全部或一部之给付者,是否按其效力特征,即构成连带债务,自"民法"第 273 条第 1 项观之,显有疑问,已如前述。

② 关于多数债权人之债,请参考 Dieter Medicus, Mehrheit von Gläubigern, JuS 1980, 697ff..

③ 关于公同共有债权,请参考孙森焱:《民法债编总论》下册,作者自刊,2004 年 1 月修订版,第 945～946 页。

④ Larenz, aaO. (FN5), § 36 I b.

不论是分别共有或公同共有之债权,共有财产属于共有人全体。其共有的意义为:各共有人虽然对于共有财产,但非对于构成共有财产之债权有其应有部分。在法律或当事人间之约定无限制或禁止之规定时,各共有人得自由处分其应有部分。至于共有物或权利之处分或行使究竟应由共有人全体共同为之,或得由个别共有人,以全体共有人之名义为之,应依各该共有关系之内部关系定之。① 该内部关系对于个别共有人之代理权或代表权如有超出法律所定之限制,会引起该限制是否得对抗(善意)第三人的问题("民法"第 671 条)。② 在因债权之行使而受权利之移转的情形,其表现的形式为:以全体共有人之名义受让权利;在权利以外之利益为:为全体之利益而受领之。共有人团体自为意思表示,或对其为意思表示,应由其或对其全体、管理人或执行业务者为之。③

(二)连带债权

"数人依法律或法律行为,有同一债权,而各得向债务人为全部给付之请求者,为连带债权。"(第 283 条)与上述共同债权不同者为,在共同债权为数人共有一个债权,债务人仅负一个债务;反之,在连带债权,数债权人并不是基于共有,而是依法律或法律行为,而对于债务人享有一个债权。④

连带债权之连带,其相对于债务人者为外部连带。这指连带债权之债务人,得向债权中之一人,为全部之给付(第 284 条),纵使另有一位连带债权人为全部

---

① "最高法院"1955 年度台上字第 276 号民事判决:"合伙事务,原则上固应由合伙人全体执行,然契约既已规定由被上诉人一人代表合伙,则在契约未修改及理事长未改选以前,自非上诉人所得过问。"

② "最高法院"1967 年度台上字第 1691 号民事判决:"合伙与公司不同,'民法'并无禁止合伙作保之明文,如合伙因特殊情事为人保证,且系有关营业之行为,自得由执行业务之合伙人为之。"

③ Esser/Schmidt,aaO.(FN1),2000,S. 331.

④ 在连带债权中究竟一共存在一个或数个债权,依"民法"第 283 条显然只有一个。然对此,德国民法第 428 条规定:"数人有权请求一个给付,且皆得请求其全部,而债务人仅负一次之给付义务者,债务人得依其所好向其中之任一人为给付(第一项)。纵使债权人之一已提起给付之诉者,亦同(第二项)。"以该条规定为基础,德国学者有认为,在连带债权中,各债权人当分别享有互相独立之债权。亦即其债权是复数的。不过,基于其外部连带之效力,各债权人所享有之债权的独立性还是受有限制的:就连带债务之最终目的在于债务人之给付论之,这些债权还是互相依赖的。它们在消灭上有一致性[Larenz,aaO.(FN5),S. 491]。不过,其消灭原因如非清偿、提存、抵销或混同,而是免除,尚有其分际("民法"第 288 条第 1项)。

给付,已请求或起诉在先者,亦然。① 是故,连带债权人中之一人有迟延者,他债权人自亦当负其责任(第 289 条)。其相对于债权人相互间者为内部连带。这指"连带债权人相互间,除法律另有规定或契约另有订定外,应平均分受其利益"(第 291 条)。外部连带与内部连带之当事人固各有其针对性,但外部连带在其会影响到债权人间基于内部连带之个别权益时,基于外部连带之法律行为的效力还是会受到限制的。例如第 288 条第 1 项规定:"连带债权人中之一人,向债务人免除债务者,除该债权人应享有之部分外,他债权人之权利,仍不消灭。"其理由为:连带债权人超出自己应享有之部分,向债务人免除债务者,其所为因为已侵入其他连带债权人依其内部连带所分享之利益,故不得擅自为之。

在连带债权,既然债权人各得向债务人为全部给付之请求,连带债权人中之一人为给付之请求者,其请求为他债权人之利益,自然亦生效力(第 285 条)。其效力首先表现在消灭时效之中断,而后表现在其清偿上。亦即各连带债权人之消灭时效期间的计算及其清偿效力应当是统一的。然"民法"第 288 条第 2 项规定,同条第 1 项关于免除之规定,"于连带债权人中之一人,消灭时效已完成者,准用之"。亦即与连带债务一样认为,各债权人之消灭时效期间应分别计算。连带债权人中有消灭时效期间已完成者,仅该债权人应享有之部分,债务人得拒绝给付(第 288 条第 1 项、第 144 条第 1 项)。② 自连带债权之外部连带效力推之,"民法"第 288 条第 2 项的规定显然是不相宜的。至于因连带债权人中之一人,已受领清偿、代物清偿,或经提存、抵销、混同,而债权消灭者,他债权人之权利,自当同归消灭(第 286 条)。其理由为:在这些情形该连带债权已受满足,因其满足而自债务人受领给付或取得利益者,应依内部连带关系与他连带债权人分享利益(第 291 条)。

因为连带债权有外部连带之效力,所以连带债权人中之一人,受有利益之确定判决者,为他债权人之利益,亦生效力;受不利益之确定判决者,如其判决非基于该债权人之个人关系时,对于他债权人,亦生效力(第 287 条)。

除第 287 条至第 289 条等 5 条规定或契约另有订定者外,就连带债权人中之一人所生之事项,其利益或不利益,对他债权人不生效力(第 290 条)。

虽然"民法"在第 283 条至第 291 条对于连带债权给予与连带债务几乎相同分量之规定,但在实务上连带债权鲜少基于契约而发生。不采共同财产制之夫妻在银行开立存款账户,并与银行约定,夫妻各得分别独立提取存款者,是否成立连带债权的关系,在德国实务上曾引起讨论。该约定自债权人方观之,固与连

---

① 　Larenz, aaO.(FN5), § 36 I c.

② 　请参考孙森焱:《民法债编总论》下册,作者自刊,2004 年 1 月修订版,第 926 页。

带债权中各债权人皆得请求全部给付之类型特征相符,但从银行并不得凭自己之所好,向债权人之一给付观之,则与连带债权之特征不符。[①]在德国实务上曾发生之最为符合连带债权的案例为:夫与妻相约,如果夫先亡而妻再嫁,妻应将其继承自夫之财产移转给其共同子女之一,至于移转给哪一位,由妻选择之。在这种情形中,其子女对于其母各有一个以其父死亡及母再嫁为停止条件之独立的债权。且该债权仅有外部连带,而无内部连带之效力。其母得向其选择之子女之一为全部给付,其子女亦各得向其母请求对自己为全部给付,并在其母向其选择之一个子女为全部给付时,即履行全部债务。该经选择之子女自其母受领给付后,其兄弟姊妹并无分享利益的请求权。[②]

四、结论

关于连带债务的界定,首先必须论断数人对于同一债权人所负之债务是否为一个债务。盖必须是一个债务方始有多数债务人之债可言。这以债务之给付对于债权人是否属于同一利益为断。其中最无疑义者为:前述债权人向数人重复订购的情形。在这种情形中,债权人虽得分别对于不同之债务人请求相同内容之给付,但也因此应分别对于各该债务人为对待给付。因为各契约之给付利益不同,所以不构成连带债务。可能有疑义,但德国通说认为不属于同一利益者为:因第三人之(侵权)行为,而使债务人对于债权人负契约责任的情形,例如甲窃取寄托物或租赁物,而致受托人或承租人对于寄托人或出租人负契约责任(债务不履行或积极侵害债权之损害赔偿责任)(德国民法第255条,"民法"第218条之一)。唯在这种情形中,债权人(寄托人或出租人)只能或者对于受托人(承租人),或对于甲请求损害赔偿。如其先对于受托人(承租人)请求赔偿,后者得向损害赔偿请求权人,请求让与基于其物之所有权或基于其权利对第三人(甲)之请求权("民法"第218条之一第1项);如其先向甲请求赔偿,则其对于受托人(承租人)之赔偿请求权当在受满足的限度,因损害不存在(因损益相抵:自第三人取得利益)而消灭。由此可见,债权人(所有权人)对于受托人(承租人)或甲所享有之损害赔偿请求权间有补偿关系。是故,从补偿正义的观点论之,债权人自只得请求受一次之满足。然因二者在存在上有替补性,所以,不论为一个债务。

当多数债务人之债只是一个债务,债权人自然只可获得一次之满足。然也因为数人就同一债务对于债权人各负全部给付之责任("民法"第272条),所以,

---

① Larenz, aaO. (FN5), S. 490.

② Larenz, aaO. (FN5), S. 490f. .

债权人自得对于债务人中之一人或数人或其全体,同时或先后请求全部或一部之给付("民法"第 273 条)。此即多数债务人之债的外部连带效力。当多数债务人之债具有外部的连带效力,相对于债权人即已具备连带债务之特征,至于债务人相互间之内部分担义务为何,在连带债务之认定上的意义为何? 如前所述,德国学说上过去虽有以之为是否为连带债务之判准,或以之为真正或不真正连带债务之判准者,但已渐倾向于一概论为连带债务,值得参考。至于连带债务人间之分担的问题只能就个别案件,按具体情形认定之,不能一概而论。对此,"民法"第 280 条其实已有明文规定:"连带债务人相互间,除法律另有规定或契约另有订定外,应平均分担义务。但因债务人中之一人应单独负责之事由所致之损害及支付之费用,由该债务人负担。"德国民法第 426 条第 1 项亦有类似的规定。是故,在说明上虽仍不妨以是否具备内部连带之效力将之区分为真正(纯粹)或不真正(不纯粹)连带债务,但不宜因此根本否认不真正(不纯粹)连带债务也是一种连带债务。不区分真正(纯粹)或不真正(不纯粹)连带债务,固在大多数的情形忽略其在内部连带上的差异,但在否认不真正(不纯粹)连带债务也是一种连带债务的情形,同样忽略其在外部连带上的相同。由此可见,该不区分与否认皆有所偏。在此观点下,剩下来的问题是:厘清有哪些多数债务人之债,各债务人所负之债务并不同一,从而不是连带债务。其表现的形式通常是:各债务的给付利益不同。其典型为:重复订购、一个债务人之侵权责任为他债务人之契约责任或法定债务的发生要件。①

在连带债务之概念的探讨上,清楚显示:一个债务因依据契约之约定或法律的规定,在效力上具有"数人对于债权人皆有为全部给付之义务,且债权人仅得受一次之满足"之特征时,即因该存在特征而具有外部连带的效力。连带债务之债权人,得对于债务人中之一人或数人或其全体,同时或先后请求全部或一部之给付("民法"第 273 条第 1 项)。至于连带债务间之内部连带关系为何,可能因案而异,不能一概而论。纵使在无疑问,可构成连带债务的情形,例如雇用人与受雇人之连带的侵权行为责任("民法"第 188 条)、并存带债务承担,也不因其为连带债务而必然有双向的求偿关系。因此,在多数债务人之债的探讨上不适合单纯根据其发生原因、给付之内容的异同,即径为论断,而应根据其债之法律关系所以发生的意旨,判断其内部分担的关系。是故,在多数债务人之债如果还要作真正与不真正连带债务的区分,应根据其内部关系的效力状态定性其究为真正或不真正连带债务;而非先定性其为真正或不真正连带债务,而后论其应有之

---

① 请参考孙森焱:《民法债编总论》下册,作者自刊,2004 年 1 月修订版,第 914 页。

效力。除非有法律规定或契约约定为其发生之明文依据。不过,纵使在这种情形,如果其据以发生之法律或契约,未同时就其内部的分担关系加以规定或约定,还是会留下等待解释判断的问题。

兹将多数债务人之债的主要类型及其基本特征表列如下:

$$\text{多数债务人之债}\begin{cases}\text{非连带债务:无内部与外部连带}\\[1em]\text{连带债务}\begin{cases}\text{真正连带债务:有内部连带}\\[0.5em]\text{不真正连带债务:无内部连带}\end{cases}\text{有外部连带}\end{cases}$$

其中外部连带的特征主要表现在:债权人得随意对于债务人中之一人或数人或其全体,同时或先后请求全部或一部之给付("民法"第273条第1项),以及债务因债务人中之一人为清偿、代物清偿、提存、抵销或混同而消灭者,他债务人亦同免其责任("民法"第274条)。这是连带债务必不可缺之类型特征。唯这里所称之债务消灭,受"民法"第281条第2项所定之法定移转的技术性修正。是故,特别是以债务人之一的清偿效力测试之,如依法律之规定,其清偿不消灭债权人对于他债务人之债权者(例如重复订购),或甚至先为清偿者得请求债权人移转其对于他债务人之债权者(例如"民法"第218条之一第1项所定之让与请求权),则该等债务人间因无外部连带关系,而根本不构成连带债务。

当多数债务人之债具有外部连带效力的特征,即是一种连带债务。有"民法"第273条至第278条等关于债务人与债权人之外部关系规定的适用。由于在有外部连带的多数债务人之债,其债务人中可能有不负分担义务者,于是引起无分担义务者与有分担义务者间之内部连带关系之欠缺的现象。这可谓是不完全的连带。因此,有以内部连带之有无为基础,将连带债务加以分类的说明利益。用以指称其分类结果之用语,传统上为真正与不真正连带债务。但也可称之为纯粹与不纯粹连带债务。其差异仅在于,对于不具内部连带关系之多数债务人之债之连带债务地位的肯定或否定的强度。还有一对用语:完全与不完全连带债务,亦有适当的说明能力。后一用语的优点是,直接面对连带效力之完整性。在以内部连带效力之有无为标准,对于连带债务加以分类的尝试上,由于"民法"第272条关于连带债务之成立的规范基础的形式规定,使一些不具内部连带效力之多数债务人之债,因有法律之明定,而当然地被论为真正的或纯粹的连带债务("民法"第188条第3项);使一些具内部连带效力之多数债务人之债,因无法律之明定,而当然地被论为不真正的或不纯粹的连带债务。然在一个有外部连带效力之多数债务人之债,其内部连带效力,亦即其内部分担关系究当如何,虽可从类型的观点,在类型之存在特征共同的限度,探求其一致的内容,但基本上不能超越类型,一概而论。特别是不得以法律没有明定或债务人间没有约定为理由,径为否认多数债务人间之分担义务。盖"民法"第280条规定:"连带债务人相互间,除法律另有规定或契约另有订定外,应平均分担义务。但因债务人中之一人应单独负责之事由所致之损害及支付之费用,由该债务人负担。"要之,多数债务人之债只要因有外部连带效力而被论为连带债务时,依"民法"第280条,其内部连带效力,于法律另有规定或契约另有订定时固应依其规定或订定;其无法律另有规定或契约另有订定之情事时,应平均分担义务。换言之,原则上不会有互不负分担义务,先为清偿者,负担全部的不合理情事。

第四章

债之移转
—— 债之主体范围的变更或扩张

一、前言

债之效力在主体面具有相对性,原则上只在债权人与债务人间发生权利义务的关系。[①] 然不但在债之移转或继承的情形,其主体可能发生变更,而且在例外的情形,其主体范围也可能发生扩张。其扩张之主要事由为:基于法律("民法"第539条)或当事人之特约("民法"第269条),而使第三人直接对于债务人取得请求给付的权利,或受该契约之保护,或可因该契约而同受免责("民法"第433条、第434条)。直接请求给付,为利益第三人契约的问题;受保护或免责,为契约对第三人之保护问题。

与债之给付义务有关的情形,不但在权利面,债权可能对于第三人有其正面有利的效力,例如利益第三人契约("民法"第269条、第539条),而且在义务面,亦可能对于第三人有其负面不利的效力,例如法定代理人倘因允许限制行为能力人为法律行为或经营营业,而就因该法律行为发生之债务应与限制行为能力人负连带责任,则限制行为能力人从事该法律行为而负之债务即有对第三人(法定代理人)之效力("民法"第221条)。〔屏东地方法院2001年度小上字第18号判例:"石某如于申请系争行动电话时为未成年,属限制行为能力人,故依'民法'有关规定,须得其法定代理人即被上诉人石某华之允许,契约方属有效,故依'民法'第221条准用第187条第1项前段之规定,法定代理人疏于对未成年子女之监督责任,导致未成年人不履行债务有损相对人之权利时,应与该未成年人连带

[①] "最高法院"1955年度台上字第1004号民事判决:"债权债务之主体以缔结契约之当事人为准,故因契约所生之债权债务,除有特约或经双方同意外,不能使契约以外之人承受负担。"

负责。"按"民法"第 77 条前段规定："限制行为能力人为意思表示及受意思表示，应得法定代理人之允许。"其意旨在于保护心智尚未成熟，不能独立从事意思表示的限制行为能力人。是故，限制行为能力人未经法定代理人允许从事之意思表示，经其法定代理人拒绝承认者，该法律行为应即无效。且除非该限制行为能力人有缔约上之过失应负赔偿责任，否则，限制行为能力人及其法定代理人亦不因该意思表示最后无效，而对于相对人应负赔偿责任。另以"民法"第 221 条规定："债务人为无行为能力人或限制行为能力人者，其责任依第一百八十七条之规定定之。"而认为限制行为能力人之法定代理人应为限制行为能力人之债务不履行负责，亦显有误解第 221 条及第 187 条之规范意旨。按第 187 条固规定：(1) 限制行为能力人仅于行为时，有识别能力者，始负侵权行为责任；(2) 法定代理人应为其监督之疏忽负责。但第 221 条中规定："依第一百八十七条之规定"者为：限制行为能力人之责任。盖一方面该条所定："其责任"中之"其"，在文法上指限制行为能力人，而非指其法定代理人；另一方面如有任何人应为限制行为能力人未经允许之意思表示负责，其结果与"民法"第 77 条前段规定之意旨显然不符。假设认为有一些情形，法定代理人应为其监护之限制行为能力人的债务不履行负责，这至少应限于法定代理人有参与该债务之发生原因的情形。例如认为：法定代理人事先允许限制行为能力人从事一定之意思表示者，就因该意思表示而发生之债务的不履行，应连带负责。不过，不但遍查现行"民法"并无此种规定，而且如要采肯定见解，亦与私法自治原则下之自己责任主义不符。任何人与限制行为能力人从事交易时应意识到，其债权之保障全系于其交易相对人之债信。要非如是，会如目前实务上所示：将诱引许多利用限制行为能力人游走法律边沿，而一出事，却又将法律上的不利，尽往限制行为能力人或其法定代理人推的情事。例如"高等法院"2001 年度上易字第 369 号民事判决："按法定代理人允许限制行为能力人独立营业者，限制行为能力人，关于其营业，有行为能力，'民法'第八十五条亦有明文。是限制行为能力人从事以取得利益为目的之职业所为之营业行为，倘经其法定代理人允许，则与营业有关所为之契约或单独行为，应均具行为能力。被上诉人受雇于里某公司为办理电信业务而获取报酬之行为，其法定代理人未为反对之意思表示，即默示允许被上诉人为该营业行为，殆无疑义。而被上诉人代理客户向被上诉人申办电话设备业务，属执行营业之行为，依前揭说明，其代理方某萍订立系争电信契约，自为有效。况且，被上诉人既系以代理人之身份为法律行为，依上开'民法'第一百零四条规定，其意思表示，亦不因其为限制行为能力人而受影响。是被上诉人之辩解，亦无足取。次按无代理权人，以他人之代理人名义所为之法律行为，对于善意之相对人，负损害赔偿责任，'民法'第一百十条定有明文。诉外人方某萍既未授权亦未承认被上诉人代理订立之系争电信契约,系争电信契约对于方某萍不生效力……上诉人既不知被上诉人无代理权,为善意相对人,被上诉人自应负损害赔偿责任。"按受雇与独立营业是全然不同的两个法律类型,哪一个法定代理人会料想到,允许其监护之限制行为能力人受雇打工,会被法院解释成:允许其独立营业!从而应为该限制行为能力人打工时,为其雇主,代理其雇主之客户与他人从事之代理行为负无权代理的赔偿责任!在这种情形,是否可解释成:该受雇之限制行为能力人之所为,系其雇主对其客户之代理行为的传在人?此外,"民法"第104条所以规定,"代理人所为或所受意思表示之效力,不因其为限制行为能力人而受影响"。系因最后应为代理行为负责者是本人而非代理人。如应为代理行为负责者不是本人,而是代理人,则该代理行为之从事,依然应得法定代理人之允许,始符"民法"第77条之规范意旨。这类案件,设不让雇主负责,或让电信事业负担损失,而让最无经验之打工的未成年人或者法定代理人负责,则利用电信服务诈欺之事件,怎么可能有效抑制?]与保护义务有关的情形,例如依"消费者保护法",消费者及有权接近供消费之商品或服务构成之危险源的第三人虽非供消费之商品或服务的购买人,一样可因该法之规定而受保护。该保护虽看似以消费者保护法为依据,但仍不失其自供消费之商品或服务的销售契约传来的性质。["消费者保护法"第7条规定:"从事设计、生产、制造商品或提供服务之企业经营者,于提供商品流通进入市场,或提供服务时,应确保该商品或服务,符合当时科技或专业水平可合理期待之安全性(第一项)。商品或服务具有危害消费者生命、身体、健康、财产之可能者,应于明显处为警告标示及紧急处理危险之方法(第二项)。企业经营者违反前二项规定,致生损害于消费者或第三人时,应负连带赔偿责任。但企业经营者能证明其无过失者,法院得减轻其赔偿责任(第三项)。"提供之商品或服务有违反该条第1项规定之情事者,提供之商品或服务具有不应具有之瑕疵。有第2项规定之情事者,该商品或服务虽无瑕疵,但因其本性具有危险,所以课其提供者在明显处,为警告及紧急处理危险方法之标示义务。就固有利益之保护,违反标示义务与瑕疵担保义务同样属于个别保护义务之违反。违反以契约或既存债务关系为发生依据之个别保护义务,如对于该保护义务所保护之人造成损害,除构成积极侵害债权外,并构成侵权行为。这时由之产生之损害赔偿请求权有两个或复数的规范基础。这些规范构成竞合。此即请求权规范竞合。依请求权规范竞合说的理论,在这种情形中,因为只有一个请求权,所以,竞合的规范间如有互相冲突的规定,必须按竞合之规定的规范意旨,予以整合,以消除其间的矛盾。其整合原则通常固然是契约规定修正侵权行为的规定,但如涉及法秩序之基本价值的违反,则应优先适用关于侵权行为的强行规定:例如因故意侵权行为而负担之债,其债务人不得主张抵销("民法"第339条)。第3

项规定之消费者,指该供消费之商品或服务的购买人及经其允许,消费该商品或服务之人。是故,在这里所称之消费者可能包括在债之关系中通常所称之第三人。盖在债之关系,通常称债权人及债务人以外之人为第三人。在此意义下,"消费者保护法"第7条第3项规定之第三人所指者又是消费者以外之哪些人? 是指有权接近供消费之商品或服务所构成之危险源的人。这些人虽非系争商品或服务的消费者,但却因基于宾客关系或基于一般交易习惯得接近于该危险源。在损害赔偿法的建制,通常以管领危险源者为义务人,以有权接近危险源而受损害者为权利人。〕又注意义务因契约法之规定而减轻者,该减轻规定对于履行辅助人或依契约规定得容许为契约标的之用益者应同有其适用。① 此为关于责任之减免规定对于第三人的适用。亦可归类为契约对于第三人之保护效力。

二、债之移转

债之继受不限于债权,事后除债权可能移转于第三人,债务可能约定由第三人承担外,整个债之关系亦可能由第三人继受。其意义为:除债权外,连同债务亦并同移转。其移转之规范依据有依契约或依法律。依法律移转者,为债之关系的法定继受,例如买卖不破租赁(第425条)或继承。

债权原则上虽得为让与,② 但有依法律之规定,例外不得让与或继承者,这通常规定于给付有高度属人性的债权,例如劳务契约,③ 或依债权之性质不得让与或债权禁止扣押者。〔关于债权之强制执行,限于以金钱或物之交付或移转为

---

① 台湾高等法院2004年度上易字第691号民事判决:"按'租赁物因承租人失火而毁损灭失者,以承租人有重大过失为限,始对出租人负损害赔偿责任,'民法'第四百三十四条已有特别规定,承租人之失火仅为轻过失时,出租人自不得以侵权行为为理由,依'民法'第一百八十四条第一项之规定,请求损害赔偿(参照最高法院1933年上字第1311号判例意旨)。……乙部分,其为承租人即甲之配偶,并与之共同经营上开小吃店,亦即其本于甲之租赁权源而有权使用系争铁皮屋,性质上属于'经承租人允许使用租赁物之同居人',承租人甲对失火责任既应负重大过失义务,则乙于共同生活之必要范围内,解释上应得类推适用'民法'第四百三十四条,亦应仅就重大过失负赔偿责任。"

② "民法"第294条第1项规定:"债权人得将债权让与于第三人。但左列债权,不在此限:一、依债权之性质,不得让与者。二、依当事人之特约,不得让与者。三、债权禁止扣押者。"该项以但书列举规定不得让与之情形,即意味着债权得为让与之原则。在个案有疑义时,为契约解释的问题。就此,关于指示证券,"民法"明定原则上得为让与("民法"第716条第1项)。

③ 关于劳务债权,原则上不得让与,例如雇佣关系之劳务请求权(第484条),处理委任事务请求权让与之禁止(第543条)。

内容之债权,亦即不包括劳务之债。因之,关于债权之禁止扣押,同法第122条不从债权之客体,而从应先预扣维持债务人及其共同生活之亲属生活所必需之数额立论,规定:"债务人对第三人之债权,系维持债务人及其共同生活之亲属生活所必需者,不得为强制执行。"在该数额以上概得扣押,以强制执行。因之,第115条之一又规定:"对于薪资或其他继续性给付之债权所为强制执行,于债权人之债权额及强制执行费用额之范围内,其效力及于扣押后应受及增加之给付(第一项)。前项债务人于扣押后应受及增加之给付,执行法院得以命令移转于债权人。但债务人丧失其权利或第三人丧失支付能力时,债权人债权未受清偿部分,移转命令失其效力,得声请继续执行。并免征执行费(第二项)。"债权之强制执行的方法为首先"发扣押命令禁止债务人收取或为其他处分,并禁止第三人向债务人清偿"(第115条第1项),而后经"询问债权人意见,(后),以命令许债权人收取,或将该债权移转于债权人。如认为适当时,得命第三人向执行法院支付转给债权人"(第115条第2项)。第1项规定的作用为扣押,第2项规定的作用为执行,其方法有三:(1)授权收取债权,而后抵销之;(2)强制移转债权;(3)强制将该债权转为向第三人(执行债权人)之债权。准用该法第115条之一第2项的意旨,在同法第115条第2项所定将该债权移转于债权人的情形,就第三人之支付能力债务人应负担保责任,亦即后来债权人如不能因请求履行受让债权而受清偿,执行债权不因该对于第三人之债权的移转而消灭。]亦有规定仅在法律所定之前提下,始得让与或继承者。① 关于让与的限制,不适用于为管理信托②而让与的情形。与债权之禁止扣押类似而实不相同者为物之禁止扣押。③ 与债

---

① 非财产上损害之赔偿请求权原则上"不得让与或继承。但已依契约承诺或已起诉者,不在此限",例如关于解除婚约时("民法"第 977 条第 3 项)、违反婚约时(第 979 条第 2 项)、婚姻无效或撤销时(第 999 条第 3 项)、判决离婚时(第 1056 条第 3 项),无过失方之非财产上损害的赔偿请求权。同样,"民法"第 195 条第 2 项规定:"侵害身体、健康、名誉、自由或其他人格法益而情节重大者之非财产上损害的赔偿请求权,不得让与或继承。但以金额赔偿之请求权已依契约承诺,或已起诉者,不在此限。"

② 关于消费损害之损害赔偿请求权,包括"民法"第 194 条和第 195 条第 1 项非财产上之损害的信托让与("消费者保护法"第 50 条)。债权之让与的禁止规定所以不适用于管理信托,其理由为因管理信托而移转,只是一种形式上的移转,实质上并未为移转。反之,如为担保信托而移转,其移转在担保的限度内,仍有实质意义。是故,债权之让与的禁止规定应适用于担保信托。此所以在关于债权之让与的禁止规定,其比较周全者,会并将担保之设定并予禁止。例如关于强制汽车责任保险之领受特别补偿基金的权利,"强制汽车责任保险法"第 38 条第 3 项规定:"第一项领受特别补偿基金之权利及未经继承人具领之特别补偿基金,不得扣押、让与或提供担保。"从担心以脱法行为规避关于债权移转之禁止规定立论,在德国有学者认为,债权有德国民法第 399 条所定不得移转之情形者,就该债权不得为收账之信托转与(die Inkassozession)。该条规定:"非改变债之内容不能对于原债权人以外之人给付,或经与债务人特约排除移转者,债权不得移转。"请参考 Soergel-Zeiss, Kommentzr zum BGB, 11. Aufl., 1986, §399 Rz. 10. 给付内容之变更原则上发生于高度属人性之债权(höchstpersönliche Forderung)或债权人与债务人之私人关系具有决定性之债权。例如劳务债权、合伙、授与用益权之债(租赁、使用借贷、智财权或专门技术之实施授权)、慰抚金、扶养请求权、休假请求权、授信请求权。劳务债权虽不得让与,但劳务报酬则得让与。又授信请求权之所以不得移转的理由在于,贷与人最后是否贷与款项,取决于借用人当时之人的因素及经济情势,唯最后如果已决定贷与,则该贷与款之给付请求权仍非不得让与。(Soergel-Zeiss, aaO. §399 Rz. 1, 10)

③ 禁止扣押之财产按其内容可分为关于物之禁止扣押及关于债权之禁止扣押。关于物之禁止扣押,指"强制执行法"第 53 条所称之禁止查封而言。该条规定:"左列之物不得查封:一、债务人及其共同生活之亲属所必需之衣服、寝具及其他物品。二、债务人及其共同生活之亲属职业上或教育上所必需之器具、物品。三、债务人所受或继承之勋章及其他表彰荣誉之物品。四、遗像、牌位、墓碑及其他祭祀、礼拜所用之物。五、未与土地分离之天然孳息不能于一个月内收获者。六、尚未发表之发明或著作。七、附于建筑物或其他工作物,而为防止灾害或确保安全,依法令规定应设备之机械或器具、避难器具及其他物品(第一项)。前项规定斟酌债权人及债务人状况,有显失公平情形,仍以查封为适当者,执行法院得依声请查封其全部或一部。其经债务人同意者,亦同。"此为以物之属性为基础所作之禁止扣押的规定。至于债权之禁止扣押,则主要从债务人之最低生活保障出发。这些基本上皆是为保护债务人之利益所作的规定。

权之让与类似者为债权之收取的授权。① 此为处分权之授权。其授权的结果，使被授权人得以自己之名义向债务人收取债权。归纳之，债之移转下有三个态样：债权之移转、债务承担及契约承担。兹分述之：

(一)债权之移转

1. 概念

债权之让与虽规定在民法债编中（第 294 条至第 299 条），但就其规范内容观之，这些条文并不规定债权之让与行为本身及其原因关系，而主要规定债权之让与性及移转的效力。债权之让与涉及权利在主体间的移转，所以必须以法律行为为之。该法律行为是债权人与第三人缔结之债权让与契约。债权让与契约原则上固为非要式行为，但其所移转之债权的发生需要一定之法定方式者，其法定方式如系书面或公证，该债权让与契约类推适用"民法"第 166 条之一第 1 项，应随之认定为：应以书面或公证的方式为之。② 其方式如系登记，且如无该债权种类之登记制度，则因有法律不能，该债权之让与应不要求登记之方式。例如买

---

① 关于证券债权质，"民法"第 909 条规定："质权以无记名证券、票据或其他依背书而让与之证券为标的物者，其所担保之债权，纵未届清偿期，质权人仍得收取证券上应受之给付，如有预行通知证券债务人之必要，并有为通知之权利，债务人亦仅得向质权人为给付。"此为法定之收取授权的规定。收取后应以取得之给付为动产质。有疑问者为所收取之给付如为金钱，且所担保之债权亦为金钱之债时，在收取时是否即生抵销之效力？应采肯定的见解。盖在这种情形，该质权所担保之债权已无继续存在的意义。

② "民法"第 166 条之一第 1 项规定："契约以负担不动产物权之移转、设定或变更之义务为标的者，应由公证人作成公证书。"关于有不动产抵押权担保之债权的让与，德国民法第1153 条规定："抵押权随其担保之债权移转于新债权人（第一项）。债权不得不带其担保抵押权，抵押权不得不带其担保之债权移转（第二项）。"第 1154 条规定："为移转债权，其移转之表示的通知应以书面并交付抵押权状的方式为之。（关于抵押权状的交付）第一千一百十七条的规定准用之。原债权人因新债权人的请求，应以其费用出具移转表示之证明书（第一项）。将移转登记于地籍簿得替代移转表示之书面方式（第二项）。不能发给抵押权状者，第八百七十三条、第八百七十八条的规定对于债权之移转准用之（第三项）。"其中重要者为：首先第873 条第 2 项规定："在登记前，只有在权利人之表示是书面的或经公证，或在地政机关为表示，或其表示已送达地政机关，或权利人已交付相对人一份符合土地登记规则之登记同意书时，权利人始受物权移转或设定契约的拘束。"而后配合该项，第 878 条规定："一个由权利人依第八百七十三条……所作表示，不因权利人在该表示对其有拘束力，且已向地政机关声请登记后，其处分权受到限制而无效。"

卖不动产之债权的让与。① 不过,在抵押权以从权利的地位,随其所担保之债权让与的情形,该债权之让与固不因有抵押权之担保,而应以书面的方式为之,但该抵押权在随同该债权移转后,仍须办理登记始得行使。② 类似的问题存在于最高限额抵押权之让与。③

债权让与约定的结果,使让与之债权在主体的归属上即发生移转:债权因让与而自原来的债权人移转于第三人(受让人)。④ 这导致原债权人因让与而丧失其债权,受让人因此取得该债权。所以,在移转后,就该债权,原债权人不能够再

---

① "民法"虽无禁止以不动产为标的之债权的买卖,但"土地税法"第54条第2项规定:"土地买卖未办竣权利移转登记,再行出售者,处再行出售移转现值百分之二之罚锾。"这是不尊重"民法"或民事关系对于税法或课税关系之先行性的规定。按人民必须依"民法"的规定来从事经济活动,不适宜有"民法"容许,而税法对其课罚的情形。如果税制规划上认为不动产债权之买卖,由于省略登记,会减损国家之土地税收入,则应直接将不动产债权之买卖规定为课税客体,以便人民遵守。否则,不动产债权之买卖既非土地税之税捐客体,在土地税法规定对于不动产债权之买卖课以行为罚,便无道理。盖税捐法之行为义务应在于维护税捐债权,既无税捐债权可供维护,其行为义务之课予便因欠缺正当关连,而显无根据。

② "依法律直接之规定而取得之不动产物权,其情形与第七百五十九条所规定者无异,依该条规定,非经登记不得处分。而拍卖抵押物,足以发生抵押权变动之效力,抵押权人为实行其抵押权,声请法院拍卖抵押物,自属抵押权之处分行为。是债权受让人因受让债权而取得其附随之不动产抵押权者,非经登记不得实行抵押权,声请法院拍卖抵押物。"("最高法院"2002年度台抗字第588号民事裁定)

③ 按抵押权为其担保之债权的从权利。所以,"不得由债权分离而为让与,或为其他债权之担保"("民法"第870条)。唯该从属关系在最高限额抵押权趋于松散。因此,第881条之八规定:"原债权确定前,抵押权人经抵押人之同意,得将最高限额抵押权之全部或分割其一部让与他人(第一项)。原债权确定前,抵押权人经抵押人之同意,得使他人成为最高限额抵押权之共有人(第二项)。"这使最高限额抵押权一定的程度得独立让与,以担保其原来所不担保的债权,亦即可透过事后的约定改变或扩大其担保之债权的范围。

④ 所谓第三人,在这里指债权人与债务人以外之人而言。如以债务人为受让人,则大多数的情形,形同债务之免除。但仍有不同。免除必为无偿,而让与行为究竟是否无偿,基于其准物权行为的属性:具有无因性,尚应视其原因关系而定。另在其不以债务之免除,而以债权之移转方式为之时,该债权债务关系的发展,应依债之混同的规定:"债权与其债务同归一人时,债之关系消灭。但其债权为他人权利之标的或法律另有规定者,不在此限。"("民法"第344条)债权移转于债务人的情事,其以契约为依据者,主要发生在赠与;其以法律为依据者,主要发生在公司的合并;因合并而存续之公司系因合并而消灭之公司的债务人者,该存续公司即可能因合并而受让消灭公司对自己之债权。

为第二次的移转。是故，债权之买卖固有重复的可能，但其移转行为则不可能。① 第二次之移转行为因让与人已无处分权，应构成无权处分。非经新债权人承认，不生效力（"民法"第 118 条第 1 项）。不过，因债权之移转在对债务人通知前，原则上对于债务人不生效力（"民法"第 297 条第 1 项），所以，如第二受让人先于让与人及第一受让人对于债务人为债权之让与的通知，债务人并因信赖该通知而对于第二受让人为清偿时，其清偿对于第一受让人应有清偿效力。② 此为"民法"第 297 条第 1 项规定，债权之让与通知得由让与人或受让人单独为之，对于债务人所当导出之信赖保护。③ 第一受让人因此所受损害，可依不当得利的规定对于第二受让人或让与人（原债权人）请求返还。其向第二受让人请求

---

① 债权之二重买卖系两个债权行为，基于债之效力在主体上的相对性，在债权行为的层次，其效力互不干扰。但至履行的层次，基于物权之排他性，债务人不能为重复履行。在债权之二重买卖，买卖之债权的让与行为即是债权之买卖的履行行为。买卖之债权一旦对于买受人中之一人为让与，即不再能对另一买受人为让与。不论受让者缔结之买卖契约的先后，皆然。盖在履行或让与后，出卖人或让与人已不再能为履行或让与。而让与之债权在债权人与受让人达成让与合意时已移转于受让人。"民法"第 297 条第 1 项虽然规定"债权之让与，非经让与或受让人通知债务人，对于债务人不生效力"，但这不受该项规定的影响。该项规定的意义仅止于：未受通知之债务人如对已为让与之原债权人清偿，仍然生清偿效力，以及得以受通知前已存在之抗辩权对抗受让人，已取得并达于抵销适状，或虽未达于抵销适状，但其清偿期先于所让与之债权或同时届至者，债务人得对于受让人，主张抵销。（"民法"第 299 条）

② Karl Larenz, Lehrbuch des Schuldrechts, Band I Allgemeiner Teil, 11. Aufl., München 1976, S. 461.

③ "最高法院"1988 年度台上字第 24 号民事判决："债权之让与，非经让与人或受让人通知债务人，对于债务人不生效力，'民法'第二百九十七条第一项前段定有明文。故在债权之双重让与，第二受让人之让与通知先于第一受让人之让与通知到达债务人时，债务人得依其选择认第二受让人为债权人，或以其危险向第一受让人为清偿。"该号判决对于"民法"第 297 条第 1 项前段规定的意旨显有误解。按债权在债权人与受让人达成让与之合意时即已让与受让人。通知债务人只是该让与事实对于债务人的对抗要件，纵未通知，在债权人与受让人间，亦无碍于其让与效力之发生。"最高法院"1987 年度台上字第 1899 号民事判决："依'民法'第二百九十七条第一项、第九百零二条规定，债权让与、债权设质均须通知债务人始对其发生效力。一通公司之债权让与通知，既先于债权设质通知到达被上诉人，债权让与已对被上诉人发生效力，其收到债权设质通知时，已无债权可供设质，上诉人自无从对被上诉人主张质权。"该号判决所持见解亦存在相同问题。在债权之双重让与，或在先为设质后为让与，或在先为让与后为设质的情形，其效力取决哪一个行为发生在先，而非哪一个行为通知在先。至于债务人如对受让在后，或对受质在后而通知在先者（受让人或质权人）清偿，其清偿效力源自：债务人因未受通知而误向原债权人清偿的效力。亦即债务人向受让或受质在后而通知在先者清偿，其所以有清偿效力，乃其清偿等于向原债权人清偿。

返还者,第二受让人得依债务不履行的规定对让与人请求赔偿。在这种情形,第二受让人是否得以第一受让人怠于对债务人为债权让与之通知为理由,主张第一受让人以消极行为引起表见事实,使其信赖原债权人仍有系争债权。因此,其受让应受善意取得制度之保护? 这视该债权是否经以文件将之有体化而定。如系争债权经以文件有体化,且第二受让人自原债权人受该文件之交付,则能构成债权之善意受让。在债权经文件化的情形,如有二重让与,在其文件交付有善意取得有关规定之适用的情形,系争债权之取得,结果上与动产之二重买卖的情形相同,以谁先获得该文件之交付,决定该债权之取得者。

债权移转时,因在债权人及受让人间即刻发生移转效力,所以,除非有诈害债权的情事,否则,让与人之债权人不再能够就该债权强制取偿。同理,让与人如破产,该已让与出去之债权亦不属于破产财团之财产 。[1]

该债权之取得是继受取得。因此,受让人受让之债权带有债务人对于让与人"原来"得对抗之事由(抗辩权)及得主张之抵销权。剩下来只是如何划分"原来"之时间上的界线。"民法"第 299 条规定以"债务人于受通知时"为分界点。

自原债权人因让与而失其债权的效力观之,债权之让与行为属于处分行为,[2]具有物权行为之典型的效力。因该处分行为以债权,而不以物权之移转为标的,所以称债权让与行为是准物权行为。[3] 债权之让与的原因关系在债法上可能是清偿、赠与、或信托(例如管理信托:托收;担保信托:让与担保)。清偿原因所清偿之债务的态样形形色色。例如权利(债权)的买卖(贴现)、[4]委任之处

---

[1]　Esser,Schuldrecht,2. Aufl. ,Karlsruhe 1960,S. 414.

[2]　Esser,Schuldrecht,2. Aufl. ,Karlsruhe 1960,S. 413;Staudinger / Busche,Kommentar zum BGB,13. Aufl. ,Berlin 1999,Einl. zu §§ 398 Rn. 12ff. .

[3]　"最高法院"2007 年度台上字第 1051 号民事判决:"债权让与契约系以移转特定债权为其标的,属于处分行为。债权让与契约发生效力时,债权即行移转于相对人,为准物权契约。"

[4]　债权之管理信托之报偿方式,可能以收取之债权额之一定比例为计算标准。在这种情形,受托人并不负担债权不能实现之风险。这可谓是一种典型委任。只是为使受任人能以自己之名义(间接代理)的方式处理收取债权的事务,委任人(原债权人)采取超出经济目的之手段,将该债权移转给受任人(新债权人)。由该类型,进一步发展出受任人负担债权之实现风险的类型。这虽演进自债权之托收,但事实上已是债权之买卖。这种托收关系已不是债权之信托让与。此即 Factoring-Vertrag。究其约定之内容基本上与贴现(Diskon-tierung)无异(Esser/Schmidt,Schuldrecht Band I,Allgemeiner Teil Teilband 2,8. Aufl. ,Heidelberg,2000,§ 37 I 5 b)。在债权的买卖,"债权之出卖人,对于债务人之支付能力,除契约另有订定外,不负担保责任。出卖人就债务人之支付能力,负担保责任者,推定其担保债权移转时债务人之支付能力"("民法"第 352 条)。

理利益的移转（"民法"第 541 条第 2 项）。[①] 因为债权之让与行为本身不含其所以为让与的原因，具有无因性，[②]所以，如果该债权之让与无原因行为构成之原因关系为其基础，其让与产生之财产利益的移动将因无法律上原因而构成不当得利。

在债权之让与，债权之让与行为所处分者，以自一个债之关系分离出来之债权，而非以源自一个债之关系之整体的当事人地位为标的。以整体的当事人地位为标的者，在契约之债为契约当事人地位的概括继受。

是否应循一物一权主义及一物权一处分行为的原则，限制一个债权让与行为只能处分一个债权，这是另一个问题。唯只要能将移转的范围表示清楚，该限制在移转层次的实益不大。至于在移转之债权的质量层次，正如在数物买卖中一物有瑕疵时，"民法"第 363 条第 1 项规定，买受人仅得就有瑕疵之物请求减少与瑕疵物相当之价额一样，原则上还是应个别处理。是故，容许一让与行为让与数债权，还不致引起不妥当的结果。

2. 债权之让与性

古代法固以债权具有高度属人性为理由，否认其让与性。但现代民法已不再认同这样的看法，而认为债权原则上得为让与。[③] 从而债权人亦得以其债权

---

①　在间接代理，即便受任人系为委任人之利益而从事相关之债权行为，其将因此取得之债权，移转于委任人时，关于债权之移转的规定还是适用于委任人与该债权行为之相对人间。"最高法院"1983 年台上字第 4720 号民事判例："受任人本于委任人所授与之代理权，以委任人名义与他人为法律行为时，固直接对委任人发生效力；若受任人以自己之名义与他人为法律行为，因而为委任人取得之权利，则须经受任人依'民法'第五百四十一条第二项规定，将其移转于委任人，委任人始得径向该他人请求履行。前者，因法律行为发生之权利义务，于委任人及该他人之间直接发生效力；后者，则该他人得以对抗受任人之事由，对抗委任人，二者尚有不同。"

②　Staudinger / Busche, Kommentar zum BGB, 13. Aufl., Berlin 1999, Einl. zu § § 398 Rn. 20ff..

③　Esser, Schuldrecht, 2. Aufl., Karlsruhe 1960, S. 411. 关于债权的让与性，德国民法第 399 条规定："一笔债权，非变更其内容不能对于原债权人以外之人为给付，或与债务人以约定禁止让与者，不得让与。"第 400 条规定："一笔债权只要不得扣押，便不得让与。"其内容与"民法"第 294 条之规定内容大致相当。不同者为：第 294 条以依债权之性质，不得让与为禁止让与之要件，这比德国民法第 399 条前段所定者抽象，从而广些。

为标的,设定权利质权,担保他人之债权①("民法"第 900 条)②。只有在依债权之性质或依当事人之特约,不得让与,或依法律之规定债权禁止扣押的情形,例外的否认其让与性,不得让与第三人("民法"第 294 条第 1 项)。因其原则上得为让与,所以,不得让与之特约,不得对抗善意第三人(同条第 2 项)。"民法"第294 条以下关于债权之让与的规定,原系针对以契约为其让与之规范基础的情形。所以,对于债权之法定移转,这些规定的适用属于类推适用。③ 为求明白其得否类推适用,"民法"在有债权之法定移转规定的情形,有时明文规定关于债权之意定移转的规定,可准用于其所定之债权的法定移转。例如"民法"第 313 条规定:"第二百九十七条及第二百九十九条之规定,于前条之承受权利准用之。"

依债权之性质不得让与之债权,主要有:(1)亲属法中规定之债权,例如扶养请求权、夫妻剩余财产分配请求权。(2)物上请求权应与其据以发生之物权一起

---

① 可供为权利质权之标的的债权不限于现在的债权,"将来债权只要具有让与及换价之可能者,亦得为权利质权之标的物。永丰公司系以其将来可以取回之担保金权利作为质权之标的物,此项权利性质上非不可让与(受担保利益人取偿后之担保金余额,应返还于担保金提供人),法律又无明文禁止扣押,自得为权利质权之标的物"("最高法院"1991 年度台上字第 1552 号民事判决)。唯担保金债权究竟是现在之债权或将来之债权,有讨论余地。其实,该判决中所示情形,该担保金债权应当是现在的,只是以之为标的之权利质权有若第二顺位之担保物权,其担保权人只就其必要时,清偿第一顺位之担保债权后的余额有担保权。

② "最高法院"1970 年度台上字第 3115 号民事判决:"'民法'第九百条所规定之权利质权,其标的物以可让与之债权及其他权利为限,依'民法'第九百零一条所定权利质权准用动产质权之规定观之,不动产物权自不适于为权利质权之标的物,抵押权为不动产物权之一种,无从准用关于动产质权之规定,如以抵押权为权利质权之标的物,不生权利质权之效力。"不动产物权中之抵押权所以不适合作为权利质权之标的,应不在于其以不动产为抵押物,而在于其系所担保之债权的从权利,不能独立于其担保之债权作为其他权利之标的。设抵押权所担保之债权的债权人以该债权为标的设定权利质权担保他人之债权,则该抵押权事实上即间接担保该权利质权所担保之债权。且原则上于该权利质权所担保之债权移转于第三人时,随同移转于受让人("民法"第 295 条第 1 项前段:"让与债权时该债权之担保及其他从属之权利,随同移转于受让人")。"该条所谓'随同移转',系属法定移转,无待登记即发生移转之效力,与意定移转须经登记始发生移转效力者有异。又抵押权从属于主债权,观之'民法'第八百七十条规定自明。则主债权之让与,依前开说明,该抵押权自应随同移转,此与抵押权系依法律行为而为让与须经登记始发生移转效力之情形不同。"("最高法院"1998 年度台上字第576 号民事判决)

③ Esser/Schmidt, Schuldrecht Band I, Allgemeiner Teil Teilband 2, 8. Aufl., Heidel－berg, 2000, § 37 I 6.

移转,而不得独立移转。① 这一般适用于为保护一定权利而衍生之不作为请求权。盖该不作为请求权既系为一定权利之保护,而由该权利衍生,自不得与该权利分离,单独让与他人。② (3)形成权不得与其所自之契约独立移转。例如在给付之买卖标的物有瑕疵时,其契约解除权或请求减少价金的形成权不得与买卖契约分离,单独移转。但在为解除之表示或为减少价金之请求后,关于已给付之价金的返还请求权,得与买卖契约分离,单独移转。(4)债之从属义务不得自其从属之债分离,独立移转。③

关于债权之让与性尚有附条件及将来之债权是否得为让与的问题。从权利之处分的观点立论,只要拟处分之权利在处分时能够确定,④则除法律另有特别

① "最高法院"1995 年度台上字第 2416 号民事判决:"物之交付,不以现实交付为限,依'民法'第七百六十一条第三项规定,指示交付亦包括在内,此规定于占有之移转亦准用之('民法'第九百四十六条参照)。故买卖标的物房屋,如由第三人无权占有时,出卖人得以对于第三人之所有物返还请求权让与买受人,以代现实交付,此与所有人将'民法'第七百六十七条所定物上请求权,与所有权脱离,而单独将物上请求权让与之情形,尚属有间。"

② 例如"民法"第 767 条后段规定:"所有人对于妨害其所有权者……得请求除去之;有妨害其所有权之虞者,得请求防止之。""商标法"第 61 条第 1 项后段规定:"商标权人对于……有侵害之虞者,得请求防止之。""专利法"第 84 条第 1 项后段规定:"发明专利权人对有侵害之虞者,得请求防止之。""著作权法"第 84 条后段规定:"著作权人或制版权人对有侵害之虞者,得请求防止之。上述不作为请求权皆不得与其所自的本权分离,单独让与。"

③ Esser, Schuldrecht, 2. Aufl., Karlsruhe 1960, S. 415;§ 32. 在消费借贷,相对于本金债权,其利息债权虽常被定性为从权利,但利息之给付义务不是消费借贷关系中之从义务。不论是已届清偿期或未届清偿期的利息债权皆可移转,不同的是:未届清偿期的利息债权,嗣后可能不发生,而使其事先的移转不具实质的意义。另"已发生之利息及违约金债权,皆为独立之债权,非'民法'第二百九十五条第一项所谓之从属债权,如债权之原本部分让与,此项之利息及违约金债权应不因而随同移转于受让人。若未支付之利息,同条第二项固规定推定其随同原本移转于受让人云云,然而本件情形,被上诉人只因保证人为主债务人清偿债务之原本部分,其对主债务人之债权,在保证人清偿之原本部分'限度'内,依同法第七百四十九条规定,应移转于保证人,未清偿之利息债权,不在移转之列,已甚为明显,自不得为上开之推定"("最高法院"1982 年度台上字第 4215 号民事判决)。

④ 确定让与之债权的方法,除直接约定以特定债权为让与标的外,也可约定以自特定契约关系继续发生之债权为让与标的。至于约定以一个种类之契约发生之债权为让与标的,则不够确定。另一个事业如约定,以其将来可能取得之业务收入的应收账款债权为让与标的,该约定虽因概括而得确定,但德国学说上认为,这过度限制该事业之经济自由,依德国民法第 138 条(违反善良风俗),无效(Karl Larenz, Lehrbuch des Schuldrechts, Band I Allgemeiner Teil, 11. Aufl., München 1976, S. 457)。

之禁止规定外,①应容许债权人将之让与第三人。② 在让与将来之债权时,所处分之债权在处分时尚不存在。因此,该处分所要产生之债权的移转效力固直至该债权发生时,方始发生。③ 但在该让与行为做成时,让与人应已受该让与契约的拘束。经事先让与的债权一发生,不经过让与人,即直接成为受让人之财产。④ 这与利益第三人契约的情形类似。[在利益第三人契约,第三人(受益人)无须经过债权人(要约人),对于债务人即有直接请求给付之权("民法"第 269 条第 1 项)。其典型的案例:保险契约或他益信托之受益人。然在他益信托同样有以将来之债权为标的,且缔约时受益第三人尚不确定的情形。例如公司大股东以其个人所有之股票为信托财产,约定以其将来可收取之股利(信托利益)给该公司的绩优员工,并按一定之奖励办法发放。这时同样因为缔约时,受益人尚未确定,致有该受益请求权究竟何时发生,以及信托利益是直接或经信托人再归属于受益人的问题。受益请求权应在信托利益产生时发生,至于是直接或经信托人取得,因信托利益之确实归属及其数额必须等绩效计算出来后才能决定,所以在信托利益发生时,如认为凡权利在存在时便应有所归属,基于信托关系,则可能认为经济上先归属于信托人,法律上暂归属于受托人,而后才依信托契约处理其给付的问题。要之,在受益第三人于债权发生时还不能确定的情形,该债权应经信托人或受托人再移转于受益人。唯鉴于信托在实质上有为受益人之利益的

---

① 侵害人格权或身份权之非财产上损害赔偿请求权,在其以金额赔偿之请求权已依契约承诺,或已起诉之前,不得让与或继承("民法"第 195 条第 2 项、第 3 项)。

② Soergel-Zeiss, Kohlhammer-Kommentar zur BGB, 11. Aufl., Stuttgart 1986, § 399 Rn. 6; Fikentscher/ Heinemann, Schuldrecht, Berlin 2006, Rdn. 722.

③ "最高法院"2006 年度台上字第 1069 号:"债权之让与……以让与人为让与时,对债务人已有债权之存在为必要。若所让与之债权为定有期限或附有停止条件者,更需于该期限届至或条件成就时,始生债权移转之效力。"

④ Esser, Schuldrecht, 2. Aufl., Karlsruhe 1960, S. 415; Fikentscher/ Heinemann, Schuldrecht, Berlin 2006, Rdn. 727. 不过,后者认为,在债权让与契约缔结时,让与人已有取得该债权之法律上原因者,受让人直接取得该债权;尚无该法律上原因者,则让与人于债权发生时先取得该债权,而后才由受让人依该让与契约继受取得。另如移转之债权直至让与人之破产程序开始后方始发生,则应一概适用"破产法"第 91 条(§ 91 InsO)。所谓已取得让与之债权的法律上原因,例如指租赁契约已缔结,而移转其将来之租金债权;所谓未取得让与之债权的法律上原因,例如指计划缔结,而尚未缔结之买卖契约的价金债权。对此,Larenz 教授持相同的看法。其理由为,在已有法律上原因之将来债权的让与,让与人所让与者,除该将来之债权外,还有让与人已存在之权利地位,亦即一个期待权。基于该期待权,在该将来债权因条件成就、始期届至或让与人给付对待给付而发生时,受让人即不经由让与人,而直接取得该债权(Karl Larenz, Lehrbuch des Schuldrechts, Band I Allgemeiner Teil, 11. Aufl., München 1976, S. 458f.)。

性质,所以上述先经信托人或受托人,再归属于受益人只具形式上的意义:信托人或受托人破产者,受益人有取回权;受益人破产者,计入破产财团。其在所得税法上的处理为:缔约时约定,信托人不得事后再变更其利益第三人之意思时,信托利益认定为不属于信托人之所得,唯在受益人确定前,暂将该所得归属于受托人,以暂缴的方式课征所得税("所得税法"第3条之四第3项),待受益人及其受益额确定时再办理归户;受益人可变更者,直到受益人确定取得给付请求权时,将来发生之信托利益始认定为受益人之所得,是故,此种信托开始时尚非真正的他益信托。]不过,这种债权在其发生并移转时,其债权内容、数额及债务人皆必须已经特定。此外,在将来实际上因发生而生移转效力后,同样必须通知债务人,对于债务人始生效力("民法"第297条)。在其发生前之通知,不能生"民法"第297条至第299条规定之通知效力。①

另一引起疑问的让与态样为:最高限额的让与。其意旨为:让与人将其对于特定债务人之将来的多数债权,在约定之最高限额的范围内同意受让人得自由

---

① "最高法院"2006年度台上字第90号判例:"将来债权之让与,以通知将来应为债务人之人为已足,并于该让与之将来债权,而后因一定事实之发生而成为现实之债时,即生移转之效力,固无待乎再将之通知于债务人。唯于附停止条件将来债权之让与者,其停止条件是否成就并不确定,该债权让与是否确定发生即非债务人所得知悉,自应于停止条件成就,债权让与发生效力时,将该条件已成就之债权让与,另行通知债务人,始对之发生债权让与之效力。""最高法院"2007年度台上字第1051号民事判决:"将来债权系附停止条件或始期之债权让与,虽非法所不许,然此类将来债权,债权让与契约成立时尚未存在,如受通知时债权仍未发生,自须于实际债权发生时再为通知,始能发生移转效力。"后一判决,就将来债权之让与,应在其生效时再为通知的类型扩及附始期之债权。

选择收取受移转之债权。这种让与契约之客体内容是否达于得确定的程度,引起疑问。①

3. 债权让与契约之当事人

债权之让与因系使债权之主体归属发生移转的处分行为,所以应以契约为之。据该契约移转之标的是无体财产,因此称为准物权契约。② 由于其处分之内容为债权,所以应以债权人及第三人为缔约当事人:债权人为让与人,第三人为受让人。为私法自治原则之遵守,除法律另有特别规定外,③并不需要债务人之参与,即可在让与人及第三受让人间生让与之效力。④ 唯在债权人方之主体变更后,一方面可能使债务人误向已为让与之原债权人清偿;另一方面基于债之关系在主体面之相对性,该主体的变更可能使债务人对于原债权人原有之抗辩权及抵销权受到影响。是故,如何保护债务人在债权让与时的正当利益,成为债权让与制度之重要的规范事项。

债权之让与行为是准物权契约。既然如此,受让人为谁在缔约时本当确定,不会产生问题。唯在实务上,正如票据债权之让与有不记载被背书人之空白背

---

①　Esser 教授同意德国帝国法院的看法,认为此种债权让与契约"因欠缺让与债权之确定性而无效(RGZ 98, 200)。旧学说(Cosack, Ennecce-rus)想将最高限额让与当成以清偿结果为解除条件之债权让与,肯认其效力。不过,正如在此提示德国民法第 1230 条一样,该解释并无说服力。可行的理由是将之约定成信托关系。如是,虽以多数债权之全额为让与,但这只存在于内部关系,从而无任何确定性的欠缺"(Esser, Schuldrecht, 2. Aufl., Karlsruhe 1960, S. 415ff.)。德国民法第 1230 条规定:"如无不同的规定,质权人得在多数质物中选择卖哪一件。他只可在满足其债权必要之限度,变卖质物。"当中,所谓存在于内部,指仅对于让与人及受让人有拘束力。不过,其外部效力还是可以借助于信托契约的外部效力而达成。只是因为信托之外部效力必然超出受让人对于让与人之债权的满足所需。所以假设受让人对于债务人另负有债务,而债务人超出受让人对让与人之债权数额(该数额原则上即为该最高限额之数额),对于受让人主张抵销,则因债务人与受让人间之抵销效力,仍应依债务人对于其债权人主张抵销时之规定处理。其结果,让与人可能因该抵销,而为受让人清偿其对债务人所负之债务。盖依信托之外部关系,受让人系其受让之债权的真正债权人。这时,在让与人与受让人间,如无特约,应准用有利害关系之第三人的清偿规定("民法"第 312 条),处理其代偿之求偿问题。

②　"最高法院"2007 年度台上字第 1051 号民事判决:"以移转特定债权为其标的,属于处分行为,债权让与契约发生效力时,债权即行移转于相对人,为准物权契约。"

③　债权有非经债务人同意不得让与者,例如"雇用人非经受雇人同意,不得将其劳务请求权让与第三人,受雇人非经雇用人同意,不得使第三人代服劳务"(第 484 条第 1 项)。"委任人非经受任人之同意,不得将处理委任事务之请求权,让与第三人。"(第 543 条)。

④　最高法院 1931 年上字第 58 号民事判例:"债权之让与,虽须经让与人或受让人通知债务人始生效力,但不以债务人之承诺为必要。"

书的方式,在债权之让与,其受让人也有可能因不愿意卷入该债权之辗转让与的流程中,以避免对于前后手负关于该债权的责任,或因不希望在该债权之辗转让与中,增加债务人可以对抗最后受让人的抗辩,而有制作不具备证券形式之债权让与书据,且不记载受让人姓名或名称,从事债权让与的移转方式。此即空白让与(Blanko-zession)。因该债权让与无表示于外之受让人,以致该让与之效力为何,引起疑问。①

　　按在权利之移转契约固需要有确定之双方当事人,以认定让与人之移转处分权的有无及该权利在移转后之归属,确保该债权不因让与而成为无主的权利。但各种权利之归属各有其公示的方法。例如动产利用占有、不动产利用登记,无体财产权利用准占有。不能占有之权利则无所公示。这时,其权利之归属依权利人与义务人间之内部关系,当其主体有所变更时,在权利人面必须利用让与通知将其主体之变更的效力连结到新权利人与义务人间。只要义务人的利益不受到影响,并不要求必须在有权利之让与时,便即刻通知义务人。但新权利人并不因尚未通知义务人,而不取得受让之权利。只是在通知前,对于义务人不生效力,亦即不得对抗义务人而已("民法"第297条第1项)。是故,受让人在通知前还是有权处分其受让之权利。因此,债权受让人不通知债务人,而即将其受让之债权移转第三人者,受让人会因未为让与通知,而不与债务人发生债务关系,而仅后来对于债务人为让与通知者,与债务人发生债务关系。其由让与人通知者,以其通知之受让人与债务人发生债务关系。若在让与人通知前,受让人将其受让之债权让与他人,并由该他人通知债务人,则会发生让与人及次受让人分别通知之受让人不同的情形。这时,次受让人必须在原受让人之协力下证明其系自

───────────────

　　①　德国学说上认为,该债权之让与究竟在何时及如何发生效力,要视当事人之意思而定。空白让与之目的在于维护原债权人之利益者,则其当事人之意思原则上为:空白让与要直到将受让人的姓名或名称填入该空白债权让与书据时,始生让与效力。在填入前,原债权人仍是该债权之权利人。在此,不生溯及移转的效力。这中间受让人仅是原债权人之信托关系上的受托人。当采此见解,因为在最后受让人将其姓名或名称填入债权让与书据前,该债权依然是原债权人之债权,所以原债权人之债权人可以对之扣押取偿。倘原债权人之债权之取偿不符当事人的意思,则应解释为:在该债权让与书据交付时,即已让与于受领该书据之受让人。其辗转交付时之每一次交付,皆构成一次通常之债权让与。唯这不适用于需要一定方式之债权让与。在要式之债权让与,其空白让与如因此欠缺必要方式,则其中间受让人只能解释成原债权人之信托关系上的受托人(Staudinger / Busche, Kommentar zum BGB, 13. Aufl., Berlin 1999, Einl. zu §§ 398 Rn. 31ff.; Esser / Schmidt, Schuldrecht Band I, Allgemeiner Teil Teilband 2, 8. Aufl.,Heidelberg, 2000, § 37 I 2 d); Esser, Schuldrecht, 2. Aufl., Karlsruhe 1960, S. 416.

让与人之受让人辗转受让该债权。否则,债务人得以不能确知孰为债权人拒绝给付,或提存其给付("民法"第326条)。

在债权让与通知前,其受让人辗转让与该债权者,其效力为何? 视相对于第三人或相对于债务人而定:(1)相对于债务人以外之人(第三人),只要让与人与受让人缔结之让与契约有效,关于该债权即可发生让与之效力。亦即该债权在让与后成为受让人之财产。在让与人或最后受让人有任何一方破产时,这对于让与人及最后受让人,以及双方之债权人特别有其意义。盖这影响到该债权是否应列为破产方之破产财团,以及对该债权是否得主张抵销。(2)相对于债务人,让与人虽继续是该债权之权利人,但其意义仅在于不论善意与否,其对原债权人之清偿皆可生清偿效力,以及其在受通知时存在之抗辩权及抵销权不受影响,仍可对抗受让人(新债权人)或对其主张抵销。

4. 受让人之特定性

让与权利之目的在于使受让人继受取得让与人让出之权利。所以,在权利之让与行为应有一定之受让人承受该权利,本当属于自明的道理。唯在债权之辗转让与,如有受让人不显示曾为受让并再为转让之事实者,便会引起此种受让人在辗转让与中之法律地位的疑问。有谓:简单视其为不存在,拟制该转让关系只发生在愿意显示其曾受让并再为转让之前后当事人间。① 然即便如此,如何

---

① 这是票据法所肯认之空白背书转让的效力。依空白背书受让票据债权之受让人,如再以空白背书将该票据债权让与他人,该受让人最后实际上等于不加入该辗转让与之票据关系。后手不能对其追索,自己也无权追索其前手。但这以该票据债权真正为前提。按票据债权不能获得清偿时,其债权人对于债务人有追索权。其意义等于是,票据债权之让与人就其前手之支付能力负担保责任。这与"债权之出卖人,对于债务人之支付能力,除契约另有订定外,不负担保责任"("民法"第352条前段)不一样。所以,在票据债权之直接前后手间,虽不对前手之支付能力,但还是应为该票据债权之真正负责。关于空白让与在德国民法上之说明,另请参考 Esser, Schuldrecht, 2. Aufl., Karlsruhe 1960, S. 416f.; Esser/Schmidt, Schuldrecht Band I, Allgemeiner Teil Teilband 2, 8. Aufl., Heidelberg, 2000, §37 I 2 d. 第2版倾向于,中间受让人如未将自己载入债权让与书据为其受让人,则不取得该债权。至于在这种情形,其究竟是原债权人之信托的受托人,或最后受让人之代理人,则分别视当事人的意思在于保护原债权人之利益或最后受让人之利益为重而定。重在保护原债权人之利益者,为原债权人之信托的受托人;重在保护最后受让人之利益者,为最后受让人之代理人。然因中间受让人取得让与书据时,尚不知谁是最后受让人,所以该代理被解释成无权代理,从而待最后受让人之承认始溯及至原债权人最初为让与时生移转之效力。显然由于这样的解释过于周折,其第8版改直接认为,债权让与书据即可生债权让与的效力,且其受让人即是受该书据之交付者。在此意义下,等于肯认将债权透过书据有体化,能够使债权取得接近于动产的地位。这是正确且务实的看法。

跳过不愿显名之受让人,将显名债权让与人与最后受让人联系起来,使后者成为该债权之新债权人?有谓可参考票据法上之空白背书,将之类比为空白转让(die Blankozession)。[①] 其方法为:债权人以书面的方式为让与债权之表示,同时在该书面中将受让人的姓名或名称空下来,以便该受让人或其后手将来得在该债权让与文件上,将自己或第三人记载为债权之受让人。

空白让与和空白背书一样,在受让与文件之交付时,受让人已取得该债权。其若要再为让与,持有人能够像一件动产的所有人,透过移转所有权之合意及动产之交付,达到移转之目的,并在让与后与其让与之债权脱离关系。反之,如要行使该债权,则不能不现身,以自己名义对于债务人请求给付。在辗转让与,只要债权真正,最后受让人并不介意过了几手,他才继受到该债权。每一个空白让与的让与人,在受让时,都曾一度取得该债权;在让与时,也以债权人的地位让与该债权。正像动产之让与,只要让受双方有关于该动产之物权的让与合意,并为交付,即可生该动产物权之让与的效力。让受双方并无须在交付之外更为其他表彰受让人为谁的表示。在为空白让与时,不因未对外客观表示其受让人为谁,而使该债权不生移转的效力。在空白让与行为,让与人还是以与其从事让与契约之缔结的受让人为相对人,其受让人亦因该让与行为而取得该债权。这与一个人基于空白背书,而取得无记名票据债权类似。往后其权利之移转的公示方法,皆借助于占有,准用"民法"第761条,并以交付作为以其让与为目的之准物权行为的生效要件。

另有一种情形,倒不是其受让人不愿张扬,而是在让与时,让与人尚不能完全特定其意欲移转之债权的受让人,而只能提出一定标准,作为将来确切特定其受让人的方法,以使受让人的特定达于得确定的必要程度。例如信托人与受托人约定将来将信托利益给予按一定标准选定之人:一个公司某年度之绩优员工。在这种情形,由于受益人(受让人)在缔约时尚不确定至可以自己充为让与契约之现实的缔约人,所以,必须有第三人与信托人缔结该他益信托契约。该第三人即是信托契约的受托人。该受托人一方面是该他益信托之当事人;另一方面又像是受益人之受任人或代理人,必要时为受益人之利益,与信托人、他人或政府机关从事必要之行为。唯在这种情形,该信托契约必须含不得撤销之利益第三人的意思,始具有他益信托的性质。不具不可撤销之利益第三人意思者,仍属自益信托。这关系以权利之移转为基础之税捐客体是否发生。需进一步探讨者为

[①] 请参考 Staudinger/Busche, Kommentar zum BGB, 13. Aufl., Berlin 1999, Einl. zu §§ 398 Rn. 29ff.; Esser/Schmidt, Schuldrecht Band I, Allgemeiner Teil Teilband 2, 8. Aufl., Heidelberg, 2000, § 37 I 2 d).

该他益信托之原因关系:赠与或劳动契约。大股东与绩优劳工间在形式上虽无劳动契约关系,但在实质上可谓有接近于劳动契约的关系。如采该实质的观点,则上述他益信托之原因关系为劳动契约;如采形式的观点,则其原因关系为赠与。这明显地影响所涉之税捐客体的类型(所得或赠与),决定其该当之税目(所得税或赠与税)及纳税义务人(劳工或为赠与之信托人)。

5. 让与之通知

除可能基于债务之属人性,或基于公共利益或债务人之生活或职业照顾的观点,[①]禁止扣押一定债权的情形,[②]认为特定债权不具让与性,以保护债务人之利益外,债权原则上具有可让与性("民法"第 294 条第 1 项)。当其具有可让与性,债权之让与固无须债务人之允许或承认,但为适切保护债务人关于误为清偿、抗辩权及抵销权的正当利益,在让与后必须将让与事实通知债务人。否则,债权之让与,除法律另有规定外,对于债务人不生效力("民法"第 297 条第 1 项)。

---

① "强制执行法"第 122 条规定:"债务人对第三人之债权,系维持债务人及其共同生活之亲属生活所必需者,不得为强制执行。""司法院"1944 年 11 月 18 日院字第 2776 号解释:"……'强制执行法'第一百二十二条所举债务人对于第三人之债权,即'民法'第二百九十四条第一项第三款所称禁止扣押之债权不得让与于人,执行法院如依'强制执行法'第一百十五条第二项之规定,以命令将此项债权移转于债权人时,其移转自属无效,强制执行程序终结后,债务人对于债权人得主张移转无效,提起确认该债权仍属于己之诉。"唯"司法院"2005 年 5 月 13 日大法官释字第 596 号解释文称:"'宪法'第七条规定,台湾地区人民在法律上一律平等,其内涵并非指绝对、机械之形式上平等,而系保障人民在法律上地位之实质平等;立法机关基于宪法之价值体系及立法目的,自得斟酌规范事物性质之差异而为合理之差别对待。国家对劳工与公务人员退休生活所为之保护,方法上未尽相同;其间差异是否抵触宪法平等原则,应就公务人员与劳工之工作性质、权利义务关系及各种保护措施为整体之观察,未可执其一端,遽下论断。劳动基准法未如公务人员退休法规定请领退休金之权利不得扣押、让与或提供担保,系立法者衡量上开性质之差异及其他相关因素所为之不同规定,属立法自由形成之范畴,与'宪法'第七条平等原则并无抵触。"该解释所涉问题应不是平等原则之违反与否的问题,而是劳动基准法规定之退休金是否与公务人员退休法所定之退休金,一样是"维持债务人及其共同生活之亲属生活所必需",不得强制执行之债务人对第三人的债权("强制执行法"第 122 条)。其"宪法"上之相关规定为"宪法"第 15 条:生存权应予保障。唯"强制执行法"第 122 条所为:债务人对于第三人之债权,系维持债务人及其家属生活所必需者,不得强制执行之规定,仅于债务人对于第三人之债权有其适用,至债权人对于债务人之债权,则不在该条适用之列,亦即债权人对于债务人之债权,非禁止扣押之债,不受'民法'第三百三十八条所定债务人不得主张抵销之限制"("最高法院"1991 年度台上字第 1588 号民事判决)。

② "最高法院"1982 年度台上字第 477 号民事判决:"按债权禁止扣押者,不仅在保护债权人之利益,且于公益有关,故不得为执行之标的。"

让与通知不是意思表示,而只是观念通知(准法律行为)。[①] 纵使如此,关于意思表示之瑕疵(错误、受诈欺或胁迫)有关的规定还是有适用性。[②] 该通知仍需相对人始成其为通知,并应以有至关利害关系之债务人为受通知人。至于为通知者,可以是让与人或受让人个别,不需要共同为之。通知者如是让与人,则债权人"纵未为让与或让与无效,债务人仍得以其对抗受让人之事由,对抗让与人"("民法"第298条第1项)。亦即可生表见让与的效力。此外,同条第2项还规定:"前项通知,非经受让人之同意,不得撤销。"该规定之必要性及妥当性值得检讨。盖债权之让与如为真正,受让人之利益无须该项规定仍可受到保护;而债权之让与如非真正,该保护便显属多余,而徒增债权人关于权利之行使的困扰。

受让人之通知固也可发生债权让与之通知的效力,但对于债务人而言,如相信受让人之通知,而该通知与事实不符时,亦即如债权人未为让与或让与无效者,则不生表见让与的效力。"民法"第297条第2项规定,"受让人将让与人所立之让与字据提示于债务人者,与通知有同一之效力"的意义,[③] 应是受让人以该方法所作之通知,具有与让与人共同通知同一之效力。如债权人未为让与或让与无效,该通知可生表见让与的效力。然非谓让与人立有让与字据者,便以提

---

① 最高法院1939年上字第1284号民事判例:"债权让与之通知,为让与人或受让人向债务人通知债权让与事实之行为,其性质为观念通知。"

② 此德国的通说(Karl Larenz, Lehrbuch des Schuldrechts, Band I Allgemeiner Teil, 11. Aufl., München 1976, S. 462f.)。

③ 与"民法"第297条第2项所定类似,而实不尽相同者为:持有债权人签名之收据对于债务人请求为清偿给付。盖依社会经验,持有债权人签名之收据可证之事实为:持有人经债权人授权,以债权人之名义收取债权。所以,该收据之持有人如事实上未经授权收取债权,则其持有所引起之表见事实为:收取债权之授权,而非债权之让与。是故,'民法'第309条第2项规定:"持有债权人签名之收据者,视为有受领权人。但债务人已知或因过失而不知其无权受领者,不在此限。"该但书之规定为关于表见事实之信赖保护的一般限制规定。例如"民法"第107条关于代理权之限制及撤回的但书,第169条关于表见代理的但书。"民法"第309条第2项所定者亦与第310条第2款所定对债权之准占有人为清偿不同。债权之准占有人持有者为将债权有体化的文件(债权证书),并自居为债权人,以自己的名义请求债务人为清偿给付。盖"民法"第325条第3项规定:"债权证书已返还者,推定其债之关系消灭。"是故,债权证书之授受具有推定移转债权给受债权证书者的证据意义。不过,其效力仍低于让与字据("民法"第297条第2项)。盖让与字据引起之表见让与的效力无前述但书规定之限制("民法"第298条第1项)。

示让与字据为发生债权让与效力之要件。① 由受让人通知者,并不要求债务人在行使债权之行为外,必须另有专为使债务人知有债权让与事实之通知。至迟其行使行为即可兼有通知之效力。②

虽然"民法"第 297 条第 1 项前段规定,"债权之让与,非经让与人或受让人通知债务人,对于债务人不生效力",但因在让与人与受让人间,该债权让与契约之生效,并不以对于债务人通知为要件,所以债务人如从其他消息来源知悉债权让与之事实,并对受让人为清偿给付,仍可生清偿效力。盖"民法"第 297 条第 1 项系保护债务人之规定,其适用的结果不得反而不利于债务人。

在二重让与中,债务人向之清偿者如系受让或受质在先之债权人或质权人,即便其通知在后,依然可生清偿效力。盖债务人向之清偿者为真正债权人或受领权人。通知在先之第二受让人对第一受让人并不得主张其才是真正债权人。

6. 债权让与通知之效力

---

① "最高法院"1953 年度台上字第 626 号民事判例:"债权之让与,依'民法'第二百九十七条第一项之规定,虽须经让与人或受让人通知债务人始生效力,但不以债务人之承诺为必要,而让与之通知,为通知债权让与事实之行为,原得以言词或文书为之,不需何等之方式,故让与人与受让人间成立债权让与契约时,债权即移转于受让人,除法律另有规定外,如经让与人或受让人通知债务人,即生债权移转之效力。至同法条第二项所谓受让人将让与人所立之让与字据提示于债务人,盖使债务人阅览让与字据,可知让与之事实与通知有同一之效力,并非以提示让与字据为发生债权让与效力之要件。"

② 最高法院 1933 年上字第 1162 号民事判例:"债权之让与,依'民法'第二百九十七条第一项之规定,非经让与人或受让人通知债务人,对于债务人固不生效力,唯法律设此规定之本旨,无非使债务人知有债权让与之事实,受让人对于债务人主张受让事实行使债权时,既足使债务人知有债权让与之事实,即应认为兼有通知之效力。"

由于债权移转①之结果改变其债权人，而债权之效力在主体上具有相对性，于是在债权移转后，引起债务人是否得以对抗让与人之事由，对抗受让人；是否得以对于让与人之债权对于受让人，主张抵销的问题。就此，"民法"第 299 条规定："债务人于受通知时，所得对抗让与人之事由，皆得以之对抗受让人（第一项）。债务人于受通知时，对于让与人有债权者，如其债权之清偿期，先于所让与之债权或同时届至者，债务人得对于受让人，主张抵销（第二项）。"要之，以受让与通知时为准，定其得为抗辩之事由或抵销之主动债权。盖债权让与通知之目的既在于适切保护债务人关于误向原债权人清偿、抗辩权及抵销权的正当利益，则债务人于受通知时，享有之抗辩权及原可主张之抵销权应不受影响。今债权既已移转，所谓不受影响，自指债务人受通知时，得对抗让与人之事由，皆得以之对抗受让人；②债务人得以其受通知时，对于让与人之已达抵销适状之债权，或虽未达抵销适状，但其债权之清偿期，先于所让与之债权或同时届至者，对于受让人主张抵销（"民法"第 299 条）。其中，在受通知时，对于让与人之已达抵销适状之债权的部分，其抵销权不以其清偿期先于所让与之债权或同时届至为要件。

---

①　在此所谓移转不限于当事人间依契约所作之任意的移转，还包括因强制执行之强制移转。例如，是故，"上诉人于收受执行法院所发之转付命令后，始代债务人垫缴各款，自无主张抵销之余地"（"最高法院"1959 年台上字第 1867 号判例）。此外，因债权人就债权设定担保对于债务人利益所产生之影响，与债权之移转无异，所以"最高法院"1998 年度台上字第860 号民事判决："物权之效力优先于债权，固为一般民法之原则，但为质权标的物之债权，其债务人于受质权设定之通知时，对于出质人有债权，如其债权之清偿期，先于为质权标的物之债权，或同时届至者，债务人得对质权人主张抵销，此观'民法'第九百零二条、第二百九十九条第二项规定即明。而'民法'第二百九十九条第二项仅规定债务人受债权让与之通知时，对于让与人有债权，且其清偿期，先于所让与之债权，或同时届至者，即得对受让人主张抵销。""最高法院"1995 年度台上字第 35 号民事判决："债务人于受质权设定之通知者，其对出质人之债权依然存在，不因受质权设定之通知而受影响。实际上债之关系之主体并未变更。且债权质权之设定，乃出质人与质权人间所成立之法律关系，毋庸得出质人之债务人之同意，亦非出质人之债务人所得阻止，自不应使出质人之债务人蒙受不利而影响其抵销权。况依法得为抵销之债务人，一经向其债权人为抵销之意思表示，即发生消灭债务之效果，毋庸为现实给付之行为，自不生提存问题。故出质人之债务人向出质人为抵销时，无须得质权人之同意，亦无须为提存之行为。'民法'第九百零七条规定于此当无准用之余地。"

②　"最高法院"1963 年度台上字第 1085 号民事判例："债权让与，债务人于受通知时所得对抗让与人之事由，皆得以之对抗受让人，'民法'第二百九十九条第一项定有明文。所谓得对抗之事由，不以狭义之抗辩权为限，而应广泛包括，凡足以阻止或排斥债权之成立、存续或行使之事由在内，盖债权之让与，在债务人既不得拒绝，自不宜因债权让与之结果，而使债务人陷于不利之地位。"

盖该条第 2 项所定者限于：在受债权移转之通知时，尚未达于抵销适状之债权。[①] 在受通知时已满足"二人互负债务，而其给付种类相同，并均届清偿期"[②]之要件，亦即已达于抵销适状者，依"民法"第 334 条本来即各得以其债务，与他方之债务，互为抵销。不受"民法"第 299 条第 2 项关于主动债权之清偿期，应先于所让与之债权（被动债权）或同时届至之限制。[③] 此外，在受通知时，已系属于法院之案件之判决的既判力对于受让人亦有效力。[④]

"民法"第 902 条规定："权利质权之设定，除依本节规定外，并应依关于其权利让与之规定为之。"依该规定，债务人固得以其受质权设定之通知时，对于出质人享有之抗辩权及抵销权对抗质权人。但"为质权标的物之债权，其债务人于受质权设定之通知后，对出质人取得债权者，不得以该债权与为质权标的物之债权主张抵销"（"民法"第 907 条之一）。依上述规定之意旨，等于将债权之出质等同于债权之移转。是故，在受出质之通知后，债务人对于质权人取得抗辩权及抵销权者，依"民法"第 902 条准用第 299 条第 2 项，得以该抗辩权及抵销权对抗出质

---

① "最高法院"1981 年度台上字第 2340 号民事判决："债务人不应因债权之让与而立于更不利之地位，故债务人于受债权让与之通知时，如对于让与人有债权，纵其清偿期于受通知后始届至，苟其债权之清偿期先于所让与之债权，或同时届至者，债务人仍非不得主张抵销。"

② "司法院"1984 年 10 月 2 日厅民一字第 746 号函复台高院民事法律问题研究汇编（第四辑）第 78 页："抵销依'民法'第三百三十四条之规定须双方互负债务，给付种类相同，并均届清偿期，始得各以其债务与他方之债务互相抵销，换言之必须二债务之主体相同，始得为之，故对妻之债务不得以对夫之债权主张抵销。虽依法定财产制之规定：联合财产除妻之特有财产外，为夫所有，唯该项规定系规范夫妻财产归属的问题，与债权债务关系系仅存在于债权人债务人间，有所不同。"

③ 关于德国民法相同见解，请参见 Karl Larenz, Lehrbuch des Schuld-rechts, Band I Allgemeiner Teil, 11. Aufl., München 1976, S. 461f.. 其实"民法"第 299 条第 2 项之规范意旨应不在于限制，债务人在受让与通知时，本来已得主张之抵销权，而在于保障其在具体情况下将来可取得之抵销权的正当期待。

④ 就债权让与前，系属于法院之案件的既判力，"民法"并无规定。德国民法第 407 条第 2 项下述规定足供参考："如果在债权让与后，对债务人与原债权人间发生系属之争讼案件，作出一个关于该债权之确定判决，则除非债务人在该案件系属时，已知该让与事实，否则，新债权人应为该判决之效力所及。"Karl Larenz, Lehrbuch des Schuldrechts, Band I Allgemeiner Teil, 11. Aufl., München 1976, S. 460f.

人。① 因此,后来质权人如因出质人对其自动清偿债务,而未实行质权,并将权利质权涂销时,债务人于受质权消灭之通知时,自得以其对于质权人取得之抗辩权及抵销权对抗出质人。特别是在质权存续中,债务人如对于质权人取得达于抵销适状之债权,从而得为抵销时,具有透过抵销确保其债权的意义。

如果债务人因未受通知,而不知其所负之债务的债权人,已将该债权移转于第三人,以致还是对于原债权人为清偿该债权之给付,则其清偿无须新债权人(受让人)之承认,即可对其生清偿效力("民法"第 310 条第 1 款)。因为该清偿效力以未受通知为要件,而非以不知情为要件,②所以受让人并不得以事实上债务人已从第三人知悉债权移转之事实,否认该清偿效力。在这种情形,受让人只能依不当得利的规定对于原债权人请求返还其受领之给付。

受让人虽有将债权让与之事实通知债务人,而债务人因怀疑该通知之真实性,仍然对原债权人清偿债务者,其清偿属于自负风险的行为。另宣称为受让人者所通知之让与事实如果不真实,而债务人不疑有他对其为清偿时,其清偿一样是自负风险的行为。由此可见,债权之让与可能对于债务人带来相当风险。是故,在债权之让与,应对于债务人之查证的要求给予适当的谅解与保护。

7. 债权让与之效力

当债权让与契约有效缔结时,除生该债权即自原债权人移转于受让人的效

---

①　"最高法院"1997 年度台上字第 1473 号民事判例:"债务人于受债权让与通知时,对于让与人有债权者,如其债权之清偿期,先于所让与之债权,或同时届至者,债务人得对于受让人主张抵销,'民法'第二百九十九条第二项定有明文。此项规定,依同法第九百零二条规定,对于权利质权之设定,仍有其准用。是为质权标的物之债权,其债务人于受质权设定之通知时,对于出质人有债权,如其债权之清偿期,先于为质权标的之物之债权,或同时届至者,债务人自得于同额内主张抵销。"

②　通知所要达到之目的,系使受通知者获得一定之信息。所以,是否应与一般之非对话的意思表示不同,认为单纯的到达尚不足以产生使债务人知悉该债权让与事实的结果,而必须债务人确实因通知而知悉。这固言之成理,唯如采此见解,将使债权让与之通知的效力陷于极度不安定的状况。这有害法的安定性。可能因为德国民法第 407 条第 1 项规定,以债务人知悉债权让与之事实,作为债务人在该债权让与后对于原债权人所为之清偿或其他与该债权有关之行为,是否可对抗受让人的要件。所以 Larenz 教授认为,"单纯只是让与通知之到达于债务人是不够的;他必须由该通知,知悉让与之事实。自通知知悉让与者,如是债务人之代理人,且该代理人被授权,对于债权人为清偿,则其知悉与债务人之知悉相同"(Karl Larenz, Lehrbuch des Schuldrechts, Band I Allgemeiner Teil, 11. Aufl. , München 1976, S. 460)。

力外,让与债权时该债权之担保及其他从属之权利,①亦随同移转于受让人。但与让与人有不可分离之关系者,不在此限。含未支付之利息,亦推定其随同原本移转于受让人("民法"第 295 条)。此即从权利随同主权利移转的原则。

所让与者如为双务契约的债权,其给付债权与对待给付债权间之对价性的连结关系并不受到影响。② 是故,如债务人不负先为给付之义务,则于债权人"未为对待给付前"("民法"第 264 条:同时履行抗辩),或虽负先为给付之义务,而债权人(让与人)之财产,于订约后显形减少,有难为对待给付之虞,则于债权人"未为对待给付或提出担保前"(第 265 条:不安抗辩),债务人得对于受让人拒绝自己之给付。在买卖契约,出卖人让与价金债权,而在先为给付后,"买受人有正当理由,恐第三人主张权利,致失其因买卖契约所得权利之全部或一部者",出卖人如不提出相当担保,买受人依然得拒绝支付价金之全部或一部("民法"第 368 条)。该抗辩权同样得对抗该价金债权之受让人。

---

① 在因买卖不破租赁而发生之租赁关系的移转情形,押租金构成之担保的随同移转,显得比较复杂。如将押租金认定为现金担保,则与动产质权一样,非将押租金交付租赁物之受让人不能使其取得押租金构成之担保。于是,"民法"第 295 条第 1 项关于担保随同主债权之移转而移转的意义,首先便仅仅限于受让人得请求租赁物让与人交付该押租金。其次,必须待于押租金交付后,受让人才能真正取得该随同移转的押租金担保。从而在交付于受让人前,引起其租赁债权之担保的空窗期。何况,这时还会冒出承租人与受让人争向原出租人请求交付押租金时,原出租人是否得任意向承租人或受让人交付该押租金的疑义。反之,在租赁物移转时,如将押租金担保自现金担保,转化为权利质权担保,以承租人对原出租人之押租金之返还请求权为质权标的,则该押租金担保可以无空窗期的在租赁物移转时,由受让人取得。此外,"民法"第 907 条固然规定:"为质权标的之物之债权,其债务人受质权设定之通知者,如向出质人或质权人一方为清偿时,应得他方之同意,他方不同意时,债务人应提存其为清偿之给付物。"然因让与人就是质权标的之债务人,所以无须通知,不但无受让人(质权人)之同意,让与人不可将押租金交付承租人(出质人);而且依受让人法定受让之租赁契约中可拘束承租人(出质人)之押租金约款,受让人亦得请求让与人(原出租人)交付押租金,依押租金担保之设定本旨,让与人因该请求,将押租金交付受让人,亦无须承租人(出质人)的同意。"最高法院"1960 年度台上字第 307 号民事判例认为:"(2)因担保承租人之债务而授受之押金,未经交付于租赁物之受让人者,受让人既未受有押金权利之移转,则承租人即得径向原出租人为返还押金之请求,无待租赁契约终止而可知。"该判例意旨显然没有顾虑到受让人之担保需要。如该见解成立,受让人必须待承租人自原出租人取得押租金后,始能再依押租金约款,向承租人请求交付押租金,以担保其租赁债权。关于受让人利益之保护,这与"民法"第 425 条关于买卖不破租赁之强行规定,不相匹配。盖既以买卖不破租赁对受让人强制于先,就应对受让人对于承租人之租赁债权保障于后,始符在双务契约之立法上,应有之利益权衡的需求。

② Staudinger/Busche, Kommentar zum BGB, 13. Aufl., Berlin 1999, Einl. zu §§ 398 Rn. 43.

在债权之法定移转中，其规定通常都还有，其移转"不得有害于债权人之利益"的但书（"民法"第 312 条）。债权人的债权已因第三人清偿而获得满足时，第三清偿人行使其法定受让的债权，为何还可能有害于债权人？其理由为：第三人可能只为部分清偿。唯这只表示，在第三人清偿之债务关系的范围内，第三人受移转之债权的受偿权，如与债权人之未尽受偿的债权发生冲突时，其受偿顺位后于债权人。但不表示第三人清偿法定受让之债权之受偿顺位亦当然后于债权人基于其他债务关系对于债务人享有的债权。其间之受偿顺位应依一般规定或原则定之：首先是有担保之债权优于无担保之债权。有担保之债权间融资性（意定）担保（例如抵押权、质权）依其生效之先后，生效在先者，优于在后者；费用性（法定）担保（例如留置权）依其发生之先后，发生在后者，优于发生在先者。无担保之债权间适用债权人平等主义：按比例平均受偿。

此外，为使受让人能顺利对于债务人行使权利，"让与人并应将证明债权之文件，交付受让人，并应告以关于主张该债权所必要之一切情形"（第 296 条）。这是债权让与契约的附随义务。

8.债权之善意取得

一件有效之债权让与，必须有让与之债权存在，以及让与人对该债权有处分权，得将之以自己名义让与第三人。倘让与之债权根本不存在，则让与契约因欠缺标的而无效；倘让与之债权虽存在，但非让与人所有或让与人无处分权，则该让与契约是无权处分，待其债权人或处分权人之承认，始生效力（"民法"第 118 条第 1 项）。有疑问者为：无体之债权有无善意取得制度之类推适用的可能性？

按"民法"第 966 条第 2 项规定："本章关于占有之规定，于前项准占有准用之。""民法"第 801 条规定："动产之受让人占有动产，而受关于占有规定之保护者，纵让与人无移转所有权之权利，受让人仍取得其所有权。"依上述规定，只要债权经以文件有体化，可对其准占有，相当于动产所有权之移转的善意保护，应即得类推适用。是故，在债权之让与，其让与人如持有债务人出具用以证明债权之存在与归属的文件，受让人并基于该表见事实，善意信赖让与人得为该债权之让与，与其为该债权让与契约之缔结，则受让人可善意取得该债权。盖在这种情形，受让人之动态的交易利益应优先于有意识的出具不正确之债务凭证并交付他人之债务人的利益 。[①]

[①]　Fikentscher/ Heinemann, Schuldrecht, Berlin 2006, Rdn. 722ff. ; Staudinger / Busche, Kommentar zum BGB, 13. Aufl. , Berlin 1999, Einl. zu § § 398 Rn. 26f..

（二）信托让与

关于信托的定义，"信托法"第 1 条规定："称信托者，谓委托人将财产权移转或为其他处分，使受托人依信托本旨，为受益人之利益或为特定之目的，管理或处分信托财产之关系。"①其中"为受益人之利益或为特定之目的"即是信托的经济目的。至其手段为"将财产权移转或为其他处分"，以使受托人能以自己之名义就信托财产为管理或处分。信托之经济目的主要可能为：管理目的、投资目的及担保目的。信托按其目的，可区分为管理信托、投资信托及担保信托。

债权之管理信托，指债权人为债权之管理，而将债权让与受托人。这通常为债权之托收（Inkassozession）。其目的在使受托人能够以自己之名义，为债权人之计算对债务人请求为清偿之给付。② 当为该目的，而将债权在名义上让与受托人，信托人依然是该债权之经济上的权利人，③受托人之个人债务的债权人不得以该债权作为执行标的，强制取偿。④ 利用信托的方法托收债权，一般是为了专业分工，图取方便；特别情形则是避免，相对于债务人陷入不好商量的难堪。⑤

在担保信托，因其系以移转担保标的之所有权或权利于债权人为担保方法，

---

① "最高法院"1999 年度台上字第 247 号民事判决："'信托法'于 1991 年 1 月 26 日公布前，'民法'虽无关于信托行为之规定，然因私法上法律行为而成立之法律关系，非以'民法'有明文规定者为限，苟法律行为之内容不违反强行规定或公序良俗，即应赋予法律上之效力。斯时实务上认为信托行为，系指委托人授与受托人超过经济目的之权利，而仅许可其于经济目的范围内行使权利之法律行为而言。""信托法"公布施行前后，关于信托行为的核心定义并无不同。

② 债权之管理信托，按其业务之内容，属于"银行法"第 3 条第 14 款所定代理收付款项之银行业务。该代理究竟指直接代理或间接代理，并不明朗。另"信托业法"第 16 条第 2 款规定，金钱债权之信托为信托业经营之业务项目之一。依同法第 17 条第 9 款第 3 目，债权之收取为其办理与信托业务有关事项之代理事务。该条称此为信托业经营之附属业务的项目。唯将之定性为附属业务岂不将金钱债权之信托的本业内容挖空？

③ Esser/Schmidt, Schuldrecht Band I, Allgemeiner Teil Teilband 2, 8. Aufl., Heidelberg, 2000, § 37 I 5 b).

④ "信托法"第 11 条规定："受托人破产时，信托财产不属于其破产财团。"第 13 条规定："属于信托财产之债权与不属于该信托财产之债务不得互相抵销。"第 24 条第 1 项规定："受托人应将信托财产与其自有财产及其他信托财产分别管理。信托财产为金钱者，得以分别记账方式为之。"上述规定彰显信托财产之为特别财产的性格。在此基础上，一定的程度可确保，信托财产不至于成为受托人个人债务之债权人的执行标的。

⑤ Karl Larenz, Lehrbuch des Schuldrechts, Band I Allgemeiner Teil, 11. Aufl., München 1976, § 34 V b).

所以通称为让与担保。作为让与担保之标的者，可能为物，亦可能为债权。① 以物为让与担保之标的，最常见者为以现金为履约保证金、押标金、押租金，②以及以动产为担保之让与担保。③ 与以动产为标的之让与担保，在效力或利益状态

----

① "最高法院"1983 年度台上字第 1553 号民事判决："出口商，将其签发之汇票让与押汇银行，而由押汇银行向开证银行取款，此种之出口押汇，系属押汇银行质押垫款之授信业务，并非权利买卖。出口商之让与汇票，既属仅为担保清偿垫款债务之履行所为之信托行为，押汇银行原有之垫款返还请求权，自不因受让汇票而消灭。"

② 以现金为担保之担保标的究竟为交付之现金或因该现金之交付而产生之同等金额的担保金返还请求权？按"寄托物为代替物时，如约定寄托物之所有权移转于受寄人，并由受寄人以种类、质量、数量相同之物返还者，为消费寄托"（"民法"第 602 条第 1 项前段）。而"寄托物为金钱时，推定其为消费寄托"（第 603 条）。所以，在金钱之授受，无论其交付之原因为何，如无特约保留，交付之金钱的所有权原则上即移转于受领人。交付者对该笔金钱享有之权利由物权转为债权（返还请求权）。因此现金担保越过转为让与担保，实质上成为权利质权。不过，自该金钱产生之利息原则上仍应归属于担保人（"民法"第 890 第 2 项）。为避免上述不利，在必须提供现金担保的情形，担保人常争取以相当于现金之定期存单替代现金作为担保标的：保留对于该笔金钱之所有权及利息的收取权。

③ 在物权法定主义下，因物权的种类及其内容应由制定法明文规定，所以总是引起疑问：物权法中既无不动产之让与担保的类型，让与担保之存在可能性何在？按物权法虽无关于让与担保的法定类型，但因动产之让与本为法律所容许，所以当事人利用让与担保物之所有权作为手段，担保受让人对让与人或对第三人所负之债务，并不发生物权法层次的法律障碍（关于德国法上之让与担保，请参考 Rolf Serick, Eigentumsvorbehalt und Sicherungsübertragung, Band II und III, Heidelberg, 1965）。有疑问的问题发生在债权层次：该担保物权的行使应受其担保之债权范围的限制，否则构成债务不履行。让与担保其实也可以理解为以该担保物之返还请求权为标的之担保。亦即是一种权利质权。其特色为：质权人与质权标的之债务人同一。该理解上的建构，于其担保之债权有移转时，有重要的说明意义。例如在租赁债权因买卖不破租赁而移转于租赁物之受让人时，如将其押租金的让与担保解释为以押租金返还请求权为担保标的之权利质权，将可使受让人无空窗期的受让该权利质权的担保。原出租人应将该押租金交付租赁物之受让人。出租人如将该押租金交付承租人，其交付对于受让人不生效力。

上最接近者为附条件买卖。[①] 信托之特征为：对于标的物，双方享有之经济利益皆非全部。但形式上却全部归属于受托人一方。于是，发生在内部关系上，应按其经济利益之实际归属处理的要求。所谓内部关系，含双方当事人及其债权人等相互间关系。是故，在信托关系之双方当事人有一方破产时，仅在应归属于破产人之经济利益的限度，将信托财产纳入破产财团。这与物之让与担保的情形并无两样。[②] 是故，在信托人破产时，受托人所得主张者是别除权；在受托人破产时，信托人所得主张者是取回权。唯信托人之取回权带有担保的负担。[③] 至于外部关系，则指因信赖或基于该信托关系之真正，而与受托人从事交易之第三人与受托人间之关系。在外部关系，因为受托人是信托财产之法律上的所有权人，所以受托人与第三人之契约关系纵使违反信托本旨，仍然有效。其所以有效，不是基于善意信赖之保护，因此，并不以第三人不知受托人违反信托契约为要件。不过，在这种情形，债权人可能以第三人故意以背于善良风俗之方法，加损害于其债权为理由，依"民法"第 184 条第 1 项后段对其请求损害赔偿。

在信托契约，信托人采取的法律手段虽超出其经济目的，但受托人仍应依信托意旨管理或处分信托财产。如果受托人违反信托目的而为信托财产之管理或

---

① "称附条件买卖者，谓买受人先占有动产之标的物，约定至支付一部，或全部价金，或完成特定条件时，始取得标的物所有权之交易"（"动产担保交易法"第 26 条）。其所附之停止条件通常为：买卖标的物的所有权不于交付买受人用益时，即移转于买受人，而以买受人给付全部价金为停止条件。该条件延后"民法"第 761 条规定之移转时点。盖依该条规定，动产物权之让与的合意，本来在将动产交付时，发生效力。在此意义下，附条件买卖构成的利益状态等于是：买受人在受交付而取得买卖标的物之所有权时，即刻又移转回出卖人作为价金的担保。这与让与担保无异。纵无"动产担保交易法"第 26 条，依契约自由原则，买卖双方其实亦可无障碍地为附条件买卖的约定。唯如无"动产担保交易法"第 28 条至第 30 条的具体规定补充附条件买卖契约的内容，在发生债务不履行时，将因具体规定的欠缺，而使双方的关系陷入不安定的状态。该等具体规定的内容主要为：出卖人取回标的物之要件、双方之再行出卖的权利或义务，以及再行出卖之找补义务。准用"动产担保交易法"第 20 条：取回之买卖标的物卖得价金，应先抵充费用，次充利息，再充原本，如有剩余，应返还买受人；如有不足，出卖人，得继续向买受人追偿。让与担保的担保效力，亦当如此。

② Staudinger / Busche, Kommentar zum BGB, 13. Aufl., Berlin 1999, Einl. zu §§ 398 Rn. 94ff..

③ Esser, Schuldrecht, 2. Aufl., Karlsruhe 1960，§ 92 1.

处分,其管理或处分行为对于第三人虽然不因之无效,[①]唯对于信托人却已构成违约,不但应负债务不履行的责任,而且也可能构成侵权行为。[②]　在这种情形,如信托人对于受托人主张其侵权行为责任,应依请求权规范竞合说,论断其相关之问题。例如关于注意程度及过失有无之举证责任。此为肯认契约责任与侵权责任可以竞合时必然发生的问题。

　　上述关于信托契约之一般见解亦可适用到以债权为标的之让与担保。基于债权之让与的无因性,债权之让与担保的类型特征并不表现在债权之让与上,而表现在其原因关系:信托关系。[③]　首先引起注意的是:既可以债权为标的设定权利质权,为何还有债权之让与担保的交易需要? 除了在债务不履行时,债权之让与担保比权利质权容易实行外,在以债权为标的设定权利质权时,为确保担保权人之担保利益无可避免地必须将设质的事实通知债务人,而在债权之让与担保的情形,担保权人纵不对债务人为让与之通知,并无碍于该债权之取得。至于因不为通知,而致债务人可能以让与后对于让与人取得之抗辩权或抵销权对抗受让人的问题,本在其对于让与人之融资的风险评估中。是故,受托人愿意配合让与人之愿望,在受让之债权届清偿期之前,不对其债务人通知该债权之让与担保事实。所谓债权之让与担保比权利质权容易实行,指担保权人得直接以债权人的地位自债务人受领清偿给付。所受领者为金钱时,得即为抵销;为物时,即转

---

　　①　其所以有效,不是基于第三人对于信托关系之真正的信赖,而是基于受托人是信托财产之法律上的所有权人。是故,即使第三人明知受托人处分信托财产之行为逾越权限,该处分行为依然有效。相同见解,Staudinger/Busche, Kommentar zum BGB, 13. Aufl. , Berlin 1999, Einl. zu §§ 398 Rn. 91;Soergel-Zeiss, Kohlhammer-Kommentar zur BGB, 11. Aufl. , Stuttgart 1986, § 398 Rn. 17;不同的看法,Larenz/Wolf, Allgemeiner Teil des Bürgerlichen Rechts, 9. Aufl. , Beck München 2004, § 46 Rn. 67:"受托人违反其应代表信托人之利益的义务,且这为其相对人所知者,该法律行为因滥用受托人之地位,而正像滥用代理权一样,无效。"

　　②　"最高法院"1984 年度台上字第 2699 号民事判决:"受托人违反信托之内部约定,而处分受托财产,仅对信托人负契约责任而发生债务不履行问题,尚无侵权行为责任可言。"这是契约责任排除侵权责任之早期学说的观点。

　　③　Staudinger/Busche, Kommentar zum BGB, 13. Aufl. , Berlin 1999, Einl. zu §§ 398 Rn. 50. 为担保目的而移转债权者,除非该债权之信托让与附以解除条件,不因其担保之债务已清偿,而因目的已达,自动转回原债权人(Karl Larenz, Lehrbuch des Schuldrechts, Band I Allgemeiner Teil, 11. Aufl. , München 1976, S. 466)。唯为保护债务人,在信托让与之债权因解除条件成就而复归于信托人(让与人)所有时,受托人或信托人应将因解除条件成就,该债权又转回原债权人之事实通知债务人。否则,该债权之转回对于债务人不生效力("民法"第 297 条第 1 项)。此外,"民法"第 298 条及第 299 条关于债务人之保护的规定,亦有适用。请参见 Esser, Schuldrecht, 2. Aufl. , Karlsruhe 1960, § 92 1 b)。

为物之让与担保。必要时,一样得以所有权人的地位将之以公正价格变卖取偿,而无须循质物或抵押物之变卖程序的规定。不过,变卖之价格是否公正? 在具体案件极易引起争议。其纠纷的防止之道,除可透过特约外,也需要适当之公开市场的建立。至于卖得价格如果偿债(含费用、利息、损害赔偿及原本)有余,自当返还担保人。另除非双方约定,该让与担保以所担保之债权受清偿为解除条件,否则,让与担保所担保之债权经清偿时,受让人尚应将所受让之债权移转回让与人。①

(三)债务之承担

1. 债务承担的概念及种类

债务承担指第三人(承担人)②与债权人或债务人约定,承担债务人对于债权人所负之债务,对于债权人直接负清偿之义务。仅对于债务人允诺代为清偿债务,③或仅就其给付或履行方法有所约定,④而无使自己直接对于债权人负清偿义务之意思者,尚不构成债务承担。签发支票供买受人清偿其对于出卖人所负之货款债务者,是否具有承担该货款债务之意思?"最高法院"在1959年度台上字第482号民事判例采肯定的见解。在为债务承担之约定时,所要承担之债务是否必须已存在?"最高法院"1982年度台上字第5087号民事判决采肯定的见解:"债务承担契约,系以移转债务于第三人为目的之契约,故先以有债务之存在为前提。"

---

① Karl Larenz, Lehrbuch des Schuldrechts, Band I Allgemeiner Teil, 11. Aufl., München 1976, S. 464ff..

② "最高法院"2003年度台上字第1348号民事判决:"公司之变更组织,只是改变其组织形态,并非另行设立新公司,其法人人格之存续,不受影响('司法院'1981年3月13日大法官会议释字第167号解释参照),原属变更组织前公司之权利或义务,当然应由变更组织后之公司继续享有或负担。此与民法之债务承担,系由第三人承受债务人之债务或加入债之关系而为债务人之情形,并不相同。故'公司法'第一百零七条第二项所谓变更组织后之公司,应承担变更组织前公司之债务,与民法债务承担之情形并不相同,'民法'第三百零四条第二项关于债务承担后担保权利消灭之规定,于公司变更组织并不适用。"

③ "最高法院"1988年度台上字第725号民事判决:"按'民法'第三百条所规定之债务承担,系以移转债务为其内容之契约。第三人与债权人间,一经有此项契约之成立,其债务即移转于第三人,该第三人乃因而加入既存的债务关系之内成为债务人。若仅约定为债务人履行债务,而自己仍立于既存的债务关系之外,并未成为债务人者,尚不能指为债务承担。"

④ "最高法院"1980年度台上字第1597号民事判决:"债务之承担,乃第三人与债权人或债务人所为以移转债务为标的之契约,如债务人之债务并无移转,而仅就其给付或履行方法有所约定,尚不得谓为债务之承担。"

因为债务承担契约由承担人与债务人缔结者,非经债权人承认,对于债权人,不生效力,所以,在债务承担无须预设债务之可承担性的要件。此与对债权之移转的规范,有预设债权之让与性问题的规范需要不同。唯在债务承担,有承担人是否得承担债务的疑问。例如不得为保证之公司,得否承担他人之债务?对此,"最高法院"采肯定的见解,认为,债务之承担与保证不同,公司即使不得为保证,还是得为债务承担。①

债务承担契约虽然规定于债编,但核其性质,属于准物权契约,具有无因性。但这不表示债务承担人没有所以缔结该债务承担契约之原因。只是债务承担契约之原因行为的无效或瑕疵不导致该承担契约随之无效。② 特别是"承担人因其承担债权之法律关系所得对抗债务人之事由,不得以之对抗债权人"("民法"第303条第2项)。③

于承担后,原债务人对于债权人是否还负原债务为标准,可将之区分为免责的债务承担与并存的债务承担。"前者于契约生效后原债务人脱离债务关系,后者为第三人加入债务关系与原债务人并负同一之债务,而原债务人并未脱离债务关系。"("最高法院"1960年度台上字第2090号民事判例)在具体的债务承担契约中,双方所约定者,究为免责的债务承担或并存的债务承担? 这是契约之解释的问题。④ 虽然"民法"第300条以下采免责的债务承担为原则,并存的债务承担为例外,但在其解释上应考虑具体情状。特别是该债务承担如事实上系由

---

① "最高法院"1984年度台上字第4672号民事判决:"'公司法'第十六条第一项限制公司不得为任何保证人,但并无禁止公司承担他人债务之规定。按债务承担与保证,本质上完全不同。承担人所以承担债务,通常乃因与债务人间有某种原因关系存在,譬如为清偿自己对于债务人所负之债务,未必对于公司之财务及公益有不利之影响。"

② "最高法院"1980年度台上字第889号民事判决:"债务承担契约,属于准物权契约,其原因关系是否有效存在,与已成立之承担契约无涉,即使原因关系因无效或撤销而不存在,承担契约亦不因而随同归于无效。"请参考 Esser, Schuldrecht, 2. Aufl., Karls-ruhe 1960, § 93 3.

③ "最高法院"1980年度台上字第3615号民事判决:"第三人与债务人订立契约承担其债务者,一经债权人承认,对于债权人即生效力,承担人因其承担债务之法律关系所得对抗债务人之事由,不得以之对抗债权人。"

④ "最高法院"2006年度台上字第2214号民事判决:"按解释意思表示,应探求当事人之真意,不得拘泥于所用之词句,'民法'第九十八条定有明文。第三人与债权人订立契约,其所用词句虽表明承诺负担债务人之债务,但同时并未表明债务人因此免除责任者,如其真意系由该第三人加入为债务人,而与原债务人就同一债务各负全部给付责任时(学说上所谓并存之债务承担),即不能适用同法第三百条认该债务已移转于该第三人,而谓原债务人即脱离原债务关系。"

债务人主导,且承担人系债务人之关系企业者,应解释为并存的债务承担。①

基于契约自由原则,在债务承担契约,当事人固得自由约定,债务人在债务承担后,继续负原债务而构成并存的债务承担,或脱离债务关系,不负原债务,而构成免责的债务承担。但所约定者,如为免责的债务承担,不论其直接由债权人与承担人缔结,或先由债务人与承担人缔结,而后才由债权人承认,在具有免除原债务人之债务的意义下,该契约之缔结或承认,均具有处分的效力。必须对于系争债权有处分权者始得为之。② 债权之处分权原则上固属于债权人,③唯在继承的情形,可能属于遗产管理人;在债权人破产的情形,可能属于破产管理人。

由于债务人并无处分债权,免除自己之债务的处分权,所以,债务人与承担人缔结之债务承担契约中,其属于免责之债务承担者,对于债权人具有无权处分之性质。是故,"民法"第301条重申"民法"第118条第1项的意旨规定:"第三人与债务人订立契约承担其债务者,非经债权人承认,对于债权人不生效力。"亦即对于债权人,在其承认前效力未定。④ 其所以效力未定的理由为:改变债务人

---

① "最高法院"1996年度台上字第1168号民事判决:"按第三人与债权人订立契约承担债务人之债务者,其债务固于契约成立时移转于该第三人。唯第三人与债权人订立契约,如系由第三人加入为债务人,而与原债务人就同一债务各负全部责任者,虽然学说上称为重叠的债务承担,究与'民法'第三百条所规定之免责的债务承担不同,原债务人就其债务仍与该第三人连带负其责任。本件上诉人自始陈称:两造订约时,合约书虽由台盟兴业公司签名,然嗣后有关统一高尔夫俱乐部对于创始会员之各项通知函件、缴款通知、收款账户等事项,均用台盟开发公司之名义,显见台盟开发公司已加入契约,而伊亦系向该公司缴款,显见伊对该公司加入契约亦表同意,故被上诉人应负连带责任等语……且上诉人主张两造间之预约系与台盟开发公司签订,后始与台盟兴业公司订立本约等语。倘非虚构,则台盟兴业公司与上诉人订立契约,是否系加入为债务人,而与台盟开发公司就同一球场负兴建之责,两公司应连带负其责任,即非无斟酌之余地。"在本案之债务关系的发展上,台盟开发公司负责收款,而后台盟兴业公司参与签订本约。最后台盟兴业公司主张其加入是免责的债务承担,使收款之台盟开发公司脱离债务关系是否有理? 衡诸上情,"最高法院"将原判决废弃,发回高院,值得赞同。

② Esser, Schuldrecht, 2. Aufl., Karlsruhe 1960, §93 2.

③ "最高法院"1963年度台上字第925号民事判例:"债务承担契约系以第三人与债权人为当事人,只需第三人与债权人互相表示意思一致,其契约即为成立,不必得债务人之同意,故债务人纵对本件债务承担契约不同意,亦不影响该契约之成立。"其不影响者,不仅是债务承担契约的成立,而且也不影响其效力。

④ "最高法院"1978年度台上字第3008号民事判例:"一般民间合会,系会首与会员间之债权、债务契约。会员除向会首领取得标金外,在得标前须按期缴纳活会会款,得标后须按期缴纳死会会款。会员将其会份让与第三人,如为活会转让,则系债权、债务之移转,并非单纯之债权让与。如系死会转让,则纯系债务之承担。故无论为活会、死会之转让,均非得会首之同意,不生效力。"

足以影响债权人的利益,依契约自由原则应让债权人有参与决定的机会。债权人事前既未参与决定,事后自应由其以承认的方式参与,以资补正。债权人之承认得以明示或默示的方式为之。例如债权人于受债务承担之通知后,径向承担人请求清偿者,应认为已有同意该债务承担之默示的表示。①

"民法"第302条第1项进一步规定:"前条债务人或承担人,得定相当期限,催告债权人于该期限内确答是否承认,如逾期不为确答者,视为拒绝承认。"以避免债务人与承担人缔结之免责债务承担契约的效力,经久悬而不决。该规定为"民法"第118条所无。其理由为:因为在第118条所定单纯之无权处分,对于受让人而言,系纯获法律上利益的行为,所以对其效力之尽早确定,受让人无应受保护之正当利益。反之,在债务承担,债务人及承担人皆有使之尽早确定的正当利益。是故,"民法"第三百零二条第二项规定:"债权人拒绝承认时,债务人或承担人得撤销其承担之契约。"依该项规定,所撤销者为该免责的债务承担契约,而非该承担契约之原因关系。② 依该原因关系,承担人对于债务人可能继续负代向债权人履行的义务。亦即该承担契约可能以对于债权人无外部效力之形态存在下来。

就他人之财产或营业,概括承受其资产及负债者,因对于债权人为承受之通知或公告,生承担债务之效力("民法"第305条第1项)。该债务承担虽有定性为并存之承担债务的看法,唯因同条第2项规定:"前项情形,债务人关于到期之债权,自通知或公告时起,未到期之债权,自到期时起,二年以内,与承担人连带负其责任。"显示其承担之性质属于免责的债务承担。在承担后,原债务人退居相当于定有期限之连带保证人的地位。因为在该项所定2年期限内,原债务人尚负连带履行责任,所以该债务承担契约虽由债务人及承担人缔结,仍不待于债权人之承认即已发生效力。

在"民法"第305条第1项所规定之情形,有既概括承受他人之资产,是否应相随概括承受其负债的问题。盖一个人之资产即为其所负债务之总担保,资产

---

① 最高法院1929年上字第61号民事判例:"第三人与债务人约明承任其债务者,于通知债权人经其同意时,其债务移转于该第三人,而债权人于受通知后径向该第三人请求清偿者,即应认为已有同意。"相同见解,另见"最高法院"1997年度台上字第710号民事判决:"债权人于受通知后径向承担人请求清偿者,即应认为已为承认。"

② "最高法院"1979年度台上字第1346号民事判例:"第三人与债务人订立债务承担契约,如未经债权人承认,仅对债权人不生效力而已,非谓订约之当事人不受其拘束,债务人或承担人如欲撤销此项承担契约,必须践行'民法'第302条第1项所定定期催告债权人承认之程序,待债权人拒绝承认后,始得撤销其承担契约。"

经概括承受后,是否还有资力清偿债务,引起疑问。① 该项规定显然采不致影响原债务人之偿债能力的看法。是故,概括承受他人财产或负债者,依该项规定并不当然承担构成该负债的债务,而尚待于概括承受者对于债权人为承受之通知或公告,始生承担债务之效力。② 在该承受之通知或公告前,该承受者只对于债务人负代为清偿的义务。这是一种履行承担。至于因概括承受财产而受债权之移转者,与债权之一般的移转一样,非经让与人或受让人通知债务人,对于债务人不生效力("民法"第 297 条)。③

"营业与他营业合并,而互相承受其资产及负债者,与前条之概括承受同。其合并之新营业,对于各营业之债务,负其责任。"("民法"第 306 条)该条规定将营业之合并与就他人财产或营业概括承受其资产及负债的情形同等对待。如果营业之合并的结果,不消灭营业被吸收者之主体资格(权利能力),则"民法"第 305 条及第 306 条所规定之法律事实虽然类似但仍有些差异。在前者,其债务承担系于承担者之自愿,仍属意定的债务承担,而非法定的债务承担;反之,在后者,其债务承担由于事出理所当然,而有接近于法定承担的意味。唯若随该营业合并,并同消灭营业被吸收者之主体资格,则其债权人之利益如因该营业合并而

---

① 财产与负债由他人概括承受的结果,是否会影响被承受者之偿债能力,系于承受的对价。盖承受者如果不因承受负债,而对于债权人负承担债务的义务,则该债务之清偿必须寄望于该承受的对价。鉴于该对价基本上当以承受之财产与负债的差价为基础计价,该对价显然不足以确保该负债之清偿。因此,债权人之债权的确保,必要时可能还必须借助于"民法"第 242 条所定之代位权:以自己名义,行使让与人对于承受者之权利,请求承受者对于债权人清偿其承受之负债的债务。不过,只要承受者未对于债权人为承受之通知或公告,承受人依然不是该债务之承担人("民法"第 305 条第 1 项)。

② 最高法院 1934 年上字第 2136 号民事判例:"国家接收民营事业概括承受其资产及负债者,固立于私人之地位同受私法之适用,唯依'民法'第三百零五条规定,就他人之财产或营业概括承受其资产及负债者,因对于债权人为承受之通知或公告而生承担债务之效力,是承受人未对于债权人为概括承受资产及负债之通知或公告,则承担债务之效力尚未发生,债权人自不得以未发生承担效力之债务,向承受人为清偿之请求。"

③ "最高法院"1999 年度台上字第 1135 号民事判决:"'民法'第三百零五条固规定就他人之财产或营业,概括承受其资产及负债者,因对于债权人为承受之通知或公告,而生承担债务之效力。唯此仅就财产或营业承受时之债务承担为规定。若与此结合有债权移转时,应依'民法'第二百九十四条至第二百九十九条之规定,亦须经让与人或受让人通知债务人始生效力。而此之通知,不过为观念通知,为通知概括承受事实之行为,得任以言辞或文书为之,无须何等之方式。倘承受人对于债之相对人主张受让事实行使债权时,足使知有概括承受之事实,自应认为兼有通知之效力。"

受到损害，①得依诈害债权有关规定，声请法院撤销其合并行为，或对于使其遭受损害之行为人，依侵权行为的规定，请求赔偿。此为第三人侵害债权的问题。②

2. 债务承担不变更该债务之同一性

债务的承担契约不是因对于原债务人免除债务，而约定由承担人负担新债务。一个债务关系虽因债务承担而变更其债务人，但并不改变原来债务的同一性。反之，更改指为消灭旧债务，而负担新债务。所以，更改前后之债务并不同一。③ 更改之内容主要为债之给付标的④或债之主体。为改变债务人而为债之更改（Novation）者，在新债务人依契约负担新债务时，旧债务即消灭，不待于新债务之清偿。

因为债务承担虽改变债务人，但并不改变原来债务的同一性，所以在债务承担中，不论其为免责的债务承担或并存的债务承担，承担人皆继受原债务人对于

---

① 一个债权人所以因为营业合并而遭受损害的缘由，与一个清算人不依清算程序清偿债务，以致债权人之债权本来能受清偿，而未受清偿的情形类似。

② "公司法"第75条规定："因合并而消灭之公司，其权利义务，应由合并后存续或另立之公司承受。"公司与他公司合并固生债务承担的效力，但原债务人是否因此免负原债务？对此，无明文规定。可能认为，因为合并后，消灭公司已不存在，无权利能力可继续负担原债务，所以不可能因公司合并，而构成并存的承担债务。然因合并而损害于参与合并之公司之债权人的债权者，其债权人应得声请法院撤销之（"民法"第244条）或依侵权行为的规定请求赔偿。

③ "最高法院"1979年度台上字第3407号民事判例："按债之更改中关于债务人之更改，谓因变易债务人以消灭旧债务而发生新债务，与债务承担仅变更债务人，而债务仍属同一之情形迥异。"

④ "最高法院"1988年度台上字第778号民事判决："债之更改中关于债之标的更改，系指债权人与债务人约定，由债务人负担新债务，以消灭旧债务为目的之契约。"

债权人之抗辩权。① 唯不但这些抗辩事由,而且其对抗之债权,②皆必须在债务承担前即已存在。"债务人因其法律关系所得对抗债权人之事由,承担人亦得以之对抗债权人"(第 303 条第 1 项前段);"从属于债权之权利,不因债务之承担而妨碍其存在"(第 304 条第 1 项前段)。③ 唯因债信因人而异,所以"由第三人就债权所为之担保,除该第三人对于债务承担已为承认外,因债务之承担而消灭"("民法"第 304 条第 2 项)。这降低债务承担时,其前后债务之同一性。④ 不过,第 304 条第 2 项应仅适用于免责的债务承担。在并存的债务承担,因原债务人同负给付责任,并未脱离债务关系,不增加担保人之风险,所以第三人就债权为担保者,纵未对于并存的债务承担为承认之表示,其担保仍不因并存的债务承担而消灭。⑤ 唯"不得以属于债务人之债权为抵销"(第 303 条第 1 项但书),亦不

①　"最高法院"2006 年度台上字第 2032 号:"债务承担,有免责的债务承担及并存的债务承担之别,前者于契约生效后原债务人脱离债务关系,后者为第三人加入债务关系与原债务人并负同一之债务,而原债务人并未脱离债务关系。又'民法'第三百零三条第一项所称承担人得援用债务人之对抗事由,包括债之成立、存续或履行上之阻碍事由,无论为权利不发生(债之原因违法或无效)或权利消灭(业经清偿、免除或抛弃)或拒绝给付(同时履行或消灭时效)之抗辩事由均属之,且此项规定,于并存的债务承担之情形,自应类推适用之。"瑕疵担保的抗辩,亦同("最高法院"1959 年度台上字第 482 号民事判例)。

②　"最高法院"1990 年度台上字第 624 号民事判决:"'民法'第三百零三条第一项所定:'债务人因其法律关系所得对抗债权人之事由,承担人亦得以之对抗债权人',系指承担人得以订立承担契约以前之事由,对抗未发生新事由之债权人而言,非谓承担人得以承担债务前之事由,对抗承担债务后另行约定新事由之债权人,故上诉人承担之原债务虽无利息之约定,仍无解于其依新约支付利息之义务。"

③　"最高法院"1960 年度台上字第 1107 号民事判决:"已到期之利息系一独立之债,故'民法'第二百九十五条不将之列入该条第一项从权利之内,认其当然移转于受让人,而于第二项另作独立之规定。至于承担债务时关于未到期之利息是否亦随同移转,法律既未定有明文,自不能推定其必随同原本移转于承担人。"

④　Esser, Schuldrecht, 2. Aufl., Karlsruhe 1960, § 93 1 c).

⑤　"最高法院"2004 年度台上字第 364 号:"第三人就债权提供担保,恒系基于其与债务人间之信赖关系,倘债务由他人承担,原债务人脱离债之关系时,自不能强求该第三人对于承担人续负担保责任,此即'民法'第三百零四条第 2 项'由第三人就债权所为之担保,除该第三人对于债务承担已为承认外,因债务之承担而消灭'规定之所由设。故上开规定,于免责之债务承担固有其适用,唯于并存的债务承担,因承担人系加入为债务人,与原债务人同负给付责任,原债务人并未脱离债务关系,该第三人提供担保之基础并无变更,自无该项规定之适用。"该意旨早为"最高法院"1996 年度台上字第 1789 号民事判决所肯认:"按并存的债务承担,系由第三人加入既存的债之关系,与原债务人并负同一债务。债权人与原债务人仍维持原有债之关系,原保证人之保证责任不因而受影响;债权人对承担人之债权,则为独立之债权,其清偿方式可另为约定,不必与原债务相同。"

享有"与债务人有不可分离之关系"之从属于债权的权利。这特别指由第三人就债权所为之担保。

3. 第三人担保不是债务承担

第三人担保,指债务人以外之人,以人的信用为保证,或以物的价值担保债务之清偿而言。然担保他人债务与承担他人债务仍有不同。承担他人债务者,使自己成为该债务之债务人;反之,为担保者,并不使自己成为债务人,担保人对于债权人所负之义务尚属所担保之债务的从债务。① 保证债务虽非承担债务,对于所担保之债务原则上有从属性及候补性。② 但保证人在应负代为履行之责任时,就该债务之清偿,负人的无限责任。此与以物的价值,担保债务者(物的担保),仅负物的有限责任者,不同。其有限性表现在约定担保之债务额及担保物的价值上。并在二者当中,以低者为准。

就一件物设定担保物权,对于该担保物而言,是一种权利上的负担。不论该标的移转到哪里,都追及到哪里("民法"第 867 条)。是故,受让设定有担保物权之物者,自然成为该物所担保之债务的物上担保人。唯仍不当然成为该债务之承担人。必须在担保物之移转之外,另有承担该物所担保之债务的约定,才生受

---

① "最高法院"1970 年度台上字第 1878 号民事判决:"保证债务之履行,并非债务之承担,主债务人之本债务要不因另有保证人之故而失其存在。况合伙债务更不因有保证人之故,其合伙人即可免负'民法'第 681 条对于不足之额之连带偿还责任。"

② 最高法院 1933 年上字第 426 号民事判例:"债务之承担与保证债务不同,保证债务,为于他人不履行债务时代负履行责任之从债务,该他人仍为主债务人,故除有'民法'第 746 条所列各款情形之一者好,保证人于债权人未就主债务人之财产强制执行而无效果前,对于债权人得拒绝清偿。债务之承担,则系债务之移转,原债务人已由债之关系脱退,仅由承担人负担债务。故承担人纵令曾与原债务人约明将来清偿债务之资金,仍由原债务人交付承担人向债权人清偿,亦不得以之对抗债权人。"

让人承担该债务的效力。①

4. 履行承担与债务参加

债务人为清偿债务,而与第三人约定由第三人为其向债权人为清偿给付者,债务人与第三人所缔结之契约具有对第三人给付之特征,所以是"民法"第269条所定向第三人给付之契约。在该契约中,如双方并无由第三人承担债务之意思,而仅在内部与债务人约定,就债务人对于他人所负之特定债务,负履行义务,则该向第三人给付之履行承担契约,不会因此兼为债务承担契约,而仅是单纯的履行承担契约。依履行承担契约,第三人对于债务人固负有义务,为其履行特定债务。唯因履行承担契约并不具备利益第三人(债权人)的意思,该债务之债权人并不因此对于第三人取得任何权利,②所以尚非利益第三人契约。不过,第三

---

① "最高法院"1999 年度台上字第 444 号民事判决:"所谓最高限额抵押权,系指在抵押存续期间内,发生之债务,于最后决算时,在最高限额内有担保效力而言。此种抵押权所担保之债务,除订约时已发生者外,即将来发生之债务在约定限额之范围内,亦为抵押权效力所及。此与一般抵押权,为专就现存特定之债务为担保者,有所不同。如最高限额抵押之抵押物所有权,由原抵押人移转于现所有人,抵押权人与现所有人约定抵押权义务人及债务人变更为现所有人并办理登记,此后现所有人对抵押权人之债务,固依其间之约定,为该最高限额抵押所担保;至于其原来担保之原债务亦因之确定,依'民法'第八百六十七条规定,其抵押权担保法效并不因此而受影响,然抵押权所担保之原债务,并不当然随同移转于不动产之现所有人,应视现所有人是否承担原债务而定;倘现所有人未承担原债务,该债务仍由原债务人负担,抵押权人仅可就抵押物追及行使抵押权而已,难谓现所有人为该原债务之债务人。"关于抵押物之受让人承担抵押债务的问题,德国民法第 416 条规定:"土地之受让人透过与让与人之契约,承担让与人之一笔以对该土地之抵押权担保之债者,仅于让与人对其通知该承担时,其债权人始得为承认。债权人未事先对于让与人拒绝该承担者,自通知到达时起,经过六个月视为已为承认。不适用第四百十五条第二项第二句(第一项)。受让人登记为所有权人时,让与人始得为该通知。该通知应以书面为之,并包含债权人不于六个月内表示拒绝者,承担人将替代原债务人之声明(第二项)。让与人因受让人之请求,应对债权人为债务承担之通知。该承认之表示或其拒绝明确时,让与人应即通知受让人(第三项)。"在该条规定之情形下,该抵押权担保之债务的承担不影响债权人之担保利益。盖担保物之受让人承担担保之债务。至于该债务之承担是否不利于债权人,尚视担保物之价值是否低于所担保之债务,以及受让人之偿债能力如何而定。不过,即便债权人已对于让与人为德国民法第 416 条所定之拒绝,亦不排除抵押土地之受让人依第 414 条或第 415 条的规定承担该土地担保之债务的可能性(Esser, Schuldrecht, 2. Aufl., Karls-ruhe 1960, § 93 4)。受让人承担或不承担该土地担保之债务的意义是:承担者,得以债务人之地位为清偿;不承担者,仅能以就债之履行有利害关系之第三人的地位为清偿("民法"第 311 条第 2 项)。

② 德国民法第 329 条称此为第三人之履行承担(Erfüllungsübernah-me),并规定有疑义时,不应认为债权人因此取得权利,得直接向第三人请求给付。请参考 Esser, Schuldrecht, 2. Aufl., Karlsruhe 1960, § 94 1.

人如为履行,其清偿效力自然会影响到债权人与债务人的关系。因为相对于债权人,履行承担人依然是第三人,所以其在履行上的地位,应论为履行辅助人。同理,二人为债务契约(例如买卖契约)之缔结时,如约定由第三人向出卖人给付价金("民法"第 268 条),该第三人也不因此承担该价金债务。①

在与债务人所定,为债务人履行特定债务之契约,如果越过仅对于债务人,还对于债权人负履行该债务之义务,则该契约所约定者,已不是单纯之履行承担,而是债务参加(der Schuld-beitritt)。债务参加的结果使参加人及债务人对于该债务负连带清偿的义务。该效力即是并存之债务承担的效力内容。债务参加与债务保证不同。债务参加人在参加后是该债务之主债务人之一,而债务保证人,即便在连带保证的情形亦仅是该债务之从债务人。在具体的契约中,第三人与债务人所约定者究竟是履行承担或债务参加;第三人与债权人所约定者究竟是债务承担("民法"第 300 条)或债务保证("民法"第 739 条)? 这是契约解释的问题。②

5. 担保契约

为确保债权之实现,在债之当事人间除借助于违约金、履约保证金的约定外,还借助于第三人之保证与担保。保证之意义在于:债务人不履行债务时,由保证人代负履行责任("民法"第 739 条)。所以其第一层次的义务还在于履行原来之债务,而非损害赔偿。反之,担保契约(Garantievertrag)就给付既不为保证,也不参加为共同债务人,而只就其结果之不实现的风险负责。这是一种结果责任,不以债务人有过失为要件。担保契约可能是由政府机关或产业团体为一定之产业活动的促进而单方负义务之单务契约,也可能是由保险业者提供之避险的双务契约。③

6. 债务承担之效力

债务承担的结果改变其债务人。而每一个债务人的偿债能力与偿债意愿不同,在此意义下,即使一笔债务之给付不具属人性,其债务人的改变亦可能影响债权人的利益。因此,"第三人与债权人订立契约承担债务人之债者,其债务于契约成立时,移转于该第三人"("民法"第 300 条)。"第三人与债务人订立契

---

① "最高法院"1997 年度台上字第 2700 号民事判决:"债务承担,不论为免责的债务承担或约定之并存的债务承担(重叠的债务承担),均必以第三人与债权人互相表示意思一致,为成立该承担契约之前提。苟无该承担债务之合致意思表示,纵第三人基于其他原因(例:'民法'第二百六十八条所定之第三人负担契约),须对债权人为给付,仍非属于债务承担。"

② Esser, Schuldrecht, 2. Aufl., Karlsruhe 1960, § 94 2.

③ Esser, Schuldrecht, 2. Aufl., Karlsruhe 1960, § 94 3.

约承担其债务者,非经债权人承认,对于债权人不生效力。"(第 301 条)其理由为:一个契约足以影响一个人之利益者,其缔结应有该人之参与。唯这只适用于免责的债务承担。在并存的债务承担因不足以影响债权人的利益,所以其债务承担契约无须债权人承认即可生效。在免责的债务承担,当其生效,便改变其债务人;在并存的债务承担,当其生效,增加其债务人。并存债务承担的结果,就该债务,承担人与原债务人负连带清偿义务。

(四)契约承担

契约之继受也称为契约(当事人)地位之继受。其意义为:概括继受所继受之当事人方基于该契约之全部的权利义务。① 实务上称之为契约承担。② 在契约之继受,因为继受之标的除债权外,含债务在内。所以其债务之继受,如系免责的债务承担,则非经债权人承认,对于债权人,不生效力。③ 典型之契约地位的继受例如:(1)受让合伙之股份。④ (2)租赁标的物之受让人,依买卖不破租赁之规定,概括继受让与人在该租赁契约之出租人地位。

其中,让与股份者,类推适用"民法"第 690 条关于合伙人退伙的规定,对于其退伙前合伙所负之债务,仍应负责。至于股份之受让人,则依第 691 条第 2

---

① "最高法院"1994 年度台上字第 428 号民事判决:"债权之让与,乃债权人将其权利让与第三人之谓,与契约当事人,将契约上之权利义务,概括移转于第三人者不同。前者,受让人仅取得权利,不负担义务;而后者,受移转人则取得移转人契约上之权利及义务。"

② "最高法院"1984 年台上字第 1573 号民事判例:"当事人之一方将其因契约所生之权利义务,概括地让与第三人承受者,系属契约承担,与单纯的债权让与不同,非经他方之承认,对他方不生效力。"

③ "最高法院"2008 年度台上字第 1864 号民事判决:"按契约承担乃以承受契约当事人地位为标的之契约,亦即依法律行为所生之概括承受,而将由契约关系所发生之债权、债务及其他附随的权利义务关系一并移转,与债务承担者,承担人仅承担原债务人之债务,在性质上并不相同。……又契约承担,因当事人将其本于契约所生法律上之地位概括移转于承担人,故须由原契约当事人与承担人三方面同意为之。如由让与人与承担人成立契约承担契约,则须他方当事人之同意,始生效力。盖契约承担契约发生效力后,让与人即脱离原有契约关系,契约之法律上地位即由他方当事人及承担人继续维持,故须经他方当事人参与,或得其同意始发生效力。"

④ 最高法院 1932 年上字第 1679 号民事判例:"合伙人将自己之股份转让于他人时,虽已将自己应分担之损失交付受让人,并约明以前合伙所负之债务由受让人清偿,亦仅得请求受让人向债权人清偿,俾自己免其责任,对于债权人则依'民法'第三百零一条之规定,非经债权人承认不生效力。唯转让后合伙所负之债务,如受让人为他合伙人,或虽非他合伙人而其转让已得他合伙人全体之同意者,应由继承该合伙人地位之受让人负其责任。"

项,对于其加入前合伙所负之债务,与他合伙人负同一之责任。由此可见,因合伙股份之转让而发生之合伙债务的承担是并存的债务承担,所以,其移转并无须得合伙债务之债权人的承认。至于"民法"第683条前段所以规定:"合伙人非经他合伙人全体之同意,不得将自己之股份转让于第三人。"则系因为合伙关系在合伙人间之信赖的属人关系,而非因为股份之转让亦可能牵动合伙人间之合伙的债务关系。

在因买卖不破租赁而发生之租赁契约地位的继受情形,其继受范围首先仍以受让之租赁物的财产利益所及者为限,以保障承租人就租赁物依该租赁契约享有的用益利益。有疑问者为:该租赁契约中有押租金约款,且承租人已将押租金给付让与人者,当如何? 该押租金约款因属该租赁契约之约款的一部分,对于受让人亦有效,自不待言。剩下来的问题是:如何使受让人顺利取得该押租金,且无空窗期的获得该押租金的担保利益。首先是其若未取得押租金,不但不对承租人负返还押租金的义务,而且其押租金的保障不应因此受到影响。为达到此目的,在租赁物移转时,应即将该押租金担保转化为以承租人对原出租人之押租金返还请求权为标的之权利质权,并以承租人为出质人,以受让人为质权人。待让与人将押租金交付受让人时,该权利质权才又转化为以现金为标的之担保。基于该权利质权,让与人应将押租金交付受让人,而不得交付承租人。其直接交付承租人者,对于受让人不生效力("民法"第907条)。①

(五)债之继承

债之继承所涉的移转态样,视具体情形可能是契约之继受、债权之移转或债务之承担。例如在被继承人就遗产与他人有租赁关系者,其继承人不可能只继承其出租人的债权或债务,而是概括继承其出租人之契约地位。类似的情形是:

---

①　以上关于押租金担保与权利质权间之转化的规范建构如下:(1)在承租人将押租金交付原出租人时,承租人对于原出租人有押租金返还请求权。承租人论诸实际便是以该请求权担保其租赁债务。此即是一种权利质权,以承租人为出质人。只是在此阶段,因为质权人(原出租人)即是其质权标的债权的债务人,使之隐而不彰。(2)后来当原出租人将租赁物让与他人,而该他人依买卖不破租赁原则转成新出租人时,该权利质权应随同其所担保之主债权移转于受让人(新出租人)("民法"第295条第1项)。在此阶段,质权人为新出租人,出质人仍为承租人,而债务人即是原出租人。(3)后来,让与人如将押租金交付受让人,则因债务人(原出租人)对于质权人清偿作为质权标的之债务,而使该权利质权转为以给付之物为标的之质权。给付之物为动产者,转为典型的质权;为现金者,转为现金保,在此即回复为以押租金为担保标的。详请参考黄茂荣:《租赁契约之移转与押租金之随同移转》,载《债法各论》第一册,2006年9月增订版,第155页以下。

被继承人保证他人的债务。这时继承人所继受者亦将是被继承人在该保证契约的契约地位,亦即概括继受其保证债务。唯基于保证关系之属人性,保证人死亡时,该保证契约即刻终止。是故,继承人因继承,而概括继受保证者限于继承事故发生时已发生之主债务。① 被继承人如只是承担他人基于消费借贷契约所负之一笔债务,则其继承人亦只是因继承而承担该笔债务,不致概括承受该他人因该消费借贷契约所负之全部债务。同理,如果被继承人只是从他人买进其一笔债权,则其继承人因继承自亦只继受该笔债权。这些皆不致引发继承人概括继受被继承人与他人之契约地位的结果。

三、有第三关连之契约

契约原则上仅能规范该契约当事人间的法律关系,亦即建构其间之权利或义务,而特别是不能课第三人以义务。盖依私法自治原则,一个人仅就自己之私法自治事项有权限,自由形成其与他人间之法律关系。除非依法律或法律行为,受有授权,得例外以法律行为管理他人之事务,否则,不得介入他人之私法自治事务。所谓受有授权,一般指受有代理权,以授权人(本人)之名义从事负担行为或处分行为,或受有处分权,以自己名义,代权利人就该权利为处分行为(Verfügungsermächtigung)。唯原则上不得授权他人,以该他人之名义,为授权人从事负担行为,使授权人因该负担行为即直接对于相对人负担债务(Verpflichtigungsermächtigung)。② 其重要的例外:例如破产管理人、遗嘱执行

---

① 高等法院 1998 年度上字第 142 号民事判决:"保证债务,顾及债权人之权益,通常具有一定之属人性质,亦即债权人允许保证人为保证,通常对保证人个人之主观条件均有一定程度之重视。因此,保证人死亡后,已不得再为权利义务主体,保证人死亡前已发生之债务,在约定限度范围内,固应由其继承人承受,负连带偿还责任;唯保证人死亡后发生之债务,则不在其继承人继承之范围内。"

② 处分行为之授权所以容许的理由为:该处分为其权利人所自愿,且相对人取得其所欲,不致违反私法自治或影响交易安全。反之,在负担行为之授权,该债务之负担固为授权人(债务人)所自愿,但其相对人在这种情形不知究竟谁是债务人,而误以为,与其从事该负担行为者,就是其债务人。是故,为保护负担行为之相对人,原则上禁止负担行为之授权。请参考 Larenz/ Wolf, Allgemeiner Teil des Bürger-lichen Rechts, 9. Aufl., München, 2004, § 23 Rn. 117.

人①或遗产管理人依法律得以自己名义,从事负担行为,直接使其管理之特别财产(破产财团②、遗产③)负担义务或享有权利。唯仍应对外明确表明,该负担行为系为其管理之特别财产,而非为其私人财产而为,以在与相对人之外部关系上,正确归属法律关系。④ 此外,夫妻就日常家务,互为代理人("民法"第1003条第1项)。在此虽以代理称之,然事实上在这种情形,夫妻通常并不表明代理意旨,以配偶之名义,而是以自己之名义,从事其为日常家务所必需从事之法律行为。⑤ 只要一方所从事之法律行为系在日常家务范围内,其配偶虽未参与该法律行为,仍以契约当事人的地位,对于相对人共同负担债务或享有权利。在这种情形,看似与代理的情形相同,其实不然。在代理,按代理行为之名义人,决定代理关系之归属:本人即是当事人,代理人并非其契约当事人。纵使代理人未经授予代理权,亦然。只是在这种情形,应依无权代理或表见代理("民法"第169条至第171条)的制度,决定该无权代理行为的效力。如被授权人以自己之名义从事该负担行为,则该被授权人自己应以契约当事人的地位,自负债务。此为典

---

① 遗嘱执行人虽非为继承人所选任,但"遗嘱执行人有管理遗产,并为执行上必要行为之职务",且其"因前项职务所为之行为,视为继承人之代理"("民法"第1215条)。"继承人于遗嘱执行人执行职务中,不得处分与遗嘱有关之遗产,并不得妨碍其职务之执行。"(第1216条)。因此,遗嘱执行人所为之负担行为所生的权利或义务将直接归属于继承人。

② "破产法"第96条规定:"左列各款,为财团债务:一、破产管理人关于破产财团所为行为而生之债务。二、破产管理人为破产财团请求履行双务契约所生之债务,或因破产宣告后应履行双务契约而生之债务。……"

③ "民法"第1184条规定:"第一千一百七十八条所定之期限内,有继承人承认继承时,遗产管理人在继承人承认继承前所为之职务上行为,视为继承人之代理。"遗产管理人在继承人承认继承前所为之职务上行为,该条以拟制系以继承人为本人之代理行为的方法,将其效力归属于继承人。

④ Larenz/Wolf, Allgemeiner Teil des Bürgerlichen Rechts, 9. Aufl., Beck München 2004, § 23 Rn. 117.

⑤ 所谓日常家务的范围,视具体情况认定。有时按其行为之本身认定,例如"最高法院"1980年度台抗字第474号民事裁定:"依'民法'第一零零三条第一项规定,夫妻于日常家务,固互为代理人,但于民事诉讼事件,就夫之财产,为保全强制执行所为诉讼行为,尚难谓为日常家务,妻即非当然有代理其夫之权限。""最高法院"1981年度台上字第2477号民事判决:"公司人格与自然人之人格各别,被上诉人法定代理人洪木火之妻纵有前去投标,亦非对被上诉人公司日常家务之代理,无'民法'第一零零三条第一项规定适用之余地。"有时按其行为之目的认定,例如最高法院1947年上字第5356号民事判例:"妻处分其夫之不动产,通常固不属于'民法'第一零零三条第一项,所谓日常家务之范围,唯其夫应负担家庭生活费用而在沦陷期间侨居海外者,关于支付家庭生活之必要行为,不得谓非日常家务,如依其情形,妻非处分其夫之不动产不能维持家庭生活,而又不及待其夫之授权者,其处分不动产,自属关于支付家庭生活费用之必要行为,应解为包括于日常家务之内。"

型之间接代理。间接代理人因该间接代理行为取得之权利尚待于移转,始能归属于授权人("民法"第541条第2项)。

(一)向第三人给付契约

为自己对于第三人履行债务,或给付上的方便,例如对于第三人,为赠与给付、清偿债务或移转信托财产,在债权契约,当事人(要约人)可能约定以第三人为债务人之给付对象。此即向第三人给付契约。上述相关之赠与契约、债务关系或信托关系即是要约人(债权人)所以约定或指示债务人向第三人给付的基础关系。该基础关系为第三人受领该给付之法律上原因。要之,债务人如向第三人为给付,该给付之原因关系并不存在于债务人与第三人之间。在实务上常见之典型的利益第三人契约为:以第三人为受货人之运送契约,[①]以转账或支票为支付工具之委托付款契约,委托人与受益人不同之他益信托,要保人与受益人不同之人寿保险契约。[②]

在向第三人给付契约中,双方进一步约定,"第三人对于债务人,亦有直接请求给付之权"者,该契约即是利益第三人契约。从事该约定之法效意思即是:利益第三人之意思。有向第三人给付之约定的债权契约不一定含利益第三人之意思,或虽含利益第三人之意思,但该意思有时附以停止条件。亦即第三人必须提出一定之单据,这通常是证明第三人已履行其与要约人约定之债务或负担的单据。其典型为以信用状委托付款之契约。"信用状,谓银行受客户之委任,通知并授权指定受益人,在其履行约定条件后,得依照一定款式,开发一定金额以内

---

① 在运送契约,以第三人为受货人,与在请求运送人填发提单时,指示以第三人为提单上所载之受货人的意义不同。在前者,仅是在运送契约中为向第三人给付之约定;在后者,当托运人自己或委任运送人将提单交付给第三人时,该提单所载之请求给付托运物的债权已移转于受提单之交付的受货人。在这种情形,第三人以提单持有人的地位,已是托运物返还请求权之债权人。该债权地位甚至优先于托运人依运送契约对于运送人享有之托运物返还请求权。提单持有人之债权所以优先的理由为:提单债务与托运物返还请求权间之关系属于间接给付中之新债务与旧债务的关系。在间接给付的约定,债权人应先行使新债权,在行使新债权而无结果时,始得再依旧债权请求给付("民法"第320条、第712条第2项参照)。是故,"因清偿债务而对于债权人负担新债务者,当事人应先请求履行新债务,必须新债务不履行时,始得请求履行旧债务,此观于'民法'第三百二十条之法意而自明"("最高法院"1955年度台上字第1417号民事判决)。

② 其中他益信托之信托利益的取得尚属继受取得,因此分别按信托人系自然人("遗产及赠与税法"第5条之一)或营利事业("所得税法"第3条之二)而论为受益人受赠与或取得所得。反之,在人寿保险,受益人之取得保险给付,则被论为原始取得。因此,不课征所得税("所得税法"第4条第1项第7款)。

之汇票或其他凭证,由该行或其指定之代理银行负责承兑或付款之文书。"("银行法"第 16 条)在以信用状委托付款之契约,委托人是要约人,开状银行是债务人,第三人是该信用状上所载之受款人,亦即受益人。要约人所以愿意与债务人约定,以第三人为受益人,由债务人直接对于第三人(受益人)为给付,乃因要约人与第三人间有一个其所以为此约定之基础关系,为其对价。该基础关系如果事实上不存在或无效,受益人自债务人受领之给付即无法律上原因。唯这时是要约人,而非债务人对于受益人有不当得利返还请求权。然因信用状对于该基础关系之无因性,委任人(要约人)并不能以其与其他受益人间之基础关系的抗辩权对抗持有信用状之受益人。① 不过,并不是一切利益第三人契约都是无因的。要约人与受益人间之基础关系正是第三人向受益人为给付之法律上原因。该基础关系称为对价关系(Valutaverhältnis)。例如出卖人甲(要约人)为向其买受人乙(受益人)履行债务(甲、乙间之原因关系),而指示运送人丙(附有向第三人给付或利益第三人约款之运送契约的债务人)直接对于第三人(买受人乙)给付该托运物。反之,丙对于乙给付之原因的基础关系存在于甲、丙间之运送契约。学说上与实务上称该基础关系为补偿关系(Deckungs-verhältnis)。在指示证券之情形,亦同:被指示人对于领取人之给付的原因关系存在于指示人与领取人间,② 例如指示人为清偿对于受领人之货款债务,而指示被指示之银行对于领取人给付等于该货款之金钱(对价关系)。被指示人所以愿意接受指示对于领取

---

① "最高法院"1981 年度台上字第 3066 号民事判决:"信用状于国际贸易中虽则由买卖双方利用之,以为支付价金之方法,唯依一九七四年修正信用状统一惯例总则之规定,信用状之开发,与委任人及受益人间之买卖契约或其他契约无关,由于信用状之此项无因性质,故可转让之信用状经第一受益人让与第二受益人时,其与委任人间之关系如何,仍应由各该当事人就其基础关系定之。"该意旨一般规定于"票据法"第 13 条:"票据债务人不得以自己与发票人或执票人之前手间所存抗辩之事由对抗执票人。但执票人取得票据出于恶意者,不在此限。"

② "最高法院"2003 年度台上字第 2581 号民事判决:"第三人利益契约,乃当事人之一方与他方约定,由他方向第三人为一定之给付,第三人因此取得直接请求他方给付权利之契约。倘第三人并未取得直接请求他方给付之权利,即仅为当事人与第三人间之'指示给付关系',尚非'民法'第二百六十九条所规定之第三人利益契约。又于'指示给付关系'中,被指示人系为履行其与指示人间之约定,始向领取人(第三人)给付,被指示人对于领取人,原无给付之目的存在。苟被指示人与指示人间之关系不存在(或不成立、无效或被撤销、解除),被指示人应仅得向指示人请求返还其无法律上原因所受之利益,至领取人所受之利益,原系本于指示人而非被指示人之给付,即被指示人与领取人间尚无给付关系存在,自无从成立不当得利之法律关系。"该号判决中所提之指示人所以因被指示人对于领取人给付而受有利益,乃因被指示人之给付清偿了指示人对于领取人所负的债务。

人给付,同样基于被指示人与指示人间之基础关系(补偿关系)。是故,如该第三人之请求给付的权利未经(通常为以证券的方式)无因化,则纵使第三人已取得直接对于债务人请求给付的权利,债务人仍得以由其与要约人间之契约所生之一切抗辩,对抗受益之第三人的给付请求权("民法"第270条)。① 但除非第三人承担要约人因该利益第三人契约对于债务人所负之债务,否则,债务人并不因此得对于第三人请求履行要约人所负之债务。②

(二)利益第三人契约

典型的利益第三人契约为人寿保险契约及他益信托契约。在这两种契约皆有以第三人为受益人之约款,并使受益人对于债务人(保险人或受托人)有直接请求给付的权利。至于在运送契约,托运人与运送人虽约定以第三人为受货人,但不一定即有利益第三人之意思。唯托运人如请求运送人填发提单或载货证券,并将提单或载货证券交付受货人,则受货人非因其系受货人,而系因其取得提单或载货证券,基于提单或载货证券之交付构成之证券关系,而得直接请求运送人交付托运物。

因为"民法"第269条第1项规定:"以契约订定向第三人为给付者,要约人得请求债务人向第三人为给付,其第三人对于债务人,亦有直接请求给付之权。"

---

① "最高法院"1969年度台上字第3545号民事判例:"以使第三人取得给付请求权为标的之契约(利他契约),乃要约人与债务人间之契约,在要约人与第三人之间,固常有其原因关系(对价关系)之存在,然此原因关系,与利他契约之成立,并不生影响,第三人无须证明其原因关系之存在。"不过,债务人,仍得以由该利益第三人契约所生之一切抗辩,对抗受益之第三人("民法"第270条,德国民法第334条有相同之规定)。

② "最高法院"2000年度台上字第2048号民事判决:"以契约订定向第三人为给付者,要约人得请求债务人向第三人给付,其第三人对于债务人,亦有直接请求给付之权;债务人得以由契约所生一切抗辩对抗该第三人,固为同法第二百六十九条第一项、第二百七十条所明定,唯第三人仅为债权人,究非契约当事人,债务人不得本于契约之效力规定,对第三人为请求。"

使附向第三人给付之约款的契约,看似必然为利益第三人契约。① 因为该条并非强行规定,所以基于契约自由原则中的内容自由,要约人与债务人还是可以约定,第三人对于债务人无直接请求给付之权。究竟有无利益第三人之意思,为契约之解释问题。该条规定在实务上的意义仅止于,在有疑义时,其解释:应以有利益第三人之意思为原则,而以无利益第三人之意思为例外。② 这其实与向第

---

①　关于利益第三人契约,"民法"第 269 条第 1 项系其受益第三人对于债务人,有直接请求给付之权利的一般规定;而第 539 条则为关于复委任之利益第三人契约,其委任人就委任事务之履行,对于次受任人有直接请求权的具体规定。这些利益第三人契约对于受益之第三人的效力来自于该契约中关于利益第三人之约款。在第 269 条第 1 项或第 539 条的背景下,一个契约只要有向第三人给付之约定,将被推定为有使第三人取得直接对于债务人请求给付之利益第三人的意思。该利益第三人契约之缔约人有不同之主张者,就其无利益第三人的意思固负举证责任,但尚不得以上述规定为基础,主张该契约之当事人不得为相异之约定。另受货人固为运送契约之第三人,但托运人将提单交付给受货人者,因其交付具有移转提单所载之货物的交付请求权的效力,所以受提单之交付的提单持有人系以债权人的地位,而非以利益第三人契约之受益人的地位,对于债务人有直接请求给付的权利。至于提单之交付是否产生移转提单所载货物之所有权的效力,视该提单之授受双方关于提单之交付目的(法效意思)而定。其系为所有权之移转目的而交付者,该货物之所有权因该提单之交付而移转为其持有人所有。其法律依据为"民法"第 761 条:以指示交付作为让与动产物权之交付的方法。"民法"第 629 条规定:"交付提单于有受领物品权利之人时,其交付就物品所有权移转之关系,与物品之交付有同一之效力。"该条规定可谓是第 761 条上述规定之意旨的重申。亦即在有签发提单的运送契约,其提单之交付构成之指示交付有替代现实交付的效力。为动产物权之让与,"民法"第 761 条第 3 项虽然规定,让与人得以指示交付替代现实交付,达到让与之目的。但不表示受让人有义务接受,以指示交付替代现实交付作为让与动产物权的方法。唯用来替代现实交付之指示交付系指示证券的交付时,"债权人不愿由其债务人受领指示证券者,应实时通知债务人"("民法"第 712 条)。亦即应即为拒绝受领之表示。

②　为向第三人给付或利益第三人契约间之上述分辨的实务需要,德国民法第 328 条规定:"一件向第三人之给付得以契约订定,具有使第三人直接取得请求给付之权利的效力(第一项)。无特约时,应视情形,特别是契约目的之探求,第三人是否取得该权利,第三人之权利是否实时或只在一定的要件下才发生,以及缔约人是否保留权限,不需第三人之同意,即可撤销或变更第三人之权利(第二项)。"第 329 条规定:"在一个契约中,当事人之一方,未承担债务,而负有义务,向他方当事人之债权人清偿债务者,有疑义时不得解释为,债权人直接取得权利,请求其清偿债务。"此为履行承担与债务承担之区别。第 330 条规定:"在人寿保险契约或终身定期金契约,订定向第三人支付保险金或定期金者,有疑义时应解释为,第三人直接取得该请求给付的权利。在无偿给予契约,课予赠人对于第三人给付之负担,或在财产或物之继受契约,为报偿之目的,继受人允诺对于第三人给付者,亦同。"第 331 条规定:"向第三人给付应在要约人死亡后为之者,有疑义时,第三人随要约人之死亡而取得请求给付的权利(第一项)。要约人在第三人出生前死亡者,向第三人给付之允诺只有在保留撤销或变更之权限时,始得撤销或变更(第二项)。"

三人给付契约的常态约定不符,盖在一个债务契约,债务人于同意依债权人之指示,向其指定之第三人给付时,原则上并不想因此对于两个债权人负给付之义务。如果债务人不直接对于第三人负给付义务,其不履行也便不直接对于第三人负债务不履行的责任。但要约人因债务人不履行债务而对于第三人赔偿后,还是得依债务不履行的规定求偿。① 这是债务人自己因不履行该向第三人给付契约,而对于要约人所负之债务不履行责任。由于该项之毫无保留的规定形式,容易引起误解,认为只要约定向第三人给付,即有利益第三人之意思,无单纯之向第三人给付契约的存在空间。② 此外,该项以要约人、债务人及第三人称呼向第三人给付契约或利益第三人契约中的三方当事人,亦不容易明了,他们在该契约中之角色,倒不如直接称呼该要约人为债权人。

在利益第三人契约之缔结,虽然涉及第三人,但因为缔约时没有第三人之参与,所以,在第三人未就该契约表示享受其利益的意思前,当事人得变更其契约或撤销之("民法"第 269 条第 2 项)。第三人对于当事人之一方表示不欲享受其契约之利益者,视为自始未取得其权利(同条第 3 项)。表示享受利益,属于纯获法律上之行为,限制行为能力人无须法定代理人之允许即得为之("民法"第 77 条);至于表示不欲享受其契约之利益,因属于利益之抛弃,属于不利于限制行为能力人之行为,应由其法定代理人为之,或经其法定代理人允许后,自己为之。③

"民法"第 269 条第 2 项的规定并不周圆。④ 盖在第三人未表示享受其利益之意思的情形,不但就是否得撤销或变更,而且就得撤销或变更的范围,皆应取决于要约人及债务人在其间之基础关系中的约定。所谓得撤销或变更的范围指

---

① Esser/Schmidt, Schuldrecht Band I, Allgemeiner Teil Teilband 2, 8. Aufl., Heidelberg, 2000, S. 292.

② "最高法院"2004 年度台上字第 1704 号:"第三人利益契约,乃当事人之一方与他方约定,由他方向第三人为一定之给付,第三人因此取得直接请求他方给付权利之契约。是第三人若未取得直接请求他方给付之权利,即令当事人约定向第三人为一定之给付,亦仅系当事人间之指示给付约定,尚非'民法'第 269 条所定之第三人利益契约。"

③ 请参考 Esser/Schmidt, Schuldrecht Band I, Allgemeiner Teil Teilband 2, 8. Aufl., Heidelberg, 2000, S. 297.

④ "最高法院"1991 年度台上字第 1419 号民事判决:"'民法'第二百六十九条第二项规定第三人表示享受利益之意思前,当事人得变更其契约或撤销之者,系指第三人已为受益之意思表示时,契约当事人即不得以协议变更契约之内容或使契约根本消灭之意,若当事人行使因法定原因发生之撤销权或解除权,应不受该条规定之限制。盖第三人约款既构成要约人与债务人间补偿关系契约之一部分,当不得因保护第三人之利益而剥夺契约当事人基于法律规定而发生之权益。""民法"第 270 条规定:"前条债务人,得以由契约所生之一切抗辩,对抗受益之第三人。"其意旨即在于此。

可能仅约定得撤销或变更关于受益人之约款，而不得撤销整部契约。例如甲自乙购物赠丙。甲以赠丙之目的，决定自乙购物，只是缔结该买卖契约时，甲方的动机。除当事人双方另有特约，在丙拒绝受赠时，不构成该契约之全部的撤销事由。另在单纯之向第三人给付契约，无所谓第三人就该契约表示享受其利益的意思。其事先表示与否，对于该契约之效力皆不生影响。必需直到债务人对其为给付之提出，而第三人受领时，始生财产利益之移动的效力；或第三人拒绝受领时，不生财产利益之移动的效力。该财产利益之移动与否，与要约人对于第三人之债务是否获得清偿有关。如果要约人与债务人从事向第三人给付契约或利益第三人契约的约定之目的在于对第三人为赠与，则约定为单纯之向第三人给付契约者，必需直到第三人受领给付时；约定为利益第三人契约者，于第三人表示享受其利益之意思时，赠与人（要约人）即已将对于赠与标的之权利移转于受赠人，从而自该时点起，不待受赠人实际上自债务人受领约定之给付，赠与人便已不再得任意撤销其赠与（"民法"第408条第1项）。

向第三人给付契约或利益第三人契约之标的不限于物、金钱或其他有体物，或具有权利地位之标的。无体物（例如营业秘密）、不具权利地位之专门技术（Know-How），或作为（为第三人演唱）及不作为（例如约定第三人之邻地所有人不在其土地上建筑，以避免挡光；或约定不对第三人从事竞争）。[①] 唯必须注意：事业除在同一产销阶段之水平联合，足以影响生产、商品交易或服务供需之市场功能者（"公平交易法"第7条第2项），非经申请"中央"主管机关许可，不得为之外（"公平交易法"第14条第1项），其垂直之竞争的限制，亦不得为之（"公平交易法"第19条）。

在单纯之向第三人给付契约，第三人并未取得债权人的地位，所以即使债务人不对其给付，债务人对第三人亦无债务不履行可言；反之，在利益第三人契约，纵使第三人不是其请求权所据以发生之契约的当事人，但对于债务人，仍无碍其系约定之给付的债权人地位。所以，债务人如有可归责于自己之事由，而给付迟延或给付不能的情形，仍应对于第三人负债务不履行的责任。唯因其非该契约之当事人，还是不得以债务不履行为理由，解除或终止契约。[②]

[①] Esser/Schmidt，Schuldrecht Band I，Allgemeiner Teil Teilband 2，8. Aufl.，Heidelberg，2000，§ 36 II 3.

[②] Esser/Schmidt，Schuldrecht Band I，Allgemeiner Teil Teilband 2，8. Aufl.，Heidelberg，2000，§ 36 III.

(三)契约对于第三人之保护效力

与债之关系有关的保护义务,亦可能有对第三人之效力。此即契约对第三人之保护效力。这有基于法律之规定者,例如强制汽车责任保险。依"强制汽车责任保险法"第 6 条规定,汽车所有人应依本法规定订立本保险契约。从而以汽车所有人为强制汽车责任保险之要保人。至其被保险人,指经保险人承保之要保人及经该要保人同意使用或管理被保险汽车之人(第 9 条)。不论引起汽车交通事故者是要保人或经该要保人同意使用或管理被保险汽车之人,"保险人依本法规定所为之保险给付,视为被保险人损害赔偿金额之一部分;被保险人受赔偿请求时,得扣除之"(第 32 条)。① 该保险契约之保护效力及于经该要保人同意使用或管理被保险汽车之人。亦即及于一定范围之第三人。

事业为消费之目的而与消费者,就其提供市场之商品或服务缔结消费契约者,关于该消费契约之消费损害事件,依"消费者保护法"第 7 条第 3 项之规定,亦超出缔约当事人,扩张其义务人面及权利人面之适用范围:"企业经营者违反前二项规定,致生损害于消费者或第三人时,应负连带赔偿责任。但企业经营者能证明其无过失者,法院得减轻其赔偿责任。"只是在规范技术上,已更明确不再以契约,而以法律为其相关之损害赔偿关系的规范基础。不过,即使如此,亦非谓供消费之商品或服务的销售关系对消费保护关系的建构全无规范基础上的意义。该销售关系是企业经营者提供之商品或提供服务,流通或进入市场的规范基础。如果根本无该销售关系,一个事业不可能就一定商品或服务,因设计、生产、制造、输入或经销而取得该法所称企业经营者的地位,从而应依"消费者保护法"第 7 条负其责任。如无与该销售之任何符合交易习惯之事务关联,非缔约当事人也不可能以消费者或第三人的地位,受消费者保护法之保护。但也不是:依消费者保护法,即可无限度地扩张受该法保护之主体范围。其界限何在?

按在债之关系,其当事人原指债权人及债务人。除此以外之人皆是第三人。而消费者保护法就受其保护之人另提出消费者及第三人两种身份。于是,产生

---

① 在肇事人或保险人与被害人为损害赔偿给付之和解时,如未对于被害人明示保留该保险给付系损害赔偿金额之一部分,而在事后始提出该主张者,会产生极为困难之契约解释的问题。鉴于该规定之目的不在于保护保险人,以减少其保险给付,且人格权之损害本即难以完全赔偿,应倾向于解释,保险人不得主张自和解之赔偿给付扣除该保险给付。亦即保险人之保险给付,自始不应受该条规定之影响。至于肇事人如于和解时未曾言明和解之赔偿总额含该保险给付,事后亦以解释为不得主张扣除为宜,以保护在人格权之侵害,通常难以得到充分赔偿的受害人。

下述问题:如何界定该法所称之消费者,以及是否债权人及债务人以外之任何第三人皆包括在该法保护之范围内? 关于该法所称消费者之范围的界定,可有二说:(1)债权人允许消费说;(2)事实上消费说。允许消费说之保护传自债权人。所以,其范围限于经债权人明示或默示允许消费其购买或取得供消费之商品或服务之人。例如债权人自己、其家人及他们的宾客。事实上消费说则不论消费权源之有无,只要其事实上为消费之人,皆在消费者保护法保护之列:引起损害之商品或服务,已经由其供应者提供进入市场,其实际为消费者即应受该法之保护。自危险之保险分散的观点,或自实际为消费者对于债权人所负之不当得利的返还或损害之赔偿义务立论,应采第二说。盖该危险之保险的费用在该商品或服务经提供进入市场时,应已转嫁,且使未经债权人允许而消费该商品或服务者亦同受保护,可以比较完整而单纯地计算实际为消费者,因消费该商品或服务所受之利益。否则,在一般擅自消费案件中,其因消费所受之利益的计算必需扣除其保险费用。而该保险费之扣除,对于该商品或服务之提供者或债权人了无意义。只是徒然免除该消费损害之保险人的理赔责任。

至于消费者保护法所定,受其保护之第三人,并非债权人及前述消费者以外之任何第三人,应当限指有权接近该商品或服务所构成之危险源之人。一个人有无权源接近供消费之商品或服务所构成的危险源应视其消费场所而定。有权接近该场所者,就有权接近该危险源。是故,系争商品或服务系提供在公共场所消费者,在消费损害事件发生时,一切在该公共场所出现之人,皆是受消费者保护法保护之第三人。例如提供烟火在公共场所施放,致损害在该公共场所之人。这时不论受害者只是从中经过,或观赏烟火,皆在保护范围内。提供之商品或服务系仅供在私人场所内消费者,则其保护范围应限于有权进入该私人场所之人:含实际为消费之宾客(消费者)及其他有权在场之人(第三人)。

一个契约有时虽不直接赋予第三人以给付请求权或免受损害之保护效力,却可能使第三人基于该契约之保护,而免于其本来应负之责任。此即契约之有利于第三人之责任的免除。该责任之免除的规范依据可能是法律,亦可能是特约。[①] 基于契约者,其以当事人间之明文特约为依据者,只要其免责之特约不违反禁止规定,依契约自由原则,原则上即可生免责的效力("民法"第 222 条:"故意或重大过失之责任,不得预先免除")。另责任之减轻亦有可能以法律关于契约之任意规定为依据,例如"民法"第 434 条将租赁物之失火责任减轻至承租人只就重大过失,致失火而毁损、灭失的情形,对于出租人始负损害赔偿责任。该

---

① 请参考 Esser/Schmidt, Schuldrecht Band I, Allgemeiner Teil Teilband 2, 8. Aufl., Heidelberg, 2000, § 36 V.

责任之减轻规定亦应适用于承租人之同居人或因承租人允许,而为租赁物之使用、收益的第三人(第 433 条)。免责约款对于与债务人有一定关系之第三人的效力,特别重要①。例如债务人之履行辅助人或受雇人就其轻过失引起之损害("民法"第 222 条),可能因债务人与其债权人间有责任之免除特约,而获得免责。

(四)利益第三人的处分

"民法"第 269 条关于利益第三人契约之规定,仅使受益之第三人基于该契约,取得直接对于债务人请求给付之权利,但并不使其直接取得该债之标的之权利。亦即利益第三人契约对于其债之标的并无处分的效力。关于是否可能从事一个利益第三人之处分行为(Verfügungen zugunsten Dritter),②学说上存有疑问。

在区分物权行为与债权行为的背景下,债法上的行为原则上仅生债权效力,亦即在权利面,只使债权人对于债务人取得请求为一定给付的债权。该债权的实现,尚待于履行与该债权对应之债务。当其履行之给付涉及权利之移转或负担之设定,需要一个以该权利之移转或负担之设定为内容的物权行为或准物权行为。该物权行为或准物权行为因为具有引起特定物权之发生、变更或消灭的效力,所以泛称为处分行为。相对于履行的债务,称处分行为是该债务之履行行为。相对于因其履行,而具有清偿特定债务之效力,亦称其为清偿行为。不过,不论是履行行为或清偿行为都可能是法律行为或事实行为。此与相约成俗、设

---

① Esser/Schmidt, Schuldrecht Band I, Allgemeiner Teil Teilband 2, 8. Aufl. , Heidelberg, 2000, S. 301.

② 德国实务上认为原则上不可能。请参见 BGHZ 41, 95(96)= NJW 1964, 1124. 依该判决,德国联邦法院认为,有价证券之寄托人得与其受托银行缔结利益第三人契约,使第三人在寄托人死亡时,对于该银行取得请求移转该证券之债法上的请求权。但不能缔结一个使第三人在寄托人死亡时即取得该证券之所有权的利益第三人处分行为(NJW 1964, 1125)。关于该判决之评释请参见 Assessor Wolfgang Büsselberg, Verfügung über Wertpapierdepot zugunsten eines Dritten auf den Todeszeitpunkt des Depotinhabers(NJW 1964, 1952). 在该评释中,Büsselber 认为,有价证券之混藏寄托不是证券之消费寄托。寄托之有价证券的所有权并不移转于受托人,而只是使寄托人从单独所有人转为对于混藏之有价证券之分别共有人而已。是故,在寄托人死亡时,该有价证券之所有权自动构成其遗产的一部分,来不及直接依寄托人与受托银行间之利益第三人契约转为第三人所有,第三人也不能依利益第三人契约对于受托银行取得请求移转该证券之债法上的请求权。Schmidt 倾向于,在这种情形,为稳固第三人之法律地位,有必要肯认利益第三人之处分行为(Esser/Schmidt, Schuldrecht Band I, Allgemeiner Teil Teilband 2, 8. Aufl. ,Heidelberg, 2000, S. 299f.).

定处分行为必须是法律行为者不同。

物权行为或准物权行为因使因该行为而取得转让或设定之权利者,即取得该权利,其间没有相当于债务之履行阶段的缓冲,所以应由让与或设定该权利之人与受让或取得该权利之人为其当事人。利益第三人之处分行为因为没有受益第三人的参与,所以使其从事在规范逻辑上被疑为不可能。这与利益第三人契约只使受益第三人取得给付请求权,他还有决定是否受益之可能性者不同。

债法规定之行为中,亦有例外具有准物权效力者。例如债权之移转以及债之免除。免责之债务承担,自其消灭原债务人之债务的效力论之,亦具有准物权效力。这里所以称准物权效力,不是其效力与典型之物权效力有所不同,而是所涉权利不是物权,而是债权或债务,称"准"为"准用"之意思。其中,无债务人之参与,债之免除所以可行,系从权利之抛弃的观点立论。在债权人以债之免除的方法,抛弃债权时,债务人只是反射地受到利益。至于免责之债务承担的立论基础在于并不排斥债权人的参与:若非由债权人事前与承担人合意,事后必须有债权人之承认,该免责之债务承担对于债权人始生效力("民法"第300条、第301条)。

(五)由第三人给付之契约

在债务契约中,有时契约当事人双方约定,由第三人对于他方为给付。此即由第三人给付之契约。因为缔约当事人并不能使第三人因其契约之缔结,而对其相对人负给付义务,所以,在由第三人给付之契约中,该第三人并不因此而对于债权人负给付义务。事实上该第三人所以对于债权人为该契约所约定之给付,乃因该第三人与该契约之债务人间的基础关系(补偿关系)。在构成该补偿关系的契约中,债务人如与该第三人约定对于由第三人给付契约之债权人给付,则构成该补偿关系之契约便含有向第三人给付的约款。要之,在实务的发展上,为使由第三人给付契约能够运作,常与向第三人给付之契约相伴而生。不过,当孤立观察由第三人给付契约时,不但第三人不依该契约对于债权人负给付义务,债务人对于债权人也不负约定之给付义务,债务人所负者为:第三人倘不如预期,依债务人之指示对于债权人为约定之给付时,债务人对于债权人因此所受之损害,应负担损害赔偿责任("民法"第268条)。^①是故,与向第三人给付契约不同,由第三人给付契约并无变更或扩张债务关系之主体范围的效力。

(六)结合契约

结合契约(verbundene Verträge)在此指两个以上,其当事人完全或有一方不相同,而在经济上互有关连的契约。例如信用卡之持卡人与发卡银行间之授信契约、特约商店与持卡人间之消费契约及发卡银行与特约商店间之担保契约等三个契约间,不但有一方当事人是相同的,而且其经济目的互相关连。此即结合契约。在这种契约有疑问的是:其经济上的关连是否达到使其法律效力在一定的要件下,亦产生关连。例如当消费者因买卖标的物有瑕疵而解除契约时,是否得向提供融资的发卡银行请求返还价金,或请求发卡银行停止向出卖人给付将来陆续到期的款项。另该消费借贷契约是否因此失其效力,从而消费者免负清偿本息的义务。贷与人应转向出卖人请求返还其代消费者清偿之价金。该结合效力虽是进步法治国家已有采纳的实务,^②但要引进并落实,尚须目的事业主管机关在法规环境加以协助才有可能。光凭消费者及其团体的努力恐怕一时还难以竟功。

(七)网状或接续契约

购买人方需要的货物或服务及其组合,有时因其交易内容的多样性,不是其相对人一人即可完全给付,而须集数人之力。其中有一人负责整合各方货物或劳务。例如一个旅游契约之履行,通常需要签证、运送、住宿、餐饮、导游等服务才能完成,也有由一人安排先后相同之服务者。例如在洲际运送,常常不是一家运送人即能完成全程的运送,而必须由数家各负责一段路程相继完成。此即相

---

① "最高法院"1962年度台上字第2446号民事判决:"契约以第三人之给付为标的者,在约由第三人为给付之一方,使第三人为给付之义务,若第三人不为给付时,除有特别约定外,应由该契约当事人负损害赔偿责任。""佣船契约未载佣船者姓名,仍属'民法'第二百六十八条所谓约定由第三人(佣船者)对于他方(上诉人即船东)为给付之契约,被上诉人(诺约人)于佣船者不为给付时,应负损害赔偿责任,然既非有代负履行之责任,上诉人径行请求被上诉人给付延滞费,自难认为有理由(欠缺法律关系存在之要件)。"("最高法院"1981年度台上字第167号民事判决)

② Larenz/Wolf, Allgemeiner Teil des Bürgerlichen Rechts, 9. Aufl., Beck München 2004, § 23 Rn. 126.

继运送("民法"第637条)。①

上述契约在履行上皆具有网状或接续的特征。因此称为网状或接续契约。在此种契约中,要购买人自己一一与各货物或服务之提供者签约,显不经济,因此,多由当中一个人作为整合者,总其成。例如在旅游,由旅行社;在相继运送,由当中一个主要的运送人。该主要的运送人通常就是开立旅运票证、提单或载货证券之运送人。出面签约者,特别是开立旅运票证、提单或载货证券者,因其对证券持有人,有按证券文义内容给付的义务,原则上应就全部的给付负责。②

各相继运送人自己纵使不与托运人直接缔结运送契约,但依"民法"关于运送契约的规定,各接续运送人不但还是应直接对于托运人或受货人负责,而且"运送物由数运送人相继运送者,除其中有能证明无第635条所规定之责任者外,对于运送物之丧失、毁损或迟到,应连带负责"("民法"第637条)。

(八)规范性契约

规范性契约(der Normenvertrag)指其约款内容对于契约当事人以外之人,通常为对其会员,有规范上拘束力的契约。③ 其典型为团体协约对于所属资方及劳方团体的会员(雇主或劳工),④以及社团章程或决议对于其社员之拘束力。

---

① Larenz/Wolf, Allgemeiner Teil des Bürgerlichen Rechts, 9. Aufl., Beck München 2004, § 23 Rn. 127ff..

② 《海商法》第74条:"载货证券之发给人,对于依载货证券所记载应为之行为,均应负责(第一项)。前项发给人,对于货物之各连续运送人之行为,应负保证之责。但各连续运送人,仅对于自己航程中所生之毁损灭失及迟到负其责任(第二项)。"该条第2项虽称:"前项发给人,对于货物之各连续运送人之行为,应负保证之责。"但其实那不是真正的保证责任,而是主债务人对于其履行辅助人之行为应负的责任("民法"第224条)。因此,也无载货证券之发给人得依保证规定,主张先诉抗辩权的余地("民法"第745条)。

③ Larenz/Wolf, Allgemeiner Teil des Bürgerlichen Rechts, 9. Aufl., Beck München 2004, § 23 Rn. 132f..

④ "团体协约,指雇主或有法人资格之雇主团体,与依工会法成立之工会,以约定劳动关系及相关事项为目的所签订之书面契约。"("团体协约法"第2条)"团体协约除另有约定者外,下列各款之雇主及劳工均为团体协约关系人,应遵守团体协约所约定之劳动条件:一、为团体协约当事人之雇主。二、属于团体协约当事团体之雇主及劳工。三、团体协约签订后,加入团体协约当事团体之雇主及劳工(第一项)。前项第三款之团体协约关系人,其关于劳动条件之规定,除该团体协约另有约定外,自取得团体协约关系人资格之日起适用之(第二项)。"(同法第17条)"团体协约所约定劳动条件,当然为该团体协约所属雇主及劳工间劳动契约之内容(第一项)。劳动契约异于该团体协约所约定之劳动条件者,其相异部分无效;无效之部分以团体协约之约定代之。但异于团体协约之约定,为该团体协约所容许或为劳工之利益变更劳动条件,而该团体协约并未禁止者,仍为有效。"(同法第19条)。

同业公会关于其会员与交易相对人之交易条件的决议,依其章程固有上述规范性的拘束力。唯此种决议构成公平交易法原则禁止之联合行为。所以,同业公会如要为此种决议,应事先向公平交易委员会申请许可。于取得许可后方可为之("公平交易法"第7条、第14条)。否则,当其决议经论为违反公平交易法之联合行为,除应负该法规定之行政与刑事责任外,该决议亦当因违反禁止规定而无效("民法"第71条前段)。规范性契约不是契约一般条款。规范性契约与法令类似,对于受规范之契约而论,是外部的规定。而契约一般条款则是定型化契约之内容的一部分。此外,契约一般条款,系由一个事业事先拟订,供与其交易相对人缔约时一般使用。如其交易相对人为消费者,其使用之契约一般条款应受"消费者保护法"第11条至第17条关于定型化契约之强制规定的管制。

第五章

债之消灭

第一节　债之消灭

一、债之消灭的概念

债由主要的权利及义务(债权、债务)及其附随之权利与义务构成。据以发生债的法律关系称为债之关系。在债之关系中,债务人对于债权人除负有给付义务外,为避免或防止因故意或过失而损害债权人之固有利益,还附随于该给付义务,负有以保护为目的之义务。在债之清偿有关的规定,以该给付义务为其规范对象。附随之保护义务属于积极侵害债权规范之范畴。[1] 此外,因契约上保护义务之违反,而发生以积极侵害债权为依据之损害赔偿请求权时,通常其构成要件事实还会充分侵权行为的构成要件,从而引起请求权规范竞合。债之关系为支撑自该债所生之权利义务及保有其给付之效力的法律上原因。除非债所据以发生之法律关系消灭,债之关系在存在上永续,以支撑自该债所生之权利义务及保有其履行给付之利益。[2]

"民法"第307条规定:"债之关系消灭者,其债权之担保及其他从属之权利亦同时消灭。"该规定当中所称"债之关系消灭"可能指债所据以发生之原因关系,亦可能指据该原因关系发生之债权或债务等主权利或义务消灭而言。第

---

[1]　Esser/Schmidt, Schuldrecht Band I Allgemeiner Teil, Teilband 1, 6. Aufl, S. 277f..

[2]　Helmut Heinrichs, Münchener Kommentar zum Bürgerlichen Gesetzbuch, Band 2, Schuldrecht · Allgemeiner Teil, München 1985, Rn. 9 vor § 362.

309 条第 1 项虽规定,"依债务本旨,向债权人或其他有受领权人为清偿,经其受领者,债之关系消灭",但其中"债之关系消灭"所称之债之关系,并非所清偿之债务所据以发生之原因关系,[①]而是指自该原因关系产生之债权或债务,[②]或是指自该债权引申之请求权。盖因清偿而消灭者如系该请求权所据以发生之原因关系,则债权人或其他有受领权人所受领之给付,将有在受领后,因其法律上之原因事后不存在,而构成不当得利的矛盾情形("民法"第 179 条后段)。

为清偿债务之给付,是否需要债权人受领,视债务人之给付的性质而定。物或权利之移转原则上需要受领固不待言;劳务之给付,其完成之工作纵为有体物,但其所有权依法由债权人原始取得,或工作之成果自然实现于债权人(例如房屋之修缮、装潢)者,其性质无须交付,依"民法"第 510 条规定以工作完成时视为受领("最高法院"1982 年度台上字第 5157 号民事判决)。唯关于承揽工作,当事人间有验收之约定时,则纵使完成之工作因定着于定作人之土地或建筑物,而依其性质将由定作人原始取得,还是必须经以验收的方法受领。

当主债权或债务消灭,"民法"第 307 条规定,其从属之担保及其他从属之权利亦同时消灭。这是基于从权利或义务对于主权利或义务在存在上之从属性而产生之原则性的规范效力。[③] 但有些从权利在发生后,具有独立于其所据以发生之主权利的地位。在这种情形,已发生之从权利便可能独立于其主权利,定其存续。例如未支付之利息,虽推定其随同原本移转于受让人("民法"第 295 条第

---

　　① Esser, Schuldrecht, 2. Aufl. , Karlsruhe 1960, S. 302:"清偿消灭债权,而非如德国民法第三六二条第一项所称,消灭债之关系。"相同看法,另见 Esser/Schmidt, Schuldrecht Band I Allgemeiner Teil Teilband 1, 8. Aufl. , Heidelberg 1995, S. 275f. :"归根结底,德国民法第三六二条第一项(所定债务关系消灭),意指者并非债务关系之全部,而是个别之债权债务,其正规地履行了结与给付有关之债权人的利益。"

　　② "民法"第 274 条规定:"因连带债务人中之一人为清偿、代物清偿、提存、抵销或混同而债务消灭者,他债务人亦同免其责任。"第 286 条规定:"因连带债权人中之一人,已受领清偿、代物清偿,或经提存、抵销、混同,而债权消灭者,他债权人之权利,亦同消灭。"依该两条规定,因清偿、代物清偿、提存、抵销或混同而消灭者为债务或债权。

　　③ "最高法院"1993 年度台上字第 354 号民事判决:"原审既认定债权人 A 对债务人 B 已无任何债权存在,则抵押物提供人 C 即非不得对 A 请求涂销争抵押权设定登记,纵抵押物所有权因经法院拍卖结果,移转于被上诉人 D,C 仍得本于债之关系请求 A 办理。"

2 项),但有可能不随同原本移转于受让人。这特别会发生在利息债权经证券化的情形。^① 基于债务关系,债权人与债务人互负之保护义务,原则上虽亦随同债权、债务之消灭而终止,但其不存续无溯及效力,对其终止前已因保护义务之违反而发生之损害,仍应负责。此外,如因清偿给付有害,以致受领人在债权、债务消灭后,受到损害,债务人仍应负赔偿责任。

二、债之消灭的原因

在债之消灭的原因中,因遭遇障碍事由而消灭者有:(1)在债之发生上遭遇障碍事由:意思表示因有瑕疵,而后经撤销。例如意思表示有错误、受诈欺或胁迫、传达错误。(2)在债之履行上遭遇障碍事由:因给付不能、给付迟延或不完全履行(积极侵害债权),而契约经解除。^② 债以意思表示或契约为发生原因者,依该意思表示或契约发生之债的关系,将因其意思表示经撤销或契约经解除而消灭。在这种情形,其消灭的层次为债之关系,而非仅由该债之关系发生之债权或债务。^③ 是故,其已为该债而为之给付,如无特别规定("民法"第259条),应依不当得利之规定返还。

债另有因履行或免除而消灭者,其态样有:清偿、提存、抵销、免除及混同。其中以清偿为其基本之消灭原因。唯这里称债之消灭,只是习惯上就债之关系的发展阶段的一种描述。论诸实际,债之关系并没有因上开履行而消灭。真正消灭者,极其量仅有因履行而获得实现之债权债务及其请求权。

消灭时效完成后,债权之请求权虽因时效完成而消灭,但该债权并不随其请求权之消灭而消灭。时效完成尚非债权或债务之消灭原因。是故,在消灭时效

---

① "已发生之利息及违约金债权,皆为独立之债权,非'民法'第二百九十五条第一项所谓之从属债权,此观同条第二项明定,未支付之利息,推定其随同原本移转于受让人,及同法第一百二十六条就此另有短期时效之规定自明。又消灭时效,自请求权可行使时起算,'民法'第一百二十八条定有明文。而消灭时效完成,仅债务人取得拒绝履行之抗辩权,得执以拒绝给付而已,其原有之法律关系并不因而消灭。故原本债权纵已罹于时效,但在债务人行使该抗辩权之前,仍得陆续发生利息及违约金债权。此项已为独立债权之利息及违约金,既与原本债权各有其时效期间及起算期,自不能因债务人抗辩原本债权罹于时效而随同消灭。"("最高法院"2007 年度台上字第 2540 号民事判决)

② 依债务契约发生之债之关系,虽因该契约之解除而溯及的归于消灭,但如双方已基于该契约而对于他方有所给付,则该债之关系将为"民法"第259条所定之回复原状之义务所取代。请参考 Esser, Schuldrecht, 2. Aufl. , Karlsruhe 1960, S. 302.

③ Larenz, Lehrbuch des Schuldrechts Band I Allgemeiner Teil, 11. Aufl. , München 1976, S. 220ff. .

完成后,债务人仍为履行之给付者,因其给付仍有法律上原因,所以,债务人不得以不知消灭时效完成为理由,请求返还;其以契约承认该债务,或提出担保者亦同("民法"第144条)。消灭时效完成后之承认或提出担保,所以能够除去消灭时效完成之抗辩权,其理由为:消灭时效制度的建制目的,原为克服因长时间经过所引起关于债务的有无及是否已消灭之举证的困难。今债务人既为承认或提出担保,该待证事实之真正已获厘清,所以可回复债权人之请求权,并与时效因承认而中断的情形一样,自中断之事由终止时,重行起算其消灭时效期间("民法"第137条第1项)。

(一)清偿

1. 清偿之概念

清偿,指债务人为履行债务,而依债务本旨,向债权人或其他有受领权人为给付,以产生履行债务的结果。[①] 解析之,清偿含有四个因素:(1)为履行债务;(2)依债务本旨;(3)给付;(4)产生履行债务的结果。其中,为履行债务含有目的性之意思的活动,而依债务本旨决定给付内容及方法,这皆视债之内容而定。因给付而发展出来的利益状态,如果符合债之内容,便产生履行债务的结果。关于清偿之法律性质的看法,系于该目的因素,在清偿概念之组成的逻辑建构而定。

在清偿概念之逻辑建构上,有类似于移转所有权之物权行为的情形。移转所有权之物权行为含移转所有权之合意(物权契约)及移转动产之占有或移转不动产之登记。在物权行为,其移转所有权之合意显然具备契约之完整的类型特征。所以能够清楚地将为移转动产所有权之占有或移转不动产所有权之登记,规定为该物权契约之生效要件。关于移转所有权之物权行为的法律性质,没有因为以占有或登记为其生效要件,而怀疑其为契约。

在清偿,除必须有为履行特定债务而为给付之主观目的外,并必须有符合债务本旨,并足以引起履行结果之给付。其中给付是否系法律行为,视给付之内容是否涉及物或权利之移转或设定而定。如果涉及,则因必须以法律行为的方式移转或设定,[②]而使该给付因含法律行为之因素,而成为法律行为。反之,若不涉及,则该给付因不含法律行为之因素,而不成为法律行为。给付(die

---

① Esser, Schuldrecht, 2. Aufl., Karlsruhe 1960, S. 297.

② 权利之移转,指透过该权利之转让,变更该权利所归属之人。所以在移转后,原权利人已不再是该权利之权利人。权利之设定,指在一个权利上,创设用益或担保权的负担。在权利上设定负担后,原权利人依然是权利人,但视其设定之权利的内容是用益权或担保权,使该权利负有用益权或担保权之负担。

Leistung)不但在客观上要能产生履行债务的结果，而且在主观上必须有为履行特定债务而为给付之主观目的，始能产生履行债务之效果，成其为履行行为(die Erfüllung)。该主观目的使客观的给付行为与特定债务产生目的性的联系，亦即将无因之给付行为与其所为何来之原因行为在目的上联系起来。产生该联系之目的意思在法律上之地位为何？除关系前述清偿之概念的建构外，并涉及其法律性质之界定。

2. 履行系有目的意思之行为

履行系有目的意思之行为。在为清偿而为给付时，其目的在于履行对债权人所负之债务。[①] 对于同一债权人负担数宗债务，且其给付之种类相同者，如清偿人所提出之给付，不足清偿全部债额时，由清偿人于清偿时，指定其应抵充之债务("民法"第 321 条)。所以，产生给付之效果的行为原则上含有给付者之事实上的意思。但在以不作为为给付之内容时("民法"第 199 条第 3 项)，则例外不以事实上意思之存在为必要。在约定之期间，只要无与不作为义务相违背之行为，不论债务人履行意思之有无，皆可产生履行之结果。例如相约以在约定期间内债务人于债权人在场时，不开音响之不作为为给付之内容。有疑问者为：在履行时，债务人是否必须有履行之法效意思，从而在其给付时如欠缺行为能力或有意思表示之瑕疵，会使其给付不产生清偿债务之效力，而得请求不当得利之返还。其肯定说为就债之履行或清偿的法律性质，采"法律行为说"或"契约说"的观点。[②]

---

① Fikentscher/Heinemann, Schuldrecht, 10. Aufl., 2006 Berlin, Rz. 1430："关于一笔给付(eine Leistung)，人们理解为一个有意识且取向于一定目的的增益他人财产的行为。该给付必须按给付者之意思(有意识的)指向一笔特定债务(solvendi causa：为履行之目的)而为之……通说之给付的概念首先应在私法自治原则的基本要求下理解之；请参照 v. Caemmerer, FS Rabel, S. 350；Staudinger/W. Lorenz, Rdn. 5 zu § 812. 私法自治决定给付之内容及受给付之人。"Staudinger— W. Lorenz, Kommentar zum BGB, Berlin 1999, Rdn. 5 zu § 812："应依私法自治的理念决定作为给付之财产的移转应归属于谁。此为 v. Caemmerer 在 FS Rabel,［1954］S. 350f. 一文中所强调。"Esser/ Weyers, Schuldrecht, 8. Aufl., 2000 Heidelberg, S. 42f..

② 关于清偿之法律性质，请参见 Esser, Schuldrecht, 2. Aufl., Karlsruhe 1960，S. 300f.；Esser/Schmidt, Schuldrecht Band I Allgemeiner Teil, Teilband 1, 6. Aufl, S. 278ff.；Soergel—Zeiss, Kommentar zum Bürgerlichen Gesetzbuch, 11. Aufl., 1986, Bem. 5ff. vor § 362；Helmut Heinrichs, Münchener Kommentar zum Bürgerlichen Gesetzbuch, Band 2, Schuldrecht · Allgemeiner Teil, 2. Aufl., München 1985, § 362 Rn. 5ff.；Staudinger—Dirk Olzen, Kommentar zum Bürgerlichen Gesetzbuch, 2000, Vorbem. 9ff., zu §§ 362ff.；孙森焱:《民法债标总论》下册,2004 年修订版 ,第 1114 页。

3. 清偿之法律性质

清偿之法律性质为何？学说上向有争议。主要有事实行为说与法律行为说或契约说。这可能分从清偿之履行行为及其手段之给付行为两个层次认定。

如果从清偿之履行行为的层次出发，以履行行为具有之"目的意思"为清偿之概念因素的全部或要素，则清偿因含有意思因素，且该意思原则上有明示或默示的向债权人或受领权人为表示，而可定性为法律行为。至其未为表示的情形，通常类似于意思实现：于依习惯或依其事件之性质，无须通知，或债权人有预先声明无须通知的情形（"民法"第 161 条），视为已有表示。意思实现之类型的存在，既无碍于意思表示之概念的建构，则肯认无须通知之履行意思的类型，当亦无碍于将清偿定性为含有主观目的意思之法律行为或准法律行为，以避免以例外态样否认原则。在该认识下，该目的意思有若移转所有权之物权行为中之物权契约部分，而"给付行为"及"履行结果"则相当于占有之交付或所有权之移转登记。"给付行为"及"履行结果"同样可充为该目的意思之生效要件。

非出于任意，而由于强制执行而产生履行债务之结果时，该结果之产生仅基于经拟制为存在，而非事实上存在之债务人的行为。该行为极其量仅能解释为，基于债务人之非自愿性的容忍，使执行债权人及执行法院取得法定代理权：处分债务人之受扣押财产，并以该财产之处分得到之价金，清偿债务人对执行债权人及声请参与分配之债权人所负之债务。[①] 在这种情形，因强制执行而发生之给付不依债务人之指定，而依债权人之声请强制执行或声请参与分配，定抵充之债务。亦即其抵充顺序的指定权有若移转于债权人方，按声请强制执行及参与分配之债权的受偿顺序定其抵充顺序。在强制执行，因无清偿人为抵充顺序之指定，其抵充顺序基本上依"民法"第 322 条定之。有担保之债权的抵充顺序优先于无担保之债权的费用及利息。有担保之债权的费用及利息仍优先于其原本债权（"民法"第 323 条）。

如果从清偿之手段，亦即给付行为的层次出发，则其认定涉及：为从事履行之给付，是否需要法律行为，以及履行行为与作为履行行为之给付行为的区别。按债如以权利之移转或负担之设定为其标的，其履行之给付需要法律行为；否则，则只需事实行为（含作为、不作为或容忍）。如以其履行行为之给付行为的属性为基础，则清偿因该行为是法律行为或事实行为，而分别为法律行为或事实行为。反之，如以为清偿目的而为给付之意思为基础，则清偿之法律性质，视该意思得否单独为之区分为：单独行为或双方行为。其为双方行为者，属于契约。其

---

① Staudinger-Dirk Olzen, Kommentar zum Bürgerlichen Gesetzbuch, 2000, § 362 Rn. 6ff..

为单方行为者,仍不失其为法律行为。例如一个教师在两个学校兼课时,因每校选课之学生人数不多,而征得各学校及选课学生之同意,轮流在一个学校合班上课。在这种情形,讲课劳务虽属事实行为,但其给付的方法以契约的方式为之。在代物清偿、新债清偿(间接给付)或更改,因为涉及债之标的之变更,需以契约的方式为之,所以其清偿具有契约之性质。① 另在以物或权利为标的之指示给付,②亦即在指示人指示被指示人对受领人给付的情形,虽然被指示人对受领人有移转该物或权利之处分行为(物权行为),但被指示人与受领人间并无履行行为(给付行为)。履行行为仅存在于指示人与被指示人及指示人与受领人间。

所以,关于清偿,想因清偿的法律性质之为法律行为或事实行为,而分别认定行为能力之欠缺或意思表示之瑕疵对清偿之效力的影响时,应分就其欠缺或瑕疵相关之行为存在的层次论断:履行行为或其手段之处分行为(物权行为)/事实行为。如果存在于履行行为,则其为履行而为给付之目的,应如何表示,便有重要意义。在这里,必须特别注意:处分行为是履行行为之手段,不是履行行为。

一个处分行为(物权行为)因经指定为清偿特定之债务而为时,始在加上所以为处分之目的因素后,成其履行行为。在此意义下,履行行为含有法律行为之意思因素。然处分行为(物权行为)与履行行为还是有区别的。不适合因处分行为(物权行为)之行为人通常为一定之目的而为,而认为该行为含有其行为人所以为该行为之原因意思在内。该原因之目的因素应含于履行行为,而非含于其手段之无因的处分行为(物权行为)中。处分行为(物权行为)可能包含之目的意思,应在其连结之原因的层次考量。从而能区分成:为清偿(solvendi causa)、为借贷(credendi causa)、为赠与(donandi causa)、为信托(fiduziarendi causa)等不同原因。是故,在给付时,如果债务人与债权人就所以为给付之原因的意思不同时,应属于动机层次之不同,而非关于权利之移转意思的层次不同。因为其不同属于动机之不同,所以因该给付而发生之财产利益的移转,不因意思表示不一致而无效,③而只使其移转,因欠缺法律上原因,而得依不当得利的规定,请求返还。

总而言之,即便清偿关系之一方或双方,在清偿时无行为能力或行为能力受

---

① Esser, Schuldrecht, 2. Aufl. , Karlsruhe 1960, S. 302.

② 关于指示给付,详请参考黄茂荣:《不当得利》,植根法学丛书编辑室 2011 年初版,第 285 页以下。

③ 不同见解,Esser, Schuldrecht, 2. Aufl. , Karlsruhe 1960, S. 301. 他认为,物权行为之无因性的意义应仅止于,其效力不受债权行为之瑕疵的影响。给付之目的仍应是物权行为之一部分。

有限制，是否将清偿论为法律行为，其实益不大。盖其给付行为如涉及物或权利之移转或设定，关于行为能力之保护的规定对于清偿效力，本来即有适用；反之，如仅以事实行为为履行之手段，并已有符合债务本旨之给付，则欲以行为能力之保护规定，否认其清偿效力，其结果，并不适合。盖在这种情形，由于劳务既已符合债务本旨而为给付，实际上难以否定其已产生之履行的结果。勉强否定之，最后还是会迂回于不当得利之规定，得到相同之法律效力。

4. 依债务本旨而为给付

符合债务本旨之给付，包含二重意义：为履行特定债务而为给付（"民法"第199条），该给付必须符合该债权预定之用途。此为关于债权人之利益的规定。不过，关于债务之履行，亦不乏关于债务人利益之规定。[1] 例如"民法"第318条第1项规定："债务人无为一部清偿之权利。但法院得斟酌债务人之境况，许其于无甚害于债权人利益之相当期限内，分期给付，或缓期清偿。"第354条第1项："物之出卖人对于买受人，应担保其物依第三百七十三条之规定危险移转于买受人时，无灭失或减少其价值之瑕疵，亦无灭失或减少其通常效用或契约预定效用之瑕疵。但减少之程度，无关重要者，不得视为瑕疵。"第359条规定："买卖因物有瑕疵……但依情形，解除契约显失公平者，买受人仅得请求减少价金。"

其所谓依债务本旨，指不但其给付之标的（含内容及数量），[2] 而且其给付地、给付时、给付方法，以及在属人性之债，由谁对谁给付，皆应符合债之目的。

给付标的依债之内容定之，应符合债务本旨。如果不符合债务本旨，例如给付之标的与债之标的根本不同时，论为异种给付，不生给付之提出的效力。[3] 标的尚属相同，而数量不足时，为一部给付；质量较差时，为给付有瑕疵，债权人得拒绝受领（"民法"第358条第1项），或虽受领而依瑕疵担保的规定（"民法"第359条、第360条），主张权利。然给付之标的虽有瑕疵，如依情形，解除契约显失公平者，因买受人仅得请求减少价金（"民法"第359条），所以在这种情形，债

---

① Esser/Schmidt, Schuldrecht Band I Allgemeiner Teil, Teilband 1, 6. Aufl, S. 276f..

② 物之内容量少于约定者，视情形，可能认定为一部给付，例如约定者为每袋10公斤，共10袋之花生，而实际给付者为每袋10斤，共10袋之花生；亦可能认定为瑕疵给付或异种给付，例如约定者为每粒500 mg之氯霉素，100粒，而实际给付者虽标示为每粒500 mg之氯霉素，但其实是每粒250 mg之氯霉素，100粒。

③ "最高法院"2012年度台简上字第16号民事判决："债务人非依债务本旨实行提出给付者，不生提出之效力，为'民法'第二百三十五条所明定。物之交付义务人所提出交付之物与契约订定之内容不符者，不得谓为依债务本旨之提出，自不生提出之效力，债权人拒绝受领，即不负迟延责任。"（参见本院1942年上字第2481号判例）

权人不得拒绝受领。类似的情形为：给付一部不能者，若其他部分之履行，于债权人无利益时，债权人固得拒绝该部之给付，请求全部不履行之损害赔偿（"民法"第 226 条）。然其他部分之履行，于债权人是否无利益，以及给付之标的物是否有瑕疵，在个案同样容易引起争议。

在上述情形，债权人如果拒绝受领，可能要冒负受领迟延之责任的风险。为避开该风险，债权人应以保留在一定情形得退还或主张瑕疵担保的方式，暂为受领。如买受人未为保留而受领，则在其事后主张出卖人交付之物有瑕疵时，就瑕疵之存在应负举证责任。在种类之债，给付之标的如不符合约定或法定（"民法"第 200 条第 1 项）的标准，虽亦属瑕疵担保的问题，但因"民法"第 364 条规定，"买卖之物，仅指定种类者，如其物有瑕疵，买受人得不解除契约或请求减少价金，而实时请求另行交付无瑕疵之物"，其效力与异种给付相同，可构成债务不履行。此与特定物之债，在物之瑕疵，仅构成物之瑕疵担保责任，而不构成债务不履行的情形，不同。[1] 另债务人在对于债务是否存在，有怀疑，但因恐负给付迟延责任，而还是为给付时，同样得就其给付之效力为保留，亦即附以解除条件，从而避免其履行行为被解释为，债务之承认，并阻止在债务不存在时，其给付标的之所有权的移转，以防止对债权人请求返还之困难或风险。该风险典型的存在于：债权人在受领清偿给付后破产（"破产法"第 99 条）。债权人并不得因债务人之保留的表示，而拒绝受领。盖债权人对于债务人虽得请求给付，但不能请求他人（债务人）对其承认其主张之债务；而只要其债权真正存在，其履行之给付虽有保留，还是能满足其债权。然如终于厘清系争债权不存在，债务人得因解除条件成就，而依所有物返还请求权请求返还所有物；给付标的为权利者，该权利自动回复于债务人。若因债权人处分受领之标的物，而不能返还，债务人得依不当得利的规定，请求返还。债权人所负返还利益之范围依"民法"第 182 条第 2 项之规定，按受领时知无法律上之原因者，应负之返还范围：受领时所得之利益，附加利息，一并偿还；如有损害，并应赔偿。因该债权之存在不明确而具有之风险，可

---

[1]　Esser, Schuldrecht, 2. Aufl., Karlsruhe 1960, S. 298f..

透过和解或提起确认之诉避免或降低。[1]　在债务之履行，债权人在受领时，亦可能因对于给付，是否符合债务本旨或是否有瑕疵存有疑虑，而需为保留。[2]　其如不为保留，有可能事后不再得为瑕疵给付或不完全给付之主张。例如"民法"第648条第1项规定："受货人受领运送物并支付运费及其他费用不为保留者，运送人之责任消灭。"

　　关于清偿地，"民法"第314条规定："清偿地，除法律另有规定或契约另有订定，或另有习惯，或得依债之性质或其他情形决定者外，应依左列各款之规定：一、以给付特定物为标的者，于订约时，其物所在地为之。二、其他之债，于债权人之住所地为之。"债务人如非基于"送交给付"之约定，而在清偿地以外之地对

---

　　[1]　Esser, Schuldrecht, 2. Aufl., Karlsruhe 1960, S. 299; Esser/Schmidt, Schuldrecht Band I Allgemeiner Teil, Teilband 1, 6. Aufl, S. 290. 关于为避免债务是否存在之风险，而为"给付非因承认债务"之保留的问题，Fikentscher/Heinemann 认为，应进一步按其保留之内容，定其附以保留之给付的效力。"不含法律义务之承认，而为债务之支付，得有不同之法律上的意义。该保留的意思如果是：仅在有债务存在之条件下而为给付，从而债权人在受返还之请求时，应证明债务之存在，则债权人得以提出之给付不符合债务本旨为理由，拒绝受领，而不陷于受领迟延，倒是债务人却因债权人拒绝受领而陷于给付迟延。反之，债务人在其保留，如仅是要表明，他仅愿在无德国民法第212条第1项第1款之债务承认的意义下，为给付，且债务人仅是在其负债务不存在之举证责任的情形下，要保留其得不受德国民法第814条限制之请求权，则该保留是容许的。如是提出之给付为合于债务本旨之提出。因此，债权人如拒绝受领，即陷于受领迟延。该给付如无法律上原因，债权人依德国民法第820条负加重之返还责任。意指那一种保留，依解释定之。有疑义时，应解释为第二种意义之保留。盖其为较弱，从而友善于履行之保留。"（Wilfgang Fikentscher/ Andreas Heinemann, Schuld-recht, 10. Aufl., Berlin 2006, Rz. 320）相同看法，另见 Staudinger-Dirk Olzen, Kommentar zum Bürgerlichen Gesetzbuch, 2000, § 362 Rn. 24～27; Helmut Heinrichs, Münchener Kommentar zum Bürgerlichen Gesetzbuch, Band 2, Schuldrecht • Allgemeiner Teil, 2. Aufl., München 1985，§ 362 Rn. 4; Soergel-Zeiss, Kommentar zum Bürgerlichen Gesetzbuch, 11. Aufl., 1986，§ 362 Rn. 15. 比较 Fikentscher/Heinemann 所述之两种保留的态样，其区别在于：就债务之存在应由债权人或债务人负举证责任。按债务之存在所以引起疑问，在债务之发生上，其争议可能存在于该债务之发生的积极要件不具备，也可能存在于其具备消极要件；在债务之发展上，其争议可能存在于该债务已有事后消灭的事由。就积极要件之具备，债权人应负举证责任；就消极要件及事后消灭事由之具备，债务人应负举证责任。是故，其主张债务人如在给付时保留，债权人应就该债务之存在负举证责任，债权人即一概得拒绝受领，尚有斟酌余地。正确的看法应是，债务人所保留以举证责任之分配为内容的条件，如与举证责任之分配原则不符时，其保留需经债权人之同意。因此，债权人就其保留如不同意时，得拒绝受领。

　　[2]　Esser/Schmidt, Schuldrecht Band I Allgemeiner Teil, Teilband 1, 6. Aufl, S. 290.

于债权人为给付之提出，其提出因不符合债务本旨，而不生提出之效力。①

关于清偿期，一笔债有依法律、契约、债之性质或其他情形可决定者（"民法"第315条），此为定有清偿期之债，简称为定期之债。如不能依上开依据，定其清偿期，则为未定清偿期之债，简称为不定期之债。在定有清偿期之债，其期限利益原则上认为属于债务人。所以"定有清偿期者，债权人不得于期前请求清偿，如无反对之意思表示时，债务人得于期前为清偿"（"民法"第316条）。在不定期之债，债权人固得随时请求清偿，债务人亦得随时为清偿（"民法"第315条）。唯劳动基准法就不定期劳动契约有不同于"民法"第315条之终止的规定：其终止必须有法定事由，而非得任意终止（"劳动基准法"第11条、第13条、第15条、第16条）。

在定有清偿期之债，债务人应于清偿期届至时为全部之清偿，无为一部清偿之权利。但法院得斟酌债务人之境况，许其于无甚害于债权人利益之相当期限内，分期给付，或缓期清偿。给付不可分者，法院得比照第1项但书之规定，许其缓期清偿。法院许为分期给付者，债务人一期迟延给付时，债权人得请求全部清偿（"民法"第318条）。准予分期给付或缓期清偿为法院之衡平裁量权。债务人并无请求法院准予分期给付或缓期清偿的权利。所以，债务人不得以关于该裁量权之行使，法院有认定不当为理由，上诉第三审。②

给付不如期，虽不必然影响给付之清偿效力，例如迟延之给付虽可能引起迟延责任，但如非订有固定清偿期之债（"民法"第255条），迟延之给付仍可生清偿效力。但给付之时间如有违反诚实信用原则，则可能影响给付之清偿效力。例如在面临强盗或紧急灾难（海啸来临）之际，对债权人为给付。③ 要之，债务人之给付如果不符合债务本旨，债权人得拒绝受领，而不生受领迟延。

---

① 债务按其约定之给付地点可区分为往取之债、赴偿之债及送交之债。往取之债以债务人之处所（住居所地或营业所地），赴偿之债以债权人之处所（住居所地或营业所地）为清偿地。而送交之债则不改变清偿地，而约定以清偿地以外之处所为给付地（"民法"第374条参照）。"最高法院"1980年度台上字第1280号民事判例："所谓往取债务，系指以债务人之住所为清偿地之债务而言，此种债务，必须债权人于清偿期届满后至债务人之住所收取时，债务人拒绝清偿，始负给付迟延之责任。"

② 最高法院1934年上字第224号民事判例："'民法'第三百一十八条第一项但书之规定，不过认法院有斟酌债务人境况，许其分期给付或缓期清偿之职权，非认债务人有要求分期给付或缓期清偿之权利。故法院斟酌债务人境况之结果，认为不应许其分期给付或缓期清偿时，债务人不得以认定不当为提起第三审上诉之理由。"

③ Esser, Schuldrecht, 2. Aufl., Karlsruhe 1960, S. 298.

5. 谁对谁给付

(1)概说

在债之清偿,关于给付之授受,有应由谁对谁给付的问题。基于经济活动之分工的形态,除债之给付有高度属人性者外,原则上并不要求债务人应亲自给付或债权人应亲自受领。在大多数的情形,债权人可能授权他人代为受领,债务人亦可能使用履行辅助人代为给付。债务人使用履行辅助人代为给付时,纵使已将债之标的交付履行辅助人,亦必须待债权人或有受领权人已受领清偿给付,始生清偿效力。①

债之属人性可能存在于债权人方,即仅得对债权人或原来约定之第三受益人给付(例如医疗契约、画肖像之契约);亦可能存在于债务人方,即仅得由债务人或原来约定之第三人为给付,例如在指定医师之医疗契约,债权人特别要求应由债务人自己(指定医师)给付。然也有特别约定,得委任他人共同或代债务人为给付者,例如在律师之委任契约中有得为复委任之约款。②

双方还可能约定,应由第三人给付("民法"第 268 条),或应向第三人给付("民法"第 269 条)。这主要适用于指示给付的情形。例如甲向乙购车,乙向汽车制造商丙进货,并指示丙直接对甲交货。在该交易链中,甲、乙约定,由第三人丙向甲给付;乙、丙约定,由丙向第三人甲给付。使他人代为受领之授权,除明示之授权外,亦得以给予债权人签名之收据于他人的方式为之。③ 是故,除非债务人已知或因过失而不知其无权受领,债权人纵无授予受领权,持有债权人签名之收据者,仍视为有受领权人("民法"第 309 条第 2 项)。④ 此为关于债权之受领处分权的表见代理。另破产人之债务人及属于破产财团之财产持有人,对于破产人不得为清偿或交付其财产,并应即交还或通知破产管理人("破产法"第 65 条第 1 项第 4 款)。亦即债权人经宣告破产者,应以破产管理人为其法定代理

---

① "最高法院"1959 年度台上字第 190 号民事判例:"债务人依债务本旨,向债权人以外有受领权之第三人为清偿,并经其受领者,依'民法'第三百零九条第一项,固使债之关系趋于消灭,唯该第三人如非基于受领权,而系受债务人委任代向债权人本人而为清偿时,则债之关系是否消灭,仍应视债权人实际已否受领清偿为断。"

② Esser/Schmidt, Schuldrecht Band I Allgemeiner Teil Teilband 1, 6. Aufl, S. 280ff..

③ 收据之法律性质视其目的而定。当仅作为债权人受领清偿给付或授予他人收取债权之代理权的证明文件时,属于事实通知,为一种准法律行为。当以之为代理权之授予("民法"第 167 条、第 169 条)或为礼貌之免除债务的表示方法,则属于法律行为。请参见 Esser/Schmidt, Schuldrecht Band I Allgemeiner Teil Teilband 1, 6. Aufl, S. 287.

④ Esser, Schuldrecht, 2. Aufl., Karlsruhe 1960, S. 303f..

人,代为受领之。又"债权人依'民法'第二百四十二条之规定,行使债务人对于第三债务人之债权时,虽应以其行使债权所得之利益归属于债务人,俾总债权人得均沾之,但不得因此即谓该债权人无受领第三债务人清偿之权限"(最高法院1932年度上字第305号民事判例)。

未成年人为债权人者,如果所涉债权,不是该限制行为能力人,依"民法"第77条但书,无须法定代理人之允许即得从事,或依第84条,就其处分之财产,有处分之能力,或依第85条,关于其营业,有行为能力等情形,则关于该债权之清偿,如需为意思表示或受意思表示,应得法定代理人之允许,或由法定代理人或向法定代理人为之。①

此外,还有债权人与债务人约定,容许债务人委任第三人替代债务人给付的情形。例如受任人如经委任人之同意或有习惯或有不得已之事由时,使第三人代为处理("民法"第537条)。在受任人得使第三人代为处理委任事务的情形,委任人对于该第三人关于委任事务之履行,有直接请求权("民法"第539条)。而受任人仅就第三人之选任及其对于第三人所为之指示,负其责任(第538条第2项)。因劳务契约之履行本来具有属人性,所以受任人如无"民法"第537条但书规定之情形,而使第三人代为处理委任事务,则就该第三人之行为,纵无过失,亦应与就自己之行为,负同一责任(第538条第1项)。然在承揽运送契约,承揽运送之营业人的业务本来即为,以自己之名义,为他人(托运人)之计算,使运送人运送物品而受报酬("民法"第660条第1项)。所以,承揽运送人,对于托运物品之丧失、毁损或迟到,虽应负责任,但能证明其于物品之接收保管、运送人之选定、在目的地之交付,及其他承揽运送有关之事项,未怠于注意者,不在此限(第661条)。② 其所负义务或责任与第538条第2项就适法复委任所规定的情形相同。在此种契约,债务人对债权人所负之债务为,为债权人寻觅适合之人,以对债权人提供约定之服务。

---

① "最高法院"1977年度台上字第1893号民事判例:"法定代理人通常固有受领清偿之权限,如为意定代理人,受领权之有无,尚应依授与代理权之范围定之。"

② 最高法院1932年上字第87号民事判例:"承揽运送人对于托运物品之丧失,能证明其于物品之接收、保管、运送人之选定、在目的地之交付及其他与运送有关之事项,未怠于注意者,固不负责任。但承揽运送人系以自己之名义,为委托人之计算,使运送人运送物品,依'民法'第六百六十条第二项准用同法第五百七十八条之规定,对于运送人自得行使权利,故运送人于运送物品之丧失应负损害赔偿责任时,唯承揽运送人得向运送人请求损害赔偿。依'民法'第六百六十条第二项、第五百七十七条、第五百四十一条之规定,承揽运送人自应向运送人行使其请求权,将其所受领之赔偿物交付委托人,或将其损害赔偿请求权移转于委托人,方可免其责任。"

(2)向第三人清偿

向无受领权之第三人清偿:继承人及受让人皆不是这里所称之第三人,而是新债权人。在(真正)利益第三人契约中之第三人,依该契约中之利益第三人的约款,该第三人事实上对于债务人有直接请求给付的权利。在此意义下,该受利益第三人实际上是该债务关系之债权人,而非第三人。[1] 至于在不含利益第三人意思之单纯向第三人给付之契约(不真正利益第三人契约),债权人与债务人间关于向第三人给付之表示,仅具有债权人对于债务人"指示"向第三人给付之意义,并不使第三人对于债务人取得直接请求给付的权利。然该第三人对于债务人虽无请求权,但有受领清偿给付之权利。不论是真正或不真正之利益第三人契约,除该契约为债权人(要约人)与债务人间之原因关系外,在债权人(要约人)与第三人间也应还另有原因关系。[2] 该两种原因关系分别支持债务人同意向第三人给付,以及债权人所以与债务人约定向第三人给付。债务人为给付后,第一个原因关系如果不存在,债务人对于债权人有不当得利返还请求权;第二个原因关系如果不存在,债权人对于第三人有不当得利返还请求权。但无论如何,债务人对于第三人无不当得利返还请求权。在此意义下,真正或不真正利益第三人契约,具有以契约约定透过"指示给付"行使债权,或依照"指示给付"履行债务的性质。因此,与债务关系发生后,始事后为"指示给付"之履行关系,在债务关系的发展上有相同之逻辑结构。

债务人所向为清偿给付之第三人无受领权者,因其受领如果有效,对于系争债权之存续具有处分的作用,所以无受领权而受领清偿给付,按无权处分之规范

---

[1] "最高法院"1994年度台上字第836号民事判例:"第三人利益契约系约定债务人向第三人为给付之契约,第三人有向债务人直接请求给付之权利,于债务人不履行债务时,对于债务人有债务不履行之损害赔偿请求权。而债权人亦有请求债务人向第三人为给付之权利,于债务人不履行向第三人为给付之义务时,对于债务人自亦有债务不履行之损害赔偿请求权。唯此二者,具有不同之内容,即第三人系请求赔偿未向自己给付所生之损害;而债权人则只得请求赔偿未向第三人为给付致其所受之损害。""利他契约之给付,系约定第三人为之,第三人有向债务人直接请求给付之权利,固有不履行给付之损害赔偿请求权,唯债权人亦有请求债务人向第三人为给付之权利,苟债权人因债务人不履行向第三人为给付之义务,致其受有损害时(如债权人与第三人约定,债务人不履行给付时,应对第三人支付违约金),自亦得请求债务人赔偿。"("最高法院"1977年度台上字第1204号民事判例)

[2] Esser/Schmidt, Schuldrecht Band I Allgemeiner Teil, Teilband 1, 6. Aufl, S. 283f.. "最高法院"1969年度台上字第3545号民事判例:"以使第三人取得给付请求权为标的之契约(利他契约),乃要约人与债务人间之契约,在要约人与第三人之间,固常有其原因关系(对价关系)之存在,然此原因关系,与利他契约之成立,并不生影响,第三人无须证明其原因关系之存在。"

模式加以规定。首先"民法"第 310 条第 1 项规定,其受领,经债权人承认①或受领人于受领后取得其债权者,有清偿之效力("民法"第 118 条第 1 项、第 2 项参照)。其次,第 2 项规定,受领人系债权之准占有人者,以债务人不知其非债权人者为限,有清偿之效力。此为相当于对表见代理人清偿之效力。该项所定债权之准占有人之所以取得表见债权人的地位,必须是因为债权人有引起表见事实之行为,且债务人因信赖该表见事实,而对该准占有人为给付。其典型为:债权人将其签名收据交付他人(引起表见事实之行为)。在这种情形,该项之规定内容在结果上与"民法"第 309 条第 2 项所定者无异:"持有债权人签名之收据者,视为有受领权人。但债务人已知或因过失而不知其无权受领者,不在此限。"由于他人债权之无权处分如果有效,会使该债权之清偿给付的利益无法律上原因移转于为处分之第三人,在这里,亦即移转于受领清偿之第三人,并使真正债权人受到损害。所以,构成不当得利。如债权人亦因其债务人向第三人为清偿,而受有利益,则其因该不当得利事件所受之损害,于债权人因而受利益之限度内,随同缩小。是故,该向第三人而为之清偿,于债权人因而受利益之限度内,亦有清偿之效力("民法"第 310 条第 3 款)。

(3)由第三人清偿

由未受债务人委任之第三人清偿:所谓第三人清偿,指第三人未受债务人之委任,而出于自己之意思,为清偿债务人之债务,而对债权人给付。是故,该第三人不是债务人在该债务之清偿上的履行辅助人。② 同理,"民法"第 268 条所定,"约定由第三人对于他方为给付"的情形,亦非这里所称之第三人清偿。盖该为清偿者虽称为第三人,但却是因受债务人委任而对债权人为清偿之第三人。在该条所定情形,第三人之所以为清偿,乃基于债务人之指示。所以称此为"指示给付"的关系。③ 在第三人清偿的情形,因为不是清偿自己之债,所以,为明确第三人所以为给付之目的,第三人应特别小心,对债权人清楚表示其为债务人清偿之意旨及要清偿之债。否则,容易引起错误或非债清偿("民法"第 180 条第

---

① 最高法院 1929 年上字第 1865 号民事判例:"债务之履行应向债权人为之,其向第三人而为给付者,应以债权人承认者为限,始生清偿之效力。"最高法院 1929 年上字第 2118 号民事判例:"债权之成立由于特定人间之法律关系,故债务人清偿债务应向债权人为之,苟将还债之资交付保证人,而未经债权人追认或已实受其利益者,不生清偿之效力。"

② Staudinger-Walter Selb, Kommentar zum Bürgerlichen Gesetzbuch, 2000, § 268 Rn. 4f. : 所清偿之债务如果不存在,在第三人清偿,该第三人对于债权人有不当得利返还请求权;在履行辅助人之清偿,债务人对于债权人有不当得利返还请求权。

③ Esser, Schuldrecht, 2. Aufl. , Karlsruhe 1960, S. 299f. .

3 款:"三、因清偿债务而为给付,于给付时明知无给付之义务者",不得请求返还)的问题。①

除当事人另有订定或依债之性质不得由第三人清偿外,债之清偿,原则上得由第三人为之。第三人之清偿,债务人有异议时,债权人得拒绝其清偿。但第三人就债之履行有利害关系者,债权人不得拒绝("民法"第 311 条)。此即第三人清偿。第三人清偿之效力依照为清偿之第三人就债之履行,是否有利害关系而定。哪一种人就他人之债之清偿有利害关系,法律并无明文规定。仅有散见于判决之类型。例如普通或连带保证人、②伙人、票据背书人。③ 物上保证人及担

---

① "最高法院"1991 年度台上字第 1189 号民事判决:"按第三人清偿,既系由债务人以外之第三人清偿债务人之债务,故第三人于清偿时应表明债务人为何人,俾资辨别其系就他人之债务而为清偿。但所谓表明债务人为何人,并非必须由第三人主动表明,倘债权人向第三人明示债务人之债务并未清偿,要求第三人代为清偿,第三人未予拒绝而为清偿,亦应认系第三人清偿。"

② "最高法院"2003 年度台上字第 637 号民事判决:"依'民法'第三百一十二条前段所定:就债之履行有利害关系之第三人为清偿者,得按其限度就债权人之权利,以自己之名义,代位行使之旨,因保证关系系存在于债权人与保证人间,债务人与保证人间并无内部分担问题;而就债权人与债务人间之借贷关系言,保证人又非当事人,应认其亦属'就债之履行有利害关系之第三人'。被上诉人于第一审主张依'民法'第三百一十二条规定取得代位权,自属有据。""最高法院"2010 年度台上字第 915 号民事判决:"保证债务之所谓连带,系指保证人与主债务人负同一债务,对于债权人各负全部给付之责任者而言,连带保证与普通保证不同,纵使无'民法'第七百四十六条所揭之情形,亦不得主张同法第七百四十五条关于检索抗辩之权利(本院 1956 年台上字第 1426 号判例参见);唯此系对债权人之关系而言,乃连带保证为保证之一种,并非连带债务,其特点在于其债务不失其附从性,主债务人与连带保证人间之关系,应适用关于保证之规定,主债务人与连带保证人间并无分担部分。连带保证人自系'民法'第三百十二条所定就债之履行有利害关系之第三人,其对债权人为清偿者,于其清偿之限度内承受债权人之权利,但不得有害于债权人之利益。"

③ "最高法院"2009 年度台上字第 1104 号民事判决:"按就债之履行有利害关系之第三人为清偿者,于其清偿之限度内承受债权人之权利,'民法'第三百十二条前段定有明文。准此,该第三人即得按其代位清偿限度就债权人之权利,以自己之名义,行使债权人之权利。所谓第三人就债之履行有利害关系,系指该第三人因清偿而发生法律上之利害关系者而言,是以物上保证人清偿抵押权担保之债权、合伙人清偿合伙债务、连带保证人清偿保证之债务等,自均属就债之履行有利害关系之第三人。至于票据背书人固不因票据背书行为而当然负有民法规定之保证人责任,然并不排除票据背书人,于具备民法所定之保证人要件时,亦同负保证责任,而得于其清偿限度内适用'民法'第三百十二条之规定。"

保财产之第三取得人，①约定负催收借款之责任之中介，②系争债务据以发生之债务契约在缔结上之债权人方的代理人。③但不含共同债务人。其理由为：共同债务人非债务关系之第三人，其为清偿时，所清偿之债权，因目的已达而消灭，所以，不能再让"为清偿之共同债务人"承受。④"最高法院"认为，连带债务人、

---

①　"最高法院"1976年度台上字第796号民事判例："物上保证人及担保财产之第三取得人，均属'民法'第三百十二条所指就债之履行有利害关系之第三人，自抵押权言，所谓物上保证人，乃非债务人而为设定抵押权行为之当事人，亦即非债务人设定抵押权契约之设定人，所谓担保财产之第三取得人就抵押权而言，即抵押物第三取得人，亦即抵押权设定之后取得抵押物之人。"

②　最高法院1940年上字第1354号民事判例："借款时在场之中人虽非保证人，但约明该中人有催收借款之责任者，就借款之返还非无利害关系，如该中人清偿此项债务，即有'民法'第三百十二条之权利。"

③　"最高法院"1996年度台上字第3050号民事判决："上诉人于原审除称其分别代理西北公司等订立前开运送契约，并与西北公司等有商业上之利害关系外，并主张：在法律上西北公司等亦不免指责伊选择客户不当，依侵权行为或'民法'第五百四十四条规定之法律关系，请求伊赔偿其损害等语。如果属实，则能否谓上诉人就系争运费之履行非属有利害关系之第三人，非无疑义。"

④　"最高法院"1997年度台上字第46号民事判决："'民法'第三百十二条所指之第三人，系指债务人以外之第三人。所谓就债之履行有利害关系之第三人，即指第三人因清偿而发生法律上之利害关系而言，如担保物所有人、保证人、无担保债权之债权人、中人等均是。倘系为共同债务人，则其依债务本旨向债权人为清偿，并经债权人受领时，则债之关系消灭，从属于债权之抵押权或其他担保物权亦归消灭，自不生继受债权人之担保权及以自己名义代位行使债权之问题。"

共同保证人、①共同继承人即是共同债务人，而非有利害关系之第三人②，是否妥当，值得检讨。否认其为有利害关系之第三人的影响为：排斥"民法"第 312 条关于所清偿债权之法定承受的适用。

虽因"民法"第 281 条第 2 项对连带债务人、第 749 条对共同保证人皆已有与"民法"第 312 条相同意旨之法定承受的规定，③而使容其适用"民法"第 312 条，有必要性的疑问，但法律就具有一定特征之要件事实，重复给予有相同效力之一般规定及具体规定的情形，并不少见。当中，其一般规定与具体规定有互为印证，加强其法律确信的意义，不生矛盾。④ 在有此种规定之情形存在时，依该

---

① "最高法院"1982 年度台上字第 5054 号民事判决："两造及诉外人陈某雄既同为诉外人谢某霞之连带保证人，以保证债权人台湾省合作金库之叁拾万元借款债权，则对于债权人言，保证人固与债务人连带负履行债务之责任；于共同保证人间则依'民法'第七百四十八条规定连带负保证责任，故连带债务之规定，于保证人间当亦有其适用。"共同保证人对于债权人所负之连带债务，为关于保证责任之债务，称为保证连带；而非关于主债务人所负之债务的连带责任，称为连带保证。此为保证连带与连带保证之区别。连带保证，指保证人抛弃"民法"第 745 条所定先诉抗辩权之保证（"民法"第 746 条）。

② "最高法院"1997 年度台上字第 1338 号民事判决：'就债之履行有利害关系之第三人为清偿者，得按其限度，就债权人之权利，以自己之名义，代位行使'，'民法'第三百十二条固定有明文。唯所谓就债之履行有利害关系之第三人，因台湾地区'民法'就共同债务人之清偿代位已为列举规定，例如'民法'第二百八十一条第二项之连带债务人、第七百四十九条之共同保证人、第一千一百五十三条之共同继承人等等，故本条所称第三人，应解释为共同债务人以外，因清偿而受有法律上之利益者而言。""最高法院"1998 年度台上字第 949 号民事判决："民法就共同债务人之清偿代位已为列举规定，是同法第三百十二条所指就债之履行有利害关系之第三人，固不应包括共同债务人在内，唯清偿人如除共同债务人之身分外，尚且兼其该条所称第三人身份者，于以第三人身份清偿时，法律并未限制应依共同债务人清偿代位之列举规定求偿，自无不准依'民法'第三百一十二条规定行使权利之理。"

③ "民法"第 1153 条虽然规定："继承人对于被继承人之债务，以因继承所得遗产为限，负连带责任（第一项）。继承人相互间对于被继承人之债务，除法律另有规定或另有约定外，按其应继分比例负担之（第二项）"，但并未重申"民法"第 281 条之规定。然因继承人对于被继承人之债务，在其继承所得遗产之限度，负连带责任，所以，"民法"第 281 条对于依"民法"第 1153 条成立之连带债务，亦应有适用。

④ 不同的看法，"最高法院"2003 年度台上字第 1440 号民事判决："按连带债务人清偿连带债务，系基于债务人之身份而自为清偿，与'民法'第三百一十二条规定之第三人清偿，系基于第三人之身份而为清偿者，并不相符。连带债务人清偿连带债务后，其求偿权及代位权直接适用'民法'第二百八十一条之规定，而无再适用'民法'第三百十二条规定之必要。本件原判决理由第五项，认被上诉人以利害关系人之身份清偿系争六百万元债务后，依'民法'第三百一十二条规定，可代位债权人之地位，请求许（某甲）返还 2959033 元；唯于理由第六项，又认被上诉人依连带债务内部分担之法律关系，请求许（某甲）返还 2959033 元，为有理由，应予准许，其理由前后显有矛盾。"

等规定而发生之请求权,可能构成请求权竞合或请求权规范竞合。是故,有利害关系而为清偿之第三人如依其与债务人之内部关系,另有意定或法定之求偿权者,[①]该求偿权与上述承受自债权人之请求权,因目的相同,可构成请求权竞合,得择一而为行使。[②]

债务人自己为清偿者,无"民法"第 312 条之适用。[③] 必须是就债之履行有

---

① 决定连带债务人相互间之分担义务的基础原则为:"民法"第 280 条所定:"连带债务人相互间,除法律另有规定或契约另有订定外,应平均分担义务。但因债务人中之一人应单独负责之事由所致之损害及支付之费用,由该债务人负担。"是故,必须在法律及契约皆无规定或订定,且无该条但书所定情形,始由连带债务人平均分担。例如关于合伙,"民法"第 677 条规定:"分配损益之成数,未经约定者,按照各合伙人出资额之比例定之。仅就利益或仅就损失所定之分配成数,视为损益共通之分配成数。以劳务为出资之合伙人,除契约另有订定外,不受损失之分配。"所以,就合伙债务,如无特约时,应按照各合伙人出资额之比例定其应分担比例。是故,如有合伙人之一对于合伙之债权人为清偿,而无合伙财产可供取偿时,得按该比例,向他合伙人请求偿还各自分担之部分,并自免责时起之利息("民法"第 281 条第 1 项)。在公司向银行借款,并由全体股东共同向银行保证的情形,其保证责任之内部分担,当亦应按其出资比例定之。

② "最高法院"1995 年度台上字第 669 号民事判决:"连带债务人中之一人,因清偿或其他行为,致债务人同免责任者,依'民法'第二百八十一条第一项规定,得向他债务人行使求偿权,请求偿还其各自分担之部分,并自免责时起之利息。又依同条第二项规定,免责行为人不仅得以自己名义行使求偿权,且于求偿权范围内承受债权人之权利,而得当然代位债权人行使其对他债务人之权利。免责行为人行使其固有之求偿权及代位行使债权人之权利,均系为同一之目的,属请求权之竞合,免责行为人自得择一而为行使。"Staudinger-Walter Selb, Kommentar zum Bürgerlichen Gesetzbuch, 2000, § 268 Rn. 15.

③ "最高法院"1987 年度台上字第 2302 号民事判决:"就债之履行有利害关系之第三人为清偿者,得按其限度,就债权人之权利,以自己之名义代位行使,固为'民法'第三百五十二条本文所明定。唯此规定,仅于第三人为清偿时,有其适用。若清偿人即为债务人时,自不在本条适用之列。"

利害关系之第三人为清偿者,始于其清偿之限度内承受债权人之权利,[①]但不得有害于债权人之利益("民法"第 312 条)。[②] 亦即该债权在经第三人清偿后,并不消灭,[③]而只是依该条规定,含该债权之担保及其他从属权利,法定地移转于

---

① "民法"第 312 条原来规定,在有利害关系之第三人清偿时,得代位行使债权人之权利,而后才修正为"承受债权人之权利"。唯即便在修正前,在实务上皆已解释为,依该条规定,第三人因清偿而法定受让债权人之权利。"最高法院"1995 年度台上字第 1688 号民事判决:"按'民法'第三百十二条所称之第三人代位系一种法律上之债权移转,同法第二百九十五条第一项有关'让与债权时,该债权之担保及其他从属之权利,随同移转于受让人'之规定当应类推适用。若就债之履行有利害关系之第三人为全部清偿者,其得行使代位权之范围,应为债权人原权利之全部,并及于人之担保或物之担保等一切从属之权利,此固为当然之解释。唯所谓第三人代位权,应仅系债权经法律规定移转后,第三人得居于债权人之地位,以自己名义代位行使权利而已,原债权人并不负担移转之义务。亦即原债权及其从属之担保权,无待乎原债权人之移转,因法律之规定当然移属于该第三清偿人。次按给付之诉,原告须对被告有私法上之请求权存在,而被告对于原告有给付之义务,原告之诉权始克成立。"Esser/ Schmidt, Schuldrecht Band I Allgemeiner Teil Teilband 1, 6. Aufl, S. 282.

② 类似之规定有:连带债务人之求偿权及代位权。"民法"第 281 条:"连带债务人中之一人,因清偿、代物清偿、提存、抵销或混同,致他债务人同免责任者,得向他债务人请求偿还各自分担之部分,并自免责时起之利息(第一项)。前项情形,求偿权人于求偿范围内,承受债权人之权利。但不得有害于债权人之利益(第二项)。"保证人或抵押人之代位权:第 749 条规定:"保证人向债权人为清偿后,于其清偿之限度内,承受债权人对于主债务人之债权。但不得有害于债权人之利益。"第 879 条第 1 项规定:"为债务人设定抵押权之第三人,代为清偿债务,或因抵押权人实行抵押权致失抵押物之所有权时,该第三人于其清偿之限度内,承受债权人对于债务人之债权。但不得有害于债权人之利益。"在保证人或抵押人任意或受强制而为清偿后,从上开规定有与"民法"第 312 条所定者相同之效力反推,就债之履行,保证人或抵押人是第 312 条所定典型的有利害关系之第三人。至于连带债务人本身,在外部连带上本来固即是债务人,但在内部连带上,因各连带债务人还是仅就其应分担负清偿责任。所以就其他连带债务人应分担部分,其清偿仍有第三人为他人清偿债务之性质。不同见解有,"最高法院"2003 年度台上字第 1440 号民事判决:"按连带债务人清偿连带债务,系基于债务人之身份而自为清偿,与'民法'第三百一十二条规定之第三人清偿,系基于第三人之身份而为清偿者,并不同。连带债务人清偿连带债务后,其求偿权及代位权直接适用'民法'第二百八十一条之规定,而无再适用'民法'第三百十二条规定之必要。"

③ "最高法院"1980 年度台上字第 3953 号民事判决:"依'民法'第三百十二条前段规定,就债之履行有利害关系之第三人为清偿者,得按其限度就债权人之权利,以自己之名义,代位行使,故第三人之代位清偿,并不致债务人之债务当然消灭。"

为清偿之有利害关系的第三人。[1]

清偿人行使其法定受让之债权时,不得有害于债权人之利益的意旨,主要指清偿人如仅为一部清偿,则在就该债权之担保物权取偿时,其因此受让之部分债权的清偿顺位,应后于该债权人在该笔债权中其余尚未受偿之部分。不过,债权人对于债务人如在该笔债权之外,尚有其他债权时,该其他债权与该笔债权中法定让与清偿人之部分及其余尚未清偿之部分,皆应依其本来之受偿顺序受偿。例如取偿之标的如系该笔债权之担保物,则清偿人法定受让之部分债权的清偿顺位优先于该债权人之其他不受其担保之债权。其他债权如亦是该担保物所担保之债权,且担保顺位相同时,则该担保物卖得之价金,先充债权人该笔债权之其余尚未清偿部分后,其余额,应由其他债权及清偿人法定受让之部分债权,按比例平等受偿。[2]

该移转之依据虽是法律,而不是法律行为,但为保护债务人之利益,依“民法”第 313 条,为清偿之第三人仍应对债务人通知,该移转对于债务人始生效力(准用“民法”第 297 条)。此外,“债务人于受通知时,所得对抗让与人之事由,皆得以之对抗受让人。债务人于受通知时,对于让与人有债权者,如其债权之清偿期,先于所让与之债权或同时届至者,债务人得对于受让人,主张抵销”(准用“民法”第 299 条)。是故,其清偿并不影响债务人之债务的内容、抗辩权、抵销权及其时效利益。[3] 因就债之履行有利害关系之第三人为清偿后所取得之权利系受

---

[1]　“最高法院”1994 年度台上字第 1395 号民事判决:“按就债之履行有利害关系之第三人为清偿者,得按其限度就债权人之权利,以自己之名义,代位行使。‘民法’第三百十二条前段定有明文。查本件参加人于清偿上开债务时,系以抵押物所有人之资格为之,如得认其就债之履行为有利害关系之第三人,则因清偿之结果,当然代位行使债权人即上诉人之权利。又因其代位行使之结果,上诉人之债权及该债权之担保,当然移转于参加人,债务人之债务并不消灭,上诉人自得据以拒绝涂销系争抵押权设定登记。原审谓参加人之清偿是否代位清偿,及其得否代位行使系争抵押权,均非上诉人得据以拒绝涂销登记之事由,非无可议。”纵使是抵押人代主债务人为清偿,其法定承受所清偿之债权及从属之担保物权,亦有实益。该抵押权不因抵押人及抵押权人同属一人而消灭。

[2]　Staudinger-Walter Selb, Kommentar zum Bürgerlichen Gesetzbuch, 2000, § 268 Rn. 16.

[3]　“最高法院”1980 年度台上字第 681 号民事判决:“查‘民法’第三百十二条规定,就债之履行有利害关系之第三人为清偿者,得按其限度就债权人之权利,以自己之名义代位行使。所谓债权人之权利,自系指债权人之原有权利,且代位行使债权人之权利时,其债务人依‘民法’第三百十三条准用同法第二百九十九条结果,并得以其所得对抗债权人之事由,对抗该代位行使之第三人。”

让自债权人对于债务人之债权，所以其消灭时效应以债权人之请求权为准。[①]

有利害关系之第三人用来清偿债务的方法，除如实依债之内容给付外，亦可能经债权人之承诺，以他种给付（异种给付）现实为代物清偿，[②]或在符合抵销适状时，亦得以抵销的方法为之。[③] 唯抵销适状要件当中之互负债务，应以有利害关系之第三人对于债权人之债权为主动债权。[④] 为清偿之第三人如非有利害关系之第三人，债权人得拒绝其清偿。当涉及以抵销的方法清偿时，如不为拒绝，是否得解释为债权人以默示的方法与第三人缔结抵销契约？应采否定的见解，以符合关于"互负债务"之抵销适状的要件规定。

保证契约虽由保证人与债权人另为缔结（"民法"第 739 条），与其保证之债务所据以发生之原因关系不同，但保证债务对于其保证之主债务仍然具有从属性。是故，若主债务的消灭时效完成，则就保证债务，即便保证人有抛弃先诉抗辩权，或甚至主债务人有抛弃其时效抗辩权，保证人对于债权人依然有时效抗辩权（"民法"第 742 条）。因此，在主债务的消灭时效完成时，可能使债权人不得转向保证人请求清偿，或与其对于保证人之债务主张抵销。[⑤] 在保证之主债务消灭时效完成时，债权人与债务人互负之债务已达于抵销适状者，保证人并得以债权人对于债务人所负之债务，与自己保证之债务主张抵销（"民法"第 742 条之一）。

然为清偿之第三人就债之履行无利害关系时，其清偿生清偿效力，所清偿之债务因而消灭。如其清偿不违反"本人明示或可得推知之意思，以有利于本人之

---

①　"最高法院"1988 年度台上字第 2215 号民事判例："就债之履行有利害关系之第三人为清偿后，依'民法'第三百十二条规定，以自己之名义所代位行使者，系债权人之权利，而非第三人之求偿权。第三人之求偿权虽于代为清偿时发生，但第三人以自己之名义代位行使债权人之权利时，其请求权是否因罹于时效而消灭，应以债权人之请求权为准。"

②　"最高法院"1953 年度台上字第 843 号民事判例："债之清偿虽得由第三人为之，但第三人代为之清偿，仍须依债务之本旨，如以他种给付代原定之给付，自非得债权人之承诺不可。"

③　"最高法院"1978 年台上字第 1647 号民事判例："被告对于原告起诉主张之请求，提出抵销之抗辩，只需其对于原告确有已备抵销要件之债权即可，至原告对于被告所主张抵销之债权曾有争执，或被告已另案起诉请求，均不影响被告抵销权之行使。"

④　孙森焱：《民法债编总论》下册，作者自刊，2004 年修订版，第 1113 页。关于有利害关系之第三人清偿，德国民法第 268 条有具体的规定："债权人就债务人之标的为强制执行时，对该标的之权利有因该强制执行而丧失之虞者，得对债权人为清偿。物之占有人因强制执行而有丧失占有之虞者，亦同（第一项）。该清偿得以提存或抵销为之（第二项）。只要债权人受满足，其债权移转于清偿人。该移转不得不利于债权人而行使（第三项）。"

⑤　孙森焱：《民法债编总论》下册，作者自刊，2004 年修订版，第 1114 页。

方法为之"("民法"第 172 条);或虽违反本人明示或可得推知之意思,但"管理系为本人尽公益上之义务,或为其履行法定扶养义务,或本人之意思违反公共秩序善良风俗者",则构成适法无因管理("民法"第 174 条第 2 项、第 176 条第 2 项)。如不符合适法无因管理之要件,其清偿仍使债务人因而受有利益。是故,无利害关系之第三人的清偿,如不构成无因管理,将构成不当得利。①

6. 有履行结果才有清偿效力

因有履行结果,而非因有履行行为,而有清偿效力,使债务人免于再受债权人之给付的请求。债务人提出之给付如为债权人拒绝受领,虽不能生清偿效力,但只要其给付符合债务本旨,不但债权人因此应负受领迟延之责任,而且债务人得以提存,代替清偿为履行的方法。② 此外,在债权人受领迟延时,③有交付不动产义务之债务人,于债权人受领迟延后,得抛弃其占有,以代交付("民法"第 241条)。④ 但债权人如未受领迟延,即不得以抛弃占有替代交付。⑤ 此外,抛弃占

---

① "最高法院"1996 年度台上字第 1821 号民事判决:"由'民法'第三百十二条及同法第三百十一条之规定合并观之,就债之履行有利害关系之第三人,为债务人清偿债务时,纵债务人有异议,债权人仍不得拒绝其清偿,而第三人得就其清偿之限度,代位债权人行使其对债务人之权利;就债之履行无利害关系之第三人,为债务人清偿债务时,如债务人有异议时,债权人得拒绝其清偿,倘债权人不为拒绝,该债权固仍因第三人之清偿而获得满足,唯第三人尚无从依'民法'第三百十二条之规定代位债权人行使其对债务人之权利。此项不利益乃第三人自己之行为所造成,自应由其承担结果。至债务人有无因第三人之清偿而获得不当利益,乃第三人得否本于其他法律关系对债务人有所主张之问题。"

② Esser, Schuldrecht, 2. Aufl., Karlsruhe 1960, S. 303.

③ "最高法院"1997 年度台上字第 865 号民事判决:"上诉人于租约届满时,拒绝将系争房屋返还被上诉人,于火灾后,该房屋受损已非租赁期满当时状态,此有公证理算报告书中照片七张附卷可证,自难谓该受损之房屋系依债务本旨应返还之系争房屋,上诉人既未能按债务本旨准备完成,其虽通知被上诉人,被上诉人亦无受领之义务及受领迟延之可言,是上诉人以邮局存证信函对被上诉人表示抛弃占有,核与'民法'第二百四十一条规定要件不合,尚难据以免除返还系争房屋之义务。"该判决所示情形为:在债务人给付迟延中发生给付不能,债务人依"民法"第 231 条,应负损害赔偿责任。

④ "民法"第 241 条不得类推适用于动产之受领迟延。"最高法院"1997 年度台上字第2794 号民事判决:"被上诉人陈称:陈水盛于 1996 年 5 月 3 日将种鸡 38800 只送至上诉人鸡舍时,上诉人避不接受等情,就令是实,上诉人不过受领迟延,依'民法'第二百三十七条至第二百四十一条规定,被上诉人在上诉人迟延中,固仅就故意或重大过失,负其责任,并得请求上诉人赔偿其提出及保管给付物之必要费用,然并无弃置给付物不予保管,任其毁坏之权利。"

⑤ "最高法院"2012 年度台简上字第 16 号民事判决:"有交付不动产义务之债务人,依'民法'第二百四十一条之规定,必于债权人迟延后,抛弃其占有,始得免除其交付义务。"

有,应预先通知债权人。但不能通知者,不在此限。在抛弃占有时,应解释为,该不动产之占有经债务人抛弃时,转为债权人占有。这是基于所有权之效力完整性,首先予以拟制之占有的归属状态。然如果在债务人抛弃占有后,债权人迟迟未实际占有该不动产,以致被他人无权占有,则该无权占有人即使无占有之权源,仍因事实上管领该不动产而成为其占有人。其占有之法律上利益受"民法"关于占有规定之保护,"占有人于占有物上行使之权利,推定其适法有此权利",他人除能自证为所有权人者外,①皆不得否认其占有之适法性("民法"第943条)。

7. 清偿费用之负担

"清偿债务之费用,除法律另有规定或契约另有订定外,由债务人负担。但因债权人变更住所或其他行为,致增加清偿费用者,其增加之费用,由债权人负担。"("民法"第317条)"提存拍卖及出卖之费用,由债权人负担。"("民法"第333条)

关于买卖之清偿费用的负担,有下列规定:(1)交付前负担危险之买受人的费用返还义务:"标的物之危险,于交付前已应由买受人负担者,出卖人于危险移转后,标的物之交付前,所支出之必要费用,买受人应依关于委任之规定,负偿还责任。前项情形,出卖人所支出之费用,如非必要者,买受人应依关于无因管理之规定,负偿还责任。"("民法"第375条)(2)买卖费用之负担:"买卖费用之负担,除法律另有规定或契约另有订定,或另有习惯外,依左列之规定:一、买卖契约之费用,由当事人双方平均负担。二、移转权利之费用,运送标的物至清偿地之费用,及交付之费用,由出卖人负担。三、受领标的物之费用,登记之费用及送交清偿地以外处所之费用,由买受人负担。"("民法"第378条)(3)买卖费用之偿还与买回费用之负担:"买卖费用由买受人支出者,买回人应与买回价金连同偿还之。买回之费用,由买回人负担。"("民法"第381条)

8. 债之标的之变更

依契约原则,欲变更既存之债之标的,应由债权人及债务人,以契约的方式为之。在该契约之缔结,债务人以提出他种给付代原定之给付为要约,并经债权

---

① 最高法院1940年上字第378号民事判例:"确认土地所有权存在之诉,原告就所有权存在之事实,固有举证之责任。唯原告如为占有该土地而行使所有权之人,应依'民法'第九百四十三条推定其适法有所有权者,依'民事诉讼法'第二百八十一条之规定,除被告有反证外,原告即毋庸举证。""最高法院"1950年度台上字第127号民事判例:"占有人以占有之事实,而主张占有物之所有权者,必争执此所有权之人无相反之证明,或其所提出之反证无可凭信,始依'民法'第九百四十三条规定,生推定之效力。"

人以受领的方式为承诺者,该债之标的因而变更,该债务并同时因清偿而消灭("民法"第319条)。① 此即代物清偿。其特征为:债务人必须现实为他种给付之提出,并为变更债之标的之要约,而不得以言辞的方式提出。因此,代物清偿具有要物性。② 如债务人仅以言辞对债权人为变更债之标的之要约,则如其要约之内容:以负担新债务替代旧债务,且在新债务履行前,旧债务即因债权人之承诺而消灭,则如是缔结之契约为债之标的之"更改"。在更改,旧债务之从权利亦随同消灭。③ 反之,如约定在新债务不履行时,其旧债务仍不消灭,则如是

---

① 最高法院1939年上字第1977号判例:"清偿既须依债务本旨为之,则以他种给付代原定之给付,自非得债权人之承诺不可,故必债务人以代原定给付之意思为他种给付,债权人之受领他种给付亦系以许代原定给付之意思为之者,始与'民法'第三百十九条之规定相符。若债务人未得债权人之承诺,自以代原定给付之意思而为他种给付,债权人则以增加担保或其他之意思而受领者,债之关系不能因此消灭。""最高法院"1963年度台上字第3696号民事判例:"代物清偿系一种消灭债之方法,故债权人与债务人间授受他种给付时,均须有以他种给付代原定给付之合意,代物清偿始能认为成立。代物清偿经成立者,无论他种给付与原定之给付其价值是否相当,债之关系均归消灭。""最高法院"1980年度台上字第1860号民事判决:"依'民法'第三百十九条规定:债权人受领他种给付,以代原定之给付者,其债之关系消灭。故所谓代物清偿须债务人以代原定给付之意思为他种给付,债权人之受领他种给付亦系以许代原定给付之意思为之者,始足当之。"

② "最高法院"1976年台上字第1300号判例:"代物清偿为要物契约,其成立仅当事人之合意尚有未足,必须现实为他种给付,他种给付为不动产物权之设定或转移时,非经登记不得成立代物清偿。如仅约定将来应为某他种给付以代原定给付时,则属债之标的之变更,而非代物清偿。""最高法院"1998年度台简上字第55号民事判决:"代物清偿为要物契约,若未现实提出给付,即未践行不动产所有权移转登记,原债务自无消灭之理。原审遽将代物清偿和解书之给付约定,认系诺成契约,不论有无现实给付,当事人均应受拘束,原债之关系即归消灭,进而谓被上诉人之保证责任自亦不复存在,而为上诉人败诉之判决,其法律见解不无违误。""最高法院"2008年度台上字第52号民事判决:"按'民法'第三百二十条规定:因清偿债务而对于债权人负担新债务者,除当事人另有意思表示外,若新债务不履行时,其旧债务仍不消灭。乃学说上所谓之新债清偿,依该规定,其新债务不履行,旧债务仍不消灭。而同法第三百十九条规定:债权人受领他种给付以代原定之给付者,其债之关系消灭。即学说上所称之代物清偿。依此规定,代物清偿系一种消灭债之方法,且为要物契约,其成立除当事人之合意外,必须现实为他种给付,始生消灭债务关系之效力。"

③ "最高法院"1986年度台上字第1107号民事判决:"清偿债务而对于债权人负担新债务,有使旧债务消灭之意思表示者,该项意思表示,即为'民法'第三百二十条中除外规定所谓之'当事人另有意思表示',其因此而成立之契约,称之为更改。又保证为从债务,主债务苟由于更改而消灭,其从属之保证债务,应随同消灭,自亦当然。"

缔结之契约为债之"间接给付"（新债清偿）（"民法"第 320 条）。① 究竟有无透过负担新债务,消灭旧债务之意思,为契约之解释的问题。② 不论是代物清偿、更改或"间接给付"（新债清偿）,所变更者均只是债之标的,其法律上原因并不因债之标的之变更的约定而改变。原来之法律上原因为赠与时,关于赠与之特别规定,例如债务不履行责任及瑕疵担保义务之减轻（"民法"第 410 条、第 411 条）、悔约权（"民法"第 408 条第 1 项）、忘恩撤销权（"民法"第 416 条）、赠与人之穷困抗辩（"民法"第 418 条）等,对于债之标的变更后之债皆仍有其适用。③ 同理,原来之原因行为系法令禁止之行为者,其替代之新债务亦属因法令禁止之行为而发生之债务。④

债务人为清偿旧债务所现实提出之给付如为票据,并为债权人受领时,双方之合意究为代物清偿、更改或"间接给付"（新债清偿）,引起疑问。"最高法院"的见解曾犹疑于二者之间:"最高法院"2010 年度台上字第 62 号民事判决:"唯查因清偿债务而对于债权人负担新债者,除当事人另有意思表示外,若新债务不履行时,其旧债务固仍不消灭。唯必债务人不履行新债务时,债权人始得请求其履行旧债务,此观'民法'第三百二十条之规定自明。如附表所示编号五、六、七、八、九等五张支票,似系诉外人卢某甲提示兑现,有该支票复印件可稽（见原审卷 70 页以下）。原审既认上诉人签发如附表所示九张支票交付吴某乙以清偿买卖价金,系属新债清偿,则吴某乙于收受上开扣押命令前,倘已将该编号五、六、七、八、九等五张支票转让他人,能否谓其得请求上诉人清偿价金债务,而对上诉人仍有债权存在,即滋疑问。原审就上开事项未调查审认,遽为上诉人不利之判决,已有可议。次查'民法'第三百十九条所定,债权人受领他种给付以代原定之给付者,其债之关系消灭。所称他种给付,并未排除支票之交付。故债务人与债

---

① "最高法院"2010 年度台上字第 1583 号民事判决:"按当事人为清偿旧债务而成立之新债务,究为旧债务消灭之债之更改,或旧债务不消灭之新债清偿,端视双方有无消灭旧债务之意思而定。凡无旧债务消灭之合意者,若新债务不履行时,其旧债务仍不消灭,此系'民法'第三百二十条本文规定新债清偿之情形;倘另有消灭旧债务之意思表示,即属同条除外规定债之更改之情形,不容混淆。是所谓借新还旧,于双方无消灭旧债务之合意时,仍为新债清偿,旧债务不因清偿期、利息等非关债之要素之变更而当然消灭。"

② "最高法院"1952 年台上字第 700 号民事判例:"上诉人既自愿照约定数额另行设定抵押权,书立银钱借据付与被上诉人收执,以清偿前欠之债务而负担新债务,被上诉人亦将以往之借用证书退还上诉人,其有消灭旧债务之意思表示初无容疑。"

③ Esser, Schuldrecht, 2. Aufl., Karlsruhe 1960, S. 307.

④ "最高法院"1955 年度台上字第 421 号民事判例:"赌博为法令禁止之行为,其因该行为所生债之关系原无请求权之可言,除有特别情形外,纵使经双方同意以清偿此项债务之方法而变更为负担其他新债务时,亦属脱法行为,仍不能因之而取得请求权。"

权人约定,由债权人受领债务人签发之支票以代原定之给付,资为代物清偿者,并非法所不许。原审未叙明其认定上诉人与吴某乙间未约定票据债务不履行时,旧债务已消灭之依据,复以上诉人并未现实为他种给付为由,认其与吴某乙间并无代物清偿契约存在,亦嫌速断。本件事实未臻明了,本院尚无从为法律上之判断。上诉论旨,指摘原判决违背法令,求予废弃,非无理由。"

　　按以票据作为支付方法,清偿货款债务为习见之清偿方法。鉴于票据之签发仅使发票人负票据债务,票据受领人尚待于经提示而获得被指示人付款时,始能实现其票据债权,所以,与该票据债权有请求权竞合关系之货款债权,也自当待该票据债务之清偿,始在受满足之限度,同归于消灭。[1] 关于为清偿旧债务而为指示证券之签发时,该指示证券债务与旧债务之关系,"民法"第七百十二条规定:"指示人为清偿其对于领取人之债务而交付指示证券者,其债务于被指示人为给付时消灭(第一项)。前项情形,债权人受领指示证券者,不得请求指示人就原有债务为给付。但于指示证券所定期限内,其未定期限者于相当期限内,不能由被指示人领取给付者,不在此限(第二项)。"该条上开规定明白将"指示人为清偿其对于领取人之债务而交付指示证券",定性为间接给付(新债清偿)。是故,该判决中所持下述见解:"'民法'第三百十九条所定,债权人受领他种给付以代原定之给付者,其债之关系消灭。所称他种给付,并未排除支票之交付。故债务人与债权人约定,由债权人受领债务人签发之支票以代原定之给付,资为代物清偿者,并非法所不许。"因显然与该条规定之意旨及与票据之签发尚属负担债务,不属于真正之现实给付的性质不符,而有所不妥。债权人将因间接给付之约定而受领之票据(背书)交付于他人,并未实现其票据债权。在该票据未获兑现时,仍可能因其被背书人之追索,而负给付该票据所载票款的债务。是故,债权人背书转让该票据不是债务人之旧债务的消灭要件。旧债务之消灭要件为:该票据债务获得兑现。[2] 旧债务之债权人应待自己或其持有人(被背书人)提示票据,

---

　　[1] Apostolos Georgiades, Die Anspruchskonkurrenz im Zivilrecht und Zivilprozeßrecht. München 1967, S. 236ff.. 然在一般之请求权竞合,其债权人原则上有权利自由决定,先行使有竞合关系之请求权中之任一请求权,而在新债清偿,债权人应先行使新债权,待其行使而不能获得清偿时,始得行使旧债权。

　　[2] "最高法院"1959 年度台上字第 1208 号民事判例:"上诉人将第三人所签发之支票依背书交付与被上诉人,并未将被上诉人持有之借据收回或涂销,显系以负担票据债务为使被上诉人受清偿之方法,票据债务既未因履行而消灭,则两造间原有之消费借贷债务,自仍属存在。"

请求付款,而经拒绝付款时,始得据旧债务对债务人请求给付货款。[①] 在这种情形,必须注意:持票人之追索权优先于债权人对于发票人之(旧)货款债权。所以,债权人若要行使其旧债权,必须先取得该票据。如被背书人越过债权人,直接对发票人(旧债务之债务人)行使追索权("票据法"第 85 条、第 122 条、第 144条),而获得全额付款时,旧债务依然消灭。

鉴于以指示证券作为支付工具之方便性,"民法"第 712 条第 3 项并规定:"债权人不愿由其债务人受领指示证券者,应实时通知债务人。"要之,由债务人以负担新债务的方法,清偿旧债务对于债权人除有因债务人承认债务而中断时效的利益外,原则上并不增加债权人的利益。所以有疑义时,应推定为新债清偿(间接给付),必须待新债务清偿后,旧债务才随同消灭。[②] 为清偿旧债务,约定由第三人负担新债务,或(背书)交付第三人签发之支票的情形,亦同。在这种情形,第三人原则上无为免责之债务承担的意思。[③] 由第三人负担新债务具有第三人保证的意义。然如在新债务变更应给付的数量,则不论其增减,该变更之约定皆可能解释为和解或更改。[④]

9. 抵充顺序之指定权

(1)清偿时之附随表示

为债务之清偿,在方法上,清偿人有时为事实行为,例如劳务之给付;有时为法律行为,例如物或权利之移转或他项权利之设定。此即给付行为。在此之外,清偿人为使该给付行为具有对于特定债务之履行行为的效力,通常还需要以明示或默示的方法,将其为该债务而为给付之目的意思表示出来,以将该给付与其

[①] "最高法院"1951 年度台上字第 1371 号民事判例:"支票之付款人以银钱业为限,为'票据法'第一百二十三条所明定。支票上所记载之付款人如非银钱业,即不能适用票据法关于支票之规定,只应认为民法所称之指示证券。此项指示证券并无须记载领取人之姓名,其未记载者固亦属指示证券之性质,领取人并得将其让与第三人,唯被指示人拒绝承担或给付时,领取人可向指示人请求清偿其原有债务,受让人如因受让该指示证券已交付对价于领取人,亦可本于不当得利向领取人请求返还对价,领取人及受让人均不得仍持该指示证券,请求指示人给付证券上所载之金额。"该判例意旨关于领取人及受让人均不得持该指示证券,请求指示人给付证券上所载之金额的见解,与票据法上关于持票人对于发票人之追索权的规定意旨不符("票据法"第 85 条、第 122 条、第 144 条)。

[②] "最高法院"1952 年度台上字第 86 号民事判例:"因清偿旧债务而负担新债务,如新债务业已履行完毕,即不得复请求确认旧债务中利息部分之请求权不存在。"

[③] "最高法院"1957 年台上字第 2018 号民事判例:"上诉人以诉外人某甲所签发之支票二纸交与被上诉人,为其清偿租金之方法,并非该诉外人与债权人或债务人间,有何订立承担债务之契约,上开支票既不能兑现,则其租金债务自难谓已消灭。"

[④] Esser, Schuldrecht, 2. Aufl., Karlsruhe 1960, S. 307.

所以为给付之原因关系连结起来。特别是在债务人对债权人负担数宗债务,而其给付之种类相同,且清偿人所提出之给付不足清偿全部债额时,清偿人可在"民法"第323条之限制下,依第321条指定其应抵充之债务,以决定受清偿者究竟为哪宗债务。[1] 此即债务之抵充的指定问题。[2]

"民法"第321条至第323条对其给付应抵充之债务的顺序给予一般规定。其中除第323条规定清偿人提出之给付应先抵充费用、次充利息、次充原本外,原则上以清偿人为指定权人。只有在清偿人不为指定时,始依第322条定其法定之抵充顺序。换言之,现行法除对债权人给予第323条之保护外,其指定权原则上赋予清偿人,由清偿人以单方行为指定之。"民法"第321条之规定的理由为:债务人不履行债务虽应负债务不履行之责任,但其履行终究需要由债务人对债权人为给付之提出。该给付之提出犹如履行行为之要约,在可能有疑义时,债务人自得透过抵充债务之指定,确定其要约之内容。债权人倘拒绝债务人依债务本旨提出之给付,负受领迟延责任("民法"第234条)。由于该等规定对指定权之约定或让与并未为进一步之规定,因此引出关于以合意决定抵充顺序或甚至将抵充顺序指定权让与债权人问题。

债务人如恐其给付被定性为非债清偿,或债权人对债务人之给付是否符合债务本旨有疑义时,债务人或债权人可分别就其给付或受领加以保留,以避免因非债清偿而嗣后不得依不当得利请求返还("民法"第180条第3款),或避免受领之给付经推定为符合债务本旨,而发生举证责任之移转的效果。[3] 兹就债务之抵充说明如下:

(2)抵充之构成要件

依"民法"第321条规定抵充之构成要件为:①对一人负担数宗债务;②数宗债务之给付种类相同;③清偿人所提出之给付不足清偿全部债额。然因清偿人无得为一部给付之权利,所以其提出之给付,至少必须已足以清偿其中一宗债务

---

[1]　Esser, Schuldrecht, 2. Aufl. , Karlsruhe 1960, S. 303.

[2]　关于抵充债务之指定的法律性质,学说上有法律行为说与准法律行为说的不同看法。该看法之不同,对于指定之法律效力并无影响(Staudinger-Dirk Olzen, Kommentar zum Bürgerlichen Gesetzbuch, 2000, § 366 Rn. 27)。

[3]　受领前债务人应证明其提出之给付合乎债务之本旨,受领后债权人之受领固不当然意味其承认所受领之给付符合债务之本旨,具无瑕疵,但债权人为主张其所受领之给付不符合债务之本旨或有瑕疵,对之负有举证责任(参照"民法"第356条、第358条)。另请参考 Esser/Schmidt, Schuldrecht Band I Allgemeiner Teil, Teilband 1, 6. Aufl, S. 258; Larenz, Lehrbuch des Schuldrechts Band I Allgemeiner Teil, 11. Aufl, S. 197。

且有余,始得将其剩余,就其他各宗债务指定抵充顺序。① 是故,至少必须有一宗给付能受完全清偿,始有其他债务之抵充顺序的指定可言。

不过,在实务上可能因债权人已将一宗债务之全部或一部移转给第三人,但尚未通知债务人,而发生虽对数人负担数宗债务,而因"民法"第297条第1项,仍可对之适用的情形。又所谓数宗债务中所称之"宗",依"民法"第323条之规定,主权利(原本债权)及从权利(利息及费用债权)分别计算。此外,在分期付款或因一个债之关系而发生数个债权的情形(租金债务),在"民法"第321条之适用亦归为数宗债务。是故,特别是在分期付款或各期租金债务有迟延给付的情形,事后债务人提出之给付,如不足以清偿各期积欠之债务,同样有该条所定债务之抵充的问题。②

清偿人并无须为债务人,此乃因容许第三人清偿的结果("民法"第311条、第312条)。鉴于即使在第三人清偿的情形,清偿人就其所清偿者究为何宗债务,仍可能享有其利益,③故在第三人清偿的情形,其应抵充之债务的指定权,仍在于清偿人,而非债务人。

(3)抵充指定权及其限制

当"民法"第321条之前述构成要件经满足时,清偿人就其给付应抵充之债务即享有指定权。其表示由清偿人于清偿时为之。清偿人依"民法"第321条行

---

① 债务人提出之给付不足清偿一宗债务之全部数额的情形,属于一部清偿的问题。由于债务人无为一部清偿之权利("民法"第318条前段),故在这种情形,债权人得拒绝受领,而不致陷于受领迟延。本此了解,在债务人提出之给付,不能全部清偿其对债权人所负之任何一宗债务,或不足全部清偿其指定抵充之债务时,债权人仍得拒绝受领,而不生受领迟延的问题。唯应注意,当其给付已足够先充费用,或甚至再充利息时,就该部分仍应受领,否则其拒绝受领,就费用及利息部分仍会构成受领迟延。利息债权虽系从原本债权产生之孳息权利,且"如债权人给予受领原本之证书者,推定其利息亦已受领"("民法"第325条第2项),以及未支付之利息推定其随同原本移转于受让人("民法"第295条第2项),但是利息债权一旦发生,仍属于原本债权外之另一宗债权。此由利息债权与原本债权分别适用不同之消灭时效期间("民法"第126条、第146条),亦可为证。

② 在这种情形,清偿人固得依该条规定指定应抵充之债务,先清偿最近一期之债务,但债权人在其依"民法"第324条开给清偿人受领最近一期给付之证书时,应注意保留以前各期尚未给付之债权,以避免因"民法"第325条第1项之推定而遭受不利。

③ 在利害关系人之清偿的情形,于其清偿之限度内承受债权人之权利("民法"第312条),亦即其清偿之债权不因其清偿而消灭,而只法定移转于该有利害关系之第三人。在非利害关系人之清偿的情形,其清偿之债务归于消灭("民法"第307条)。该第三人不得因清偿,对债务人行使债权人之债权,而只得依不当得利之规定,对债务人请求返还,因其债务消灭而得到之利益。此际,所抵充之债务为何宗,会影响债务人不当得利的有无及大小。例如,清偿人指定抵充之债务如已罹于时效,其清偿对债务人便不一定有利得。

使其应抵充之债务的指定权后,经指定抵充之偿务,即在其清偿之限度内发生清偿之效力,清偿人不得事后再改变其指定。[①] 该指定权之行使虽属于需要相对人之单方的意思表示,[②]但该指定权之行使仍非形成权之行使。在需要债权人受领之给付,尚需要债权人之受领,始能生应受清偿之债务的指定效力。

在清偿时就应抵充之债务,清偿人如未为指定,则依"民法"第 322 条规定之法定抵充顺序抵充之。[③] 唯不论其依清偿人指定之抵充顺序(第 321 条),或依法律规定之补充的抵充顺序(第 322 条)决定应抵充之债务,依"民法"第 323 条,清偿人所提出之给付皆应先抵充费用、次充利息、次充原本。是故,"民法"第 323 条相对于清偿人之前述指定权,具有强行规定的性格,应优先受适用,清偿人单方指定之抵充顺序违反"民法"第 323 条所定之法定抵充顺序者,无效。

"民法"第 323 条只就费用及利息应先于原本受清偿加以规定,而不及于其他种类之债权,例如违约金。因此,违约金之抵充固应后于费用或利息,但有违约金债权与原本债权间之抵充顺序的问题。当清偿人未就违约金指定抵充顺序,应适用"民法"第 322 条定其抵充顺序。违约金如以债务不履行为要件,则其清偿期后于原本债权,所以,依"民法"第 322 条第 2 款后段,应先充原本,后充债务不履行之违约金。然纵非债务不履行之违约金,债务人亦因清偿而获益最多,

---

① Soergel-Zeiss, Kommentar zum Bürgerlichen Gesetzbuch, 11. Aufl. , 1986, § 366 Bem. 5.

② Staudinger-Dirk Olzen, Kommentar zum Bürgerlichen Gesetzbuch, 2000, § 366 Rn. 27:"依通说,抵充顺序之指定为单方、需要相对人之意思表示。"关于抵充顺序之指定的法律性质,学说上有究竟是法律行为或准法律行为的争议。由于准用的结果,法律行为与准法律行为适用相同的规定,所以其区别没有实益。倒是指定后,如果清偿人以其指定之表示有错误为理由而撤销时,其清偿给付之效力为何,有重要性:原来之指定经撤销后,既然溯及的失其效力,则等于未为指定,从而应依法定顺序抵充。这可称为"法定顺序说"。另一个看法是:当初,清偿人既为抵充顺序之指定,即显示其希望以意定的方式,指定抵充顺序。所以,应由清偿人再为指定,以自其再为指定时起,重新定其清偿给付之抵充顺序。此为"再为指定说"。因为在原来之指定有错误的情形,债权人并无即依法定抵充顺序受清偿之应受保护的利益,而再为指定说较符合私法自治原则,所以应采再为指定说(Staudinger-Dirk Olzen, aaO. § 366 Rn. 34)。

③ "最高法院"1955 年度台上字第 923 号民事判例:"对于一人负担数宗债务而其给付之种类相同者,如清偿人所提出之给付不足清偿全部债额时,依'民法'第三百二十一条之规定,原应由清偿人于清偿时指定其应抵偿之债务,如未为指定,即应依同法第三百二十二条之规定,定其应抵充之债务,非债权人所得任意充偿某宗之债务。"

而应尽先抵充原本。① 另有疑问者为：债权人得否以定型化契约约定，违约金债权应优先于原本受抵充？ 应采否定的见解。为排除该解释上的困难，最好在"民法"第 323 条明文规定，违约金应后于原本受抵充。同理，费用、利息及违约金以外之债权，亦应依"民法"第 322 条定其抵充顺序。

　　"民法"第 323 条虽规定，清偿人所提出之给付应先充利息，后始得次充原本，但因"民法"第 205 条规定，"债权人对于超过最高利率部分之利息无请求权"。所以，依"民法"第 323 条的规定，在抵充原本前，应先抵充之利息，自以未

---

　　①　关于违约金与原本债权间之抵充顺序，依现行法并无违约金优先抵充可言，此为实务上一贯之见解："违约金与利息之性质不同，台湾地区'民法'为无违约金先于原本抵充债务之规定，被上诉人主张本件债务之清偿先抵充违约金，而后抵充原本，并（就）违约金再（请求）支付违约金，殊非有据。"（"最高法院"1964 年台上字第 18 号判决）法院如判令债务人"每次给付之金额，先抵充利息后，即优先于原本，而予以抵充违约金，自属违误"（"最高法院"1982 年度台上字第 2523 号判决）。由于原本债权之抵充可因避免违约而降低违约金之数额，所以，违约金之抵充顺序，甚至可能因此，依第三百二十二条第二款中段规定，应后于原本债权。盖"依'民法'第 322 条第 2 款中段规定，应以债务人因清偿获益最多者尽先抵充，本件违约金以原本为计算标准，故抵充原本于上诉人获益最多"（"最高法院"1970 年台上字第 919 号判决）。此外，"债权均已届清偿期后所为一部分清偿，并未指明先抵充何部分债权，其债权担保又属相等，契约上及法律上又无违约金债权应先于原本债权抵充之规定，则依'民法'第三百二十二条第二款中段规定，自应先抵充于被上诉人获益最多之有违约金约定之原本债权"（"最高法院"1982 年台上字第 1463 号判决）。

超过最高利率限制之部分为限,①以贯彻"民法"第 205 条之意旨。

此外,清偿人因保证或因担保物之拍卖而清偿债务者,其清偿之债务,原则上是指保证人保证之债务或担保物所担保之债务。在此限度内,无所谓进一步之抵充顺位之指定的问题。在就担保物权之拍卖取偿的情形,纵使债务人或担保人欲指定以该担保物权所担保之债务作为优先抵充之债务,其指定仍应受"民法"第 874 条之限制:"按各抵押权成立之次序分配之。其次序相同者,依债权额比例分配之。"在抵押权之设定上,如明定单以原本为其担保之债务,则债权人不得依"民法"第 323 条,就其利息或费用债权请求优先抵充。②

(4)抵充顺序之约定及其效力

关于抵充之规定,"民法"第 323 条是唯一限制抵充顺序之指定权的规定。就抵充顺序之单方的指定,该条是强行规定;就抵充顺序之双方的约定,该条是任意规定。所以,全部关于抵充之规定,皆可让当事人任意自行约定。不过,如果实际为清偿者未参与该抵充之约定,该约定对于清偿人并无拘束力。

就债务人或清偿人与债权人关于抵充顺序之约定,法律并无明文规定。"最高法院"判例上一贯认为:"'民法'第三百二十三条并非强行规定,故其所定费

_____

①　关于利息与原本间之抵充顺序,"最高法院"1952 年台上字第 807 号判例要旨认为:"上诉人对于被上诉人负有原本及利息数宗债务,其提出新台币二千五百元之给付不足清偿全部债务,在不能证明被上诉人同意先充原本时,不过应依'民法'第三百二十三条所定顺序,先充利息,后充原本而已,本与上诉人就其约定超过法定利率限制之利息是否任意给付,系属别一问题,且该条所谓应先抵充之利息,系仅指未超过法定利率限制之利息而言,至超过法定利率限制之利息,则无论在民法或利率管理条例,既均规定为无请求权,自难谓为包含在内,亦不得仅执该前开规定,遂谓上诉人就其约定超过法定利率限制之利息,已为任意给付。"唯倘清偿人指定先充利息,次充原本,则其指定先充之利息是否包括超过法定最高利息限额部分,尚属法律行为(抵充之指定)的解释问题。亦既在这种情形,其"表示"先充之利息,是否应与"民法"第 323 条"规定"先充之利息,为同样之解释,并将之限于法定最高利息限额内之利息。为避免债务人在面对债权人准予延期清偿,以巧取利息时,不敢就利息之抵充顺序表示其真意(想拒绝给付超额利息),应解释为先于原本抵充之部分,仍限于最高利息限额范围内之利息。须待债务人于完全清偿其原本债务后,还对债权人给付利息时,始认定债务人确有给付超额利息之意思,以贯彻"民法"第 205 条之意旨。换言之,只要原本债权尚未完全给付,债务人对债权人所作之给付皆应只先充费用,次充最高利息限额内之利息,次充原本。至于最高利息限额外之利息必须等到原本债务完全清偿后,始受清偿,以确保"民法"第 205 条赋予债务人得拒绝给付超额利息之权利。要之,超过最高利息限额之利息之抵充顺序,应在一切债权之后,且该顺序原则上不因清偿人之指定而变更,始克贯彻"民法"第 205 条之意旨。

②　Soergel-Zeiss, Kommentar zum Bürgerlichen Gesetzbuch, 11. Aufl., 1986, § 367 Bem. 1. 该抵充顺序的规范基础存在于担保人与债权人之抵押权设定契约中:明定单以原本为其担保之债权。

用、利息及原本之抵充顺序,得以当事人之契约变更之。"(1938 年上字第 3270 号判例)。[1] 故在清偿时,清偿人与债权人就抵充顺序,如有所合意,即得以其合意之内容决定抵充顺序。

债务人如与债权人协议其给付所要抵充之债务,则该协议之效力自优于债务人之单方面的指定,债务人及债权人事后皆不得片面改变。[2] 然为清偿者如非债务人,而是第三清偿人,则债务之抵充顺序仍以清偿人指定之抵充顺序为准。债务人与债权人之合意并不能影响清偿人(第三人)之指定权。[3] 清偿人指定之抵充顺序纵使跟债务人与债权人所约定者不同,其给付仍然符合债务本旨,其依"民法"第 312 条承受之债权人的权利,在此限度内,应不受该条但书之限制。债权人如因此而遭受损害,只能对债务人请求赔偿。然债权人对于第三人之清偿如得为拒绝("民法"第 311 条第 2 项),而不拒绝时,应不得再以清偿人指定之抵充顺序与约定不符为理由,对债务人请求赔偿。

有问题者为,债务人与债权人如在清偿前,特别是在债之发生时,即为将来提出之给付之应抵充债务,事先约定抵充顺序,或甚至约定由债权人指定其抵充顺序时,该约定之效力为何?因"民法"第 323 条对于抵充之约定,系属于任意规定,所以,该约定当然有效。不过,如由第三人清偿,该约定并不能拘束清偿人,已如前述。

债务之抵充顺序的指定,本为在清偿时,始由清偿人从事之单方的法律行为。对之,当事人固可经由合意加以约束。唯因为清偿尚可能包含使具权利性质之给付标的发生移转的处分行为,所以该合意所加之约束的效力,应仅属于负担行为的层次。亦即论其实际,仅具有使债务人负有义务,依约定之内容,指定应抵充之债务。是故,债务人如果事后反悔,于清偿时不依约定之顺序,指定应抵充之债务,该约定之违反只可能使债务人因此对债权人负损害赔偿之义务,尚不致因该约定,而剥夺债务人依"民法"第 321 条享有之指定权。然其约定如在

---

[1]　相同意旨,最高法院 1930 年上字第 989 号判例:"债务人对于同一债权人负有原本及利息数宗债务,苟其给付不足清偿全部债务,除经债权人同意,得先抵充原本后充利息外,应先充利息后充原本,不许债务人仅以一方之意思予以变更。"另见同院 1952 年台上字第 807 号判例。

[2]　Wilfgang Fikentscher/Andreas Heinemann, Schuldrecht, 10. Aufl. , Berlin 2006, Rz. 319.

[3]　台湾地区"民法"就抵充顺序之指定权之规定,以清偿人,而不以债务人为其规范对象。此与德国民法第 366 条及第 367 条不同,该两条规定以债务人为其规范对象。唯德国实务上依然认为,在第三人清偿的情形,就抵充顺序,为清偿之第三人有指定权。然债权人仍得依法拒绝受领第三清偿人之给付,不因该指定权而受影响(Staudinger-Dirk Olzen, Kommentar zum Bürgerlichen Gesetzbuch,2000, § 366 Rn. 33)。

清偿时为之，则当即以当事人所合意之内容决定应抵充之债务。①

另在银行之授信约定书中常约定：清偿人所提出之给付不足清偿全部债务者，由债权人指定应抵充之债务。②此种约定只能够拘束债务人，而不能拘束非债务人之清偿人，已如前述。再者，根本是否得约定将抵充顺序之指定权向将来让与债权人亦非无疑义。自欠债应还的道理观之，按什么顺序偿还，债务人似乎不应有太大的意见。不过，自第321条至第323条从未考虑以债权人为指定权人观之，③债务人虽负有履行债务之义务，但其不为履行，原则上仍应依债务不履行之规定加以规范，尚不因其约定负担债务，而剥夺其履行行为上的决定权。此为负担行为（债权行为）与履行行为（物权行为）之区别所在。倘承认债务人与债权人得约定以债权人为抵充顺序之指定权人，则无异于限制债务人将来之处分权。亦即决定为清偿哪宗债务而为履行行为，使负担行为与履行行为在作用上之区分因而丧失。鉴于约定由债权人指定抵充顺序的结果，事实上使债务人在债务之清偿上丧失经由抵充顺序之指定，进行最佳安排的自由。此种自由之剥夺的适法性，殊有疑问。或谓债务人对各宗债权本即有清偿之义务，由债权人指定抵充顺位当无所害于债务人。唯既无所害于债务人，则又何所害于债权人？既无所害于双方，何苦剥夺债务人进行最佳选择的自由。何况在这种情形，债权人纵使受有任何不利，尚可依债务不履行的规定，对债务人请求恰如其分的赔偿。④

基于以上观点，债务人与债权人虽得经由约定改变"民法"第323条所规定之抵充顺位，唯因该顺位之颠倒，显然不利于债权人，在其约定系由债权人之代

---

① Soergel-Zeiss, Kommentar zum Bürgerlichen Gesetzbuch, 11. Aufl., 1986, § 366 Bem. 5. 同说另见史尚宽：《债法总论》，1978年版，第754～755页。

② 参见第一商业银行授信约定书，第12条："有数笔债务而经立约人清偿，或由贵行以立约人存于贵行总分行处之各种存款、其他一切债权款项或财务，拨充抵偿时，其抵偿债务之顺序方法，任由贵行决定之。"华南商业银行授信契约书第9条、彰化商业银行授信约定书第8条以及台湾土地银行授信约定书第14条之约款内容相同："立约人对贵行负担数宗债务时，如清偿人所提出之给付不足清偿全部债务者，由贵行指定应抵充之债务（第一项）。前项债务性质相异者，清偿人所提出之给付，任由贵行决定其抵充之方法及顺序（第二项）。"

③ 在与抵充有些类似之选择之债的规范上，"民法"第208条至第210条，除原则上将选举权归于债务人外，尚容许以特约加以改变，此外并有选择权人不于期间内行使选择权者，其选择权移转属于他方之规定。

④ 所以称"恰如其实"，系指因债务人指定应抵充之债务的结果，而未受清偿之债权，到底因此而对债权人造成多大之损害，依债务不履行的规定，自有公正的规范。Soergel-Zeiss, Kommentar zum Bürgerlichen Gesetzbuch, 11. Aufl., 1986, § 366 Bem. 6："债权人从不享有指定权（RGZ 55, 414）。"

理人为之时,尚应注意其是否已因背信而逾越其代理权限。①

(5)未指定抵充顺序之法律效果

清偿人于清偿时,如不指定其给付应抵充之债务,其应抵充之债务依"民法"第322条按下列标准定其抵充顺序:清偿人不为前条之指定者,依下列之规定,定其应抵充之债务:①债务已届清偿期者,尽先抵充。②债务均已届清偿期或均未届清偿期者,以债务之担保最少者,尽先抵充;担保相等者,以债务人因清偿而获益最多者,尽先抵充,获益相等者,以先到期之债务,尽先抵充。③获益及清偿期均等者,各按比例,抵充其一部。

10. 金钱之债的履行

在金钱之债,其履行传统上固透过清偿人对于债权人之现金给付。不过,在金融服务发达后,其履行越来越多借助于银行的服务。即便在现金之给付,亦可能透过直接将现金存入债权人在银行所开之账户。后来并演变为在同一银行利用转账的方法,或在不同银行利用划拨的方法,由债务人将一定金额对债权人为给付。为使转账或划拨成为可能,债务人方必须事先知悉债权人在特定银行开立之账户的账号,而后以该银行所管理之该账户为转账或划拨的对象。债务人不论以上述何种方法,对于其债权人给付金钱,实际上都是以该银行为经债权人授权之受领权人,而对其为给付,并以对于有受领权人给付为基础,产生清偿债务之效力。② 由于银行事实上是以自己之名义受领该清偿给付,所以其清偿的结果只是使债权人对于该银行取得所受领金额相等的债权。因该给付方法事先经债权人明示或默示同意,所以在该金额借记登入债权人在该银行之存款账户时,即已生清偿效力,不待于债权人自该银行提领该笔金钱。然确实应该在何

---

① 相反于"民法"第323条之约定,除在民事上可能引起越权代理之问题外,在刑事上亦可能引起背信之刑责。对此背信刑责,"最高法院"1956年台上字第474号刑事判决虽称:"'民法'第三百二十三条所定债款偿还先交利息,次交原本之顺序并非强制规定,自得因债权人同意而变更之,查被告将所收农会债款作为清偿原本而载入传票既经理事长签章,显系同意变更抵充顺序,自难指为违背任务令负背信之罪责。"但债权人得同意债务人变更该条所定之抵充顺序是一回事,其代理人如欲代理本人同意债务人变更抵充顺序,应得本人之授权,否则在民事上即构成越权代理,在刑事上即构成背信。此于所代理之本人为法人时,最应小心。盖为法人从事业务,原则上应依法令及章程之规定为之,而法令与章程之规定,通常不会细密至此。此际,除非受其意思决定机关(例如股东会)之授权。否则,贸然同意变更该条规定之抵充顺序,有一定程度之法律风险。

② 最高法院1934年上字第917号民事判例:"依债务本旨向有受领权人为清偿,经其受领者,债之关系即归消灭,纵令债权人不因其受领而受利益,亦无据以对抗债务人之余地。"反之,如向无受领权者为清偿,必须经债权人追认或已实受其利益者,始生清偿之效力(最高法院1929年上字第2118号民事判例)。

时，使债权人对于该银行取得该金额之债权，从而产生清偿效力，在具体案件可能引起争议。[①]

所谓默示同意，以在特定银行之账户为受领的媒介，指债权人在开给债务人之账单或在其与债务人来往之信函上，标示其账户号码。是故，如果债权人对于收款账户有意见，除应对债务人明白表示外，并应避免在账单或信纸上记载其他账户号码。在上述情形，债务人与其银行间及债权人与其银行间之关系为委任关系。[②] 向债权人在银行之账户存入、转账或划拨金钱，在该金钱借记登入债权人在该银行之存款账户时，债权人原则上有与收到现金几乎相同的利益。所以，除债权人有反对利用上开方法对其清偿金钱债务之表示外，虽然清偿的结果未使债权人取得现金，而仅使债权人，对其银行取得金钱债权，但原则上仍可生清偿效力。[③] 与之不同者为：债务人开立支票给债权人或承兑债权人开立之汇票。在此种情形，在该票据兑现前，债权人并不享有与收到票据面载等额现金相同的利益，所以必须等到兑现，或在委托银行代收的情形，必须等到托收银行将代收金额，借记登入债权人在该银行之存款账户时，才能发生清偿效力。是故，债务人为清偿金钱债务，而签发或背书票据并交付债权人者，原则上仅能生以新债清偿（间接给付）的方法，清偿债务的效力。必须等到该新债务完全受清偿时，旧债务才会消灭。[④] 唯基于利用票据清偿金钱债务之方便性，债权人如不愿由其债务人受领指示证券（票据），应实时通知债务人（"民法"第 712 条第 3 项）。在利用银行给付金钱，特别容易引起争议的情事为：所存入、转账或划拨之金钱，因债权人对于其银行负有债务，而被抵销。

在消费交易上，目前流行有以信用卡付账之非现金交易。在以信用卡付账的交易中，涉及三方关系：（1）特约商店与发卡银行签订契约，同意与发卡银行所发信用卡之持卡人，从事信用交易。（2）发卡银行与持卡人签订信用卡定型化契约，约定持卡人在其与发卡银行约定之信用额度内，得向发卡银行之特约商店，从事信用消费。（3）基于持卡人在特约商店从事之信用消费，持卡人对特约商店有消费债务。然双方约定，该消费债务将由发卡银行为免责之债务承担，并对特

---

①　Staudinger-Dirk Olzen, Kommentar zum Bürgerlichen Gesetzbuch, 2000, Vorbem. 41ff., zu § § 362ff..

②　Esser/Schmidt, Schuldrecht Band I Allgemeiner Teil Teilband 1, 8. Aufl., Heidelberg 1995, S. 284ff..

③　Staudinger-Dirk Olzen, Kommentar zum Bürgerlichen Gesetzbuch, 2000, Vorbem. 33ff., zu § § 362ff..

④　Esser/Schmidt, Schuldrecht Band I Allgemeiner Teil Teilband 1, 8. Aufl., Heidelberg 1995，S. 293.

约商店清偿;而后持卡人再依约,向发卡银行清偿该信用消费的账款。(4)该免责之债务承担,①以发卡银行分别与特约商店及持卡人签订之信用消费契约为依据,并以持卡人因在特约商店消费,而发生之消费债务为承担之标的。所以其承担,于该消费债务发生时,即对于持卡人(债务人)、发卡银行(债务承担人)及特约商店(债权人)发生效力。

其间因此发生之基础的法律关系,最单纯的方法是解释为:(1)发卡银行免责的债务承担持卡人对于特约商店,因信用消费所生之消费账款。因该免责的债务承担,持卡人对于该特约商店在债务承担后,不再负因该消费所生之债务。(2)由发卡银行对特约商店清偿,因债务承担,而负之消费债务。(3)由持卡人对发卡银行返还发卡银行因债务承担,而向特约商店清偿之持卡人的信用消费账款。(4)该消费账款在发卡银行及持卡人间已转化为消费借贷之账款。② 在该解释下,信用卡之消费与付款,便不引起过度复杂之特别的法律问题。(5)至于持卡人对于发卡银行之付款,则通常会透过转账或划拨的方法。其所涉问题与一般转账或划拨无异。(6)具有特色的是:持卡人迟延付款时,其利息及违约金之约定,以及在信用卡遗失或被盗刷时,其损失之归属。前一问题,特别涉及约定利息之利率是否超过限额("民法"第205条)及违约金额是否过高("民法"第252条)。后一问题,其解决涉及交易风险之归属,宜由消费者负担,或由发卡银行透过价格或保险分散? 宜由发卡银行透过价格或保险分散。盖遗失或被盗刷为将消费借贷信用卡化之相随的企业风险。如由发卡银行透过价格或保险分散,除较之将该风险造成之损失集中于个别持卡人,容易消纳外,也可以节省为深究所以发生盗刷之事由,究竟可归责于发卡银行或持卡人的劳费。何况,该损失最后还是由持卡人全体分担,对发卡银行并无不利。

11. 债权证书与受领证书

债务契约一般固非要式契约。但书面一直是证明债务之重要的证据方法。

---

① 关于发卡银行就信用消费,分别与特约商店及持卡人所作之约定,如解释为"民法"第756条所定之信用委任:(委任人:发卡银行)委任他人(受任人:特约商店),以该他人之名义及其计算,供给信用于第三人(持卡人)者,就该第三人因受领信用所负之(信用消费)债务,对于受任人,负保证责任,则发卡银行就该消费债务仅负保证责任。亦即仅于持卡人不对特约商店自动清偿其持卡签账之消费债务时,发卡银行始应代持卡人,对特约商店,负履行责任("民法"第739条)。如是,其消费债务之清偿的发展流程,与持信用卡消费时,发生之消费债务之一般的发展流程不同。如上所述,其一般的发展流程比较接近于由发卡银行免责的债务承担,持卡人因持卡消费,而对特约商店所负之消费债务。

② Staudinger-Dirk Olzen, Kommentar zum Bürgerlichen Gesetzbuch, 2000, Vorbem. 45ff., zu §§ 362ff..

债权证书用以证明债权之存在,受领证书用以证明债权之消灭。为避免有无债权存在之疑问或债权已清偿而再次被请求,最好恰如其分,于其成立生效时,书立债权证书;于其清偿时,书立受领证书。所以"债之全部消灭者,债务人得请求返还或涂销负债之字据,其仅一部消灭或负债字据上载有债权人他项权利者,债务人得请求将消灭事由,记入字据。负债字据,如债权人主张有不能返还或有不能记入之事情者,债务人得请求给予债务消灭之公认证书"("民法"第308条)。[1] 配合上开考虑,"民法"第324条规定:"清偿人对于受领清偿人,得请求给予受领证书。""民法"第325条第3项规定:"债权证书已返还者,推定其债之关系消灭。"然"负债字据之返还,并非债务消灭之要件,故债务实已清偿者,不能因该项字据尚存债权人之手,即谓其债务未经消灭"("最高法院"1951年度台上字第855号民事判例)。不过,只要负债字据未因清偿而返还,关于系争债务是否已清偿之证明,即会使债务人在举证责任方面,处于不利的地位。另"关于利息或其他定期给付,如债权人给与受领一期给付之证书,未为他期之保留者,推定其以前各期之给付已为清偿(第一项)。如债权人给与受领原本之证书者,推定其利息亦已受领(第二项)"("民法"第325条)。依上开规定,债务人为清偿时,得请求债权人给予受领证书。债务人另有给予债权人债权证书者,债权人并应返还;不能返还者,除收据外,应另为注销该债权证书之证明。该债权证书系经公证者,债务人得请求以公证的方法,证明该债务已获清偿及债权人不能返还该债权凭证之事实。如债权人不依债务人之请求,给予受领证书及返还债权凭证或必要时为上述公证,债务人得拒绝给付。[2] "最高限额抵押权所担保之原债权确定后,于实际债权额超过最高限额时,为债务人设定抵押权之第三人,或其他对该抵押权之存在有法律上利害关系之人,于清偿最高限额为度之金额后,得请求涂其抵押权。"("民法"第881条之十六)

(二)提存

提存,指为债之清偿,因债权人受领迟延,或不能确知孰为债权人而难为给付时,替代清偿之履行债务的方法。所以,"不依债务本旨之提存,不生清偿之效力"("最高法院"1950年度台上字第1355号民事判例)。提存如以清偿债务为目的,其给付物,清偿人应为债权人提存之("民法"第326条),并于清偿地之法院提存所为之("民法"第327条)。不于清偿地之法院提存所,而存入银行不属

---

[1] Esser, Schuldrecht, 2. Aufl., Karlsruhe 1960, S. 304.

[2] Esser/Schmidt, Schuldrecht Band I Allgemeiner Teil Teilband 1, 8. Aufl., Heidelberg 1995, S. 287ff..

于债权人指定之任何账户者,不生提存或清偿效力。① 因为提存是在清偿遭遇困难时,替代清偿之方法,所以"提存后,给付物毁损、灭失之危险,由债权人负担,债务人亦无须支付利息,或赔偿其孳息未收取之损害"("民法"第 328 条)。亦即在提存后,提存物之危险负担移转于债权人。② 提存物之危险移转时,其利益亦随同移转,所以,应给付之货币有贬值或升值,货物之市场价格有涨跌时,其危险与利益,皆移转于债权人。③

因提存关系到债权人之利益,所以虽然只要符合提存之要件,债务人即得为清偿而为提存,无须债权人之同意,但纵使"民法"无关于提存之通知的规定,其

---

①　最高法院 1944 年上字第 3558 号民事判例:"'民法'第三百二十六条之提存,应依同法第三百二十七条第一项之规定办理,始生消灭债之关系之效力。本件上诉人仅将被上诉人拒绝受领之十八个月租金七百二十元存入银行,其对于被上诉人给付租金之债务并不因之而消灭。""民法"第 327 条原有两项。其第 1 项前段规定:"提存应于清偿地之提存所为之。"此为提存之必要条件。

②　此为受领迟延之基本效力。其相关之一般规定为:"在债权人迟延中,债务人仅就故意或重大过失,负其责任。"("民法"第 237 条)"在债权人迟延中,债务人无须支付利息。"("民法"第 238 条)"债务人应返还由标的物所生之孳息或偿还其价金者,在债权人迟延中,以已收取之孳息为限,负返还责任。"("民法"第 239 条)具体规定为:"工作毁损、灭失之危险,于定作人受领前,由承揽人负担,如定作人受领迟延者,其危险由定作人负担。"("民法"第 508 条第 1 项)"受货人所在不明或对送付物受领迟延或有其他交付上之障碍时,运送人应即通知托运人,并请求其指示(第一项)。如托运人未即为指示,或其指示事实上不能实行,或运送人不能继续保管运送物时,运送人得以托运人之费用,寄存运送物于仓库(第二项)。运送物如有不能寄存于仓库之情形,或有易于腐坏之性质或显见其价值不足抵偿运费及其他费用时,运送人得拍卖之(第三项)。运送人于可能之范围内,应将寄存仓库或拍卖之事情,通知托运人及受货人(第四项)。"("民法"第 650 条)在受货人受领迟延时,"民法"第 650 条所定,运送人对于运送物之寄存拍卖权的内容固与"民法"第 331 条至第 333 条所定内容相当。唯除比较具体外,还自始及赋予运送人在不适于寄存于仓库时之拍卖权。然因其非依提存的程序为之,事后受货人如有争执,仍负处置之正当性的举证责任。

③　最高法院 1928 年上字第 833 号民事判例:"债务人将清偿之标的物提存后,债权人固应担负其物灭失、损毁或落价之危险,唯所谓标的物者,自指当事人之约定者而言。如约定以现金给付为标的,债务人强欲以业经落价之纸币或有价证券为给付,而又不肯按市价折合现金者,则在债权人自得拒绝受领,虽经债务人将该纸币或有价证券提存,嗣后更行落价,亦非债权人迟延所致,自不能令其负担由此所生之损失。"

提存仍应通知债权人。① 配合该通知义务，"提存法"第 8 条第 1 项规定："声请提存应作成提存书一式二份，连同提存物一并提交提存物保管机构；如系清偿提存，应附具提存通知书。"提存物保管机构收到提存书，并收清提存物后，应作成收据联单。该联单之通知联及提存书，提存物保管机构得交提存人径行持送该管法院提存所。提存所接到提存书后，认为应予提存者，应于提存书载明准予提存之旨，一份留存，一份交还提存人。如系清偿提存，并应将提存通知书送达受取权人（"民法"第 10 条）。"'民法'第三百三十条所定十年期间，自提存通知书送达发生效力之翌日起算。"（"提存法"第 11 条第 2 项）。提存法"修正施行前提存已逾十年应归属国库之清偿提存事件，如其提存通知书在'民法'第三百三十条所定期间内，未经合法送达或公告，提存所在本法修正施行前已补行送达或已

---

① 　"司法院"2008 年登记暨提存业务研究会提存法律问题第三则："[法律问题]1998 年1 月 15 日清偿提存事件，提存通知书未经合法送达，提存所 2006 年 2 月 14 日合法催领（催领函附有提存书或提存通知书复印件），该催领通知得否视为已补行送达？[研究意见]甲说：按'提存法'第十条第三项规定：'提存所接到提存书后，认为应予提存者，应于提存书载明准予提存之旨，一份留存，一份交还提存人。如系清偿提存，并应将提存通知书送达受取权人。'第十一条第二项规定：'"民法"第三百三十条所定十年期间，自提存通知书送达发生效力之翌日起算。'第三十条第一项第一款规定：'本法修正施行前已提存之事件，提存物归属国库之期间，依下列规定：一、自提存之翌日起至本法修正施行之日止未逾十年之清偿提存事件，适用第十一条第二项之规定。'本件 1998 年 1 月 15 日提存，2008 年 1 月 15 日除斥期间始经过，修正后之"提存法"2007 年 12 月 12 日公布施行。依上开"提存法"规定，提存所应再为送达提存通知书始为合法。乙说：按提存通知书之送达，系为使受取权人知悉行使权利，提存所既于2006 年 2 月 14 日合法通知受取权人领取提存物，且依'提存法'施行细则第三十一条第一款但书规定：'但提存通知书未经合法送达或以公示送达方式为之者，不在此限。'是受取权人纵未收受提存通知书，亦可行使权利，不致受有损害。提存所既已合法通知受取权人行使权利，虽非狭义之送达提存通知书，因受取权人之受取权无受损害之虞，得视为已补行送达。……多数说拟采乙说。理由：(一)按凡依债务本旨向有受领权人所为之清偿提存，足以使债之关系消灭，故'提存法'第十条第三项明定：'清偿提存并应将提存通知书送达受取权人'，其目的即在使受取权人知悉提存之事实，进行行使权利。(二)依'司法院'释字第 335 号解释，认提存之事实应由提存人依法通知债权人，或由提存所将提存通知书送达或公告，其未践行上述程序者，应于期间届满前相当期间内，补行送达或公告。(三)又'提存法施行细则'第三十一条规定：'声请领取提存物，应作成领取提存物声请书一式二份，由声请人签名盖章，并检附下列文件：一、原提存通知书；但提存通知书未经合法送达或以公示送达方式为之者，不在此限。'是受取权人只要知悉有提存之事实，纵未收受提存通知书，亦可行使权利不致受有损害。(四)本件提存所已于期间届满前相当期间内，合法通知受取权人领取提存物，即已完成使受取权人知悉提存事实之行为，受取权人之受取权即无损害之虞。此时该通知行为即得视为已补践行送达之程序，否则，如未经合法送达之提存通知书未被退回，提存所显无法再将'提存通知书'补行送达。"

解缴国库者,受取权人得于本法修正施行之翌日起二年内,声请领取,但以卷宗尚未依法销毁者为限;提存所在本法修正施行前未送达且尚未解缴国库者,应补行送达,受取权人得于送达生效之翌日起二年内,声请领取"("提存法"第 30 条第 2 项)。提存人如违反上开通知义务,虽不至于使其提存对于债权人失其效力,但债务人对债权人因此遭受之损害,应负赔偿责任。①

"债权人得随时受取提存物,如债务人之清偿,系对债权人之给付而为之者,在债权人未为对待给付或提出相当担保前,得阻止其受取提存物。"("民法"第 329 条)。② 提存虽规定于"民法",但其提存乃系依提存法而为之。提存生效后产生之法律关系是:为领取权人之利益而发生之公法上的寄托关系。③ 是故,"民法"第 330 条规定:"债权人关于提存物之权利,应于提存后十年内行使之,逾期其提存物归属国库。"该期间经过而未领取时,提存物归属国库。亦即领取权消灭。该效力与一般的消灭时效期间完成时之效力,仅使债务人得拒绝给付者,不同("民法"第 144 条第 1 项)。然系争请求权,如应适用"民法"第 125 条,因 15 年间不行使,始消灭,则其提存实际上缩短债权人得请求给付之时效期间。这是否允当,值得检讨。④

"给付物不适于提存,或有毁损灭失之虞,或提存需费过巨者,清偿人得声请清偿地之法院拍卖,而提存其价金。"("民法"第 331 条)"前条给付物有市价者,该管法院得许可清偿人照市价出卖,而提存其价金。"("民法"第 332 条)提存拍卖及出卖之费用,由债权人负担("民法"第 333 条)。⑤

---

① Esser, Schuldrecht, 2. Aufl., Karlsruhe 1960, S. 314.

② "最高法院"1957 年台上字第 947 号民事判例:"因不能确知孰为债权人而难为给付者,清偿人固得将其给付物为债权人提存之,唯其提存,除有双务契约债权人未为对待给付或提出相当担保之情形外,不得限制债权随时受取提存物,否则即难谓依债务之本旨为之,不生清偿之效力。"

③ Staudinger-Dirk Olzen, Kommentar zum Bürgerlichen Gesetzbuch, 2000, Vorbem. 11ff., zu §§ 372ff.; Larenz, Lehrbuch des Schuldrechts Band I Allgemeiner Teil, 11. Aufl., München 1976, S. 203f.

④ 德国民法第 382 条(§ 382 BGB)规定,债权人之权利在受提存通知后,30 年不行使,始消灭。该期间不但与最长之一般消灭时效期间等长(§ 197 BGB),而且从受提存通知时起算。是故,在德国,没有因提存,而在消灭时效期间上不利于债权人的问题(Larenz, Lehrbuch des Schuldrechts Band I Allge-meiner Teil, 11. Aufl., München 1976, S. 204)。

⑤ Esser/Schmidt, Schuldrecht Band I Allgemeiner Teil Teilband 1, 8. Aufl., Heidelberg 1995, S. 295ff..

(三)抵销

1. 抵销的概念

抵销,指双方债务达于抵销适状时,其一方债务人以他方对自己所负之债务(主动债权:自己对他方享有之债权),对冲或清偿自己对他方所负之债务(被动债权:他方对自己享有之债权)的意思表示。抵销为一种形成权的行使,其行使无须相对人之同意,[①]亦不须经法院之判决。[②]但除法律有特别规定[③],不是双方所负债务已达于抵销适状,即不待于当事人之一方为抵销之意思表示,便可发生抵销之效力。[④]

抵销权之行使固不得附以条件,但在诉讼中,被告如以原告主张之债权(被

[①]　"最高法院"1961年度台上字第291号民事判例:"抵销为消灭债务之单独行为,只须与'民法'第三百三十四条所定之要件相符,一经向他方为此意思表示即生消灭债务之效果,原不待对方之表示同意。"

[②]　"最高法院"1967年度台上字第606号民事判决:"抵销应以意思表示向他方为之,其性质为形成权之一种,为抵销时既无须相对人之协助,亦无经法院判决之必要,此固系指双方无争执之债务而言,但如双方对其债务有争执,自可由法院予以裁判。"该判决为确认判决,而非形成判决。

[③]　例如在买回,"民法"第379条第3项规定:"原价金之利息,与买受人就标的物所得之利益,视为互相抵销。"

[④]　最高法院1940年上字第1123号民事判例:"抵销固使双方债务溯及最初得为抵销时消灭,唯双方互负得为抵销之债务,并非当然发生抵销之效力,必一方对于他方为抵销之意思表示而后双方之债务乃归消灭,此观'民法'第三百三十五条第一项规定自明。故给付之诉之被告对于原告有得为抵销之债权,而在言辞辩论终结前未主张抵销,迨其败诉判决确定后表示抵销之意思者,其消灭债权人请求之事由,不得谓非发生在该诉讼言辞辩论终结之后,依'强制执行法'第十四条之规定,自得提起执行异议之诉。""最高法院"2010年度台上字第90号民事判决同此意旨。在契约原则下,关于法律关系之形成(发生、变更或消灭),除法律有特别规定外,原则上应以契约的方式为之。例外的情形,始因一定事件之发生(例如条件成就),而发生效力(停止条件)或失其效力(解除条件)("民法"第99条第1项、第2项)。在这种情形,只要条件成就,即可使当事人间之法律关系发生变化。或因当事人之一方行使其依约定或依法律而享有之形成权,例如撤销权("民法"第85条第2项、第88条第1项、第89条)、"民法"第408条第1项、第412条第1项、第416条、第417条)、解除权("民法"第254条、第255条、第256条)、终止权("民法"第424条、第430条、第435条、第438条、第440条、第443条)、抵销权("民法"第299条第2项、第334条),而使已发生或存在之权利或义务消灭。或因当事人之一方基于撤销诉权,声请法院撤销("民法"第74条、第244条),经法院判决撤销时,该法律行为视为自始无效("民法"第114条)。婚姻有得撤销之事由时,得向法院请求撤销之("民法"第989条、第990条、第991条、第995条、第996条、第997条)。但结婚撤销之效力,不溯及既往("民法"第998条)。

动债权)有效为前提,备位为抵销之声明(die Eventualauf-rechnung);①或行使抵销权时,相对人如对于主动债权之存在及数额有异议,皆须经判决始能确认该抵销之效力。在上述情形,不认为该抵销之意思表示附有条件。② 因为该抵销在民事诉讼程序中,以备位声明的方式为之,所以如果法院认定,原告主张之债权不存在时,被告之主动债权便不因该备位之抵销的声明而消灭。③

2. 抵销权之发生:抵销适状

抵销权固以双方所负债务达于抵销适状为其发生要件。④ 然因抵销有溯及效力,所以抵销适状只需曾经存在,而无须存在于为抵销之意思表示时。⑤

---

① Esser,Schuldrecht,2. Aufl. ,Karlsruhe 1960,S. 311;在这种情形,该抵销之意思表示虽兼有实体上及程序上行为之性质,必要时,应分别依"民法"及"民事诉讼法"就该表示行为,为裁判。但仅其实体上之表示有形成效力。Karl-Heinz Gursky, Kommentar zum Bürgerlichen Gesetzbuch, 2000, § 388 Rn. 28ff. .

② Fikentscher/Heinemann, Schuldrecht, 10. Aufl. , 2006 Berlin, Rz. 330.

③ Larenz, Lehrbuch des Schuldrechts Band I Allgemeiner Teil, 11. Aufl. , München 1976,S. 212.

④ 合伙虽仅是非法人团体,但合伙人团体仍可作为权利义务的归属对象,具有所谓之准权利能力。因此,在债权或债务的归属上,合伙人团体与其合伙人仍是不同之归属对象。是故,"商号伙友个人所欠款项自不得与商号债权主张抵销"。盖其与抵销以两人互负同种类标的之债务的要件不符(最高法院 1929 年上字第 128 号民事判例)。

⑤ Esser, Schuldrecht, 2. Aufl. , Karlsruhe 1960,S. 308f. .

所谓抵销适状，指两人互负债务，[①]而其给付种类相同，[②]并均届清偿期。[③]其中所称之人，不但公司与其股东之"人的同一性"不同，而且一人公司及合伙亦与其一人股东或合伙人有别。[④] 所以，"公司法"第 64 条规定："公司之债务人，不得以其债务与其对于股东之债权抵销。"金钱债权与请求缔结金钱借贷之债权亦非标的种类相同之债权。[⑤] 依"民法"第 334 条，"最高法院"认为抵销之要件有四："（一）当事人互负同种类标的之债务；（二）双方所负债务均届清偿期。（三）依债务性质及法律之规定适于抵销。（四）当事人未预先表示反对之意思。"（"最高法院"1991 年度台上字第 1345 号民事判决）、双方所负债务只要已达"民法"第 334 条第 1 项所定之抵销适状即得为抵销。因为"民法"第 334 条，虽以当

① "最高法院"1954 年度台上字第 417 号民事判决："修缮费除依原租赁契约应由承租人负担，经出租人于核定时自愿于某时期退还，应俟某时期届至方能扣抵，或原非必要支出仅属'民法'第四百三十一条所定有益费用之性质，应于租赁关系终止时始得请求返还外，自不容出租人擅以片面意思变更之。出租人既核定修缮费数额，即不啻承认承租人有请求给付修缮费之权，其通知承租人缴纳欠租又在核定修缮费之后，则承租人于出租人之核定后表示以核定数额与欠租抵销，要难指为不当。"

② "最高法院"1954 年度台上字第 363 号民事判例："上诉人于其占有之讼争耕地，即使有代被上诉人支出水租户税情事，但此项水户税均系以金钱为计算支付之标准，既为上诉人所不争执，显与上诉人应给付被上诉人在来谷及甘薯之债务彼此种类不同，依'民法'第三百三十四之规定，仍不在得互相抵销之列，原法院认上诉人以此为抵销抗辩，系为上开法条所不许，自非不当。"

③ 最高法院 1943 年抗字第 246 号民事判例："因他方之侵权行为所受货物之损害，如得请求以金钱赔偿时，其损害赔偿请求权自属金钱债权，此项损害赔偿请求权于其请求权发生时，即应认为已届清偿期，故赔偿权利人对于赔偿义务人，负有金钱债务已届清偿期者，赔偿权利人以其债务与他方之债务互相抵销，不得谓与'民法'第三百三十四条所定抵销要件不符。"最高法院 1939 年上字第 822 号民事判例："上诉人在原审虽以自己为被上诉人商号合伙人之一，其应收回之出资及应分配之利益，足与所欠该号之款抵销等情为抗辩。但据原审确定之事实，上诉人尚未退伙，无收回出资之可言，纵有利益可以分配，亦未届分配之期，是原审以上诉人对于被上诉人之债权尚未届清偿期，不得与被上诉人已届清偿期之债权抵销，认其抵销抗辩为不当，于法并无不合。"

④ Esser/ Schmidt, Schuldrecht Band I Allgemeiner Teil Teilband 1, 8. Aufl., Heidelberg 1995, S. 299.

⑤ Esser, Schuldrecht, 2. Aufl., Karlsruhe 1960, S. 310；不完全相同的见解，Staudinger-Karl-Heinz Gursky, Kommentar zum Bürgerlichen Gesetzbuch, 2000, § 387 Rn. 92：在诺成之消费借贷契约，借用人对于贷与人之债权的内容以金钱为内容，所以借用人对贷与人所负之债务亦以金钱为内容时，借用人得对贷与人为抵销之意思表示，以达到借新还旧之目的。反之，贷与人在相同情形，不得主张，以其依该诺成消费借贷契约，对借用人所负之金钱债务，与借用人对贷与人当时还负之金钱债务抵销。盖该抵销之表示，与该消费借贷契约之缔结目的冲突，从而其抵销违反诚信原则。

事人互负之债务的种类相同,但不以其数量亦须相同为抵销适状的要件,所以债务人虽无为一部清偿之权利("民法"第318条),但仍得为一部之抵销。①

关于抵销适状之要件有一些例外的规定。例如:(1)关于互负债务:"民法"第277条规定:"连带债务人中之一人,对于债权人有债权者,他债务人以该债务人应分担之部分为限,得主张抵销。"(2)"破产法"第113条规定:"破产债权人于破产宣告时,对于破产人负有债务者,无论给付种类是否相同,得不依破产程序而为抵销(第一项)。破产债权人之债权为附期限或附解除条件者,均得为抵销(第二项)。"

在支票存款契约,实务上认为,必须直到存款户终止其与银钱业所订之支票存款往来契约,银钱业对该存款户始有返还存款之义务,从而银行得以存款户对银行所负债务与之为抵销。② 付款银行受止付之通知后,依法留存之金额,亦同:付款银行就该留存之金额对于存款人因一时无返还义务,而不得与银行对该存款户之债务抵销。③ 在上述情形,依"最高法院"的见解,其所涉要件的层次,不是清偿期是否届至,而是供抵销之债权债务是否已发生。

3. 互负债务

互负债务,指为抵销之表示者与其相对人互相负有债务而言。然这不含当事人之一方只在法律形式上,而不在经济实质上对相对人有债权的情形。此种法律形式与经济实质不一致的情形,主要存在于含管理信托、担保信托、投资信托等各种信托的情形。

债权人如为托收之目的,而将债权让与受托人时,该债权因在经济上尚属于

---

① Esser/Schmidt，Schuldrecht Band I Allgemeiner Teil Teilband 1，8. Aufl.，Heidelberg 1995，S. 304.

② "最高法院"1994年度台上字第152号民事判决:"按支票存款户对银钱业虽负有债务,但在存款户终止其与银钱业所订之支票存款往来契约前,银钱业对该存款户并无返还存款之义务,即与'民法'第三百三十四条得为抵销之要件不合,亦不能依预定抵销之特约,主张与存款抵销,庶支票制度之安全与信用得以确保。"

③ "最高法院"1993年度台上字第2147号民事判决:"按票据权利人为止付之通知后,付款人应将止付之金额留存(转拨入止付保留款专户备付),非依'票据法'第十九条第二项之规定,或经占有票据之人及止付人之同意,不得支付或由发票人另行动用,为'票据法施行细则'第五条第五项所明定。而'票据法施行细则'系根据'票据法'第一百四十五条规定所订定,具有法之效力。该项效力并不因止付通知后,该支票存款户遭拒绝往来处分而受影响。法既规定该止付保留款非经占有票据之人即被上诉人及止付人之同意,不得支付或由发票人另行动用,则该止付保留款,与受扣押之财产同,虽仍得为强制执行之标的,但在止付通知失其效力前,付款银行即上诉人径自以其对该存户之债权主张与该止付保留款抵销,对占有票据之人即被上诉人,自不生效力。如此解释方与票据法施行细则上开规定意旨相符。"

委托人,所以其法律形式上之移转,应不影响委托人之债务人的抵销权。同理,该债务人及受托人亦不得以其互负之债务为抵销。[①] 保证人或物上担保人受债权人请求,代债务人为给付时,得以自己对于债权人之债权为主动债权与其保证或担保之债权(被动债权)抵销。在这种情形,抵销后,债权人之债权不因其保证人或担保人之抵销的意思表示而消灭,而只是在债权人因抵销而受清偿的限度,法定地移转于为抵销之保证人("民法"第749条)或担保人("民法"第879条第1项)。

上开意旨虽未规定于债务承担,但在免责的债务承担,应准用之。在免责的债务承担,即使非经债权人承认,对于债权人不生效力("民法"第301条)。但如债权人对于原债务人所负债务之清偿期后于该经第三人债务承担之债务,则必要时,抛弃期限利益,行使抵销权仍有利益时,债权人不论承认该债务承担与否,皆得为抵销。债务人因其法律关系所得对抗债权人之事由,承担人虽亦得以之对抗债权人。但不得以属于债务人之债权为抵销("民法"第303条第1项)。盖其抵销之意思表示与债务承担之意旨冲突。其结果,债权人因第三人之免责的债务承担,得选择不承认,以对原来之债务人主张抵销;或选择承认,以对新债务人主张抵销。在其选择承认的情形,得主张与之抵销的被动债权,扩及新债务人对自己之债权。后一可能性,常常是第三人所以愿意与债务人为免责之债务承担之约定的原因。是故,当债权人承认该债务承担,新债务人可能以其对于债权人之债权为主动债权,对于债权人为抵销之意思表示。

关于供抵销之债务在抵销当事人间之相互性,可能透过特约,将之扩张至当事人一方之关系企业的各个分子企业对于相对人之债权。亦即甲与丙约定,当事人之一方(甲)得以其关系企业之分子企业(乙等)对相对人(丙)享有之债权与相对人(丙)对自己(甲)之债权抵销。[②] 当认为,抵销适状中之"互负债务"的要件规定是任意规定,该约定即有效力。不过,甲如直到其相对人丙被宣告破产时,始以乙之债权为主动债权,对丙之破产管理人,为抵销之意思表示时,是否能生抵销之效力,仍有疑问。盖如解释为:乙对丙之债权在甲对丙之破产管理人为抵销之意思表示时,始移转于甲,则依"破产法"第114条第2款,甲还是不得以

---

① Esser/Schmidt, Schuldrecht Band I Allgemeiner Teil Teilband 1, 8. Aufl., Heidelberg 1995, S. 299.

② Esser/Schmidt, Schuldrecht Band I Allgemeiner Teil Teilband 1, 8. Aufl., Heidelberg 1995, S. 300.

该受让自乙之债权为主动债权,与丙对甲之债权(被动债权)为抵销。[1] 甲已知丙有停止支付或声请破产后,始对丙为抵销之意思表示者,亦同("破产法"第114条第3款)。另如无特约,即便债务人就他人对于债权人之债权享有处分权,或得到该债权人之同意,亦不得以他人之债权为主动债权主张抵销。[2]

如当事人中有一方是公权力机关,得否以公法上之债权或债务为抵销之标的。司法实务上有采肯定说的倾向。[3] 例如高等行政法院2011年度法律座谈会提案及研讨结果第一号之讨论结果如下:

[法律问题]:甲(个人)对乙(政府机关)依公法上不当得利法律关系,请求返还公法上不当得利新台币(下同)300万元,唯乙于诉讼上抗辩其对甲有私法上不当得利之债权300万元,并主张抵销。私法上之债权可否与公法上之债权互为抵销?

[讨论意见]:

甲说:否定说,按债权债务之抵销,系基于避免债权人与债务人反复清偿之负担,并维护双方当事人权益而设。公法上债权与私法上债权得否抵销,实务上曾有反对见解,其理由各有不同,兹分述如下:(一)官署借征漕粮与人民欠纳田赋其性质均与私人相互间之债权债务关系不同自不能并算划抵(改制前"行政法院"1938年判字第9号判例可资参照,本则判例经"最高行政法院"2002年10、11、12月份庭长法官联席会议决议嗣后不再援用)。(二)但查官署对于人民关于损害赔偿之请求,系属私法关系,应依民事诉讼程序为之,殊非可以行政处分自行取偿。其所据损害赔偿之理由而对原告所已缴地价不予发还,实难认为适法(改制前"行政法院"1968年判字第210号判例可资参照。本则判例经"最高行政法院"2002年10、11、12月份庭长法官联席会议决议嗣后不再援用)。(三)原告等申请将原领台济委探字第83号矿区探矿权改为采矿权,经被告官署所属矿务局通知原告限期缴纳申请费税,原告等未于限期内缴纳,而检附另案矿业申请案自愿放弃书及退款收据等呈送矿务局,要求依"民法"第334条及第335条之规定,将上述自愿放弃案应退还之费款,抵缴本案应缴纳之费税。唯查采矿申请费税,乃法定税款,非同一般债务。原告等引用民法债务抵销之规定,要求抵缴本案应缴费税,显属不合。被告官署以原告逾期未缴费税,撤销其矿业申请

---

[1]　Staudinger-Karl-Heinz Gursky, Kommentar zum Bürgerlichen Gesetzbuch, 2000, Vorbem. 91 zu §§ 387ff..

[2]　Larenz, Lehrbuch des Schuldrechts Band I Allgemeiner Teil, 11. Aufl., München 1976, S. 207.

[3]　Staudinger-Karl-Heinz Gursky, Kommentar zum Bürgerlichen Gesetzbuch, 2000, Vorbem. 97ff. zu §§ 387ff..

案,洵无违误("最高行政法院"1971 年判字第 821 号判例可资参照)。

乙说:肯定说,德国通说,系认"在公法上,其债权债务之性质原则上并非不可抵销,因此法律虽未特别明文规定亦可援引民法上之抵销制度,其抵销不论为人民或行政机关所为,亦不问其抵销系以私法上债权对于公法上债权或公法上债权对于私法上债权为抵销,似为法之所许"(翁岳生编《行政法》,1998 年,第233 页参照)。德国民法第 395 条复规定:"对(联邦)或邦(州)之债权以及对行政区和其他地方团体之债权,抵销人应履行之给付和应得清偿之债权在同一金库办理时,始准许为抵销。"(赵文伋、徐立、朱曦合译:《德国民法》,1992 年 2 月初版,第 76 页;原文如参考资料所示)又陈敏大法官,认为行政机关在行政法上所为之意思表示,而非行使公权力者,并非行政处分。例如在公行政与人民公法债务关系上,行政机关与人民皆有行使抵销权之可能。抵销之表示,为公法上之意思表示,其性质不因行政机关或人民为之,而有所不同。行政机关所为之抵销,性质上虽为公法意思表示,但非在于行使公权力,应非行政处分(陈敏著:《行政法总论》,2007 年 10 月第 5 版,第 314 页参照),均肯认公法上债权与私法上债权可互为抵销。

丙说:折中说,按"二人互负债务,而其给付种类相同,并均届清偿期者,各得以其债务,与他方之债权互为抵销。但依债之性质不能抵销或依当事人之特约不得抵销者,不在此限","抵销应以意思表示,向他方为之。其相互间债之关系,溯及最初得为抵销时,按抵销数额而消灭。""民法"第 334 条第 1 项及第 335 条第 1 项分别定有明文。足见互为抵销之二债权人,互负债务,给付种类相同,并均届清偿期,除依债之性质不能抵销或当事人特约不得抵销者外,并未限制公法上之债权不得对私法上之债权抵销。查在行政法规上,行政程序法虽无特别规定,但是"劳工保险条例"第 29 条规定:"被保险人有未偿还第六十七条第一项第四款之贷款本息者,于被保险人或其受益人请领保险给付时径予扣减之。"(2009年 11 月 25 日修正前条文为第 29 条第 1 项但书规定:"……但被保险人有未偿还第六十七条第一项第四款之贷款本息者,应以被保险人或其受益人领取之保险给付抵销之")足见在行政程序上,法有明文,公法上之债权可以与私法上之债权互为抵销。唯于行政诉讼上,倘当事人欲以私法上之债权主张抵销,因私法上之债权,并非行政诉讼审判权之范围。因此,苟当事人对于私法上之债权有所争执,即非行政诉讼所能调查审认,并无法达成能于同一诉讼事件一并解决互为抵销之二债权人间纠纷之诉讼经济目的。故于行政诉讼上准许抵销之私法上之债权,在解释上应局限于有确定效力之民事确定判决、和解笔录、调解笔录及支付命令,或经法院核定之乡镇市所制作之调解书或当事人不争执等情形,至于尚待普通法院审认之私法上债权,则不在准许之列。初步研讨结果多数采丙说。大会研讨结果多数采丙说（经付大会表决结果：实到人数 53 人，采丙说 34 票）。

4. 给付种类与数量

供抵销之债务的给付种类原则上虽必须相同，但不仅其数量不必须相同，而且相抵销之债务，在为抵销之意思表示时，其数额亦不必须明确。有时可能还待于双方协议或法院判决才能臻于确定。这特别存在于：以继续性债务关系之结算结果或以损害赔偿之请求权为主动债权或被动债权，表示抵销的情形。[①]

5. 清偿期

已达抵销适状之债务之清偿期的先后为何，对其至抵销发生效力时止之迟延责任虽有意义，但不影响抵销权之发生。[②] 唯在债权让与时，如因让与之债权尚未届清偿期，而未达于抵销适状，则清偿期之先后便有意义：清偿期先届至之债权人，得抛弃其期限利益，行使抵销权。不因清偿期在后之债权的让与，而受影响。所以，"民法"第 299 条第 2 项规定："债务人于受通知时，对于让与人有债权者，如其债权之清偿期，先于所让与之债权或同时届至者，债务人得对于受让人主张抵销。"该规定亦应准用于债权受扣押命令之第三债务人[③]或以债权为标

[①] 最高法院 1933 年上字第 1112 号民事判例："抵销不以双方之债权明确为要件，故损害赔偿债权当事人间，虽于其成立或范围有所争执，亦非必俟判决确定后始得抵销。""最高法院"2011 年度台简上字第 40 号民事判决同此意旨。

[②] "最高法院"2012 年度台上字第 269 号民事判决："按'民法'第二百九十九条第一项规定，债务人于受通知时，所得对抗让与人之事由，皆得以之对抗受让人。是债务人于受债权让与通知时，倘对于让与人有债权，且合于同法第三百三十四条第一项所定之抵销适状者，自得为抵销之主张，并以消灭债务之效果对抗受让人。至于同法第二百九十九条第二项规定：'债务人于受通知时，对于让与人有债权者，如其债权之清偿期，先于所让与之债权或同时届至者，债务人得对于受让人主张抵销'，系就债务人于受债权让与通知时，其对于让与人之债权，未具抵销适状之情形而设，其目的是避免债务人因债权让与而受不利益，并兼顾让与人及受让人之利益。故债权让与之债务人，以其对于让与人已届清偿期之债权，与该亦届清偿期之让与债权互为抵销，系依'民法'第三百三十四条第一项规定为之，与同法第二百九十九条第二项规定无涉；是该互为抵销之债权，其清偿期先后情形如何，自非所问。"

[③] "最高法院"2008 年度台上字第 1665 号民事判决："二人互负债务，而其给付种类相同，并均届清偿期者，各得以其债务，与他方之债务，互为抵销，'民法'第三百三十四条第一项定有明文。而基于衡平原则，受债权扣押命令之第三债务人，若于扣押前对其债权人取得债权者，其所得行使之抵销权不宜因此而受影响，自得以该债权与受扣押之债权为抵销，此观同法第三百四十条规定亦明。是以应认执行法院之禁止命令不影响第三债务人以扣押时或扣押以前对其债权人取得之债权与受扣押之债权相抵销。无论是一般债权或继续性给付之债权，纵执行法院之禁止命令于送达时，主动债权犹未届清偿期，甚且后于被动债权届至，若合于抵销适状，均得主张抵销。"

的设定质权①或为让与担保之标的情形：在债务人受债权扣押命令、设定质权或设定让与担保之通知时，对其债权人有债权者，如其债权之清偿期，先于受扣押、出质或让与之债权或同时届至者，债务人对于执行债权人、质权人或受让人得主张抵销。这对以将来债权为担保或让与标的者，更当有其适用。②

6. 清偿期及消灭时效

双方互负债务，③清偿期先届至的一方，如得抛弃期限利益，可在自己之请求权已届清偿期时，抛弃对于他方所负债务之期限利益，为抵销。

债之请求权时效期间经过时，依"民法"第 144 条第 1 项，其债务人得拒绝给付。自己对他方之请求权虽先因时效完成而消灭，但在时效完成前，自己对于他方所负之债务已适于抵销者，依"民法"第 337 条仍得为抵销。④ 盖抵销有溯及效力，且系争债务达抵销适状时，时效尚未完成。

7. 清偿地

清偿地相同未被规定为抵销适状的要件之一。清偿地不同之债务，亦得为抵销。但如以清偿地不同之债为抵销，为抵销之人，应赔偿他方因抵销而生之损害（第 336 条）。

---

① "民法"第 907 条之一："为质权标的物之债权，其债务人于受质权设定之通知后，对出质人取得债权者，不得以该债权与为质权标的物之债权主张抵销。"但"质权标的物之债权，其债务人于受质权设定之通知时，对于出质人有债权，如其债权之清偿期，先于为质权标的物之债权，或同时届至者，债务人自得于同额内主张抵销。从而，为质权标的物之债权，其债务人于受质权设定之通知后，对出质人取得债权者，不得以该债权与质权标的物之债权主张抵销"（"最高法院"2010 年度台上字第 769 号民事判决）。

② "最高法院"2010 年度台上字第 2 号民事判决："按将来债权之让与，系以移转将来债权为标的之契约，虽于通知债务人时，已对债务人发生效力，唯因斯时受让债权尚未发生，为使债务人不因将来债权让与之结果陷于不利之地位，固应认债务人于受让人得对其行使权利时，即将来债权成为现实之债时，对让与人有债权者，如其债权之清偿期，先于所让与之债权或同时届至者，得对于受让人主张抵销。然债务人对让与人之债权，系在将来债权发生后始存在，或其清偿期系在将来债权发生后始届至者，自无主张抵销之余地。"

③ "最高法院"1960 年度台上字第 125 号民事判例："'民法'第三百三十四条所称之抵销，系以二人互负债务，而其给付种类相同并均届清偿期者为要件，故得供债务人抵销之债权，须为对于自己债权人之债权，而不得以对于他人之债权，对于债权人为抵销。"

④ "最高法院"1962 年度台上字第 484 号民事判决："债之请求权虽经时效而消灭，如在时效未完成前，其债务已适于抵销者，亦得抵销，'民法'第三百三十七条定有明文。又时效完成后，债务人得拒绝给付，是消灭时效完成之效力，不过发生拒绝给付之抗辩权，并非使请求权当然消灭，如债务人不行使其抗辩权，法院不得以消灭时效已完成，即认请求权已归消灭。"

8. 抵销与处分权

抵销亦得以契约的方式为之。[①] 此即抵销契约。双方如就将来之债权,事先为抵销之约定,则该债权在将来于发生时,即因抵销而消灭。但仍以得扣押之债权为限,以符关于禁止扣押之规定的意旨。[②] 该抵销契约的效力优先于对于互相抵销之债权的扣押。[③] 其契约之性质并非互为债务之免除。盖双方之债权仍因抵销而获得满足。其比较接近之使债务获得清偿的类型应是代物清偿:现实以"给付标的相同之债权"替代原来"债之给付标的",为清偿给付。在此种情形,基于契约自由原则,其抵销虽不需要完全符合抵销适状的要件,[④]但由于抵销仍具有处分互相抵销之债权的意义,所以双方除至少必须对于他方负有给付种类相同之债务外,并必须分别对其债权有处分权。[⑤] 是故,经宣告破产者,就属于破产财团之债权或债务,破产管理人或向破产管理人("破产法"第 113 条)始得就该债权或债务为抵销;公司在重整中,仅得由重整人或向重整人("公司法"第 290 条第 6 项第 7 款、第 296 条第 3 项)就公司债权或债务为抵销。另"破产法"第 114 条,对于破产债权人或破产人之债务人之抵销,在具备下列各款情形之一时,有不得为抵销之限制:"一、破产债权人,在破产宣告后对于破产财团

---

① "最高法院"2012 年度台上字第 907 号民事判决:"按抵销契约与法定抵销不同,前者为双方当事人以消灭互负之债务为目的而订定之契约,属于诺成、不要式、双务、有偿及要因契约,须经当事人合意始得成立;后者于具备抵销适状时,依一方之意思表示而发生效力,此项抵销权为形成权,其行使行为属单独行为,此观'民法'第三百三十四条第一项前段规定:二人互负债务,而其给付种类相同,并均届清偿期者,各得以其债务,与他方之债务,互为抵销,及同法第三百三十五条第一项规定:抵销,应以意思表示,向他方为之,其相互间债之关系,溯及最初得为抵销时,按照抵销数额而消灭自明。"

② Larenz, Lehrbuch des Schuldrechts Band I Allgemeiner Teil, 11. Aufl., München 1976, S. 215f..

③ Staudinger-Karl-Heinz Gursky, Kommentar zum Bürgerlichen Gesetzbuch, 2000, Vorbem. 75 zu §§ 387ff.:"德国帝国法院及联邦法院皆肯定,事先约定之抵销契约优先于发生在后之扣押;亦即认为,就事而论,适用优先原则是正确的。"另见 Staudinger-Karl-Heinz Gursky, aaO. § 392 Rn. 21ff..

④ "最高法院"1961 年度台上字第 1852 号民事判例:"抵销除法定抵销之外,尚有约定抵销,此项抵销契约之成立及其效力,除法律另有规定(如'民法'第四百条以下交互计算之抵销)外,无须受'民法'第三百三十四条所定抵销要件之限制,即给付种类纵不相同或主张抵销之主动债权已届清偿期,而被抵销之被动债权虽未届清偿期,唯债务人就其所负担之债务有期前清偿之权利者,亦得于期前主张抵销之。"

⑤ Esser/ Schmidt, Schuldrecht Band I Allgemeiner Teil Teilband 1, 8. Aufl., Heidelberg 1995, S. 305f.; Larenz, Lehrbuch des Schuldrechts Band I Allgemeiner Teil, 11. Aufl., München 1976, S. 215.

负债务者。二、破产人之债务人,在破产宣告后,对于破产人取得债权或取得他人之破产债权者。三、破产人之债务人,已知有停止支付或声请破产后而取得债权者。但其取得系基于法定原因或基于其知悉以前所生之原因者,不在此限。"唯仍不得以自己有处分权之他人债权为主动债权,与自己对于该债权之债务人的债务抵销①。

9. 抵销适状之消极要件

依债之性质②或依当事人之特约不得抵销者,双方互负之债务纵使已达于抵销适状,亦不得为抵销。

可能影响债务之抵销适状的主要消极要件为:给付种类不同、依债之性质不能抵销或依当事人之特约不得抵销("民法"第334条第1项但书后段),或有法定之禁止抵销的事由:(1)禁止扣押之债("民法"第338条),③或(2)因故意侵权行为而负担之债("民法"第339条),其债务人不得主张抵销。此为依债务之性质不得抵销,并经法律明定其不得抵销之类型。这亦适用于因侵权行为之损害赔偿请求权的消灭时效已完成,而基于同一原因事实,依"民法"第197条第2

---

① Staudinger-Karl-Heinz Gursky, Kommentar zum Bürgerlichen Gesetzbuch,2000,§ 387 Rn. 16.

② 最高法院1937年渝上字第450号民事判例:"'民法'第三百三十四条但书所谓,依债务之性质不能抵销者,系指互相抵销即反于成立债务之本旨者而言,以有担保之债务与无担保之债务互相抵销,并不反于成立债务之本旨。原判决谓有担保之债务与无担保之债务,依其性质不能抵销,其见解未免错误。"

③ "最高法院"1991年度台上字第1588号民事判决:"'强制执行法'第一百二十二条所为:债务人对于第三人之债权,系维持债务人及其家属生活所必需者,不得强制执行之规定,仅于债务人对于第三人之债权有其适用,至债权人对于债务人之债权,则不在该条适用之列,亦即债权人对于债务人之债权,非禁止扣押之债,不受'民法'第三百三十八条所定债务人不得主张抵销之限制。"

项,改为请求不当得利之返还的情形。^① 然债务不履行之损害赔偿之债,除非与侵权行为之债有规范上竞合之情形。^② 否则,"民法"第 339 条不得类推适用于因故意而债务不履行的损害赔偿之债。〔Esser/Schmidt,Schuldrecht Band I Allgemeiner Teil Teilband 1,8. Aufl.,Heidelberg 1995,S. 302. "最高法院"1981 年度台上字第 737 号民事判决:"关于损害赔偿之债,除由侵权行为发生者外,尚有因债务不履行或其他之原因而发生者,后者因有特别规定不适用侵权行为之法则,自无'民法'第三百三十九条不得主张抵销规定之适用。"这应指单纯之债务不履行的损害赔偿之债。同一原因事实如果同时构成债务不履行与故意侵权行为时,该故意侵权行为责任不因与债务不履行责任有请求权规范竞合,而无'民法'第三百三十九条之适用。"最高法院"2008 年度台上字第 72 号民事判决:"依被上诉人所为上诉人违约不交货,将酒袋出售与比利时公司,'故意'以背于善良风俗之方法,侵害被上诉人权利之主张,果为可采,衡诸'民法'第三百三十九条规定,上诉人就其应负之损害赔偿债务,是否得主张以其对被上诉人之货款债权为抵销?案经发回,宜并注意及之。"后一判决所涉事实为:案外人甲向被上诉人乙订货。为履行该债务,乙向上诉人丙订货。而后丙在对乙交付一部分

---

① "最高法院"2008 年度台上字第 2101 号民事判决:"'民法'第一百九十七条第二项规定:'不当得利之返还',寻绎其立法原委,固系考量损害赔偿义务人,如因侵权行为而受利益,致被害人蒙受损害时,除使其有侵权行为之请求权外,更应有不当得利之请求权,俾发生不当得利返还请求权与损害赔偿请求权之竞合,以保护被害人之利益,但该二项法律上性质不同之请求权,诉讼上所据之原因事实应同属'因侵权行为而负担之债'之范畴。是该损害赔偿义务人如因故意侵权行为而受利益,致被害人受损害时,被害人于侵权行为损害赔偿请求权时效完成后,再依上开条项规定以不当得利之请求权而为主张者,自仍有同法第三百三十九条'因故意侵权行为而负担之债,其债务人不得主张抵销'规定之适用,此观该条文以'负担之债'之用语而规范自明。""最高法院"2009 年度台上字第 200 号民事判决:"按'民法'第一百九十七条第二项规定之不当得利返还,系考量损害赔偿义务人如因侵权行为而受利益致被害人蒙受损害时,使被害人除有侵权行为之请求权外,亦应有不当得利之请求权,用以保护其利益。该二项请求权,法律上之性质虽然不同,但在诉讼上所据之原因事实则同属因侵权行为而负担债务之范畴。是该损害赔偿义务人如因故意侵权行为而受利益致被害人受损害时,被害人于侵权行为损害赔偿请求权时效完成后,再依上开条项规定以不当得利之请求权而为主张者,自仍有同法第三百三十九条因故意侵权行为而负担之债,其债务人不得主张抵销规定之适用。"

② "最高法院"1957 年台上字第 1780 号民事判例:"上诉人于租期届满后,仍未依约履行还屋之义务,致被上诉人因而受相当于租金额之损害,固属违背'民法'第四百五十五条之规定,难免于赔偿之责,顾此种因迟延返还租赁物所生之损害赔偿之债,揆与因故意侵权行为而负担之债并非相同,故上诉人以所支出之修理费互相抵销,即不在同法第三百三十九条规定不得抵销之列。"

货物后,越过乙,与甲接洽并直接对甲供货,以致乙就尚未履行部分,因未能如约交货而对甲负债务不履行的责任。"最高法院"在其发回意旨中,虽未明确表示肯认上诉人丙之所为,除债务不履行外,兼具"故意"以背于善良风俗之方法,侵害被上诉人乙之权益,致乙遭受损害,亦应负侵权行为之损害赔偿责任。是故,丙不得以其对乙之货款债权为主动债权,主张与乙对丙之该损害赔偿责任(被动债权)为抵销。但已含有该意思。然"最高法院"在该发回判决中,关于类此之发回理由的法律见解,不宜以隐晦的语法表示其意见。另乙对甲之债务不履行,甲其实亦与有过失,乙对甲未依与有过失的规定("民法"第二百十七条第一项),主张免责,而因对甲赔偿,而遭受之损害,是否得对丙请求,亦值得探究。至于乙因丙对其债务不履行,而遭受之履行利益上的损害赔偿,是另一个问题。当认为甲、乙之间的契约为承揽契约。"民法"第 511 条规定:"工作未完成前,定作人得随时终止契约。但应赔偿承揽人因契约终止而生之损害。"然因该条不是从"契约应予遵守的原则"出发,规定双方如任意终止契约,应负按"损益相抵原则"("民法"第 261 条、第 263 条、第 267 条)调整后之履行利益的范围,负赔偿责任,而使承揽契约之终止的损害赔偿问题,难以合理处理。](3)"控制公司直接或间接使从属公司为不合营业常规或其他不利益之经营者,如控制公司对从属公司有债权,在控制公司对从属公司应负担之损害赔偿限度内,不得主张抵销。"("公司法"第 369 条之七第 1 项)。(4)"受债权扣押命令之第三债务人,于扣押后,始对其债权人取得债权者,不得以其所取得之债权与受扣押之债权为抵销。"("民法"第 340 条)[①](5)"约定应向第三人为给付之债务人,不得以其债务,与他方当事人对于自己之债务为抵销。"(第 341 条)然由于供抵销之债权可能来自于移转,或拟与他方债务抵销之债务可能来自于债务承担,所以关于受让之债权或承担之债务如有特约,不得抵销时,该特约不得对抗善意受让或承担之第三人("民法"第 334 条第 2 项)。

主动债权之债务人对主动债权有抗辩权,而被动债权之债务人(主动债权之债权人)对被动债权无抗辩权时,主动债权之债权人虽仍得为抵销,但如其债务人在受抵销之意思表示后相当期间内,行使抗辩权,其抵销之意思表示不能生抵

---

① "最高法院"2005 年度台上字第 164 号民事判决:"受债权扣押命令之第三债务人,于扣押后,始对其债权人取得债权者,不得以其所取得之债权与受扣押之债权为抵销,为'民法'第三百四十条所明定。由此可知第三债务人于扣押前,对其债权人已取得债权者,尚无不许其抵销之理。""最高法院"2002 年度台上字第 696 号民事判决:"债权经扣押后,债务人对债权人取得之债权;或债务人对于债权人之债权于扣押后始届清偿期,且其清偿期后于扣押之债权者,于经扣押时尚未成立,或未适于抵销之状态,债务人自不得以之为抵销。"

销之效力。"最高法院"认为在这种情形,带有抗辩权之债权依其性质不得为主动债权。[1] 该见解虽可较明快处理此种债权之抵销的问题,但与抗辩权之作用,待于其权利人之行使的机制不符。

另亦具有抵销之消极要件意义者为:抵销权之滥用。例如主债务人对于其债权人有抵销权而不行使,而却于其保证人因代其清偿,而承受该债权,并据以向其请求给付时,主债务人却以其对于原债权人之债权对该保证人为抵销之意思表示。主债务人在形式上虽得以其对于原债权人之符合抵销适状的债权,对保证人抵销其因代主债务人清偿债务而承受之债权,但其抵销因违反诚实信用原则,滥用权利,而应不予允许。[2]

10. 抵销之方法与效力

抵销为形成权之行使,应以意思表示,向他方为之。[3] 其相互间债之关系,溯及最初得为抵销时,按照抵销数额而消灭。[4] 除非事实上抵销要件并不存在,或抵销之意思表示无效,因抵销而消灭之债权或债务即不再存在,不能再使之回

---

① "最高法院"2003 年度台上字第 118 号民事判决:"按二人互负债务,而其给付种类,并均届清偿期者,各得以其债务与他方之债务,互为抵销,但依债之性质不能抵销或依当事人之特约不得抵销者不在此限,'民法'第三百三十四条第一项定有明文,而主动债权之附有同时履行抗辩权者,性质上即不许抵销,否则无异剥夺对方之抗辩权。本件上诉人固有依法解除另件买卖契约,请求被上诉人返还其已付价金之权利,然依'民法'第三百六十九条规定,买卖标的物与其价金之交付,除法律另有规定或契约另有订定或另有习惯外,应同时为之。又契约解除时,当事人双方回复原状之义务,除法律另有规定或契约另有订定外,由他方所受领之给付物,应返还之,为同法第二百五十九条第一款所明定。足见被上诉人对于上诉人请求其返还另件之买货价金,得行使同时履行抗辩权,请求上诉人给付其交付之货品。自不许上诉人以其对被上诉人另件之返还价金债权与被上诉人之系争价金债权,主张抵销。纵同种类之主动债权附有抗辩权而被动债权未附抗辩权,仍宜解为性质上不能抵销,盖如附有同时履行之抗辩,而受动债权无此抗辩时,如许其抵销,即与无故剥夺被抵销人之抗辩权无异。是被上诉人对于上诉人另件之同时履行抗辩权既未归于消灭,且其就另件债务之存在又有争执,即与前开抵销之要件不合,上诉人尚无权以另件货款(价金)主张与系争价金债权抵销。"

② Esser, Schuldrecht, 2. Aufl., Karlsruhe 1960, S. § 162 3 e (S. 674); Staudinger-Karl-Heinz Gursky, Kommentar zum Bürgerlichen Gesetzbuch, 2000, § 387 Rn. 251ff..

③ "最高法院"1958 年度台上字第 355 号民事判例:"抵销应以意思表示向他方为之,其性质为形成权之一种,为抵销时既无须相对人之协助,亦无须经法院裁判之必要。"

④ "最高法院"1965 年度台上字第 148 号民事判决:"抵销并非于为抵销之表示时,消灭相互间债务关系,而系溯及最初得为抵销时,按照抵销数额而消灭。"

复或引为另一抵销行为的主动或被动债权。①

因抵销而消灭者，与清偿时一样：为互相抵销之债务，而非该债务据以发生之债务关系。但事后发现抵销之债务有一方自始不存在，或事后因解除条件成就而溯及消灭者，该抵销之意思表示应因无可供抵销之债务而无效，双方之债务关系既非依错误的规定，待于表意人撤销其因错误而为之意思表示，才溯及地失其抵销之效力，②也非依不当得利之规定，返还无法律上原因移动之财产利益，以回复原状，而是因抵销之意思表示无效，不生消灭债务或债权之效力，而自动回复至抵销之意思表示前的法律状态。③ 利用抵销之溯及效力，有可能除去已发生之迟延责任的效力。④ 然抵销之意思表示，附有条件或期限者，无效（"民法"第 335 条第 2 项）。

"民法"第 321 条至第 323 条关于抵充之规定，于抵销准用之（第 342 条）。为抵销之意思表示的债务人，对于其债权人负数宗债务，而其主动债权之数额不足清偿全部（被动债权之）债额时，同样由债务人于抵销（清偿）时，指定其应抵充之债务。⑤ 双方所互负之债务如各有数宗，行使抵销权之一方，有依抵充之规定，指定抵销之债务的权利。他方债务人可能因非主动行使抵销权，而遭受处于被动之不利。

---

① "最高法院"2011 年度台上字第 938 号民事判决："抵销为消灭债务之单独行为，只须与'民法'第三百三十四条所定之要件相符，一经向他方为此意思表示即生消灭债务之效果。倘上诉人主张之抵销与'民法'第三百三十四条所定之要件相符，其对被上诉人所负给付系争支票票款之债务于斯时即已消灭。故被上诉人如系于其后始提出对上诉人有债权得以之与上诉人上开呆账等债权及裁判费债权抵销，亦无法使已消灭之系争支票票款债务回复。"

② "最高法院"2003 年度台上字第 2479 号民事判决："二人互负债务，而其给付种类同、均届清偿期者，各得以其债务，与他方之债务，互为抵销，以消灭之关系，此观'民法'第三百三十四条第一项前段规定即明。而法律行为之无效，乃自始、当然、确定不生效力。故经抵销之债务所由发生之法律行为倘属无效，致该债务自始不存在，即无从与另一债务互为抵销，该另一债务之效力虽不受影响，但原已抵销而消灭之债之关系，当然应回复至未经抵销前之状态。"

③ Staudinger-Karl-Heinz Gursky, Kommentar zum Bürgerlichen Gesetzbuch, 2000, Vorbem. 21ff. zu § § 387ff..

④ "最高法院"1982 年度台上字第 992 号民事判决："查被上诉人欲以抵销阻止解约效力之发生，须于解约效力发生前，对上诉人有业已届清偿期之同种类同数额之债权为必要（见'民法'第三百三十四条及第三百三十五条第一项规定）。否则无从以抵销方法解免给付价金迟延责任，而阻止解约效力之发生。"

⑤ "最高法院"2012 年度台上字第 819 号民事判决："按抵销使相互间债之关系，溯及最初得为抵销时，按照抵销数额而消灭，是自抵销适状发生之时起，就消灭之债务方不再计付利息。又清偿人所提出之给付，应先抵充费用，次充利息，次充原本，此于抵销亦准用之。"

溯及效力的意义表现在：达于抵销适状后始发生之抗辩权或请求权，例如时效完成之抗辩权，货币贬值、利息、违约金、给付迟延责任等请求权；含以给付迟延为理由发生之解除权及其行使所生之效力，皆回溯至抵销适状时，失其效力。但不影响至达到抵销适状前已发生之债务不履行的责任。是故，在达于抵销适状后，被动债权之债权人对其债权之任何处分，相对于抵销权人皆效力未定。盖该处分不能阻止抵销权人之抵销。唯在达于抵销适状后，其中任何债权已因经清偿、混同而消灭时，仍不能再就已消灭之债权为抵销。[①]

承租人固得以超出法定限度之担保金抵付租金。但该抵付仍属抵销性质，应经承租人行使，始能生抵付之效力。[②] 然在诉讼中，就已达于抵销适状之债务，债务人（被告）纵使不为抵销权之行使，在其受败诉之确定判决后，仍得为抵销权之行使。[③] 在承揽契约中，双方有特约，定作人就已完成之工作的报酬得保留一部分（保留款），以充为将来因工作瑕疵或其他承揽人应负责之事由所生请求权扣款之需时，因上开请求权之发生，而自该保留款扣除的法律性质为何？该保留款自动因该请求权之发生而缩减，或属于抵销，仍应经定作人行使抵销权才相应缩减？当以采抵销说为妥。承揽人之报酬请求权首先因完成约定之工作而依约定之数额发生，而后定作人才以完成之工作有瑕疵为理由，请求减少报酬。要之，在有工作瑕疵的情形，承揽人之报酬数额并非因瑕疵而自动减少，同样需

---

① Esser, Schuldrecht, 2. Aufl., Karlsruhe 1960, S. 312.

② "最高法院"2006 年度台上字第 569 号民事判决："出租人之租赁物保持义务与承租人之给付租金义务，具有对价关系。因此，如出租人未于租赁关系存续中保持其合于约定使用、收益之状态，承租人非不得行使同时履行抗辩权而拒绝租金之给付。'土地法'第九十八条之担保金额，不得超过二个月房屋租金之总额；已交付之担保金，超过前项限度者，承租人'得'以超过之部分抵付房租，同法第九十九条定有明文。所谓'抵付'，虽属抵销性质，仍待承租人以意思表示为之。但依'民法'第三百三十五条第一项规定，承租人为抵销之意思表示后，其相互间债之关系，溯及最初得为抵销时，按照抵销数额而消灭。"

③ "最高法院"2005 年度台上字第 2176 号民事判决："抵销虽使双方债务溯及最初得为抵销时消灭，唯双方互负得为抵销之债务，并非当然发生抵销之效力，必一方对于他方为抵销之意思表示而后双方之债务乃归消灭，此观'民法'第三百三十五条第一项规定自明。故被告对于原告有得为抵销之债权，而在言辞辩论终结前未主张抵销，迨其败诉判决确定后表示抵销之意思者，其消灭债权人请求之事由，不得谓非发生在该诉讼言辞辩论终结之后。从而，原告对于被告提起确认债权存在或给付之诉，纵获胜诉判决确定，唯被告如于判决确定后始以其对于原告之债权主张抵销者，自仍得本于该项事由，于新诉讼中为与确定判决意旨相反之主张。"

要经过定作人行使瑕疵担保请求权的过程。①

(四)免除

免除债务为处分债权之行为,只有债权人或经其授权之人才有权对债务人为债务之免除。② 未经授权而以债权人之名义,对债务人为免除之意思表示者,为无权代理,需经债权人承认,始生效力("民法"第170条第1项);③以自己名义为免除之意思表示者,为无权处分,同样需经债权人承认,始生效力("民法"第118条第1项)。④ 因为债务之免除无损于债务人之利益,所以"债权人向债务人表示免除其债务之意思者,债之关系消灭"(第343条)。依该条规定,免除虽系需要以债务人为特定相对人之意思表示,但仅须由债权人向债务人表示之单独行为,无须债务人之同意,即能生免除之效力。⑤ 唯不以债权人向债务人以外之人表示免除为已足。⑥ 债权人受领债务人提出之部分给付,原则上不得即解释

---

① "最高法院"有不同的看法。例如"最高法院"2005年度台上字第1304号民事判决:"当事人约定承揽报酬按工作完成之程度分期给付,于每期给付时,保留其一部,待工作全部完成验收合格后始为给付者,系对既已发生之该保留款债权约定不确定清偿期限;倘其并约定工作如有瑕疵或承揽人有其他债务不履行之情形发生,定作人得径自该保留款中扣除其因此所生之损害,则该保留款债权即属附有解除条件之债权,于上开约定事由发生,就应扣除部分,因条件成就,其债权即当然归于消灭,无待定作人另为抵销之意思表示。"

② 最高法院1930年上字第915号民事判例:"债权之让免,须由债权人表示意思,若第三人代债权人为之,苟非本于债权人之授权行为,或经其为明示或默示之追认,不能生效。"

③ 最高法院1933年上字第3973号民事判例:"债务之免除,须由债权人向债务人表示免除其债务之意思始生效力。此法律行为虽非不许代理,但无代理权人所为之免除,非经债权人承认,对于债权人不生效力。"

④ 最高法院1934年上字第2510号民事判例:"无权利人就权利标的物为处分时,如其行为合于侵权行为成立要件,虽其处分已经有权利人之承认而生效力,亦不得谓有权利人之承认,当然含有免除处分人赔偿责任之意思表示。"

⑤ "最高法院"2011年度台上字第352号民事判决:"按债务免除系债权人向债务人表示免除其债务之单独行为,于债权人免除之意思表示到达债务人或使债务人了解之时,即生免除效力,无待于债务人之承诺或另与债务人为免除之协议,然必以债权人确有向债务人为免除债务之意思表示为依归。"然德国民法规定,债务之免除应以契约的方式为之(德国民法第397条第1项)。该条第2项还规定,消极之债务承认(negatives Schuldanerkenntnis):债权人以契约对债务人承认,特定债之关系不存在者,该债之关系消灭。

⑥ "最高法院"2009年度台上字第2245号民事判决:"'民法'第三百四十三条规定:债权人向债务人表示免除其债务之意思者,债之关系消灭。故免除债务,须债权人向债务人表示免除其债务之意思,债之关系始归消灭。若向第三人为免除之意思表示者,债之关系并不消灭。"

为：债权人同意免除未给付之部分的债务。① 债务之免除既不得由债务人片面表示，②亦不得由法院强令减免，③或由第三人订定章程强要债权人违背其意思，而为债务之免除，④更是理所当然。

债务之免除，不论定性为单独行为或契约，皆是对于债权之处分行为。所以同具无因性。其原因可能存在于赠与，也可能由于其他原因，例如为期待将来之交易，而为过去交易之价金或报酬的折让。后一情形，类似于和解，可能解释为当事人间原来债务关系之变更，而非自该债务关系分离出来之价金或报酬债务的部分免除。解释为免除者，如果原因关系无效，其免除仍为有效，但债权人得依不当得利的规定请求返还。解释为原来债务关系之变更者，如果该变更之约定无效，则该债务关系回复其效力，其免除无效。⑤

债务之免除得否以禁止扣押之债权为标的，就已发生者固无此限制。但就将来之债务的免除与将来之债权的让与一样，对之虽无原则性之限制，但在债权人需要特别照顾性之保护的情形，其预先免除仍应受相关规定之限制或禁止。例如免除将来之法定扶养义务、符合团体协约之薪资债务、病假期间之薪资及不得扣押之债务等。⑥

---

① 最高法院 1931 年上字第 716 号民事判例："因债务人资力减少，以其财产按成摊还众债权人，除债权人就未受清偿之部分，显然表示免除之意思，或于受领之际，将债务证书交还销毁，依通常情形得认为免除者外，债权人虽已受领摊还之款，而其余部分之债务，仍不得即认为免除。"

② 最高法院 1931 年上字第 177 号民事判例："债务之免除与否，属于债权人之自由，债务人决不能以其片面之意思，强债权人以免除。即法院亦不得反于债权人之意思，而为强制免除之判断。"

③ 最高法院 1930 年上字第 3181 号民事判例："债权已经认定其适法成立者，苟非当事人有舍弃之意思表示，法院不得蔑视其权利而强令减免。"唯"民法"第 227 条之二规定："契约成立后，情事变更，非当时所得预料，而依其原有效果显失公平者，当事人得声请法院增、减其给付或变更其他原有之效果（第一项）。前项规定，于非因契约所发生之债，准用之（第二项）。"又"民法"第 218 条规定："损害非因故意或重大过失所致者，如其赔偿致赔偿义务人之生计有重大影响时，法院得减轻其赔偿金额。"当依上开规定，法院为减少一方之给付或减轻加害人之赔偿金额的判决时，其结果，有若法院免除该方所负债务，或免除加害人所负赔偿责任之一部分。

④ 最高法院 1928 年上字第 232 号民事判例："负有债务者如欲减成还本，免除利息，应得债权人之同意。不能因当事人以外之人所订章程，认为有拘束当事人之效力。"

⑤ Larenz, Lehrbuch des Schuldrechts Band I Allgemeiner Teil, 11. Aufl., München 1976, S. 218f..

⑥ Larenz, Lehrbuch des Schuldrechts Band I Allgemeiner Teil, 11. Aufl., München 1976, S. 217.

（五）混同

债权与债务同归一人时，称为混同。因为在债权与债务混同于一人时，其债权或债务之继续存在，原则上已无意义，所以"民法"第 344 条规定，债之关系因混同而消灭。唯如其债权为他人权利之标的（例如为他人质权之标的）或法律另有规定者，不在此限（同条但书）。混同之原因主要有：因继承、营业合并、公司合并、债权之移转或债务之承担，①而使债权与债务同归一人。继承人对于被继承人有债权，而因继承，使该债权与债务混同者，该债务虽因混同而全部消灭。②但依共同继承人之内部关系，继承被继承人之债务的继承人仍只应按其继承之比例，分担其被继承人对自己所负之债务。就超出其应分担部分，该继承人对于其他共同继承人，不但得请求偿还各自分担之部分，并自免责时起之利息，而且于求偿范围内，承受债权人之权利（"民法"第 281 条）。在继承被继承人之债务的情形，其实是该继承人之债权在对其他共同继承人得求偿之限度，不因继承而消灭。这特别是就构成遗产之房屋或土地设定有抵押权，担保该债务的情形，见其实益：为担保该债务设有抵押权者，该抵押权在其他共同继承人应分担部分之限度，仍然存在。③

---

①　Larenz, Lehrbuch des Schuldrechts Band I Allgemeiner Teil, 11. Aufl., München 1976，S. 219. "最高法院"1991 年度台上字第 2519 号民事判决："系争违约金债权既已让与上诉人，而系争违约金债务又由上诉人承担，则其债权与债务同归于一人，依'民法'第三百四十四条之规定，其债之关系消灭。"

②　"最高法院"2007 年度台上字第 641 号民事判决："原审不察，竟谓被上诉人对于被继承人之借款债权，仅在其继承连带债务之'内部分担额'内生混同消灭之效力，依'民法'第一千一百五十三条之规定，上诉人仍应负借款连带债务人之清偿责任，而为不利于上诉人之判决，自有可议。"

③　"最高法院"1962 年度台上字第 2370 号民事判例："债权人继承债务人财产，适用'民法'第三百四十四条因混同而消灭其债之关系时，虽尚有其他共同继承人，依'民法'第一千一百五十三条发生连带债务之关系，而就'民法'第二百七十四条，连带债务人中之一人因混同而消灭债务者，他债务人亦同免责任之规定观之，自不影响于因混同而消灭之继承债务之关系。唯其债权为设有抵押权者，则虽依'民法'第二百八十一条第二项，并参照同法第三百四十四条但书之规定，在其得向他债务人求偿其各自分担之部分及自免责时起之利息范围内，承受债权人之权利，可认原抵押权关于此部分范围内仍有其存在，然其抵押权所之范围，自亦仅以此为限，而非仍然存在于原来全部债权之上。"

第二节　有益费用之偿还义务及其保证或承担

——"最高法院"2003年度台上字第1540号民事判决

一、事实要述

甲与乙为夫妻，借住于乙父丙所有之单层建筑物。后经丙同意，甲出资在该单层建筑物上加盖二、三层楼房，并在其后院扩建厨房及更换瓷砖、卫浴等设备，共支出费用约新台币（下同）300万元。该加扩建建物皆需以丙所有之该单层建筑物的门户出入。事后乙并立据同意偿还甲支出之增建费用250万元。因乙、丙迄未给付。甲爰以乙、丙为共同被告，以"'民法'第八百十一条、第八百十六条"及前开字据为依据，主张丙与乙就该加扩建费用对甲所负者为不真正连带债务等情，诉请乙、丙连带给付。

二、涉讼经过要述

甲主张：被上诉人甲与其夫上诉人乙及子女借住于乙父上诉人丙所建单层建筑物中。其间（1990年至1991年）经丙同意，甲出资在该建筑物上加盖二、三层楼房，在其后院扩建厨房及更换瓷砖、卫浴等设备，支出费用约新台币（下同）300万元。于1994年3月乙曾立据同意偿还甲支出之增建费用250万元，唯迄未给付。甲爰以乙、丙为共同被告，以"'民法'第八百十一条、第八百十六条"及前开字据为依据，主张丙与乙就该加扩建费用对甲所负者为不真正连带债务等情，诉请：均给付（按当即是：连带给付）伊250万元，及自起诉状缮本送达翌日起至清偿日止，按法定利率计算利息；如乙或丙中任何一人履行，他一人在其履行范围内，免给付义务之判决。在第二审之攻击防御中甲并曾主张其系"善意占有人，得依'民法'第九百五十四条、第九百五十五条规定请求偿还有益费用。如认（丙）将系争房屋一楼无偿交付（甲）使用，属使用借贷，则（丙）就（甲）加建行为不为反对表示,(甲)亦得以使用借贷之借用人支出有益费用而请求偿金"。①

丙主张:系争房屋系乙向甲借款加盖,甲非加建材料之所有人。且丙系基于乙或甲之赠与,或基于甲与承包商之第三人利益契约,②而取得加建部分之所有权,系有法律上之原因而受利益,应排除"民法"第811条、第816条规定之适用。又甲实际出资之金额为150万元,非250万元,且因其于系争房屋加盖当时,并不知有无法律上原因之情形,直到甲起诉要求返还该利益,丙才有可能转变为知无法律上原因,依"民法"第182条第2项规定,仅需返还现存利益,另台湾省土木技师公会所制作之鉴定报告书仅就房屋之造价鉴定,未就房屋折旧部分,计算至上诉人起诉时之现存利益,资为抗辩。

系争加扩建部分之价值:台湾土木技师公会鉴定增建工程及设备计362.7万元(有鉴定报告书可考)等情,纵剔除上诉人争执不应列入之坐式马桶、面盆、小便斗、塑钢窗、雕花木门等共12.98万元,上开增建物价值亦高达349万余元。

---

① 关于甲、丙间就系争建筑物及其基地之使用借贷关系,甲方虽有提及,但在诉讼中,两造并未将之当成重要的攻击防御方法,法院也将之论为甲方诉之声明的规范基础。关于相关建筑物之使用关系,该案第二审判决(台湾高等法院1999年度上字第991号民事判决)中提及:"甲主张伊与魏聪文原为夫妻,丙则系乙之父,甲与乙自1977年结婚后,即共同居住于被上诉人所有坐落桃园县芦竹乡南兴村十邻六十三号之三合院老屋,于1989年间丙在该三合院房屋旁另建有三栋各为一层楼之房屋(即同号之一、之二、之三),然因于三合院房屋老旧且空间不敷使用,乃于1990年与1991年间,获得丙之同意后,即以甲工作积蓄及标得会款出资予魏聪文在上开六十三号之三房屋上加盖二楼及三楼,并连同该房屋地面一楼之房屋后院扩建厨房及更换瓷砖、卫浴设备等装潢,共支出约300万元,迨1991年间完工后,甲、乙夫妻及其子女即搬到该增建房屋上使用、居住。"在判决中并没有清楚叙明甲、乙在加扩建前是否即已居住于丙所建之该一层楼房屋。该事实之意义为甲究竟系在当时或将来之使用借贷物上加扩建? 唯该区别应不适当地给予过大法律上意义。盖只要系为使用借贷之目的而同意目前或将来之借用人在系争标的物上为加扩建,衡诸当事人之意旨,其有益费用之偿还的考虑基准应当相同。

② 定作人与承揽人缔结承揽契约,在第三人之建筑物或其基地上为加扩建之工作,不当然有向第三人给付之意思,且纵有向第三人给付之意思,亦不当然含有利益第三人之意思。这些都还需视定作人与承揽人之具体约定内容而定,尚不宜因其工作定著之不动产为第三人所有即认为当事人间有利益第三人之默示的意思。再则纵使认为该承揽契约中含有利益第三人之约款,该利益第三人契约亦非该第三人所以取得该契约之利益的法律上原因。其法律上原因之有无尚须就要约人与第三人间是否有要约人所以愿意约定其债务人直接向第三人给付之原因而定。例如甲与乙缔结一个买卖契约,购买汽车一部,并约定乙直接将该部汽车向丙给付。这时该买卖契约固含有向第三人给付之约款,但甲所以愿意要乙直接向丙给付的原因,可能有清偿、赠与、信托或担保原因。究竟为何,尚须视甲与丙关于该给付之基础关系而定,不但不能一概而论,而且无论如何,利益第三人之约款不是该给付之法律上原因。

再鉴定报告书就标的物现况载明为"标的物使用状况为住家,一楼以上屋龄约10年",显已就鉴定标的物现况予以考虑,据之,第二、三审判决认定:甲主张该增建物价值在250万元以上,应认已有相当证明,丙空言争执,尚非可采。

第一审判决:甲在第一审声明请求丙、乙连带给付;第一审依据债务承认关系首先肯认乙对甲负有250万元之债务,唯因后来双方离婚,联合财产关系消灭,乙以其就该250万元有夫妻剩余财产分配请求权为理由,主张将之与前开债务抵销,该院最后判命乙给付甲125万元本息。至于甲对丙关于加扩建之附合的不当得利返还请求权部分,该院则以甲为挽救其与乙之婚姻关系、家居生活之需要及期待将来自丙取得该栋建筑物之全部所有权等考虑,有赠与之意思,①非无法律上原因而驳回其对于丙之诉。乙未声明不服,甲对于败诉部分提起上诉。嗣因乙于1999年10月16日原审审理中死亡,甲于原审撤回对于其继承人即承受诉讼人丁等4人之上诉,乙部分之第一审判决,因而确定。

第二审判决:认定就系争加扩建甲无赠与意思,肯认该加扩建构成对于丙所有之建筑物的附合,及甲关于"民法"第811条、第816条所定偿金之不当得利返还请求权及其数额的主张。[台湾高等法院1999年度上字第991号民事判决:"按不当得利之类型,依通说所采'非统一说',分为'因给付而受益'与'因给付外事由而受益'两种类型。基于给付行为者,通常具有其经济上之一定目的,并以当事人的合意,形成法律行为之目的。本此目的而为给付,则此目的在客观上即为给付行为的原因。故给付行为如欠缺其原因,受益人即不得保有其利益,至于因给付以外事由而受益者,指前项情形以外,受益系由于受益人之事实行为或法律行为、第三人之行为、自然事件或法律之规定等等情形而言。就添附而言,两人以上之人所有之物因添附而成为新物,虽非不得承认为共有,唯为避免法律关系之趋于复杂,乃由法律规定,由原物所有人之一方取得新物之所有权,此为法律技术上便宜之规定,其目的并非欲使新物所有人取得全部财产上价值,故受益人因此所得利益,依'民法'第八百十六条规定,对于受损人应负返还之责。该'民法'第八百十六条规定请求给付偿金,即属前揭'因给付外事由而受益'不当

---

① 甲为挽救其与乙之婚姻关系、家居生活之需要及期待将来自丙取得该栋建筑物之全部所有权等考虑,而在他人之建筑物及其基地上为加扩建时,就该添附之工作物是否有赠与该建筑物或基地所有人之默示的意思,值得推敲。然如采肯定的见解,该等考虑至少亦应论为该赠与契约之缔约基础,事后该缔约基础如果丧失,应构成以情事变更为理由之解除的事由。另一个人如以财产上的或非财产上的利害,对于他人威胁(离婚)、利诱(继承),使之对于自己为赠与者,后来如还是离婚,并使继承之期待成为不切实际时,该发展对于赠与应有如何之意义?本件后来之发展显示,"民法"第416条关于赠与之撤销事由的规定尚不周全,待于补充。

得利类型中之基于法律规定者,而非不当得利类型中之基于'给付行为者',则被上诉人取得上开增建物之财产,其所受利益成为无法律上之原因,而非基于两造赠与契约之给付行为,应可确认。自"民法"第816条论之,第811条固非因附合而取得权利者所以取得利益之法律上原因,而仅是其物权之归属的规范基础,但第816条之适用仍以当事人间就附合无契约或无因管理关系为前提。是故,以有第816条之适用而否定两造有赠与契约在逻辑上并不成立。]且不问为添附行为之人是否善意,均无碍该请求权之行使,又丙始终陈明其同意上开附合行为,则上诉人甲本于丙不同意上开附合行为而主张之"民法"第954条、第955条规定请求偿还有益费用,即毋庸审酌,①并以乙、丙对甲所负者为不真正连带债务为理由,认为对于乙之判决的确定,其利益自不及于丙。②

第三审判决:维持原审判决外,并将第二审判决中关于对不真正连带债务中之一部分人之确定判决效力不及于其他债务人的见解加以申论:"按不真正连带

---

① 按"民法"第952条至第959条关于善意及恶意占有之规定的适用,以占有人系无权占有为前提。占有人之善意或恶意的区别点不在于其占有是否事先取得所有人之同意,而在于其是否误信自己是所有人之情事。是故,有权占有人无第952条至第959条之规定的适用。因此,在所有人丙同意使用人为附合行为的情形,则甲本于丙不同意附合行为而主张之"民法"第954条、第955条规定请求偿还有益费用,固毋庸审酌(台湾高等法院1999年度上字第991号民事判决)。然甲关于"如认(丙)将系争房屋一楼无偿交付上诉人使用,属使用借贷,则被上诉人就上诉人加建行为不为反对表示,上诉人亦得以使用借贷之借用人支出有益费用而请求偿金"的主张如果成立,因足以排除第811条、第816条及不当得利有关规定之适用,或属甲之重要攻击方法,或足以变更诉讼标的(自不当得利转为不适法无因管理:使用借贷之有益费用返还请求权),承审法院应予斟酌。关于借用人就借用物支出有益费用,因而增加该物之价值者,"民法"第569条于2000年4月26日修正后已在第2项规定:"准用第四百三十一条第一项之规定。"此为法律授权类推适用之明文规定。然纵无该授权,法院依然可以经过说明为类推适用。此外,依同条第3项"借用人就借用物所增加之工作物,得取回之。但应回复借用物之原状"。唯其取回是否会被论为违反诚信原则,属于另一问题。针对这个问题德国民法第552条规定:"承租人对于取回无正当利益者,出租人得支付相当偿金防止其行使取回权(第五百三十九条第二项)(第一项)。排除取回权之约定只有在订有相当补偿的情形始为有效(第二项)。"该规定与"民法"第839条及第940条之规定相近,值得租赁及使用借贷规定之适用及修法上的参考。

② 台湾高等法院1999年度上字第991号民事判决:"丙与乙之……继承人就上开债务,无共同之目的,相互间亦无分担求偿关系,唯其中一债务人之履行,债权人之债权即获满足,他债务随之而告消灭,此乃不真正连带债务,应无疑义。"不真正连带债务的类型特征为:连带债务中有一部分人无分担义务,亦即无内部连带。但并不是全部皆互无分担义务。例如在本件,原则上如乙先为清偿给付,则乙对丙有求偿权;反之,如丙先为清偿给付,则丙对乙无求偿权。例外为乙、丙间就该债务之承担如有特约时,依其特约。

债务,系数债务人基于不同之债务发生原因,就同一内容之给付,对于同一债权人各负全部给付义务,因一债务人给付,他债务人即同免其责任。其各债务发生之原因既有不同,仅因相关法律关系偶然竞合,致对同一债权人负同一内容之给付,自不生'民法'第二百八十条所定连带债务人间内部分担求偿之问题,故不真正连带债务人中一人所受之确定判决,其利益自不及于他债务人,要无'民法'第二百七十五条规定之适用。本件第一审判命魏聪文(乙)给付被上诉人(甲)125万元本息确定,而上诉人(丙)与魏聪文(乙)既系基于不同法律关系,对被上诉人(甲)负同一内容之给付,属不真正连带债务,则原审命上诉人(丙)给付被上诉人(甲)250万元本息,并于第一审判决魏聪文(乙)应给付范围内,与魏聪文(乙)之继承人负不真正连带给付责任,于法并无不合。上诉人(丙)谓魏聪文(乙)部分之确定判决,依'民法'第二百七十五条规定对伊亦生效力,原判决令被上诉人溢收125万元云云,自无可采。"该见解并经摘录为判决要旨刊登于2004年3月出刊之"司法院"公报上。

三、问题提出

在既存之建筑物上从事加扩建之工作,其成果即为在建筑物或基地上产生工作物。该工作物按其与对之为加扩建之建筑物的使用关系(客观要素)及为加扩建者之意思(主观要素)为基础认定其是否具有独立于其所定着之建筑物或土地的法律地位。如无,则该加扩建部分为其所定着之建筑物或土地的成分,构成添附,该加扩建部分之所有权由其所定着之建筑物或土地的所有人取得;如有,则为独立于其所定着之建筑物或土地之物,该加扩建部分之所有权由加扩建者取得。此为关于加扩建之物权法上之规定。唯在具独立性的情形,其法律效力可能受到债法的调整。例如加扩建者与所定着之建筑物或土地的所有人间若有承揽关系,则在包工不包料者,加扩建部分由后者原始取得;包工又包料者由加扩建者原始取得,后者要取得该所有权须经加扩建者对其为所有权之移转。如无承揽关系又未经同意者,视情形,其加扩建可能构成侵权行为、无因管理或不当得利;如经同意,则可能构成无因管理或不当得利。是否构成侵权行为,取决于损害之有无;是否构成无因管理,取决于有无管理他人事务之意思;是否构成不当得利,取决于有无财产利益之移动。其间无因管理与不当得利之区别实益在于:建筑物或基地所有人得否拒绝享受管理利益(加扩建之利益),同时进一步请求加扩建者回复原状。这首先取决于其加扩建是否经同意。其经同意者,其同意之意涵不明时,究应论为适法或不适法无因管理,或得否拒绝享受管理利益,而主张仅依不当得利之规定返还不当得利。对此,针对租赁"民法"第431条第 1 项有相当于不适法无因管理的规定，①所不同者为：（1）承租人（管理人）有权选择适用第 431 条第 1 项请求返还管理费用，或适用同条第 2 项取回增设之工作物；（2）其现存增价额之计算的标准时点：在不适法无因管理为本人主张享受管理利益时，在第 431 条第 1 项为租赁契约终止时。不过，有时超过单纯之同意，双方可能有相当于"民法"第 840 条之约定，让加扩建者就建筑物得为一定期间之有偿或无偿之使用收益，而后在约定期间经过后，由建筑物或基地之所有人无偿取得加扩建部分之所有权。此即习称之兴建营运移转契约（BOT 契约）。

基于以上的分析，本件可能涉及之法律问题为：（1）加扩建建物与其所对之加扩建之建筑物是否构成动产对于不动产之附合（第 811 条）。（2）该附合所造成之财产利益的移动以何为其法律上原因？加扩建之事先同意在其认定上的意义为何？（3）加扩建建物部分能够充为赠与客体吗？还是加扩建费用债务的免除？（4）设无丙所争执之赠与为其法律上原因，甲就系争单层建筑物之无偿借住的关系对于加扩建有益费用之返还的规范基础有无影响？（5）乙立据同意偿还甲支出之增建费用 250 万元之法律性质为何？债务承认、保证或债务承担？（6）乙因立据而对甲负债务时，是否影响丙对甲所负之债务的存续或数额？兹分述之：

（一）加扩建之法律性质及有益费用的返还义务

按加扩建以有一个建筑物存在于先为前提，而后对于该建筑物为程度不一之加建或扩建的措施。此为对于物支出有益费用，因而增加该物价值的行为（"民法"第 811 条及第 816 条、第 431 条、第 469 条、第 840 条）。由于"民法"不但肯认定着物对于土地之独立性，得为物权之客体，而且对于一栋建筑物，只要其在用益上能够自成一个单位，还认为可以分层、分户肯认其区分所有权。所以，在建筑物之加扩建，究竟会引起如何之法律效力，首先必须认定该加扩建部分之独立性的有无。其不具备独立性者，不论加扩建者之意思为何，在加扩建之

---

① 关于承租人对于租赁物支出有益费用，"民法"第 431 条第 1 项直接规定："承租人就租赁物支出有益费用，因而增加该物之价值者，如出租人知其情事而不为反对之表示，于租赁关系终止时，应偿还其费用。但以其现存之增价额为限。"而未就其所属类型加以定性。反之，对于相同问题，德国民法第 539 条第 1 项规定："承租人得依无因管理之规定，向出租人请求偿还其对租赁物支出，而出租人不必依第五百三十六 a 条第二项补偿之费用。"

同时即构成所定着之建筑物或其基地的成分,依法生附合之结果;①其具备独立性者,因能与其所定着之既存建筑物独立出来,作为另一区分所有权的客体,所以,应视加扩建者有无使之独立的意思,②决定该加扩建部分是否附合于其所定着之既存建筑物,构成添附。虽具独立性,而加扩建者无使之独立于所定着之建筑物的意思者,仍生附合之结果。是故,附合虽是一种原始取得的法定事由,但其要件是否具备,有时还是取决于当事人之意思。③

加扩建构成附合时,可能存在于不动产所有人与加扩建者间之基础的法律关系不一:由定着之不动产所有人自己或委由他人为其兴建者,为承揽,无该关系者,视情形可能为无因管理或不当得利。其区别在于:加扩建者除有管理他人事务之意思外,其管理是否利于本人,并不违反本人明示或可得推知之意思("民法"第 176 条)。肯定者为适法无因管理,否定者为不适法无因管理。在适法无因管理,本人不得自由决定是否享受管理利益,负担管理费用。在不适法无因管理,本人如为承认,则除当事人有特别意思表示外,溯及管理事务开始时,适用关于委任之规定("民法"第 178 条);如虽不承认但愿享受管理利益,则其管理费用之负担,依"民法"第 177 条,以其所得之利益为限。反之,如不愿享有因管理所得之利益,而本人因该无因管理享有利益者,应依不当得利之规定返还其受领之利益("民法"第 179 条)。这与"民法"第 816 条所定者相当:没有承揽或无因管理为其法律上原因,而因附合丧失权利而受损害者,得依关于不当得利之规定,请求偿金。该条规定之主要意义在于:其不当得利之返还给付的内容,不是所受领之利益,而是其偿金。此即"民法"第 181 条但书所定,依其利益之性质或其他情形不能返还,应偿还其价额的情形。唯如有像"民法"第 431 条、第 469 条及第

---

① "最高法院"1997 年度台上字第 722 号民事判决:"物之构成部分,除法律有特别规定外,不得单独为物权之标的物。系争第四层房屋,并无独立之门户,须经丁层楼房室内楼梯出入,则该第四层房屋是否系三层楼房之构成部分,抑为独立之建筑物,而得单独为所有权之标的物,即不无研求之余地。"同院 1995 年度台上字第 2334 号民事判决:"建筑物设定抵押后,抵押权人于原建筑物再行扩建或增建之建物,如不具独立性,而与原建筑物构成一体,已为原建筑物之一部分,或为原建筑物之附属物时,应为原抵押权效力所及。"

② 独立性的要件亦适用于土地。"最高法院"1986 年度台上字第 1495 号民事判决:"物权之客体,固须具有独立性,但此所谓独立性,并非物理上之观念而系社会经济上之观念,故以一宗土地之特定部分为物权客体时,仅须该特定部分业经以人为之区划,可确定其一定之范围,并得依有关土地法令办理登记者,即足当之。"

③ 关于定着物之独立性,请参考黄茂荣:《民事法判解评释》,植根法学丛书编辑室,1985 年 11 月增订版,第 53 页以下。

840 条之特别规定,①在租赁及使用借贷,其应偿还之费用以其现存之增价额为限("民法"第 431 条第 1 项但书、第 469 条第 2 项),在地上权,其建筑物即以其时价为补偿("民法"第 840 条)。但契约另有订定者,从其订定。该效力接近于"民法"第 177 条所定,本人表示享受管理利益时,不适法无因管理之效力,而非不当得利之效力。② 其所以不论为不当得利的道理为,在租赁及使用借贷,出租人或贷与人知其情事而不为反对之表示;在地上权,地上权人之权利即在于兴建

---

① "民法"第 431 条规定:"承租人就租赁物支出有益费用,因而增加该物之价值者,如出租人知其情事而不为反对之表示,于租赁关系终止时,应偿还其费用。但以其现存之增价额为限(第一项)。承租人就租赁物所增设之工作物,得取回之,但应回复租赁物之原状(第二项)。"第 840 条规定:"地上权人之工件物为建筑物者,如地上权因存续期间届满而消灭,土地所有人应按该建筑物之时价为补偿。但契约另有订定者,从其订定(第一项)。土地所有人于地上权存续期间届满前,得请求地上权人于建筑物可得使用之期限内,延长地上权之期间。地上权人拒绝延长者,不得请求前项之补偿(第二项)。"按有益费用之偿还在不适法无因管理应以"管理费用(有益费用)"及"管理利益(现存之增价额)"中低者为准("民法"第 177 条)。此外,关于有益费用(取得成本)及现存之增价额(重置成本)还必须有折旧的考虑。而比较该两规定,前者规定承租人在请求有益费用之偿还及取回工作物间有选择权,对于出租人较为不利;后者规定按"时价",而非按"现存之增价额"补偿,与有益费用之偿还制度之目的不符。

② 承租人对租赁物("民法"第 431 条第 1 项)或借用人对借用物("民法"第 469 条第 2 项)支出有益费用而发生添附时,该两条所以规定接近于不适法无因管理之效力的道理,可以借用类型谱的逻辑说明之。按承租人或借用人对于租赁物或借用物为工作物之增设,可能该当之法律类型依其与出租人或贷与人之意思的接近程度可区分为:(1)承揽或委任;(2)适法无因管理;(3)就是否享受管理利益,本人有选择权之不适法无因管理;(4)就是否享受管理利益,管理人有选择权之不适法无因管理;(5)不当得利。按该两条规定之要件事实,承揽或委任必然不成立,而适法无因管理之效力既与承揽或委任成立时相同,有疑义时,自亦当论为不成立。而只要无准契约(无因管理)关系为管理利益之移动原因,可成立不当得利亦不待言。是故,如考虑出租人或贷与人知承租人或借用人欲为有益费用之支出而不为反对之表示,而出租人或贷与人只要为反对之表示即无该项规定之适用,应将之定性为管理人有选择权之不适法无因管理。

地上建筑物。要之,其兴建曾经土地或房屋所有人之明示或默示的同意。① 此为有益费用之偿还及工作物之取回问题。这是加扩建所引起之财产利益的移动首先引起的法律效力。另其以租赁关系终止时之现存增价额或以地上权因存续期间届满而消灭时之时价为准,亦具有不同于"民法"第816条关于依不当得利之规定请求偿金的特色。② 要之,对于借用物为有益费用之支出时,纵使构成第811条所定之附合,第816条之一般规定的适用,仍以借用人不主张(依第469条之规定)类推适用第431条第1项为前提。盖前者为不当得利,后者为无因管理的规定,而不当得利规定之适用,以财产利益之移动无法律上原因为要件。当有选择权的一方选择适用无因管理之规定时,不当得利之规定即不再有适用余地。

由于加扩建建物部分,在其兴建中便已逐步转成其所定着之不动产的成分,来不及成为一笔独立的所有权客体,因此,加扩建者无机会,以之为标的,将之赠与该定着物之所有权人。事后可能从事者为:免除该所有权人之加扩建费用债

---

① 在租赁、使用借贷或地上权,对于租赁物、借用物或土地支出有益费用在用益权人与所有人间之利益冲突为:用益权人为增进用益利益有改良标的物之必要,所有人担心因用益关系而负担大笔费用债务。其调和方法为:有益费用之支出事先应经所有人明示或默示的同意,有益费用之返还范围以用益关系终止时现存之增价额为限。前者主观上在于避免发生不测,后者客观上在于确保无财产利益之减损。所谓现存增价额之计算必须从不适法无因管理的观点理解之。按因其为无因管理,所以返还之科目应为管理费用,亦即是用益权人为添附而支出之工作物的取得成本。又因其论为不适法无因管理,所以其请求返还之范围不得逾越现存增价额。而现存之增价额为现值的观念,应参酌添附之工作物的市价或重置成本算定之。其结果是取得成本及市价或重置成本二者,以低者为准。至于其添附既经所有人事先同意,为何还论为不适法无因管理? 其道理为:(1)将物提供他人用益者,以就现状提供为原则,改良标的物非用益关系之旨意。(2)同意用益权人为添附而为有益费用之支出,主要出于方便用益权人之用益的意思,所以,虽因其客观上对于标的物为有益费用之支出,而适宜论为无因管理,但尚不宜论为适法无因管理,不论事实上所有人受益之程度为何,就有益费用一概课所有人以全额之返还义务。

② 在这里还有无因管理之费用返还请求权与不当得利之返还请求权是否有发生竞合之可能性的问题。至少在适法无因管理的情形,其竞合是不可能的。盖如成立适法无因管理,则因此所发生之财产利益的移动即非无法律上原因,从而不构成不当得利。至于在不适法无因管理或不真正无因管理,是否能构成竞合则见仁见智。认为在不适法无因管理或不真正无因管理,本人有权选择是否享受管理利益者,在选择前虽看似有两个并存之请求权,但因在行使前必须选择,所以,最后其实只能行使其一,并无竞合的现象。详请参考 Apostolos Georgiades, Die Anspruchskonkurrenz im Zivilrecht und Zivil-prozeβrecht, München 1967, S. 196f.. 相同见解另见 Esser/Weyers, Schuldrecht Band II, Besonderer Teil Teilband 2, 8. Aufl., Heidelberg, 2000, § 52 I 3; Larenz/Canaris, Lehrbuch des Schuldrechts, Band II Halbband 2, Besonderer Teil, 13. Aufl., München, 1994, § 74 III.

务。唯这显非本件事后之发展的情形,并予叙明。

(二)使用借贷与加扩建有益费用之返还义务

按本件被上诉人甲与上诉人丙间就系争被定着之建筑物及土地在附合时,有使用借贷的关系,所以,"民法"第 431 条关于添附之不当得利返还请求权的特别规定,对于使用借贷得否类推适用,应并予斟酌。这在"民法"第 469 条于2000 年 4 月 26 日修正时已应采肯定的见解:"借用人就借用物支出有益费用,因而增加该物之价值者,准用第四百三十一条第一项之规定(第二项)。借用人就借用物所增加之工作物,得取回之。但应回复借用物之原状(第三项)。"其理由为:租赁与使用借贷虽有有偿与无偿之别,但为添附者,对于受添附之不动产同样有用益关系。而为达到约定之用益目的,如有对于借用物为加扩建之需要,且该物之所有人"知其情事而不为反对之表示",或甚至同意者,基于类似之事实应予类似之规范的道理,自当准予类推适用第 431 条,规定使用借贷之有益费用的偿还问题。①

就甲之加扩建,"最高法院"以该加扩建部分无用益上之独立性为理由,论为构成其所定着之既有建物的成分后,判决甲依"民法"第 811 条及第 816 条,得对丙依关于不当得利之规定,请求偿金。第 816 条之规定的意义在此仅限于可成立不当得利返还请求权,及其得请求返还之内容限于偿金,而非不动产所有人因附合所受领之利益(参考"民法"第 181 条)。至于因附合而丧失权利致受损害者,得请求返还之利益的范围仍应受"民法"第 182 条之限制。本件因甲之加扩建事先曾征得丙之同意,所以并无不当得利之受领人,于受领利益时,不知无法律上之原因的问题。唯因加扩建之部分,于加扩建后首先连其定着之建筑物,由甲基于使用借贷居住其中。是故,所有人丙因该附合,有究竟应以附合完成时,或以使用借贷关系终止时认定其偿金或有益费用之范围的问题。这是"民法"第431 条第 1 项所以针对租赁,规定出租人之有益费用的偿还义务以租赁关系终止时,其现存之增价额为限的道理。

在使用借贷存续中,其有益费用之支出如经贷与人同意,所增加之利益暂时归借用人享受者,其有益费用之返还的请求范围,同理,应类推适用租赁的规定,以使用借贷契约终止时,其现存之增价额为限。该价额原则上固为使用人支出之费用(取得成本),斟酌该建物之折旧及修缮情形后之价值。但其重置成本小

---

① 关于借用人就借用物支出有益费用,因而增加该物之价值者,"民法"第 469 条于2000 年 4 月 26 日修正后已在第 2 项规定:"准用第四百三十一条第一项之规定。"此为法律授权类推适用之明文规定。然纵无该授权,法院依然可以经过说明为类推适用。

于取得成本者,贷与人得请求改以重置成本作为折旧的计算基础。原审认为鉴定报告书第 4 页载明"标的物使用状况为住家,一楼以上屋龄约十年",足见鉴定单位已就鉴定标的物现况予以考虑,已斟酌该建物之折旧情形,上诉人于该增建物价值为 250 万元以上,已有相当之证明。此为借用人对使用借贷的借用物支出有益费用,因而增加该物之价值时,如贷与人知其情事而不为反对之表示,于使用借贷关系终止时,应偿还之费用,而非基于附合之偿金的返还请求权。要之,在本件,甲因附合所得据以对于丙请求之规范基础,应类推适用"民法"第431 条,而非适用第 811 条、第 816 条、第 179 条及第 182 条第 2 项。亦即其得请求返还之科目为以无因管理为规范基础之有益费用(管理费用),而非以不当得利为规范基础,请求丙返还其受领之利益的偿金。唯借用人甲得舍第 431 条,而就第 811 条、第 816 条及第 182 条,请求返还不当得利。

基于上述的认识,在承租人或使用借贷之借用人经出租人或贷与人同意而为租赁物或借用物之加扩建的情形,承租人或借用人虽可视情形,或依(类推适用)第 431 条请求返还有益费用,或依第 811 条、第 816 条及第 182 条请求返还偿金(价额),但即使在二者之要件皆满足的情形,亦只得选择适用其一。[①] 对此,原告之主张不明了或不完足者,审判长应晓谕其叙明或补充之("民事诉讼法"第 199 条之一)。由于用以满足不当得利或不适法无因管理之原因事实不

---

① 按得请求返还者为费用时,系无因管理的观念;反之,得请求返还者为利益时,系不当得利的观念。所受领之利益的价额或偿金之返还皆系利益之替代的返还方法。在此意义下,一个加扩建的事实可能与不同之基础关系结合成不同之原因事实,构成不同之诉讼标的。例如有租赁关系、使用借贷或地上权等用益关系为基础,及无任何有权之用益关系为基础,而对于既存建筑物支出有益费用,从事不具独立性之工作物的加扩建。在前者,得请求有益费用之返还,此为管理费用之返还请求权,其规范基础应为无因管理。在后者,得请求返还者为无法律上原因而移动之财产利益。其规范基础应为不当得利。有疑问者为,得依无因管理请求返还管理费用者,得否单纯主张依不当得利的规定,请求返还无法律上原因而移动之财产利益,而放弃依无因管理请求管理费用之返还? 这应采肯定的见解。盖在法定之债的发生原因中,相对于不当得利与侵权行为,无因管理在适用上固有优先性。不过,必须注意,关于无因管理之适用,在适法无因管理,管理人有主导权;在不适法无因管理,本人有主导权。至于在像"民法"第 431 条、第 469 条之规定的情形,就其法律效力之内容论之,显然被定性为一种不适法无因管理,但该条规定管理人(承租人)有主导权,决定是否依该条规定,请求返还以现存增价额为度之有益费用。因其规定主导权在于承租人,所以,承租人得舍第 431 条,而就第811 条、第 816 条及第 182 条,请求返还不当得利。基于上述的认识,在承租人或使用借贷之借用人经出租人或贷与人同意而为租赁物或借用物之加扩建的情形,承租人或借用人虽可视情形,或依(类推适用)第 431 条请求返还有益费用,或依第 811 条、第 816 条及第 182 条请求返还偿金(价额),但即使在两者之要件皆满足的情形,亦只得选择适用其一。

同,所以,如以原因事实特定诉讼标的,二者之诉讼标的亦不相同。以此为准,原告经法院阐明后如改变其原来选择用以特定诉讼标的之原因事实,其改变构成诉之变更("民事诉讼法"第255条)。但为一次解决纷争,以达到诉讼经济之目的,采得以纷争事实特定诉讼标的之观点者,认为即便原告有改变支持其诉之声明之原因事实的情事,但只要其主张之原因事实间有纷争上之关联,其诉讼标的还是同一,从而亦不构成诉之变更,而仅有攻击方法之主张的改变。[①]

然在该有益费用返还请求权发生前或发生后,甲有无事先或事后免除丙之债务?这在有婚姻或亲属关系间之使用借贷的情形,容易隐晦不清。如果事后有所争执,这固属于举证的问题。但仍必须注意参酌无偿使用借用物的利益与有益费用间之准对价关系的相当性,以探求当事人之真意,不宜拘泥于当初使用之词句。只要二者之间在数量上或拘束力的强度上欠缺相当性,即当解释为无免除费用债务的意思。特别是当事人之一方不得主张:当初系以自己在将来保留随意条件之许诺,交换他方立时生效之债务的免除表示。例如主张:当初以他方子女将来可能继承借用物,交换他方对借用物支付有益费用之费用债务的免除。

(三)立据同意偿还加扩建费用

在前述动产对于不动产之附合事件,原审法院认定乙并非向甲借贷,为丙加扩建房屋者,所以,不因其为甲之夫而成为当事人。从而亦不因该事件而对于丙享有偿金返还请求权或对于甲负借款之返还义务。然在甲、丙间之加扩建有益费用返还之债发生后,身为第三人之乙,立据同意偿还甲为该加扩建所支出之费用。该书面同意在法律上的性质及其效力为何?可能该当之法律行为的类型为:债务承认、保证或债务承担。这应探求当事人双方之意思认定之。

1.债务承认

现行法明文触及债务承认的规定有二:(1)"民法"第129条第1项第2款关于以承认作为消灭时效之中断事由的规定;(2)"民法"第144条第2项关于以契约承认请求权已经时效消灭之债务的规定。前者为债务人之单方行为,[②]发生

---

① 关于以纷争事实特定诉讼标的,请参考黄茂荣:《论诉讼标的》,载《植根杂志》第20卷第1期,第5、23页以下、第37~38页。

② "最高法院"1983年度台上字第2259号民事判决"'民法'第一百二十九条第一项第二款所称之承认,为认识他方请求权存在之观念表示,仅因债务人之一方行为而成立,无须得他方之同意,此与'民法'第一百四十四条第二项后段所称之承认,须以契约为之者,其性质迥不相同。"

中断未完成之消灭时效期间,使之重行起算的效力("民法"第137条)。后者发生抛弃时效利益的效力,债务人不得再以承认前,时效业经完成为理由拒绝给付。① 该两条规定皆以承认者,对于相对人本来负有债务为前提。

"民法"第144条第2项规定:"请求权已经时效消灭,债务人仍为履行之给付者,不得以不知时效为理由,请求返还。其以契约承认该债务,或提出担保者,亦同。"该条虽不以债务人在履行、承认或提出担保时,知时效已完成为要件,但"最高法院"1965年度台上字第420号民事判决认为:"时效完成后抛弃时效之利益,系指债务人明知时效完成之事实不欲享受时效利益之意思表示而言。若不知时效完成之事实而承认权利人之权利者,则不能谓系抛弃时效利益之默示的意思表示。"该判决要旨所持见解与前开明文规定有些出入。唯就仅是承认债务或提出担保,而未履行债务而论,该判解以债务人明知时效已完成之事实为要件,尚属比较妥当的规范内容。唯后来"最高法院"在1999年度台上字第2775号民事判决改变其见解,认为:"按请求权已经时效消灭,债务人仍为履行之给付者,不得以不知时效为理由,请求返还。其以契约承诺该债务者,亦同,'民法'第一百四十四条第二项定有明文。故时效完成后,债务人如知其债务已罹于时效,而仍以契约承诺该债务时,则可认为有时效抗辩权之抛弃。债务人纵不知该请求权时效已完成,然既经以契约承诺其债务,即仍有无因的债务承认之意思,自亦不得以不知时效为由,拒绝履行该契约。"

在时效完成后,债务人对于债权人有所给付,其给付之意思为何,是否为该债务之承认,不得一概而论。应视债务人之真正意思为何认定之。特别是在仅为一部之给付时,不得想当然认为债务人愿意承认全部时效已完成之债务。② 要之,衡诸"民法"第144条第2项之规范意旨,其以履行的方式承认债务者,应采要物为原则,亦即在履行的限度承认其债务。至于未履行的部分,是否承认,

---

① "最高法院"1961年台上字第2868号判例:"债务人于时效完成后所为之承认,固无中断时效之可言,既然明知时效完成之事实而仍为承认行为,自属抛弃时效利益之默示意思表示,且时效完成之利益一经抛弃,即回复时效完成前状态,债务人显不得再以时效业经完成拒绝给付。"相同见解另见"最高法院"1995年度台上字第1081号民事判决。

② "最高法院"1970年度台上字第1352号民事判决"'民法'第一百四十四条第二项所称:'其以契约承诺该债务'之'契约',并未限定为'书面契约',如被上诉人所付与上诉人之五百元,非借与上诉人之借款,则必为偿还本件债务之一部分,既愿偿还一部分,是否即为承认之意思表示,上诉人予以受领,是否被上诉人承认本件债务之'契约'业已成立(参见1937年渝上字第353判例),均尚有待于审究认定。"

应采比较保留的认定立场,始符消灭时效制度的意旨。承认之有无属于事实之证明问题。① 唯本件所涉债务承认不是与消灭时效有关的情形。

本来必须先有一个债务关系存在,而事后因明确证据方法的欠缺,引起争执,始有以债务承认的方式,厘清其存在的必要。与债务有关之和解契约通常具有此种意义。唯有时债务承认(ein Schuldanerkenntnis)与债务许诺(ein Schuldver-sprechen)同样被利用为具有独立创设债务关系的方法。不以有系争债务关系存在为前提,此种契约自成债务之发生的原因,具有赠与性的无偿性格。是故,其效力要件需要有与赠与契约相同的考虑。亦即类推适用"民法"第408条,债务承认或债务许诺未经公证者,于履行前,得不具理由,任意撤销其债务承认或债务许诺。② 今"民法"对于债务承认或债务许诺既无明文规定,自有必要视其情形类推适用和解、赠与等类似规定,给予适当规范。

承认之表示在实务上之目的不一。有时只是关于已发生之一定事实状态的观念通知(Wissenserklärungen),例如给予债务凭证或肇事经过之确认声明。其意义在于确认一定事实。这也称为"单纯的承认"(das einfache Anerkenntnis)。这虽然在诉讼外为之,但在实务上足以影响与证据有关的问题。当其与请求权之存在的表示有关,固引起中断时效的效力,但光凭观念通知

---

① "最高法院"2003年度台上字第1851号民事判决:"按法律并无强制债务人享受时效利益之规定,故债务人苟于时效完成后,以单方行为承认其债务,即毋庸再以时效业经完成而限制债权人行使其权利之必要,是以债务人于时效完成后,以单方行为所为之债务承认,应解为系属抛弃时效利益之默示意思表示,不得再以时效业经完成拒绝给付。查原审认被上诉人之系争货款请求权虽于2000年1月12日已因二年间不行使而消灭,唯上诉人于2000年3月12日与被上诉人商谈催收系争货款之事,虽未达成协议,但上诉人既于4日后收受被上诉人交付之硬设备维护合约书及前台收款机软件原始程序(磁盘),并请求被上诉人延后开立尾款发票,自属承认被上诉人之系争货款请求权存在,足认上诉人于时效完成后仍为承认行为,自属抛弃时效利益之默示意思表示,不得再以时效业经完成拒绝给付,因而为其败诉之判决,并无不合。"该判决认为,在时效完成后,债务人继续收受系争债权之相关合约书、部分给付及请求被上诉人延后开立尾款发票的表示,可解释为债务之承认。

② 对该问题,德国民法有下述明确规定:第518条规定:"利用契约,以赠与的方式许诺给付者,该契约应经公证。以赠与的方式为第七百八十条、第七百八十一条所称之债务许诺或债务承认者,该许诺或承认的表示,亦同。"第780条规定:"以独立的创设义务的方式(债务许诺),利用契约许诺给付者,除另有方式之规定外,为该契约之效力,该许诺应以书面表示之。该许诺之表示不得以电子的方式为之。"第781条规定:"为承认债务关系存在之契约的效力,该承认的表示应以书面为之。该承认之表示不得以电子的方式为之。要予承认之债务关系的成立有其他要式之规定者,其承认之契约需以该方式为之。"此种规定的完备有助于减少纠纷。

还不能成立一个债权。[①] 不过,如果在表示中含有表示者自己应负一定之法律义务的内容,则该表示便可能被定性为"声明的债务承认"(das deklaratorische Schuldanerkenntnis)。这也有称为有因的承认(das kausale Anerkenntnis),以与无因的债务承认(das abstrakte Schuldaner-kenntnis),亦即"创设的债务承认"(das konstitutive Schuldanerkenntnis)相区别。在德国民法中虽无声明的债务承认之明文规定,但其实务上与学说上除从契约自由原则肯认之外,并认为声明的债务承认,不需要遵守德国民法第 780 条以下关于创设的债务承认应以书面为之的要式规定。不论是声明的或创设的债务承认,皆不仅是单方的意思表示,而且是一个契约。其差异在于:声明的债务承认所承认者为一个本来即已存在之债务,其所以承认之目的在于厘清关于其存在或各种可能之抗辩的疑虑。是故,事后不得再为主张那些在该承认契约中所要确认为不存在之抗辩事由。唯债务人所负的债务依然是原来的债务。反之,创设的债务承认之目的在于创设一个新的债务,不但一般的必须以书面的方式为之,而且在其目的在于赠与时,并应经公证(德国民法第 518 条、第 780 条、第 781 条)。创设的债务承认虽然因此被定性为一种无因债务,但依德国民法,在有些情形,创设的债务承认还是与其过去有一些割舍不断的关系。例如第 656 条第 2 项(为履行许诺,他方对于媒人经由合意,特别是债务承认,而负担债务者,第 1 项规定对于该合意适用之。亦即不能据该合意成立债务)及第 762 条第 2 项(为履行游戏或打赌债务,其输方对于赢方经由合意,特别是债务承认,而负担债务者,第 1 项规定对于该合意适用之。亦即不能据该合意成立债务)。德国学者称此为债法上之私法自治原则的限制。推而广之,为防止各种违反法律或公序良俗之债务,利用债务承认漂白成为合法债务,应将违反法律或公序良俗之债务的承认论为无效。[②] 此外,这也适用于胁迫或诈欺等得撤销事由。至于错误或缔约基础之欠缺所引起的疑虑,则可以利用债务承认稳定其效力。[③] 唯创设的债务承认如无无效事由,债务人首先并不得以其原因关系质疑其效力,而只得与无因之物权行为一样,就

[①]　Gernhuber, Das Schuldverhältnis, Tübingen, 1989, § 18 II 1 a.

[②]　不同意见请参见 Larenz/Canaris, Lehrbuch des Schuldrechts, Band II・Halbband 2, Besonderer Teil, 13. Aufl., München, 1994, S. 29f. 他们认为应适用德国民法第 817 条之规定处理之。该条规定:"给付之目的使其受领人因受领而违反法律之禁止规定或善良风俗者,受领人应返还之。给付者有相同之违反情事者,不得请求返还。但该给付存在于债务之负担者,不在此限。为履行此种债务所作之给付不得请求返还。"

[③]　Esser/Weyers, Schuldrecht Band II, Besonderer Teil Teilband 1, 8. Aufl., Heidelberg, 1998, S. 368f..

因之所引起的结果,在其法律上原因欠缺的情形,依不当得利的规定请求返还。① 然因德国民法第 812 条第 2 项规定:"以契约所为债务关系存在或不存在的承认也视为第一项所称之给付。"亦即在其承认所构成之给付无法律上原因的情形,一样可以请求返还。其结果与得拒绝履行无法律上原因而承认之债务无异。

声明的与创设的债务承认在实务上的区别不像其概念上般明确。其所以混淆的存在原因为:承认与创设本来便是一个矛盾的关系。盖所谓承认本来应指向于一个既存的债务。是故,无所谓有创设的债务承认。创设的债务承认依然有一个与其分离之原因关系为其基础。再则,虽谓创设的债务承认是无因的债务承认,但这亦仅具有一时安定其效力的作用,只要其欠缺法律上原因,还是应依不当得利的规定,返还因此发生之财产利益的移动。不过,这不是说创设的债务承认因此在实务上一无是处。其实,无因之债务承认正是仓单、提单、载货证券、票据等无因证券之发展的前身。就以此种证券债务论之,可以发现无因证券之签发其实也有其对价关系为其原因,只是为保障其流通之交易安全,以促进其流通,而刻意将该等证券之效力要件,自其原因关系切断而已。例如为清偿价金债务而签发支票,负担无因之支票债务。②

---

① Esser/Weyers, Schuldrecht Band II, Besonderer Teil Teilband 1, 8. Aufl., Heidelberg, 1998, S. 369.

② 由于在德国民法中,声明的与创设的债务承认之效力的区别如此微小,在实务上其区别仅具划分创设的债务承认之要式规定之适用范围的功能。因此,引起一个反省:是否应朝扩大创设的债务承认之要式规定的适用范围转变。盖要式规定除具有确保法律关系之明确性的作用外,并有提醒当事人注意从事具有高度风险之行为的意义。这常在发生交通事故时,有人表示其应负肇事责任的情形。如果事后发现,要受害人证明车祸经过有显失公平之困难时(例如受害人因相信相对人之承认的表示,而放弃召请警察制作肇事记录),加害人之表示可能被定性为声明的债务承认,并以此为依据,判了被害人胜诉。反之,如单凭肇事者之一方,在发生车祸后一时慌张间所做口头之承认过咎的表示,课其以责任显失公平时,则可能将该表示定位为创设的债务承认,并以其未遵守要式规定而认定为无效。同样的结果亦可能经由反向操作来达成。肇事者之一方纵以符合德国民法第 780 条规定之方式为承认过咎之表示,但还是将之定位为声明的债务承认或单纯之事实的承认,就该意外事件之事实经过,从而打开评价其相关证据的道路。当发现引用契约上的或侵权行为上之短期时效有失公平,则只要已遵守第 780 条规定之方式,也有可能将其表示定位为创设的债务承认,以适用第 195 条之长期时效的规定。"以德国民法关于意思之义理学(die Willensdogmatik)为出发点,为了斟酌往往在案件发生后之发展中才产生之具有决定性的衡平观点,法院经常发现只有利用解释,有时甚至在与一切心理上之证据相违时,才可能确认有一个经法律上仔细雕琢的当事人意思。在该意思中已经嗣后时空错置的考虑到其后来的发展。"(Esser/Weyers, Schuldrecht Band II, Besonderer Teil Teilband 1, 8. Aufl., Heidelberg, 1998, S. 371)

由于在本件所涉之债务原非乙对于甲之债务，所以乙事后关于愿为该债务负偿还责任之表示，尚与典型之债务承认不符。其表示之比较接近的契约类型应是保证或债务承担。

2. 保　证

就他人债务之履行，第三人对于债权人为所谓之债务承认的表示或愿为偿还的契约之签订者，该法律行为所属类型究竟为何？如果债权人无因此使原债务人脱离债务关系的意思，则第三人之所为应解释为：并存的债务承担，或是保证原债务人对于债权人所负之债务。其差异在于：前者，使承担人与债务人并列为主债务人；而后者，不论第三人是否抛弃先诉抗辩权，其保证仅具从债务的地位，对于主债务在存续及范围皆有从属性上的限制。两者在具体案件有分辨之疑义时，其解释应采先保证后债务承担的顺序。理由是：对于第三人，保证的义务轻于债务承担。而今当事人之真意为何既有疑义，债疑自当唯轻。另债务承认与债务承担相较，有疑义时，应解释为债务承担。盖债务承认的作用主要在于厘清债权人与承认人间关于是否负系争债务的争执，有比较高之对人、对事的独立性；而债务承担则在于为他人之债务负主债务人的履行义务，有比较高之对于既有他人债务之依从性。苟不适于切断第三人关于系争债务之履行上的连带关系，以必要时处理其清偿后之求偿问题，论为债务承担，应当会比较顺当一点。唯与保证相较，第三人与债务人间之基础的补偿关系不明时，还是解释为（连带）保证最为允当。这时，即便是论为连带保证，就主债务而论，第三保证人与主债务人对于债权人所负者依然是一种不真正的连带债务。保证人清偿后，对于主债务人有求偿权，反之，主债务人清偿后，对于保证人无求偿权。另关于保证人清偿后之求偿关系的发展，民法债编于 2000 年 4 月 26 日修正时，已修正为："保证人向债权人为清偿后，于其清偿之限度内，承受债权人对于主债务人之债权。但不得有害于债权人之利益。"（第 749 条）

3. 债务承担

"债务承担，有免责的债务承担及并存的债务承担之别，前者于契约生效后原债务人脱离债务关系，后者为第三人加入债务关系与原债务人并负同一之债务，而原债务人并未脱离债务关系。"（"最高法院"1996 年度台上字第 2269 号民事判决）在后一情形原债务人就其债务仍与该第三人连带负其责任（"最高法院"1996 年度台上字第 1168 号民事判决）。第三人承担债务，如系以成立新债务，消灭旧债务的方式为之，则是一种更改，而非债务承担（"最高法院"1997 年度台上字第 1172 号民事判决）。

"民法"第 300 条规定："第三人与债权人订立契约承担债务人之债者，其债务于契约成立时，移转于该第三人。"第 301 条规定："第三人与债务人订立契约承担其债务者,非经债权人承认,对于债权人不生效力。"自该两条规定观之,关于债务承担之属性,"民法"有采免责的债务承担为原则的迹象。唯这不但与交易习惯上的想法不符,而且司法实务上亦倾向于兼容并蓄的看法。① 是故,在有疑义时,仍以解释为并存的债务承担可能较接近于当事人之真意。② 债务承担人清偿后对于保证人无求偿权,③至于对债务人是否有求偿权,视承担人与债务人间关于该债务承担之补偿关系而定。

四、第三人同意偿还债务的连带关系

使用借贷之借用人,因对于借用物支付有益费用而增加该物之价值,取得有益费用返还请求权时,如有第三人出而同意偿还该债务,其表示之真意为何,如

---

① "最高法院"1960 年台上字第 2090 号判例:"债务承担,有免责的债务承担及并存的债务承担之别,前者于契约生效后原债务人脱离债务关系,后者为第三人加入债务关系与原债务人并负同一之债务,而原债务人并未脱离债务关系。"

② "最高法院"1996 年度台上字第 2269 号民事判决:"按债务承担,有免责的债务承担及并存的债务承担之别,前者于契约生效后原债务人脱离债务关系,后者为第三人加入债务关系与原债务人并负同一之债务,而原债务人并未脱离债务关系。本件被上诉人郭晏彰曾于交车后之 1994 年 8 月 2 日在陈有庆等人之新车订购合约书上书写'支票负责兑现'等字样,为原审确定之事实。倘所书'支票负责兑现'等字样,系指负责清偿用以支付车款之支票票面所载金额而言,则上诉人主张伊与郭晏彰间已成立债务承担契约,是否毫无足采,即不无研求之余地。原审未详细勾稽,徒以郭晏彰嗣后曾向原债务人萧中兴求偿,原债务人萧中兴并未脱离债务关系,即认上诉人与郭晏彰间无债务承担契约关系存在,进而为上诉人不利之判决,自嫌速断。""最高法院"1999 年度台上字第 1397 号民事判决:"按第三人与债权人订立契约承担债务人之债务者,其债务于契约成立时移转于该第三人……诉外人陈翰珍依前揭字据,系承担邓景元夫妻对被上诉人所负之债务如上所述……再上开债务承担之约定,既未为免责之约定,自应认系并存的债务承担。"

③ "最高法院"2002 年度台上字第 1741 号民事判决:"按第三人与债权人订立契约,约定由第三人承担主债务人之债务,而主债务人与连带保证人仍负同一之债务者,为并存的债务承担,即由该第三人加入债务关系,与主债务人及连带保证人对于债权人各负全部给付责任。又连带保证人向债权人为清偿后,于其清偿之限度内,承受债权人对于主债务人之债权,且连带债务人中之一人,因清偿致他债务人同免责任者,得向他债务人请求偿还各自分担之部分,并自免责时起之利息,为'民法'第七百四十九条本文及第二百八十一条第一项所明定,该连带保证人中之一人于代为清偿后,固得请求其他连带保证人偿还各自分担部分,亦得承受债权人对于主债务人之债权而向主债务人请求偿还,然相对于连带保证人之主债务人,乃系债务之最终应负清偿责任之人,其本身及其承担债务之人于向债权人为清偿后,除另有约定外,当不得适用上开规定,向连带保证人请求偿还。且该债务已因主债务人或其承担债务人之清偿而消灭,债权人亦无债权可得让与他人而由该他人再向连带保证人求偿。"

因未清楚选择契约类型而不明朗时,必须探求当事人之真意,解释以明之。究诸债权人及第三人之利益,其最有利之类型为连带保证,其次为并存的债务承担。至于债务承认,其对于主债务之影响为何,容易陷于争论,应尽可能避免采该类型。至于第三人与主债务人就主债务之清偿,应解释为不真正连带债务,不论第三人与主债务人间之补偿关系该当之类型为何,其发生皆不应影响到债权人对于主债务人之诉讼上或诉讼外的权利。至其后来之发展是否会影响到债权人对于主债务人之权利,应依照或准用"民法"第 274 条至第 282 条定之。盖不真正连带债务与真正连带债务之外部效力既然相同,"连带债务之债权人,得对于债务人中之一人或数人或其全体,同时或先后请求全部或一部之给付"("民法"第273 条),而该等规定系自连带债务之外部连带所衍生出来的配套规定,其适用在不真正连带债务与真正连带债务原则上自当无所差别。只是由于不真正连带债务之发生的基础要件事实不同,因此,对于连带债务人中之一人的确定判决,有较多因系基于该债务人之个人关系,而对于其他债务人不生效力的情形("民法"第 275 条)。此外,在不真正连带债务,债权人如对于在连带债务人内部应分担比例较高或应负全部责任之连带债务人免除债务,或任令其消灭时效完成,其免除及时效完成之效力亦会放大影响到其外部连带:缩减债权人对于其他连带债务人之部分或全部["最高法院"1998 年度台上字第 1440 号民事判决:"查连带债务人中之一人消灭时效已完成者,依'民法'第二百七十六条第二项规定,固仅该债务人应分摊之部分,他债务人同免其责任,唯'民法'第一百八十八条第三项规定,雇用人赔偿损害时,对于侵权行为之受雇人有求偿权,则雇用人与受雇人间并无应分担部分可言,倘被害人对为侵权行为之受雇人之损害赔偿请求权消灭时效业已完成,雇用人自得援用该受雇人之时效利益,拒绝全部给付,不以该受雇人已为时效抗辩为必要。又依同法第二百七十九条规定,连带债务人中之一人,所生之事项,除前五条规定或契约另有订定者外,其利益或不利益,对他债务人不生效力。是则债权人对连带债务人中之一人起诉所生时效中断或履行请求之效果,对于他债务人既不具效力,他债务人时效之继续进行,自不因此而受影响。"按雇用人就其受雇人因执行职务,不法侵害他人之权利所构成之侵权行为,虽依"民法"第 188 条第 1 项应与行为人连带负损害赔偿责任。但因同条第 3 项规定:"由雇用人赔偿损害时,对于为侵权行为之受雇人,有求偿权。"亦即仅有外部连带,而无内部连带的效力。所以,该连带债务虽以法律之明文规定为依据,仍属不真正连带债务。然正因为是不真正连带,雇用人在内部关系并无应分担部分,而仅受雇人应负全责。是故,如果受害人不对于受雇人请求赔偿,以致其对于受雇人之损害赔偿请求权的消灭时效完成,则因会影响雇用人对于受雇人之求偿权的缘故,雇用人自得援用该受雇人之时效利益,拒绝全部给付,不以该受雇人已为时效抗辩为必要。要之,不宜就不真正连带债务泛称:"不真正连带债务……各债务发生之原因既有不同,仅因相关法律关系偶然竞合,致对同一债权人负同一内容之给付,自不生'民法'第二百八十条所定连带债务人间内部分担求偿之问题,故不真正连带债务人中一人所受之确定判决,其利益自不及于他债务人,要无'民法'第二百七十五条规定之适用。"("最高法院"2003年度台上字第1540号民事判决)盖这是不正确的。这当中还是必须按各债务人所以应负责之基础关系,定其责任顺位之先后。例如:(1)在侵权行为之债,在内部关系,除法律另有规定外("国家赔偿法"第2条第3项、第4条第2项)原则上行为人应负最后责任。(2)因保证或物上担保而与主债务人负不真正连带债务的情形,主债务人应负最后责任。(3)在全民健康保险与强制汽车责任保险间,"全民健康保险法"第82条规定:"保险对象因汽车交通事故,经本保险提供医疗给付者,本保险之保险人,得向强制汽车责任保险之保险人代位请求该项给付。"]得请求给付之范围。反之,债权人向连带债务人中之一人免除债务,而无消灭全部债务之意思表示时,受债务之免除者,在连带债务人内部如无应分担部分,则其免除对于其他有应分担部分之连带债务人没有利益("民法"第276条)。①

连带债务因保证人或债务承担人为清偿、代物清偿、提存或混同而债务消灭者,他债务人亦同免其责任,固无疑问("民法"第274条)。然因为保证人或并存的债务承担人与主债务人间并无内部连带,无应分担部分,所以保证人或并存的债务承担人是否得以抵销的方法消灭债务,值得探讨。主要疑问存在于:(1)得主张抵销之债权或债务是否含亲属法上之财产债权或债务,例如得否以其对于债权人享有之夫妻剩余财产分配请求权,主张与自己因保证或并存之债务承担而对于债权人负担之债务抵销? 特别是其保证或承担之债务即是其基于夫妻剩余财产分配请求权所要分配之唯一财产的情形为然。(2)保证人或并存的债务承担人事后主张抵销,与其当初所以为保证或并存的债务承担的意旨是否冲突。

① 最高法院1942年上字第2683号判例:"债权人向连带债务人中之一人免除债务,而无消灭全部债务之意思表示者,他债务人就该债务人应分担之部分,亦同免其责任,此观'民法'第二百七十六条第一项之规定自明。故连带债务人中之一人所受胜诉之确定判决,以债权人向该债务人免除债务为基础者,关于该债务人应分担之部分,非基于该债务人之个人关系为之,依'民法'第二百七十五条之规定,为他债务人之利益亦生效力。"唯受债务之免除者,在连带债务人间如无应分担之部分,则其免除及基于该免除之胜诉确定判决,为他债务人之利益亦不生效力。

此为身份法上之财产债权与财产法上之财产债权得否互相抵销的问题。① 是故，倘后来保证人或债务承担人以其对于债权人之身份法上的财产债权，主张与其所保证或承担之财产法上的财产债权抵销，并获得胜诉确定判决时，应认为该判决系基于保证人或承担人之个人关系，为他债务人之利益，不生效力（"民法"第 275 条）。② 另在本件案例更重要的是，第三人（乙）所以同意偿还，不论定性为保证或债务承担，其目的皆在于确保债权人之债权的实现可能性。何况，乙在代为清偿后尚可对于丙全额求偿。是故，其主张抵销可谓损人（债权人甲），而不利己。今若因为乙之同意偿还，反而使甲对债务人丙之债权的实现受到乙主张抵销之不利的影响，则不论乙或丙之抵销上的主张，其实都有因前后矛盾，而违反诚信原则的情事，应予禁止。

对于上述抵销之效力的问题，前引"最高法院"2003 年度台上字第 1540 号

---

① "最高法院"1995 年度台上字第 2608 号民事判决："查抵销不以双方之债权明确为要件，故损害赔偿债权当事人间，虽于其成立或范围有所争执，亦非必俟判决确定后始得抵销（见：本院 1933 年上字第 1112 号判例），且金钱债权之损害赔偿请求权于其请求权发生时，即应认为已届清偿期，故赔偿权利人对于赔偿义务人，负有金钱债务已届清偿期者，赔偿权利人以其债务与他方之债务互相抵销，不得谓与'民法'第三百三十四条所定抵销要件不符（见：本院 1943 年抗字第 246 号判例）。原审既认定因被上诉人与他人通奸，上诉人得对之请求赔偿慰藉金，乃竟以其请求之一百万元不适于抵销为由，而驳回其所为（按：与被上诉人对于上诉人之夫妻剩余财产分配请求权）抵销之抗辩，衡之前揭说明，自有未洽。"在本件判决中所示案件，夫妻剩余财产分配请求权系被动债权，而主动债权系妻因可归责于夫之事由而对夫取得之损害赔偿请求权，抵销之主张为妻实现其不容易实现之损害赔偿之债的手段；反之，在"最高法院"2003 年度台上字第 1540 号民事判决中，夫妻剩余财产分配请求权系主动债权，其拟抵销之债权系夫自愿保证或承担之第三人债务，抵销之主张为夫规避其保证或承担之债务的矛盾行为。该两种判决之共同之特征为：离婚之夫对于妻主张夫妻剩余财产分配请求权。

② "'民法'第二百七十五条所谓连带债务人中之一人受确定判决，而其判决非基于该债务人之个人关系，系指债权人因该债务人负担债务之法律行为有无效或撤销之原因致受败诉判决而言。所谓为他债务人之利益亦生效力，系指因连带债务不成立或消灭而受败诉判决之债权人向他债务人请求履行或提起诉讼时，他债务人得援用该判决以拒绝履行或为既判力之抗辩而言。"（"最高法院"1954 年度台上字第 266 号民事判决）所以，"继承人对于被继承人之债务，虽与他继承人负连带责任，但连带债务人中之一人所受之确定判决，除依'民法'第二百七十五条之规定，其判决非基于该债务人之个人关系者，为他债务人之利益亦生效力外，对于他债务人不生效力。故债权人对于继承人未得有确定判决或其他之执行名义时，不得依其与他继承人间之确定判决，就该继承人所有或与他继承人共同共有之财产为强制执行"（最高法院 1937 年渝上字第 247 号判例）。盖该确定判决并非为他债务人之利益的判决。"最高法院"1997 年度台上字第 2488 号民事判决亦重申：债权人对于一部分连带债务人所从事之非有利于连带债务人的行为，与"民法"第 275 条规定，尚有不合，对于其他连带债务人不生效力。

民事判决,以第三人同意偿还债务时,与主债务人所负之债务构成不真正连带债务为基础,认为"不真正连带债务,系数债务人基于不同之债务发生原因,就同一内容之给付,对于同一债权人各负全部给付义务,因一债务人给付,他债务人即同免其责任。其各债务发生之原因既有不同,仅因相关法律关系偶然竞合,致对同一债权人负同一内容之给付,自不生'民法'第二百八十条所定连带债务人间内部分担求偿之问题,故不真正连带债务人中一人所受之确定判决,其利益自不及于他债务人,要无'民法'第二百七十五条规定之适用"。然"民法"第280条所定者为连带债务之内部连带的问题,此与"民法"第275条所定者,应系自第273条规定之外部连带所衍生的配套规定不同。要之,不真正连带债务人中一人(乙)所受之确定判决,虽然对其有利,但主债务人丙不得引用的理由应不在于乙因保证或承担债务只与主债务人就系争债务构成不真正连带债务的关系,而在于其胜诉理由所立基之抵销系基于债务人乙之个人关系。何况,该抵销之主张尚有第一审法院所未审酌之前后行为矛盾,违反诚实信用原则,应予禁止的问题。该问题应与后来乙是否能成功对于甲行使夫妻剩余财产分配请求权的问题分开处理。

五、结　论

使用借贷之借用人就借用物支出有益费用构成添附,因而增加该物之价值者,如贷与人知其情事而不为反对之表示,于使用借贷关系终止时,借用人应可类推适用"民法"第431条,[①]请求贷与人偿还其费用。但以其现存之增价额为限。该效力之内容相当于不适法无因管理("民法"第177条)。唯借用人除得选择不请求偿还其费用,而在回复借用物之原状的前提下,请求取回所增设之工作物外,应当也得以其因添附丧失权利而受损害为理由,依关于不当得利之规定,请求偿金("民法"第816条)。鉴于无因管理如果成立,其管理利益之享受即有法律上原因,所以无因管理之费用返还请求权与不当得利之利益返还请求权间原则上不属于请求权竞合或请求权规范竞合的态样。该两种请求权在要件皆满足时,处于存在上并存,行使上选择的关系。是故,以无因管理或不当得利之原因事实特定之诉讼标的不同一,唯倘认为得以纷争事实特定诉讼标的,则在上述情形,依然只有一个诉讼标的。究竟以何为基础特定具体案件之诉讼标的,首先固系于以原告之陈述为基础之处分上的选择,然最后尚可能在法院之阐明下调

---

① 关于借用人就借用物支出有益费用,因而增加该物之价值者,准用第431条第1项之规定,以明定于"民法"第469条第2项。而所谓准用即是立法授权之类推适用。

整其范围("民事诉讼法"第199条之一)。

不适法无因管理之费用返还请求权在请求上一般可能遭遇到的障碍为：本人得拒绝享受管理利益，这时如果本人不进一步请求回复原状，则管理人得转依不当得利的规定请求返还本人所受领之利益。是故，在不适法无因管理中，无因管理之费用返还请求权与不当得利之利益返还请求权极其量仅在存在上可能并存，在其发展中进入行使的阶段，最后真正得行使者为何，还系于本人之意思。由于本人之意思为何，对于管理人在请求时，可能尚不可测，所以，管理人在提起相关的给付之诉时，其诉之声明原则上必须以选择合并或预备合并的方式为之。① 不过，在"民法"第431条第1项所定情形，因出租人并无主动拒绝享受管理利益的权利，所以承租人有比较大的回旋空间，可以在该项所定之费用返还请求权及第816条所定之不当得利返还请求权间为选择，或甚至依第431条第2项规定，行使取回权。该见解亦可(类推)适用至使用借贷(就第431条第1项之准用于使用借贷，2000年4月26日修正后"民法"第469条已有明文规定)。

如有第三人事后同意对于借用人偿还该费用或利益，其表示以解释为保证或并存的债务承担为宜，不适合解释为债务承认。盖第三人同意偿还之债务系属于他人之债务，与债务承认所承认者通常为自己之债务者不符。如为债务承担，必然构成连带债务；如为保证，是否构成连带债务，尚视保证人是否抛弃先诉

---

① 在承租人或借用人因对于租赁物或借用物支出有益费用而构成添附的情形，如将"民法"第431条第1项所定情形，论为不适法无因管理，则就该项所定之有益费用返还请求权与第816条所定之不当得利返还请求权之行使，承租人或借用人虽有选择权，但不得并同行使。其结果，不论采以原告主张之法律关系或原因事实为基础特定诉讼标的，据之所特定之诉讼标的皆为复数。因此，原告在起诉时，其诉之声明有以选择合并或预备合并之方式为之的必要。对于新旧诉讼标的的理论，其适用结果没有两样。唯倘认为在权利争执上有牵连关系之原因事实应构成一个纷争事实，特定一个诉讼标的，以一次解决纷争，则该有益费用之支出所构成之添附应论为一个纷争事实，特定一个诉讼标的。该见解仅适用于以原因事实或纷争事实特定诉讼标的之新诉讼标的的理论。在这种情形，原告可将最适当或最有利之规范基础的寻觅任务，托付给法院。其实质类似于采选择合并。尚有不同者为：在选择合并原告还是必须声明供选择之法律关系，而在单纯采以纷争事实特定诉讼标的之情形，原告除必须表明纷争事实外，就支持其诉之声明的法律关系得不为陈述。然"民事诉讼法"第199条之一第1项规定："依原告之声明及事实上之陈述，得主张数项法律关系，而其主张不明了或不完足者，审判长应晓谕其叙明或补充之。"自该项规定观之，原告还是有应法院之阐明，叙明或补充其得主张之法律关系的义务。该义务的作用为何？满足关于诉讼标的之特定的当事人处分权主义或关于诉讼资料之辩论主义？如属后者，则所谓，当事人提供事实，法院决定法律之适用及其结果的意义又当如何？这些皆有待于在立法的层次再予厘清。请参考黄茂荣：《论诉讼标的》，载《植根杂志》第20卷第1期，第21、30、40、46、48、49页，注21、46。

抗辩权而定,抛弃之者,为连带债务。不论是否构成连带债务,第三人之保证或并存的债务承担不影响债权人对于主债务人之原来之请求权的范围。至于保证人或并存的债务承担人为清偿者,其对于主债务人之偿还请求权,依其间之基础关系(补偿关系)定之。

本件上有两个延伸的问题值得探讨:(1)保证人或并存的债务承担人主张以抵销的方法消灭其保证或承担之债务者,其主张是否因前后行为矛盾,而应论为违反诚信原则,应予禁止;(2)身份法上之财产债务与财产法上之财产债务是否得互为抵销。

保证契约由保证人与债权人缔结("民法"第 739 条)。[①] 一方面其缔结不违反债权人之意思,另一方面债务保证对于债权人有益无损,所以,保证契约之缔结,亦即在保证债务之发生上,原则上无遭受来自债权人之质疑的问题。保证人之清偿债务,可能由于债权人之请求,亦可能由于保证人以利害关系人的地位为第三人清偿。在后一情形,除当事人另有订定或依债之性质不得由第三人清偿外,债权人不得拒绝("民法"第 311 条第 1 项但书)。至于保证人用以满足债权人之债务的方法,除典型的清偿外,如无禁止规定,抵销亦不失为一个经济的合法方法。与之不同者为并存的债务承担。按并存的债务承担,固因不免除原债务人的债务,债权人不因该承担而受到不利,而不需要债权人之事先同意或事后承认,即可生承担的效力。唯承担后,承担人如不以现实清偿,而试图以抵销的方法,消灭所承担之债务,则其承担可能被质疑为以创设抵销适状为目的,规避保护债权人之抵销适状中关于二人互负债务的要件规定,"二人互负债务,而其给付种类相同,并均届清偿期者,各得以其债务,与他方之债务,互为抵销"("民法"第 334 条第 1 项),而不意在满足原债务人对于债权人所负之债务。是故,并存的债务承担人主张以抵销的方法,消灭其承担之债务者,其主张自因前后行为矛盾,而违反诚信原则,应予以禁止。

身份法上之财产债务因为有其身份法上的发生目的,该债务必须受满足,始能达到其所据以发生之身份法的规范目的。该目的之达成不适合受到财产法的干扰。所以,身份法上之财产债务的债务人,不得以自己对于该身份债务之债权人所享有之财产法上之财产债权为主动债权,以自己对其所负之身份法上之财产债务为被动债权,主张抵销。此为依债之性质不得抵销的情形("民法"第 334 条第 1 项但书)。

---

① "最高法院"1980 年度台上字第 2080 号民事判例:"'民法'上所谓保证,为债权人与保证人间之契约。"

第三节　债之清偿
——无效契约之债务的清偿效力

一、清偿无效债务契约之债务

　　契约之无效的态样主要有三：自始无效、因撤销或因解除而嗣后无效。债务契约无效时，原则上不能据之发生以该债务契约中之法效意思的内容为内容的效力。这时缔约人为缔结契约或为履行契约而投入之费用（信赖利益）即可能因目的不达而落空，造成损害。契约之无效如可归责于当事人之一方，该方对于他方所受信赖利益之损害便有赔偿义务。所以契约之无效往往被规定为损害赔偿之债的发生事由，仍可引起法定的效力。是故，无效之契约并不一定根本不引起任何法律效力，只是不引起以法效意思之内容为内容的意定效力而已。契约之无效原因在缔约时即自始存在者（例如自始无效或因撤销而无效），其相关之损害赔偿以缔约上过失的一般或具体规定为其依据；其无效原因在缔约后始存在者（例如因解除而无效），其相关之损害赔偿以债务不履行中关于契约之解除的规定为其依据。

　　债务契约不论是自始或嗣后无效，皆不足为其原拟意定之债之清偿给付的法律上原因。如有为履行无效债务契约而为给付，因无债务可供履行，其债权人因此获有利益者，该给付之授受即构成不当得利。此为无效债务契约之清偿通常发生的基本效力。唯因无效债务契约之清偿并不一定会使其债权人受有利益，或其所受利益不一定与清偿者之清偿费用相当，因此，无效债务契约之清偿不一定构成不当得利，或清偿人得请求之不当得利范围可能小于其清偿费用。虽有清偿给付而不一定使相对人受有利益之主要的理由在于：该清偿给付不一定导致财产利益的移动。有给付为何还会无财产利益的移动？其道理在所要移转之利益如具有权利地位，该权利之移转需要一个以该权利之移转为目的之有效的物权或准物权行为，而为履行债务所从事之物权或准物权行为可能因其当事人无行为能力（"民法"第 75 条）、行为能力受有限制（"民法"第 79 条）、违反法律或公序良俗（"民法"第 71 条、第 72 条）、违反法定方式（"民法"第 73 条）而无效。履行行为如无效，则系争权利之标的物纵使因之交付于受让人，该权利还是未移转为受让人所有，所以就权利的部分并不构成不当得利。此际，让与人如要请求受让人返还该标的物，应以所有物返还请求权，而非以不当得利返还请求权为其依据。然财产利益如不具有权利地位,则其移动因不需要法律行为,所以其移动与否取决于事实状态。例如物之消费(食用他人之物)、物或权利之使用收益(自己用益或提供他人用益收取法定孳息)。

归纳之,损害赔偿与不当得利可谓是无效契约最可能发生之效力。其中损害赔偿因缔约及履约之准备费用的落空造成信赖利益上之损害而发生;不当得利因债务人履行其误以为存在,或事后不存在之债务而发生。该损害赔偿或不当得利的要件事实发生在契约关系之不同的发展阶段。

二、关于无效契约之效力的规定

针对前述无效债务契约的事由,"民法"有 4 条比较直接之重要的一般规定:"民法"第 113 条规定:"无效法律行为之当事人,于行为当时知其无效,或可得而知者,应负回复原状或损害赔偿之责任。"①第 114 条规定:"法律行为经撤销者,视为自始无效(第一项)。当事人知其得撤销,或可得而知者,其法律行为撤销时,准用前条之规定(第二项)。"第 259 条规定:"契约解除时,当事人双方回复原状之义务,除法律另有规定或契约另有订定外,依左列之规定:一、由他方所受领之给付物,应返还之。二、受领之给付为金钱者,应附加自受领时起之利息偿还之。三、受领之给付为劳务或为物之使用者,应照受领时之价额,以金钱偿还之。四、受领之给付物生有孳息者,应返还之。五、就返还之物,已支出必要或有益之费用,得于他方受返还时所得利益之限度内,请求其返还。六、应返还之物有毁损、灭失,或因其他事由,致不能返还者,应偿还其价额。"第 260 条规定:"解除权之行使,不妨碍损害赔偿之请求。"前二条因其以当事人于行为当时知或可得而知其法律行为无效或得撤销为要件,所以应属缔约上过失所引起之损害赔偿,而非关于自始无效契约之不当得利的具体规定。其要赔偿之损害原则上为信赖利益。盖不当得利返还请求权之规范不以义务人明知或可得而知的主观要素为其发生要件,没有理由为无效债务之履行而设例外规定。虽然实务上有不同的见

---

① "最高法院"1998 年度台上字第 1396 号民事判决:"按'民法'第二百四十七条第一项所定契约因标的不能而无效之缔约上过失责任,与同法第一百十三条所定无效法律行为之当事人责任,二者法定要件未尽相同,且第一百十三条既列于民法总则编而规定,其适用之范围,自应涵摄所有无效之法律行为在内,而兼及于上开契约因标的不能而无效之情形。是契约因以不能之给付为标的而无效者,当事人除得依'民法'第二百四十七条第一项主张缔约上之过失责任外,亦无排除适用同法第一百十三条规定之余地。"在这种情形,因其分别所定之法律效力并不互相排斥,第 247 条第 1 项与第 113 条所构成之竞合关系,应认为系请求权规范竞合。

解,第 260 条规定之损害赔偿所当赔偿之损害当亦属于信赖利益。至于第 259 条所规定者则属于典型之不当得利的返还规定。① 针对履行自始无效或事后因撤销而无效之债务契约而发生之财产利益的移动,"民法"并无像第 259 条之特别规定。对之,第 259 条倘不得准用,应适用第 179 条关于不当得利之一般规定。

按就不当得利第 179 条规定:"无法律上之原因而受利益,致他人受损害者,应返还其利益。虽有法律上之原因,而其后已不存在者,亦同。"解除契约本来应属于其履行给付之法律上原因在给付后不存在之典型的态样。然在第 179 条之不当得利的一般规定外,"民法"特别就解除契约时之回复原状再为第 259 条的规定。其作用何在? 排除"民法"第 182 条关于不当得利受领人之返还范围的限制规定:"不当得利之受领人,不知无法律上之原因,而其所受之利益已不存在者,免负返还或偿还价额之责任(第一项)。受领人于受领时,知无法律上之原因或其后知之者,应将受领时所得之利益,或知无法律上之原因时,所现存之利益,附加利息,一并偿还,如有损害,并应赔偿。"并提供当事人因契约解除而互负义务时,准用第 264 条至第 267 条之规定的机会(第 261 条)。此为双务契约规定之准用。由此可见第 259 条及第 261 条之规定对于因解除而无效之债务契约的清偿,在善后上有重要意义。该等规定是否得准用于自始无效或因撤销而无效的债务契约?

在自始无效的情形,"最高法院"1960 年台上字第 1597 号判例认为:"契约无效,乃法律上当然且确定的不生效力,其当事人于行为当时,知其无效或可得而知者,应负回复原状或损害赔偿之责任。至契约之解除,乃就现已存在之契约关系而以溯及的除去契约为目的,于契约解除时,当事人双方均有回复原状之义务,故契约无效与契约解除,性质上并不相同。""最高法院"1996 年度台上字第 1642 号民事判决重申相同的意旨。依该意旨"最高法院"显然认为"民法"第 259 条及第 261 条关于解除契约之规定对于自始无效之契约无适用性。唯其实第 113 条所定回复原状之标的不一定是,或应当不是关于因履行而发生之回复原

---

① "民法"第 259 条规定契约解除时,当事人双方回复原状之义务,第 260 条规定解除权之行使,不妨碍损害赔偿之请求。第 113 条及第 114 条所定之效力项目与第 259 条及第 260 条所定者虽然相同,但前者关于回复原状潜藏疑问:该回复原状之义务如属于不当得利之返还,其主观要件之要求与不当得利之体例不符;如属于损害赔偿的方法,因"民法"第 213 条第 1 项就损害赔偿之方法,已有"负损害赔偿责任者,除法律另有规定或契约另有订定外,应回复他方损害发生前之原状"。亦即其再将回复原状与损害赔偿并列为行为人应负之责任的项目显然多余。

状的情事。因之,二者之间并无竞合关系。是故,在自始无效或因撤销而无效之双务契约,有清偿给付时,其回复原状是否得准用第259条及第261条,应分从比较自始无效或因撤销而无效与因解除而无效的法律上特征出发,探讨其回复原状有无差别待遇之事理上的理由。

三、解除之善后规定得准用于撤销

其中自始无效自成一格,因撤销而无效或因解除而无效则具有共同特征:嗣后无效。所不同者为:其无效事由在得撤销原则上自始存在,而在解除则事后才发生。在自始无效,本来即不预期当事人据之为契约之履行,所以其履行给付事后应依不当得利之规定返还自始无疑;反之,在嗣后无效的情形,不论其事由是否自始存在,其后来是否因之无效还系于撤销权人或解除权人是否行使其权利。在这种情形,如以契约无效时现存之利益为其返还范围,或甚至在一方能返还而他方不能返还的情形皆会造成显然之不公平的情形。是故,非将第259条及第261条之规定类推适用于因撤销而无效之情形难得其平。

四、利益第三人契约之清偿及其回复原状

在附利益第三人约款之契约,债务人如已向第三人(受益人)给付,则纵使该契约全部或该契约之相关约款自始无效,["最高法院"2000年度台上字第2048号民事判决:"按契约之效力原则上仅存在于契约当事人间;而法律行为无效,应负回复原状之责任者,以于行为当时,知其无效或可得而知之当事人为限,此观'民法'第一百十三条之规定自明。又以契约订定向第三人为给付者,要约人得请求债务人向第三人给付,其第三人对于债务人,亦有直接请求给付之权;债务人得以由契约所生一切抗辩对抗该第三人,固为同法第二百六十九条第一项、第二百七十条所明定,唯第三人仅为债权人,究非契约当事人,债务人要不得本于契约之效力规定,对第三人为请求。查,被上诉人与吴玉河订定承诺书,约定债权已届清偿期而未为清偿时,抵押物即系争应有部分办理所有权移转登记于吴玉河,登记名义人可由吴玉河指定,黄桂梅即系吴玉河所指定之第三人,因系流质契约,于法无效,黄桂梅为'民法'第二百六十九条第一项所定第三人利益契约中之第三人,为原审确定之事实。若此,依上说明,被上诉人是否得本于第一百十三条规定,以流质契约无效为由,请求非契约当事人之黄桂梅回复原状?不无研求之余地。"履行无效债务契约时,"最高法院"认为"民法"第113条,而非第179条以下,系债务人对于要约人请求回复原状之规范基础。这值得商榷。第

113 条所定之回复原状请求权是否系不当得利之返还请求权虽然是一个亟待厘清的问题,但"最高法院"在该判决之意旨中并未对之明白表示其见解。按为履行无效债务契约,所为之清偿给付欠缺法律上原因乃自明的道理。其返还除法律另有特别规定外,应适用第 179 条以下关于不当得利之一般规定。而第 113条固规定:"无效法律行为之当事人,于行为当时知其无效,或可得而知者,应负回复原状或损害赔偿之责任。"但该条以当事人"于行为当时知其无效,或可得而知"为其要件。这显然与不当得利返还请求权之发生不以受领利益者是否知无法律上原因为要件之规范原则不同(第 179 条)。至于第 182 条规定:"不当得利之受领人,不知无法律上之原因,而其所受之利益已不存在者,免负返还或偿还价额之责任(第一项)。受领人于受领时,知无法律上之原因或其后知之者,应将受领时所得之利益,或知无法律上之原因时,所现存之利益,附加利息,一并偿还,如有损害,并应赔偿(第二项)。"这是关于不当得利受领人之返还范围而非其返还义务之发生的要件规定。]因撤销或因解除而无效,应对于债务人负回复原状之义务者,依"民法"第 113 条或依"民法"第 259 条之规定皆为要约人,而非第三人。第三人必须在其与要约人间之原因关系,亦即要约人所以指定债务人向第三人,而非向自己给付之原因关系不存在时,始对于要约人负不当得利之返还(回复原状)的义务。["最高法院"2000 年度台上字第 1769 号民事判决:"按附第三人利益约款之契约,涉及债务人与要约人、要约人与第三人及债务人与第三人间之三面关系,第三人虽得直接向债务人请求给付,但并不因而成为契约当事人。故债务人于给付前,固得依'民法'第二百七十条之规定以契约所由生之一切抗辩,对抗受益之第三人,包括债权未发生或消灭及同时履行抗辩等拒绝给付之抗辩,即于第三人为给付请求时,设债务人已解除契约,得以债务已消灭,拒绝给付而已。倘债务人已为给付后,债务人始解除契约,应负回复原状之义务者,依'民法'第二百五十九条规定,则为要约人,而非第三人。又倘债务人已为给付后,债务人始主张第三人利益契约无效,应负回复原状之义务者,依'民法'第一百十三条规定,亦为要约人,而非第三人。"债务人为履行无效之债务契约而为给付者,其回复原状之请求权的规范基础,"最高法院"在该判决要旨中认为系"民法"第 113 条。这是有疑问的。正确的规范基础应是第 179 条以下,其理由请参见前注的说明。指示由第三人给付("民法"第 268 条)或向第三人给付("民法"第 269 条)与第三人清偿(第 311 条以下)不同。"第三人清偿由一个直接对于债权人,一个间接对于债务人之给与(Zuwendung),而指示由第三人给付或向第三人给付则由两个出发点不同之间接的给与所构成:第三人媒介债务人对于债权人之给与,债权人媒介第三人对于债务人之给与。从而在给与之目的错误或不达时,其给付所造成之不当得利之返还路线亦当不同。当仅该借助对于债权人之间接给与在个案所追求之目的有错误或不达时,债务人得,而且仅其得向债权人请求返还不当得利。当仅该借助对于债务人之间接给与在个案所追求之目的有错误或不达时,仅第三人得,而且原则上仅得向债务人请求返还不当得利。对此司法判决上与学说上的见解几乎全然一致。……有争议者为:在此种三角关系,双重欠缺法律上原因时,亦即债务人对于债权人及第三人对于债务人之给与目的不达时,其不当得利的返还问题。在此,通说虽肯认第三人对于债权人之直接的不当得利返还请求权,唯对其法律性质为何未予界定。……第三人可依其对于债务人之不当得利返还请求权,请求债务人让与其对于债权人之不当得利返还请求权。这是唯一合乎其利益关系的结果。盖第三人当初系与债务人缔约,其风险应自债务人获得保障,从而没有非得与债权人来往不可的理由。"(Esser,Schuldrecht,2. Aufl.,1960,S.784f.)]盖在利益第三人契约之履行,在外观上其清偿给付虽由债务人向第三人为之,但在规范上解析之,认为其给付首先系由债务人向要约人,而后才由要约人向第三人分别基于其间之原因关系为之。例如出卖人(甲)就其所有之汽车一部,与买受人(乙)缔结一个买卖契约,同时约定其价金由乙向丙给付,以清偿甲对丙所付之消费借贷的债务。该买卖契约因含有该向第三人给付或利益第三人之约款而成为向第三人给付或利益第三人契约,构成三角的契约关系。在这种契约关系中,前述原因关系如有自始或嗣后无效的情形,其回复原状或不当得利的返还义务应分别按各该无效之原因关系的当事人定其当事人。不以外观上清偿给付之直接授受的当事人为准。

五、因禁治产而无效之利益第三人契约

契约因缔约人之一在缔约前经宣告为禁治产而无效者,[①]因禁治产制度在于保护禁治产人,而在其清偿给付引起特别的问题。在此种契约,其双务契约之履行如仅发生在缔约当事人间,则涉及之给付如以权利之移转为内容,皆不能生移转之效力,双方各得依所有物返还请求权请求返还。这时如有一方受领之给

---

① "最高法院"1955 年度台上字第 1448 号民事判决:"上诉人之子某甲于买卖当时虽非无行为能力人,但其意思表示既系在无意识及精神错乱中所为,依'民法'第七十五条之规定,即非有效。至某甲当时曾否因心神丧失不能处理自己事务而被宣告禁治产系另一事,要可不问。"唯表意人纵有禁治产原因,只要未经法院宣告为禁治产人,其所为之法律行为应就其在行为时之精神状况认定其行为能力,不可一概而论。此外,在这种情形,主张其无行为能力者应负举证责任。是故,"上诉人提出之证明书,虽证明被上诉人于 1965 年间曾患有精神病症,但不能证明被上诉人于和解时,系无意识或有精神错乱之情形,且被上诉人又未受禁治产之宣告,难认和解有无效之原因"("最高法院"1969 年台上字第 3653 号判例)。

付有不能返还或有所受利益已不存在之情事,则因无第259条及第261条之适用,而会使尚能给付之一方遭受不利。

　　反之,其履行行为如发生在禁治产人之相对人与第三人间,则会引起另一种问题:例如禁治产人(要约人甲)之相对人(债务人乙)已依其指示向第三人(丙)给付,以清偿其对于第三人所负之债务时,其给付之效力为何? 在这种情形由于乙、丙皆有行为能力,其间为清偿给付所做物权或准物权行为有效。丙可取得其受领之利益。有疑问者为其受领之利益有无法律上原因? 只要甲对于丙确实负有债务,且乙系为清偿该债务而为给付,丙受领之利益即有法律上原因。乙对丙不得请求返还。唯纵使甲、乙间之原因关系(含该对于第三人给付之约款)无效,在甲因乙对丙之清偿给付事实上受利益的范围内亦可构成不当得利。此与甲非禁治产人,而仅是因其他与行为能力无关之事由致契约无效的情形不同。在这种情形,原则上乙只要依甲、乙之约定,对于丙为给付,就因此所发生之费用,对于甲即得依不当得利之规定请求返还。

第六章

附　论

第一节　准占有

一、准占有之概念

所谓准占有,指基于占有表征无体财产权(含债权)之文件或其他有体对象,而占有无体财产而言。所以称为准占有,乃相对于有体物之占有,而非相对于有权占有而言。盖无体财产本为无体,不具对之占有所必须之形体的存在基础。肯认其得以文件或其他有体物表征无体财产权之存在,纯属规范设计上的拟制,因之占有其表征者,论诸实际还是并未占有其权利本体。是故,将占有其表征者论为占有其本体,亦只是一种规范上的拟制。然占有无体财产之表征者,亦即其准占有人可能是真正权利人或经其授权行使权利之人(有权占有人),也可能是无权占有人,这与有体物之占有的情形可能发生者并无差异。关于准占有,"民法"第 966 条第 1 项虽就其占有人定义为"财产权,不因物之占有而成立者,行使其财产权之人,为准占有人",但该定义并不准确,从而也不合理。妥当的定义应是:"财产权,不因物之占有而成立者,得以占有表征该财产之文件或其他对象准占有之。基于该文件或其他对象之准占有而行使其财产权之人,为准占有人。"

由于法律并未对准占有加以定义,而仅于"民法"第 966 条规定:"财产权,不因物之占有而成立者,行使其财产权之人,为准占有人。"结果导致"最高法院"1953 年台上字第 288 号判例认为:"财产权不因物之占有而成立者,行使其财产权之人为准占有人,债权乃不因物之占有而成立之财产权之一种,故行使债权人之权利者,即为债权之准占有人,此项准占有人如非真正之债权人而为债务人所不知者,债务人对于其人所为之清偿,仍有清偿之效。此通观'民法'第三百十条第二款及第九百六十六条第一项之规定,极为明显。"该见解是不正确的。盖一个人并非因行使不因物之占有而成立之财产权,而成为该财产权之准占有人,而系因占有表征该无体财产之物(例如文据、存折)而成为其准占有人。诚如该院后来在其他判决所揭示,正确的看法应为:占有一定足以表征其为权利人之信物者,为该权利之准占有人,例如占有真正存折及盖有存款户真正印章之取款条("最高法院"1987 年度台上字第 1865 号民事判决),占有真正之存单及印章("最高法院"1992 年度台上字第 1865 号民事判决),占有真正提款卡及密码("司法院"1986 年 10 月 18 日司法业务研究会第 9 期之 22)。

二、准无权占有与信赖保护

准占有人虽非必为无权占有人,但如其为无权占有人,则自无权占有人取得权利或向其清偿债务者,必须是善意,始依信赖保护之相关规定受保护,例如动产所有权或质权之善意取得("民法"第 801 条、第 886 条、第 948 条)或债务之善意清偿("民法"第 310 条第 2 款)。其与善意取得有关者主要发生在他人之物的买卖的履行行为;其与债务之善意清偿有关者主要发生在存款之冒领。这些行为皆与无权处分有关,而与无权代理或表见代理无涉。盖在准占有案件争议者为行使对于无体财产之权利者是否为真正权利人,从而准占有人必须以自己之名义行使权利始构成准占有之典型的问题。倘准占有人系以他人之名义行使权利,则纵使其准占有表征无体财产之文件,判断其行使权利之行为的效力,还是以其代理权之有无为准。① 唯在实务上如果认为表征无体财产之文件及行使其权利所需之印章的占有足为代理权之授予的认定依据,则权利之准无权占有与无权代理两者之信赖保护便无形式差异。唯在实务上仍应分别情形分辨其该当

---

① "最高法院"1990 年度台上字第 2766 号判决:"查第三人持真正存折并在取款条上盗盖存款户真正印章向金融机关提取存款,金融机关不知其系冒领而为给付时,依'民法'第三百十条第二款规定,对存款户应生清偿之效力。本件领款人于向上诉人提取系争存款时,既持有被上诉人之存折及盖妥被上诉人印鉴之取款条,虽在上诉人备置之提领巨额现钞登记簿上填载领款人为王国鑫,但未明示代理之意旨,是否即系以被上诉人之代理人自居,而不得认为债权之准占有人,尚非无疑。原审未查明该领款人当时究竟本于何种意思而为领款,遽为不利于上诉人之判断,已有未合。"

之规定究为善意取得或表见代理,以适用之。①

三、准无权占有人之无权处分或无权代理

当肯认对于无体财产得以占有其表征的方式占有之,无体财产权即可能为他人所无权占有,发生该表征所表征之事实与真相不符的情事。所表征之事实即为一种与事实不符之表见事实。这时准无权占有人如果处分其准占有之权利,即构成无权处分,须经真正权利人承认始生效力("民法"第 118 条、第 310 条第 1 款)。然倘该表见事实系由真正权利人所引起,并为他人所善意信赖,且该他人以该信赖为基础,与准占有人从事交易或对其给付,则该无权处分应依善意

---

① "最高法院"1980 年度台上字第 772 号民事判决:"'民法'第二百七十一条虽规定数人有同一债权而其给付可分者,应各平均分受之,但本件系由上诉人将被上诉人等五人共同可得之酬金书写于同一承诺书内,交付与被上诉人等五人收执,嗣经梁化俊等持该承诺书向上诉人催讨全部酬金,自属'民法'第三百十条第二款所称之债权准占有人,如上诉人不知其无代表全体受领之权限,因而向其清偿,并收回债权凭证之承诺书,自难谓无清偿之效力。"按该判决所示情形,其该当之应为"民法"第 169 条(表见代理),而非第 310 条第 2 款(无权处分)。盖准占有人所占有之文件仅能表征其系争债权的共有人之一,而不能表征其为单独所有人。至于占有共有债权之凭证者,是否即受有收取全部债权之授权,为事实之认定问题。与之有关的问题,"民法"第 297 条第 2 项就债权之让与规定:"受让人将让与人所立之让与字据提示于债务人者,与通知有同一之效力。"第 309 条第 2 项就债权之收取权的授与规定:"持有债权人签名之收据者,视为有受领权人。但债务人已知或因过失而不知其无权受领者,不在此限。"要之,单纯之债权凭证的占有尚非债权之让与或收取权之授予的充分条件。占有表征债权之文件固可谓准占有其表征之债权,但不即表见准占有人即是该债权之债权人或受领权人。其是否表见其为债权人或受领权人,尚视该表见事实所能引起之信赖事项及其范围而定。

取得或善意清偿①有关规定定其效力。该见解亦适用于第三人以约定之提款卡及密码从自动提款机冒领存款的情形。②

四、向债权之准占有人清偿债务

此为向准占有人清偿是否发生清偿效力的问题。对于债权准占有人为清偿

---

① "最高法院"1987 年度台上字第 1865 号民事判决:"乙种活期存款户与金融机关之间为消费寄托关系,第三人持真正存折并在取款条上盗盖存款户真正印章向金融机关提取存款,金融机关不知其系冒领而如数给付时,为善意的向债权之准占有人清偿,依'民法'第三百十条第二款规定,对存款户有清偿之效力。""最高法院"1992 年度台上字第 1875 号民事判决:"银行接受定期存款(即'银行法'第八条之定期存款)者,其与存款户间系发生消费寄托关系,依'民法'第六百零三条第一项规定,银行固负有返还同一数额之金钱于存款户之义务,该存款如为第三人凭真正之存单及印章所冒领,依其情形得认该第三人为债权之准占有人,且银行不知其非债权人者,依'民法'第三百十条第二款规定,银行得对存款户主张有清偿之效力。存款户即不得请求银行返还同一数额之金钱,银行亦不负侵权行为或债务不履行之损害赔偿责任。倘该第三人非债权之准占有人或银行明知该第三人非债权人,亦无'民法'第三百十条第一款及第三款所定情事,则银行向第三人为清偿,对于存款人即不生清偿之效力。存款户自非不得行使寄托物返还请求权,请求银行履行义务,亦不发生侵权行为或债务不履行之问题。""民法"第 164 条第 3 项之规定的道理固类似于向债权之准占有人为清偿("民法"第 310 条第 2 款),但不尽相同。盖在这种情形没有构成债权之准占有所必需之表见事实(占有表征无体债权之文件)。

② "司法院"1986 年 10 月 18 日司法业务研究会第 9 期之 22:"[法律问题]某甲于某银行之使用自动提款卡存款,某日某甲之提款卡及密码被某乙窃走,某乙窃得某甲之提款卡及密码后,随即持向某银行提款,问某银行对某乙之给付,是否对某甲发生清偿之效力?

['司法院'第一厅研究意见]按乙种活期存款户与金融机关之间为消费寄托关系。第三人持真正存折并在取款条上盗盖存款户真正印章向金融机关提取存款,金融机关不知其系冒领而如数给付时,为善意的向债权之准占有人清偿,依'民法'第三百十条第二款规定,对存款户有清偿之效力('最高法院'1984 年度第十一次民事庭会议决议)。本题某甲既系某银行使用自动提款卡之存款户,其提款卡及密码系存折及印鉴之代替,乃为自动提款机之需要而设,兹被某乙窃去持向银行提取存款,因系自动提款,由机器判读给付,无从知悉其系冒领,与第三人持真正之存折及印鉴冒领存款之情形相当,均系善意的向债权之准占有人清偿,依'民法'第三百十条第二款之规定,对于某甲有清偿之效力。研讨结论采乙说核无不合。

[讨论意见乙说]某甲与某银行间之存款契约,系约定以提款卡及密码,由自动提款机提款,而自动提款机乃依提款卡及密码之命令,操作而付款之机器,对于何人持以操作,无从辨认,在此情形下,持有提款卡及密码之人,虽非真正债权人,亦应认为系债权之准占有人,本件某乙窃取某甲之提款卡及密码,向某银行之自动提款机提款,自动提款机即某银行不知其系冒领而如数给付,系善意的向债权之准占有人清偿,依'民法'第三百十条第二款规定,应认对某甲有清偿之效力。"

常见者为存款之冒领。依"民法"第 310 条第 2 款之规定,在存款之冒领要生清偿效力首先冒领者必须准占有该债权,其次为债务人不知其非债权人。① 鉴于债权为无体财产,所以该债权必须经以文据将之有体化,始能对之准占有。将存款有体化之文据通常为存折。此外,在提款之请求另有印鉴之要求者,占有印鉴兼具双重功能,作为准占有之辅证及经授权取款之证据方法。

银行之债权于抗战期间,经与该银行同名称之伪银行作为自己之债权而行使时,债务人如因之向该伪银行为清偿,经其受领者,其清偿是否发生清偿效力? 就此,"司法院"1946 年 10 月 24 日院解字第 3278 号解释认为:"银行之债权于抗战期间,经与该银行同名称之伪银行作为自己之债权而行使者,该伪银行即为债权之准占有人,债务人向该伪银行为清偿,经其受领者,依'民法'第三百十条第二款之规定,以债务人不知其非债权人者为限,有清偿之效力,如债务人明知其非债权人,则依同条第三款之规定须于该银行因而受利益之限度内,乃有清偿之效力。至该伪银行系就有物担保之债权实行担保物权而受清偿者,依同条第三款之类推适用于该银行因而受利益之限度内,亦有清偿之效力,若该银行概括承受该伪银行之财产者,可推定该银行系因而受利益。"《"司法院"解释汇编》第五册,1989 年 6 月版,第 2840 页)其与"民法"第 310 条第 2 款有关的看法,值得商榷。盖该伪银行并不因与债权人有相同名称而成为该债权之准占有人。论诸实际,应系以伪银行概括承受债权人之资产与负债为其依据。

债务人对于多数债权人就因同一原因事实所发生之金钱债权,以同一份文件承认之者,该债权如不论为连带债权,则持有该债权之承认文件者固可认定为该债权之准占有人,但却未必是有受领权人。是否有受领权,尚视准占有人是否

---

① "最高法院"1979 年度第六次民事庭庭推总会议决议之一:"'民法'第三百十条第二款之适用,须受领人为债权之准占有人,并以债务人不知其非债权人为要件。某甲持银行存折及盖有伪刻之名章之取款条,以存户自居,向银行提取存款后,经科学机器鉴定结果,发现取款条所盖存户印文与所存印鉴不符,但其不符非肉眼所能辨识。似此情形,某甲所持之银行存折虽属真正,但取款条上所盖印文即属伪造,依本院 1968 年台上字第 2965 号判例所示旨趣,某甲不能认为消费寄托关系中债权之准占有人,银行既设印鉴,即不容借口非肉眼所能分辨而主张不知其非债权人,谓有该款之适用。"在本件中,因存折为真正,某甲应论为该存折所表彰之债权的准占有人。至其所持印鉴不真正的意义应是某甲不能证明其为真正债权人。是故,在本件银行因其冒领而为之给付对于存款人所以不生清偿效力,非因某甲非该债权之准占有人,而系因银行之付款非依其与存款人事先约定之认证方法。亦即债之给付在受领权人之认定上未依债务之本旨。该特约对于"民法"第 310 条第 2 款之适用,应有修正"债务人不知其非债权人"之要件的效力。从而本件判决最后以"某甲不能认为消费寄托关系中债权之准占有人"为理由,认为银行对于某甲之给付不生清偿效力的见解,不尽妥适。

受有收取债权之授权而定。然就授权之有无有疑义时，应由谁负举证责任？自"民法"第943条规定："占有人于占有物上行使之权利，推定其适法有此权利"观之，似应由主张准占有人无其行使之权利者，负举证责任。但这应只适用于挑战性之主张的场合，例如对于（准）占有人主张自己才是真正的权利人，而不适用于信赖性之主张的场合，例如主张自己因信赖占有所构成之表见事实，始对于准占有人为一定之给付，因此其善意的信赖应受保护：善意取得。在主张信赖保护的情形，应证明自己对于占有所表征之事实有善意的信赖。①

因清偿相当于支付代价，取得债权，然后使该债权因混同而消灭。而清偿如果生效，将使债权消灭，所以，受领清偿给付，对于债权有处分效力，为债权之处分行为。是故，债权之准占有人如无处分权（受领权），且非以代理之意思为之，其受领等于是无权处分。② 债务人对于无受领权者为清偿给付之事实特征，与无权处分中之第三人类似。此际，债务人之清偿是否生清偿效力，依"民法"第310条第2款适用相当于善意取得之规定：受领人系债权之准占有人者，以债务人不知其非债权人者为限，有清偿之效力。然债务人在这种情形，是否仅需善意即可，而不论其不知事实真相是否有过失？鉴于债务人与债权人间有一定之个别的具体关系，这与善意受让人与真正所有权人间无此种关系者不同。因之，债

---

① "最高法院"1980年度台上字第772号民事判决："'民法'第二百七十一条虽规定数人有同一债权而其给付可分者，应各平均分受之，但本件系由上诉人将被上诉人等五人共同可得之酬金书写于同一承诺书内，交付与被上诉人等五人收执，嗣经梁化俊等持该承诺书向上诉人催讨全部酬金，自属'民法'第三百十条第二款所称之债权准占有人，如上诉人不知其无代表全体受领之权限，因而向其清偿，并收回债权凭证之承诺书，自难谓无清偿之效力。"

② 在存款之冒领，冒领人所从事之法律行为究以自己之名义或以真正存款人之名义为之？这与冒名为法律行为的情形类似，原则上应认系以冒领人自己之名义为之，盖冒领者希望银行以其为真正存款人。唯论诸实际，亦有可能以代理的意思为之。公司行号常委由其会计至银行办理金钱之存、提的情形属于这种类型。是故，尚不能一概而论，应就个案之具体情形认定之。"最高法院"1990年度台上字第2766号判决："唯查第三人持真正存折并在取款条上盗盖存款户真正印章向金融机关提取存款，金融机关不知其系冒领而为给付时，依'民法'第三百十条第二款规定，对存款户应生清偿之效力。本件领款人于向上诉人提取系争存款时，既持有被上诉人之存折及盖妥被上诉人印鉴之取款条，虽在上诉人备置之提领巨额现钞登记簿上填载领款人为王国鑫，但未明示代理之意旨，是否即系以被上诉人之代理人自居，而不得认为债权之准占有人，尚非无疑。原审未查明该领款人当时究竟本于何种意思而为领款，遽为不利于上诉人之判断，已有未合。"

务人依诚信原则在清偿时,就受领人之权限的有无,有为探知之义务。① 然"最高法院"实务上有采否定之见解之判决。②

第二节 占有人权利之推定及其反证之举证范围

占有为一个人(占有人)对于物之事实上的管领状态["最高法院"1993 年度台上字第 1102 号判决:"按对于物有事实上管领之力者为占有人;又承租人基于租赁关系对于租赁物为占有者,出租人为间接占有人,此观'民法'第九百四十条、第九百四十一条之规定自明。出租人系经由承租人维持其对物之事实上管领之力,仍系现在占有人。同法第七百六十七条规定所有人对于无权占有其所有物者得请求返还之,所称占有不唯指直接占有,即间接占有亦包括在内。"],而非权利[占有是否是权利,素有争议。台湾地区"民法"虽以第 960 条至第 963 条对之提供保护,但学说上与实务上还是不认之为权利,而只是一种受法律保护的事实状态。该论断涉及占有及权利的概念,以及一些与占有有关之价值上的判断,例如窃贼因窃盗而取得对特定物之占有者,其占有是否应视之为权利。有认为为避开这些问题,不将占有论为权利。然深究之,其实"民法"系以占有人之所

---

① 与之类似者,例如"民法"第 107 条规定:"代理权之限制及撤回,不得以之对抗善意第三人。但第三人因过失而不知其事实者,不在此限。""民法"第 169 条规定:"由自己之行为表示以代理权授与他人,或知他人表示为其代理人而不为反对之表示者,对于第三人应负授权人之责任。但第三人明知其无代理权或可得而知者,不在此限。"

② "最高法院"1990 年度台上字第 2766 号判决:"'民法'第三百十条第二款规定之适用,系以受领人为债权人之准占有人及债务人不知其非债权人为要件。法文既不以债务人无过失为要件,故虽因过失而不知,其清偿亦属有效。原审认债务人之不知,必须为善意并无过失,始有上开规定之适用,并以本件上诉人之付款,有重大过失,而谓其对于被上诉人不生清偿之效力,亦欠允洽。"另"司法院"1986 年 10 月 18 日司法业务研究会第 9 期之 22:"按乙种活期存款户与金融机关之间为消费寄托关系。第三人持真正存折并在取款条上盗盖存款户真正印章向金融机关提取存款,金融机关不知其系冒领而如数给付时,为善意的向债权之准占有人清偿,依'民法'第三百十条第二款规定,对存款户有清偿之效力('最高法院'1984 年度第十一次民事庭会议决议)。本题某甲既系某银行使用自动提款卡之存款户,其提款卡及密码系存折及印鉴之代替,乃为自动提款机之需要而设,兹被某乙窃去持向银行提取存款,因系自动提款,由机器判读给付,无从知悉其系冒领,与第三人持真正之存折及印鉴冒领存款之情形相当,均系善意的向债权之准占有人清偿,依'民法'第三百十条第二款之规定,对于某甲有清偿之效力。"该研究结论虽亦以债务人善意的向债权之准占有人清偿为论据,但其说明中又提及"自动提款,由机器判读给付,无从知悉其系冒领"。而这段说明兼可作为其不知冒领是否有过失的论据。

以得为占有之权利,作为对之提供保护的权利基础。这在有权占有的情形固然,在无权占有的情形亦是利用"民法"第 943 条,推定占有人于占有物上行使权利者,适法有此权利的方法说明之。关于占有是否为权利在德国民法上的看法,请参考 MuenchKomm-Joost, 9ff. Vor §854.]。该状态之构成不以占有人对于该物有权利占有为必要。从而依占有人占有权源之有无,可将占有区分为有权占有与无权占有。

该权源即为占有人所以得为占有之权利,主要为所有权、用益物权、用益债权、以占有为要件之担保物权,此系为自己之利益而为占有的情形(自利占有)。此外,为他人事务之处理,有时亦有占有该他人之物的权利,例如寄托、仓库、运送、出版、承揽、委任、雇佣等,此系为他人之利益而为占有的情形(他利占有)。①

---

① 法律条文中并无自利占有、自主占有或他利占有、他主占有的规定,而仅有直接占有、间接占有及辅助占有的规定。其中直接占有或间接占有皆是为占有人自己利益而为占有;反之,辅助占有则是为主人之利益而占有。关于自主占有,"最高法院"1992 年度台上字第 285 号民事判决认为:"'民法'第七百六十九条、第七百七十条规定,因时效而取得不动产所有权,须具备以所有之意思占有他人未登记之不动产达二十年或十年,为要件。如非以所有之意思而占有,其时效期间即无从进行。所谓以所有之意思而占有,即系占有人以与所有人对于所有物支配相同之意思而支配不动产之占有,即自主占有而言。如占有人以容忍他人所有权存在之意思而占有,即系他主占有,而非自主占有。"《"司法院"公报》第 34 卷第 6 期)关于自主占有与他主占有之区别,前述判决要旨以占有人是否"以所有之意思而占有"为标准。所以自主占有与他主占有的范围较自利占有与他利占有为窄。由于自主占有与他主占有,以占有人是否"以所有之意思而占有"为区别标准,因此自主占有并不以占有人是所有人,而以占有人事实上以所有之意思占有为要件。所以不仅恶意自无权占有人取得占有者,而且窃盗者、购买赃物者皆得为自主占有。该意思也不是法律行为意义下之意思。鉴于占有人事实上以所有之意思占有,并不必须表示出来,所以"民法"第 944 条第 1 项规定:"占有人,推定其为以所有之意思。"唯为保护使其占有之人的利益,避免其遭遇不测之不利,"民法"第 945 条规定"占有,依其所由发生之事实之性质,无所有之意思者,其占有人"有意改变其占有之意思时,应"对于使其占有之人表示(改以)所有之意思"占有,其占有因此自该表示通知到达时起,转为"以所有之意思而占有;其因新事实变为以所有之意思占有者亦同"。关于自主占有与他主占有之区分实务上在有些情形也会有些困难,例如在担保信托(让与担保)(Sicherungseigentum)的情形。在担保信托,其受托人为担保物之名义上的所有人,以所有人的地位占有信托物,所以其占有在此意义下应论为自主占有;然受托人对于信托人,亦即原所有人,依其间之信托关系有返还信托物的义务,从而其占有又看似他主占有(MuenchKomm-Joost §872 RdNr. 8)。在担保信托,自担保物之价值利益实际上由信托人与受托人分享的事实观之,其实受托人对于信托物之占有兼有自主占有与他主占有的特征。

其中受雇人基于雇佣关系而为之占有又另称为辅助占有。①

由于通常一个人因有权占有一定之物，始占有该物，所以一方面占有被采为物权之公示的方式，另一方面也因此规定："占有人于占有物上行使之权利，推定其适法有此权利"（"民法"第 943 条）。此为有权占有的推定。关于占有人对于占有物之权利的推定，主要有两个问题：（1）谁得质疑该推定之权利；（2）所有人之举证责任的范围是否包括其未曾移转占有于他人，或应由他人证明其自所有人，或基于善意自可被信为所有人或处分权人取得得为占有之权利。关于占有权利之推定效力究竟为何，实务上有不尽一致的见解。

一、谁得质疑该推定之权利

关于谁得质疑该推定的权利，这要从当事人间无原因关系或有原因关系论之。其无原因关系者，仅占有之标的物的真正所有权人得对于占有人，质疑该因占有而推定为存在之权利。最高法院 1929 年抗字第 101 号判例要旨认为"占有人对于有事实上之管领力，除真正所有权人得对之提起返还所有物之诉外，非他人所能干涉"（《"最高法院"判例要旨》，上册 1983 年 5 月版，第 446 页）。② 即采此见解。其中道理为，争议当事人间既无个别性之原因关系存在，自必须以对于

---

① 关于辅助占有，"最高法院"认为"占有辅助人，或称主人之占有机关，系指受雇人、学徒或基于其他类似之关系，受主人之指示，为主人而对于物为占有之人而言"〔《台湾地区裁判类编（民事法）》第 11 册，第 174 页：1969 年度台上字第 1020 号民事判决〕。"占有辅助人于受他人指示而为他人管领物品时，应仅该他人为占有人，其本身对于该物品即非直接占有人，与同法第九百四十一条所定基于租赁、借贷关系而对于他人之物为直接占有者，该他人为间接占有人之情形不同。"（"最高法院"1995 年度台上字第 2818 号民事判决）由辅助占有人占有之关系"重在其对物之管领，系受他人之指示，至是否受他人之指示，仍应自内部关系观之"（"最高法院"1996 年度台上字第 2260 号民事判决），"所谓内部关系，即'民法'第九百四十二条所指雇人、学徒或其他类似关系。再抗告人虽为债务人之女，并与之住于同一屋内，但其本人如确已结婚成家独立生活，而无从自内部关系证明其使用被执行之房屋系受债务人之指示时，尚难谓该再抗告人为债务人之辅助占有人"（《"最高法院"判例要旨》，上册，1983 年 5 月版，第 447 页："最高法院"1976 年台抗字第 163 号判例）。

② "最高法院"1996 年度台上字第 1400 号民事判决："占有人于占有物上，行使之权利，推定其适法有此权利。又占有人，推定其为以所有之意思、善意、和平及公然占有者，'民法'第九百四十三条、第九百四十四条第一项分别定有明文。是物之占有人，纵令为无合法法律关系之无权占有，然其占有，对于物之真正所有人以外之'第三人'而言，依同法第九百六十二条及上开法条之规定，仍应受占有之保护。此与该物是否有真正所有人存在及该所有人是否对其'无权占有'有所主张，应属二事。"（《"最高法院"民事裁判书汇编》，1996 年第 24 期，第 425 页）。

该物之物权为基础论断。而在这种情形足以对抗占有人因占有而推定为存在之权利者,自只有该物之所有权。然"最高法院"1955 年台上字第 721 号判例后来又称:"'强制执行法'第十五条,所谓就执行标的物有足以排除强制执行之权利者,系指对于执行标的物有所有权、典权、留置权、质权存在情形之一者而言。占有,依'民法'第九百四十条之规定,不过对于物有事实上管领之力,自不包含在内。"①依后一见解,在强制执行的情形,强制执行的声请人似乎不必证明,执行债务人系执行标的物之真正所有权人,即得排除占有人因占有之事实,而依"民法"第 943 条推定其适法享有之权利。占有人如不得依其占有被推定为存在之权利,排除强制执行,则其因占有本来享有之利益,将因占有物被视为执行债务人之财产,构成债务人所负债务之总担保,被付诸强制执行而丧失。然而在执行债务人直接对于占有人为请求的情形,执行债务人非证明其为真正所有权人,这是不会成功的。由此可见,该判例所持见解有违关于占有之保护的建制原则。②

当对于占有人请求返还者,为能证明自己为所有权人时,占有人固"得就自己之占有或将自己之占有与其前占有人之占有合并,而为主张(第一项)。但合并前占有人之占有而为主张者,并应承继其瑕疵(第二项)"("民法"第 947 条)。在这种情形,占有人如不主张其前手之占有,其占有必然为无权占有;如主张其前手之占有,其占有是否为无权占有,视其前手占有权之有无,以及其与所有权人间关于该占有之移转的权利如何而定。最后,当证明占有人无得对抗所有人之权利时,其间关系在物权法上应依关于善意占有及恶意占有,亦即依关于所有人与占有人之关系有关的规定处理("民法"第 952 条至第 959 条)。

反之,当事人间关于占有如有原因关系,占有人之为占有的权利自应受该原因关系的约束,即便占有人之相对人非所有人,而系无权占有人,亦然。相对人如为所有人,在该原因关系存续期间,其占有为有权占有,唯在该原因关系终止后,应依该原因关系中之规定返还所有人。在原因关系存续期间,占有人所享有之权利是确实存在,而非仅是推定为存在之权利,当然可对抗所有人及第三人。

---

①　《"最高法院"判例要旨》,上册,1983 年 5 月版,第 446、1307 页;《台湾地区裁判类编(民事法)》第六册,第 382 页:"最高法院"1960 年度台上字第 2131 号民事判决;《"最高法院"民刑事裁判选辑》第 3 卷第 1 期,第 536 页:"最高法院"1982 年度台上字第 1039 号民事判决。

②　类似的问题见于"最高法院"1970 年度台抗字第 525 号民事裁定:"犯罪被害人虽不限于所有权人,即占有人之占有被侵害,占有人亦为犯罪被害人,但其占有以有正当权源为限。如属无权占有,其占有纵被侵害,亦不得谓为因犯罪而受损害之被害人。"(《台湾地区裁判类编(民事法)》第 12 册,第 322 页)。假定没有真正权利人出来质疑占有人之占有的权源,尚不得以占有人之占有"属无权占有"为理由,认为"其占有纵被侵害,亦不得谓为因犯罪而受损害之被害人"。

又相对人如为无权占有人,在占有人与其相对人间,除在真正权利人对于占有人主张权利,致占有人不能享有约定之利益的情形,会有权利瑕疵方面之债务不履行的问题外,占有人与其相对人间之关系和前述占有人与所有人间之关系无异,皆应按其原因关系定之。例如在他人之物的租赁,其出租人纵非租赁物的所有人,而仅系无权占有人,出租人还是得根据其间之租赁关系,于租赁契约终止时,对于承租人请求返还租赁物,承租人不得以出租人系无权占有人为理由,拒绝返还。但占有人与所有人间在这种情形应继受其相对人关于该占有之权利与瑕疵。有原因关系之占有,其实不是"民法"第943条所要规定的对象,该条主要规定者为无原因关系之占有。

二、所有人应负之举证责任的范围

唯第三人为推翻"民法"第943条之推定所当举证的事项为何? 仅需证明自己为真正所有权人,或还必须证明占有人相对于自己是无权占有人? 对此"最高法院"1955年度台上字第1172号民事判决要旨认为:"占有人于占有物上行使之权利,推定其适法有此权利,(既)为'民法'第九百四十三条所明定,故对于现在占有(人)告争所有权,请求返还占有物者,除应证明其自己之权利存在外,并应证明占有人之权利不存在,方足认为有推翻此等法律上推定之效力。"(《台湾地区裁判类编(民事法)》第3册,第840页)依该要旨第三人为推翻"民法"第943条推定之事实,除必须证明自己是所有人外,尚须证明占有人是无权占有人。这是否符合该条规范意旨值得检讨。后来"最高法院"在该院1969年度台上字第3078号民事判决要旨中改称"占有之具有排他性,系因占有人于占有物上行使之权利,推定其适法有此种权利。倘占有物已证明系他人所有,则占有人即无再对物之所有权行使排除妨害之余地,此就'民法'第九百四十三条与第七百六十七条对照观之至明"[1]。这应是比较合理的见解[2]。

按"所有人于法令限制之范围内,得自由使用、收益、处分其所有物,并排除

---

[1]　《台湾地区裁判类编(民事法)》第11册,第494页。唯该判决要旨中所称之他人必须是对造,方始合理。盖在这种情形对造才得以所有人之地位质疑,占有人依"民法"第943条被推定为适法拥有之权利。

[2]　"最高法院"1993度台上字第1102号判决:"按以无权占有为原因,请求返还所有物之诉,被告对原告就其物有所有权存在之事实无争执,仅以非无权占有为抗辩者,应就其占有,系有正当权源之事实证明之,如不能证明,即应认原告之请求为有理由。查系争土地系被上诉人所共有,既为上诉人所不争,则上诉人以伊非无权占有为抗辩,自应由其就有合法占有之正当权源,负举证责任。"

他人之干涉"("民法"第765条)。故第三人欲干涉其所有权之行使者,必须证明其有正当权源,乃自明的道理。然因"民法"第767条规定:"所有人对于无权占有或侵夺其所有物者,得请求返还之;对于妨害其所有权者,得请求除去之;有妨害其所有权之虞者,得请求防止之。"以致在举证责任之分配上,依规范说(Normenstheorie)可能认为所有人"对于无权占有"之事实应负举证责任。盖第767条将无权占有列为所有人得请求返还之要件,从而造成举证责任分配上的冲突。

然鉴于事务之发展有其一定之事务法则,依惯性原则,法律关系之发生、变动与消灭必须有一定之原因。因此,主张法律关系发生、变动或消灭者,必须证明原因存在。而关于他人之物的用益权或担保物权,首先皆是从无出发,后来才从无向有发展。是故,一个人欲使用他人之物,应有一定之权源,该权源非依法律者,原则上即应依所有人之授权。[①] 主张从所有人取得授权者,就授权事实自应负举证责任。[②] 不过,只要占有人能证明其或者自所有人(例如基于租赁),或者自第三人善意取得占有(例如基于善意取得质权),其占有还是能对抗所有人之所有权。

---

① 其例外情形为依善意取得制度,从有表见事实表征其为所有权人或处分权人者,善意受让对于物之所有权或其他物权。对此,"民法"第948条规定:"以动产所有权或其物权之移转或设定为目的,而善意受让该动产之占有者,纵其让与人无让与之权利,其占有仍受法律之保护。"基于该规定,"民法"第801条规定:"动产之受让人占有动产,而受关于占有规定之保护者,纵让与人无移转所有权之权利,受让人仍取得其所有权。"此为动产所有权之善意取得。第886条规定:"质权人占有动产而受关于占有规定之保护者,纵出质人无处分其质物之权利,质权人仍取得质权。"此为质权之善意取得。

② 《"最高法院"民刑事裁判选辑》第6卷第1期,第271页:"最高法院"1985年度台再字第一号民事判决:"占有人于占有物上行使之权利,仅推定其适法有此权利而已,观'民法'第九百四十三条规定自明。再审原告依此规定,于占有物行使权利时,因推定之结果,固无须举证证明其权利。唯本件既经再审被告证明其为系争基地之所有人,而推翻法律之推定,则再审原告就其主张对该基地之占有有合法正当权源之事实,自应负举证责任。已不生原确定判决消极不适用'民法'第九百四十三条,'民事诉讼法'第二百八十一条规定之问题。"

第三节　盗赃物回复请求权与所有物返还请求权之竞合

一、事实要略

在甲出国期间,乙自甲窃得其所有由 A 等公司发行之上市股票数张,甲回国发现股票失窃后虽向警察机关报案,但未向 A 等发行公司挂失。后来乙将该股票委托证券经纪商丙在证券集中交易市场卖出于 B,成交后,由于乙在该股票之转让背书栏所用印文与甲原留之印鉴印文不符,A 等公司之股务人员拒绝办理过户。于是,丙另依规定在证券集中交易市场买入同等数额之股票办理交割于 B。甲获悉其失窃股票下落后,对其现占有人丙依"民法"第 949 条请求返还。而丙则以其在接受乙之委托卖出时,"系争股票背面、过户申请书及委托书上之被上诉人(甲)印鉴,以肉眼判断或折角比对,无由辨其真伪,伊并无过失。又伊系自股票交易集中市场取得系争股票,应有'民法'第九百五十条规定之适用。被上诉人(甲)对于损害之发生与扩大与有过失等语,资为抗辩。"

二、"最高法院"对于本案先后两次判决所持见解

案经第一审及第二审法院判决甲胜诉后,对于本件,"最高法院"于该院 1996 年度台上字第 1329 号民事判决以下述理由,将"原判决废弃,发回台湾高等法院":"唯查印文之真伪,法院得自行核对印迹证之。此项核对,其性质本为勘验,故应适用关于勘验之规定,'民事诉讼法'第三百五十九条定有明文。本件遍查全卷笔录,并无将系争股票背面出让人栏及股票转让过户通知书上被上诉人印文与股票印鉴卡上之被上诉人印文,折角比对之记载,更无当事人就该鉴定之结果为辩论之资料。原审谓参诸第一审以对角折叠比对法,即可得知上开文件上之被上诉人印文与股票印鉴卡上之印文不同,而为上诉人不利之判断,已属可议。且上诉人在原审一再抗辩:……系争股票背面、过户申请书及委托书上之被上诉人印鉴,因其伪造技术高明,非经仪器旷时废日之鉴定,仅以肉眼判断或折角比对加以鉴定,实无由辨其伪,因之伊在核印义务已尽其注意之程度,自无过失可言等语(见一审卷三四页、原审更一卷五八、五九页),自属其重要之防御方法,乃原审漏未斟酌,说明其取舍意见,亦有判决不备理由之违法。"

该案经台湾高等法院更审判决后,该判决又为"最高法院"1997 年度台上字第 2423 号民事判决以下述理由"废弃,发回台湾高等法院":"'民法'第九百四十九条所定盗赃或遗失物之回复请求权,乃善意取得规定之例外,故盗赃或遗失物之现占有人必须符合法律所定善意取得之要件,否则被害人或遗失人尽可依'民法'第七百六十七条、第九百六十二条之规定请求回复其物,尚无适用该条规定之余地。查上诉人(丙)系证券经纪商,受诉外人(乙)委托出卖系争股票,其占有系争股票系受乙之寄托,为原审认定之事实,则丙与乙间所为之法律行为是否有物权变动之合意存在? 是否符合法律所定善意取得之要件? 尚非无疑,原审就丙取得系争股票之占有,是否符合法律所定善意取得之要件,未予调查审认,遽认被上诉人得依'民法'第九百四十九条之规定请求上诉人无偿返还系争股票,尚嫌速断。"

三、盗赃股票之转让

本件关涉者首先为:善意取得或表见代理的规定在盗赃股票之转让的适用问题。应论为善意取得或表见代理? 视无权利人究竟以冒名、自己名义或表明代理意旨的方式从事该盗赃股票之权利的移转定之。以冒名或自己名义的方式为之者,该移转为无权处分,其可能例外有效之制度为善意取得;表明代理意旨为之者,该移转为无权代理,其可能例外有效之制度为表见代理。善意取得及表见代理皆是信赖保护的制度,其适用以真正权利人引起一定之表见事实,以及相对人因相信该表见事实而为一定之法律行为或投入为其基本要件。至于该表见事实是否限于在明知的状况下所引起,不含因过失引起的情形? 就善意取得,归纳"民法"第 948 条及第 949 条可见:原则上限于明知而引起表见事实的情形。例外的始针对由拍卖或公共市场或由贩卖与其物同种之物之商人,以善意买得盗赃或遗失物的情形规定,非偿还其支出之价金,不得回复其物(第 950 条)。此外,盗赃或遗失物,如系金钱或无记名证券,亦不得向其善意占有人请求回复(第951 条)。关于表见代理,"民法"第 169 条规定:"由自己之行为表示以代理权授与他人,或知他人表示为其代理人而不为反对之表示者,对于第三人应负授权人之责任。但第三人明知其无代理权或可得而知者,不在此限。"由该条可见,原则上限于明知而引起表见事实的情形。所谓之表见事实如系冒名者或代理人伪造逼真之真正权利人或本人之印鉴印文,与签名有关部分之表见事实并非真正权利人或本人所引起,理当不构成善意取得或表见代理。要之,记名股票之受让人并不得以无权利之让与人伪造来背书之印鉴印文逼真为理由,主张其可经由该有瑕疵之背书善意取得该记名股票。所以,印鉴印文是否伪造固为相干之争点,但是否逼真，则否。盖只要是伪造，不但不生背书移转之效力，而且真正权利人也无引起应负信赖责任之表见事实，从而自无依善意取得之规定，在受让人就其伪造不知情时，其移转得否对抗真正权利人的问题。

在盗赃记名股票之移转背书与过户中，该股票之发行公司并非该股票之移转关系的当事人。该公司之地位极其量仅是该股票之指定的过户登记机构。其当事人为让受双方。其移转之效力在指示的记名股票于以移转之意思而为背书交付时即已发生，不待于过户登记。① 因此，足以影响其移转之效力者为，背书之真正而非是否已办理该股票之过户登记。是故，如果背书不真正，不论其伪造有多逼真，皆不能生移转的效力。② 至于所移转之股票如为无记名股票，则因以移转之意思而为交付时，即已生移转效力。③ 这与一般动产之移转要件相同（"民法"第 761 条）。与之类似，而事实上其规范结构不同者为：利用盗盖之真正

---

①　这在买受人与股东间为善意取得问题。如不成立善意取得，该股票之过户登记无效，发行公司得经真正股东请求或自行径予涂销，回复原来之登记；因就股票债务之履行，该证券买卖之行纪人负给付危险及权利瑕疵担保义务，所以，买受人得向其请求另行交付无权利瑕疵之股票；如果成立善意取得，真正股东就此所受损害得向委托人请求损害赔偿或返还不当得利。要构成善意取得，在证券集中交易市场的买卖，买受人方无恶意的问题固无疑问，但纵使如此，却可能因为系争证券系盗赃且非无记名证券（"民法"第 951 条），而在自被盗或遗失之时起，2 年内，因其被害人或遗失人，请求回复其物，而无善意取得之适用（第 949条）。问题是：在请求为过户登记时或紧接其后，发生是否成立善意取得之争议时，发行公司应当如何响应？这与土地登记之声请时，有权利争执的情形类似，发行公司无实质审查权固无疑问，有疑问者为应以何为暂时之股权的归属状态？应以过户登记前之股权的归属状态为暂时状态，因此而遭受不利者，应利用假扣押或假处分的方法保全其权利。

②　在真正股东与发行公司间，关于过户之法律行为，就过户登记之指示，这属于为委托人之无权代理或表见代理的问题。因该指示系单方行为，所以，如欠缺代理权，该单方之代理行为应属无效。基于无效之指示所为之过户，自亦当因为非依有效之指示而为过户，无效。该过户登记之请求或指示系与受让人共同为之时，亦然。该不正确之过户登记应径予涂销，不待于依不当得利的规定请求回复原状。这时第三人利益之保护应由买卖双方依其买卖关系定之，不应越过其原因关系，直接诉诸其履行行为之结果。盖在真正股东与受让人间既无有效之原因关系及履行行为，该过户登记即欠缺支撑之实体依据。

③　"最高法院"1999 年度台上字第 2137 号民事判决："股份有限公司之记名股票，由股票持有人以背书转让之，记名股票经背书交付后，于当事人间始生移转之效力，无记名股票，亦须交付股票，始生移转之效力，此观'公司法'第一百六十四条之规定自明。"

印文①或逼真之伪造印文②冒领存款,是否使债务人对于债权之准占有人的清偿发生清偿效力?③ 这应依诚信原则,视债权人与债务人明示或默示关于受领权人之认定的约定及交易习惯定之。这主要发生在银行存款之冒领或冒签金融卡与信用卡的情形。在双方约定以预留印鉴印文或密码作为认定受领权人的基础时,如有第三人伪造印鉴印文或窃知之密码冒领款项,其损失应归属于存款人、持卡人或银行? 首先应归属于有过失的一方;④双方皆无过失者,这属于营业风

---

①　"最高法院"1990 年度台上字第 2766 号民事判决:"唯查第三人持真正存折并在取款条上盗盖存款户真正印章向金融机关提取存款,金融机关不知其系冒领而为给付时,依'民法'第三百十条第二款规定,对存款户应生清偿之效力。"

②　"最高法院"1992 年度台上字第 28 号民事判决:"按本院 1968 年台上字第 2965 号判例系谓:'金融机关与客户间之乙种活期存款契约,具有消费寄托之性质,客户得随时请求返还寄托物。上诉人系金融机关,就客户具领存款,究以何种方法判别印章之真伪,为其内部处理业务之问题。纵令金融机关之职员,以肉眼判别印章之真伪并无过失,然存款为第三人伪刻印章所冒领,上诉人仅得对该冒领人为损害赔偿之请求,要不得以第三人冒领之事由,主张对于被上诉人已生清偿之效力。'判例意旨系指存款人在金融机关留存自己之真正印鉴,存款人须凭真正印鉴请求返还寄托之存款。倘存款为第三人凭伪造之印鉴所冒领,金融机关对于寄托人所负返还寄托物之债务,并不因此而消灭。"

③　"最高法院"2003 年度台上字第 1295 号民事判决:"按'民法'第三百十条第二款规定之适用,系以受领人为债权之(准)占有人及债务人不知其非债权人为要件。条文既不以债务人无过失为要件,故纵因过失而不知,其清偿亦属有效。"无体财产权之占有所以称为准占有,系相对于有体财产权占有而言。然无体财产权要有被占有之可能性债权人必须先将之文件化,以便他人得利用占有该文件准占有该文件所表征之无体财产权。同理,当债权因债权人制作其表征之文件,而有被准占有之可能,该他人据以准占有之基础的文件所表征之事实如与实际情形不符,该文件即是债权人引起之表见事实。这是"民法"第三百十条第二款所以规定,受领人系债权之准占有人者,债务人如不知其非债权人,其清偿有清偿效力的道理。要之,第三百十条第二款所规定者其实也是一种表见责任。然关于表见责任,就表见代理,"民法"第一百六十九条但书有"第三人明知其无代理权或可得而知者,不在此限"的除外规定;就代理权之限制及撤回,"民法"第 107 条有其"限制及撤回,不得以之对抗善意第三人"的规定。由此可见,第 310 条第 2 款之要件规定与第 169 条但书及第 107 条但书之规定不尽相符。

④　"最高法院"1984 年度第十次民事庭会议决议:"甲种活期存款户与金融机关之关系,为消费寄托与委任之混合契约。第三人盗盖存款户在金融机关留存印鉴之印文而伪造支票,向金融机关支领款项,除金融机关明知其为盗盖印章而仍予付款之情形外,其凭留存印鉴之印文而付款,与委任意旨并无违背,金融机关应不负损害赔偿责任。若第三人伪造存款户该项印章盖于支票持向金融机关支领款项,金融机关如已尽其善良管理人之注意义务,仍不能辨认盖于支票上之印章系伪造时,即不能认其处理委任事务有过失,金融机关亦不负损害赔偿责任。金融机关执业人员有未尽善良管理人之注意义务,应就个案认定。至金融机关如以定型化契约约定其不负善良管理人注意之义务,免除其抽象的轻过失责任,则应认此项特约违背公共秩序,而解为无效。"

险之归属的问题。① 最后原则上应借助于保险分散给银行或其全体客户。在这种情形,银行或其他金融机构为该法律关系之发展的当事人。因此,实务上关于持存折(金融卡)及伪造逼真之印鉴印文(窃知之密码)冒领(冒提)存款(款项)所持见解并不得类推适用至盗赃记名股票之背书移转的情形。

在本案中,乙、丙间就系争盗赃记名股票有无移转所有权之准物权行为? 这要视双方具体约定之内容如何定之。其具体约定不明时,应参酌其附随状况解释其约定之内容。按乙、丙间就系争股票所缔契约之经济目的在于委托卖出股票。由于为该目的,原则上在委任人乙与受任人丙间并无移转该股票之权利于丙的必要。所以,有疑义时应认定双方无移转股票所有权之意思。

经营有价证券买卖之行纪、居间、代理及其他经主管机关核准之相关业务者为证券经纪商。其代客买卖应以行纪的方式为之。然在股票之卖出行纪,委托人与行纪人间,为行纪之目的纵有移转该股票所有权之形式,亦无移转该所有权之实质。是故,"民法"第 583 条第 1 项规定:"行纪人为委托人之计算所买入或卖出之物,为其占有时,适用寄托之规定。"因此,在卖出行纪之股票系委托人以外之人的股票时,该股票不可能因为行纪契约之履行而由行纪人善意取得。在其为记名股票的情形,因其移转须经真正权利人之背书,所以,真正印鉴如无流落委托人,该股票亦不可能为交易相对人善意取得。于是,后来真正权利人如发现其被窃之股票之占有人,真正权利人可以本于其对于该股票之所有权,对于占有人请求返还。至其请求返还之规范基础为何? 司法实务上有争议。这涉及盗赃物回复请求权与所有物返还请求权之竞合问题。

四、盗赃物回复请求权与所有物返还请求权之竞合

所有权人对于购买赃物者之请求权的规范基础:除视情形有"民法"第 767 条、第 962 条、第 949 条外,于因可归责于购买赃物者自己之事由,致占有物灭失或毁损者,对于回复请求人,并负损害赔偿之责("民法"第 956 条)。后者为前三者之给付有不能或瑕疵情形时之损害赔偿责任。所有物及占有物返还请求权能够处于请求权或请求权规范竞合状态固无疑问,而盗赃物回复请求权是否为独立于所有物及占有物返还请求权之请求权,或是否得与其并存,司法实务上显采

---

① "最高法院"2002 年度台上字第 2255 号民事判决:"按寄托物为金钱时,推定受寄人无返还原物之义务,仅须返还同一数额。又受寄人仅须返还同一数额者,寄托物之利益及危险,于该物交付时移转于受寄人,为'民法'第六百零三条第一项及第二项所明定。存款倘确系被第三人所冒领,则受损害者乃银行,存户对于银行仍非不得行使寄托物返还请求权。"

否定的见解（"最高法院"1997年度台上字第2423号民事判决），认为："'民法'第九百四十九条所定盗赃或遗失物之回复请求权，乃善意取得规定之例外，故盗赃或遗失物之现占有人必须符合法律所定善意取得之要件，否则被害人或遗失人尽可依'民法'第七百六十七条、第九百六十二条之规定请求回复其物，尚无适用该条规定之余地。"此为"民法"第767条所定之所有物返还请求权、第962条所定之占有物返还请求权，与第949条所定之盗赃物或遗失物回复请求权间之关系为何的问题。

"民法"第949条与第767条、第962条间之关系究当如何？按在所有权人对于占有人主张所有物返还请求权时，占有人如对于所有权人提出善意取得之主张，该主张属于对于所有物返还请求权之抗辩的性质。其在诉讼中提出者为：被告对于原告之诉讼上请求的防御方法。其防御的意旨在于：占有人主张以依善意取得之规定，原始取得原告所请求返还之物的所有权，对抗原告关于返还该物之诉讼上的请求。这当中双方依"民法"第767条、第801条、第948条至第951条所提出之主张，分别构成原告（所有人）及被告（占有人）之攻击防卫的方法。首先是原告以所有权人的地位，以第767条所定之所有物返还请求权为攻击方法，而后被告以第948条及第801条所定之善意取得为防御方法。针对该善意取得的主张，原告在标的物为盗赃的情形复以第949条所定之盗赃物回复请求权为攻击方法。而后被告视情形又得以第950条所定之价金偿还请求权为防御方法。盗赃或遗失物为金钱或无记名证券，且被告系善意占有人者，被告并得依第951条主张，原告不得向其请求回复。由以上的说明显现：是否有必要在第949条所定情形，将所有权人对于占有人享有的攻击方法规定为一种回复请求权，而不简单将之规定为占有人所主张之善意取得的消极要件？[①]应采不必要规定为一种回复请求权的见解。盖所谓盗赃物回复请求权其实就是所有物返还请求权。二者如有质上的差异，其差异存在于：第949条所定之盗赃物回复请求权能够对抗符合第948条与第801条或第886条之善意取得的抗辩，而第767条所定之所有物返还请求权不能。当以第949条肯认盗赃物回复请求权，所有权人只要能够证明系争之物为他人自其所盗之物即可，至于其现占有人是否为，"以动产所有权或其他物权之移转或设定为目的，而善意受让该动产之占

---

①　德国民法第932条至第934条及第935条关于善意取得规定即采前三者为积极要件，后一者为消极要件的规定。第935条之规定内容为："物自其所有人窃走、遗失或因其他非自主事由丢失者，不发生以第九百三十二条至第九百三十四条为依据之所有权的取得。所有权人仅为间接占有人者，而该物自其占有人丢失者，亦同（第一项）。本条规定不适用于金钱、无记名证券及以公开拍卖的方法移转的情形（第二项）。"

有者",应非其成立或行使的要件。这是从竞合理论即可以推出的结论。盖第949条之要件虽然多于第767条,但因其法律效力并不冲突,所以在适用上无因为满足第949条之要件即排斥第767条的适用;反之,亦没有因为第948条之要件是否满足不明,而在第949条之要件已满足的情形,认为只得依第767条,而不得依第949条请求返还所有物的道理。其论理上的逻辑为:举重以明轻。申言之,依第949条之规定,就盗赃物,对于善意取得盗赃物之所有权者,所有权人都已得请求回复其所有权,交付盗赃物;对于非善意取得者,自当更可以基于其所有权请求返还其所有物之占有。① 盖所有权包含得为占有之权利。当然,如要拘泥于第949条及第767条所使用之字句,则可以主张:依第949条所请求者为所有权或其他对于盗赃物之权利的回复,所有权及其他权利如未因善意取得而丧失,其回复之请求即无必要之客体;依第767条得请求者为返还对于所有物之占有。②

附带一言者为:由于误买或购买赃物者并非窃盗之(过失的或故意的)共同侵权行为,所以,共同侵权行为之连带赔偿责任的规定不是所有权人对于误买或购买赃物者之回复请求权或损害赔偿请求权之该当的规范基础。③

五、诉讼标的之特定及法院之阐明

鉴于本案二审法院的判决,一次因为未就印鉴印文之真正制作勘验笔录,一

---

① 最高法院 1940 年上字第 1061 号判例:"请求返还所有物之诉,应以现在占有该物之人为被告,如非现在占有该物之人,纵令所有人之占有系因其人之行为而丧失,所有人亦仅于此项行为具备侵权行为之要件时,得向其人请求赔偿损害,要不得本于物上请求权,对之请求返还所有物。"该判例要旨亦显示,本于所有物返还请求权对于该物之现占有人所请求返还者为:该物之占有,而非该物之所有权。盖请求人并无丧失其对于该物之所有权。

② "民法"第 949 条及第 767 条之对峙的法律形势,类似于应诉讼外与应诉讼上行使之形成权。就应诉讼外行使者,其形成之诉的提起同样会是无的放矢。

③ "最高法院"1977 年度台上字第 526 号判例:"查盗赃之购买人与实施盗赃之人,固不构成共同侵权行为,唯盗赃之购买人,依'民法'第九百四十九条之规定,被害人本得向之请求回复其物,如因其应负责之事由,不能回复时,依同法第九百五十六条之规定,亦应负损害赔偿责任。上诉人在第一审既有:'陈宋汉、高顺德(仓库管理员)以外之被告,均系购买赃物,有返还赃物之义务'(见 45 页反面)之主张,则其真意是否依据前开法律关系而为请求,应予阐明。原审未注意及此,遽以上诉人非依是项法律关系而为请求,为其败诉之判决,不无未行使阐明权之违法情形。"如果认为,必须先满足善意取得之要件始有"民法"第九百四十九条之适用,则该判决下述见解便不成立:"盗赃之购买人,依'民法'第九百四十九条之规定,被害人本得向之请求回复其物。"盖既为购买赃物,即不具备不知情之善意的要件。

次因为错引请求返还盗赃物之规范基础而被"最高法院"废弃,发回更审,所以,有必要根据以上关于本案之实体关系的说明,探讨类如本案,原告在起诉时应如何特定其诉讼标的,以及法院就诉讼标的之特定或所涉事实及法律关系之陈述,应如何利用阐明权的行使,协助两造,以收一次解决纷争的效果。

按就诉讼关系之事实及法律的陈述或辩论,以及法律关系之主张,依"民事诉讼法",法院有阐明权及阐明义务。① 当事人因其阐明而为争点的整理,或就事实或法律为补充陈述,可能生诉之变更或追加的结果。如何妥善处理,值得注意。

按学说上就可用以特定诉讼标的之因素意见虽然不一,但总不外乎原因事实(或纷争事实)、应受判决事项之声明(诉之声明)或其请求之规范基础。台湾学者引为依据者或为用以支持诉之声明的法律关系,或为其原因事实(或纷争事实)。前者习称为旧诉讼标的理论,后者习称为新诉讼标的理论。② 在具体案件究竟以何为准,有从当事人处分主义出发,倾向于由原告自己选择的其诉讼标的之特定因素的倾向。如采以支持诉之声明的法律关系作为特定诉讼标的之因素,则其法律关系之主张如有错误会导致败诉,或纵使胜诉但还是会被"最高法院"废弃发回更审。如采以原因事实(或纷争事实)作为特定诉讼标的之因素,则无法律关系之主张错误,而只有后来法院据以判断原告之诉有无理由之法律关系,是否已令两造为适当完全之辩论的问题("民事诉讼法"第199条)。这时关于法律关系之主张不过是两造在诉讼中之攻击防卫方法,用以协助法院作出正确的判断。

然如拟以原因事实(或纷争事实)作为特定诉讼标的之因素,在请求返还盗赃记名股票的诉讼中,其原因事实(或纷争事实)为何:原告所有之某些记名股票为他人所窃,而目前在被告占有中。应证明事实为:该记名股票依其权利人栏之

---

① "民事诉讼法"除于第193条第1项规定:"当事人应就诉讼关系为事实上及法律上之陈述"外,并于第199条第1项规定:"审判长应注意令当事人就诉讼关系之事实及法律为适当完全之辩论。审判长应向当事人发问或晓谕,令其为事实上及法律上陈述、声明证据或为其他必要之声明及陈述;其所声明或陈述有不明了或不完足者,应令其叙明或补充之。"第199条之一规定:"依原告之声明及事实上之陈述,得主张数项法律关系,而其主张不明了或不完足者,审判长应晓谕其叙明或补充之(第一项)。被告如主张有消灭或妨碍原告请求之事由,究为防御方法或提起反诉有疑义时,审判长应阐明之(第二项)。"此外,为阐明诉讼关系,受命法官并得不用公开法庭之形式,"命当事人就双方主张之争点,或其他有利于诉讼终结之事项,为简化之协议,并共同向法院陈明"(第270条之一)。

② 学说上与实务上关于用以特定诉讼标的之因素的论述,详请参考黄茂荣:《论诉讼标的》,载《植根杂志》第20卷第1期,第15页以下。

记载为原告所有,非基于原告之意思,亦非因为遗失,而现为被告所占有。① 只要不是取自原告或原告授权之人,被告是否善意、由谁及其法律上原因为何,皆非所问。但"如占有人由拍卖或公共市场或由贩卖与其物同种之物之商人,以善意买得者,非偿还其支出之价金,不得回复其物"("民法"第 950 条)。②

反之,如拟以支持其诉之声明的法律关系作为特定诉讼标的之因素,则正如"最高法院"就本案所作两次发回更审之判决所示,就像该案这种学说上与实务上有不同法律见解之法律事实,容易产生因与法院各庭法律见解不同,而数度更审难以定案的情形。

六、争点的整理

具体诉讼之争点的整理应取向于:与诉之声明有关之法律关系的要件事实是否具备。

在本案原告所拟请求者为:返还其失窃之记名股票。于是,首先应厘清原告是否为该记名股票所载之权利人,当答案为肯定;其次应厘清该请求可能遭遇之抗辩。因为该股票为记名股票,必须以背书的方式始能移转,所以,是否会发生其无权移转之信赖保护的问题,首先系于有无以真正印鉴印文所作之背书。如无,则无基于善意取得或表见代理之移转的信赖保护问题。这时,就是要发生"民法"第 950 条所定:"占有人由拍卖或公共市场或由贩卖与其物同种之物之商人,以善意买得"的情事,都有困难。反之,如有以真正印鉴印文所作之背书,这时被告之善意取得的主张虽会遭遇"民法"第 949 条所定之限制,但如被告改以表见代理为其取得该记名股票的法律依据,而且如为法院所肯认,则因"民法"第 169 条之适用并无像第 949 条,只要是盗赃,即得无条件限制善意第三人之取得

---

① 为"民法"第 949 条之适用,所有权人仅需证明其对于系争标的物有所有权。至于该标的物系因所有权人之意思而丧失其占有,应由现占有人负举证责任。

② 本案被告丙虽曾以其系自证券集中交易市场取得系争股票为理由,主张原告甲非偿还其支出之价金,不得回复其物("民法"第 950 条);但因系争股票丙事实上系得自于甲,所以其主张无理由。至于丙虽确实自证券集中交易市场买进等额股票交付其交易相对人,但该股票之买进与交付系丙履行其依"民法"第 578 条所负之义务。纵使丙受领自乙,及丙自为买进之股票属于同种类之物,亦不因此使丙可以主张,将其得自于乙之股票与其自为买进之股票在观念上互相替换后,认为其尚持有之股票为自公共市场买进之股票。

的规定,原告还是可能败诉。① 最后是:当不成立善意取得或满足其他信赖保护的规定,其请求返还之规范基础究竟是"民法"第767条所定之所有物返还请求权、第962条所定之占有物返还请求权或第949条所定之盗赃遗失物之回复请求权。为这些规定之适用所需之待证事实,"最高法院"对本案有不同于竞合理论的看法。

七、法学方法上的检讨

现代法学方法在司法裁判上的应用首先在于将个案中系争的法律问题定性,以确定其在法律系统中的位置,而后以之为基础,认识与该问题有关之相关法益的保护制度,以及构成这些保护制度之相关规定的竞合问题。这当中,传统上以法律之发现为其活动目标,其习用之方法为法律解释与法律补充。在民事裁判中,这主要表现在原告主张之实体上的请求权及其据以主张之法律关系或规范基础。而这些又以一定之原因事实为其发生的存在依据。兹根据上述的认识,从方法的角度,说明其在实体法上及程序法上之适当的思考工序。

(一)系争法律问题的定性及其系统位置

当在实务上要对于一个事件判断其应有的法律效力,首先必须将系争的法律问题定性,以确定其在法律系统中的位置。在盗赃记名股票之卖出行纪,首先涉及的问题是,他人之物的买卖,而依私法自治原则,财产之处分应由其权利人或经依法律或约定授权之人为之,否则,当他人之物(或权利)的买卖发展到履行的阶段,势必引起自始主观不能,勉强履行,视其以自己或真正权利人之名义为之,则必分别构成无权处分或无权代理。无权处分或无权代理固分别有其配套

① 关于将印章交托他人是否构成表见代理,司法实务上有采肯定说者,例如"最高法院"1955年台上字第1428号判例:"某甲在某某配销所之职位仅次于上诉人,上诉人之印章与支票簿常交与某甲保管,签发支票时系由某甲填写,既为上诉人所自认,纵令所称本件支票系由某甲私自签盖属实,然其印章及支票既系并交与该某甲保管使用,自足使第三人信其曾以代理权授与该某甲,按诸'民法'第一百六十九条之规定,自应负授权人之责任。"有采否定说者,例如"最高法院"1981年台上字第657号判例:"由自己之行为表示以代理权授与他人者,对于第三人应负授权人之责任,必须本人有表见之事实,足使第三人信该他人有代理权之情形存在,始足当之(参看本院1971年台上字第2130号判例)。台湾地区人民将自己印章交付他人,委托该他人办理特定事项者,比比皆是,倘持有印章之该他人,除受托办理之特定事项外,其他以本人名义所为之任何法律行为,均须由本人负表见代理之授权人责任,未免过苛。原审徒凭上诉人曾将印章交付与吕某之事实,即认被上诉人就保证契约之订立应负表见代理之授权人责任,自属率断。"

之信赖保护的制度:善意取得及表见代理。唯应注意信赖保护之主张的基本要件:真正权利人或本人引起表见事实,相对人因信赖该表见事实而为交易。至于真正权利人或本人就表见事实之引起,是否以其明知、故意或过失为要件,则应视相关法律之具体规定而定。表见事实如非真正权利人或本人所引起,即无相关信赖保护规定之适用可能性。这是盗赃物之处分的典型情况。有疑问者为:除标的物外,连同真正权利人或本人用为意思表示的工具(印鉴)一起失窃的情形应当如何? 衡诸"民法"第 3 条及第 169 条应采真正权利人或本人不负信赖责任的看法。① 同理,伪刻印鉴的情形亦当如是。② 然相反之特约效力应当如何?其以一般契约条款(定型化契约)约定者,应论为显失公平,违反诚信原则(参照"消费者保护法"第 12 条)。

(二)相关法益之保护制度

当发生窃盗,首先必须对于盗赃物之所有人或权利人提供回复原状之请求上的保护。例如从物权之追及力出发有所有物及占有物返还请求权,其因可归责于恶意占有人自己之事由,致占有物灭失或毁损者,对于回复请求人,负损害

---

①　"最高法院"1998 年度台上字第 156 号民事判决:"按由自己之行为表示以代理权授与他人,或知他人表示为其代理人而不为反对之表示者,对于第三人应负授权人之责任,'民法'第一百六十九条固有明文。唯查本件被上诉人所有系争房地之所有权状、印鉴、身份证等相关文件系遭其子王礼萍窃取,而被上诉人在王礼萍办理借款、设定抵押期间,因已出国而未曾与上诉人及证人吴传舜等人接洽,自无以自己之行为表示以代理权授与王礼萍,或知王礼萍表示为其代理人而不为反对之表示等情形存在,况上诉人就其所辩表见代理之事实,未举证以实其说,要无足采。……按'民法'第一百七十条第一项规定,无代理权人以代理人之名义所为之法律行为,未经本人承认,对于本人,不生效力。诉外人王礼萍既非有权代理被上诉人为设定抵押之行为,而被上诉人亦不予承认,此设定抵押之行为,对被上诉人自不生效力。从而被上诉人诉请确认本件本金最高限额抵押权不存在及上诉人应将上开抵押权设定登记办理涂销登记,核无不合,应予准许。"

②　"最高法院"2001 年度台上字第 928 号民事判决:"唯按表见代理云者,即代理人虽无代理权而因有可信其有代理权之正当理由,遂由法律课以授权人责任之谓。而代理权仅限于意思表示范围以内,不得为意思表示以外之行为,故不法行为及事实行为不仅不得成立代理,且亦不得成立表见代理,本院 1966 年台上字第 1054 号著有判例。查诉外人冯同瑞提出交给代书苏长安据以办理系争抵押权设定登记所附印鉴证明书,经'内政部警政署刑事警察局'鉴定结果与上诉人之印鉴章所盖印文不相符,有该局鉴验通知书在卷可稽(见第一审卷第 118 页),则上诉人主张系其子冯同瑞伪刻上诉人之印鉴章,办理不实印鉴证明,盗用其所有系争土地及建物所有权状与身份证复印件办理系争抵押权设定契约,似非全然无据。倘系由冯同瑞以不法行为伪刻上诉人印鉴章,伪造委任书请领印鉴证明书,凭以办理系争抵押权设定契约及登记,揆之前揭判例说明,自无适用表见代理之余地。"

赔偿之责("民法"第 956 条);①从侵权行为出发,盗赃物之所有人或权利人就因窃盗所受损害,得依"民法"第 184 条、第 196 条对于窃贼请求损害赔偿,就窃贼因此所受利益,得依"民法"第 179 条以下关于不当得利的规定请求返还。此外,"民法"第 949 条还有关于盗赃物之回复请求权的规定。在司法实务上引起疑问者为:第 949 条所定之回复请求权与第 767 条及第 962 条所定之所有物及占有物返还请求权之竞合问题。其次为对于不知情,而就盗赃物善意为交易者,例外的提供善意取得制度上的保护。例如"民法"第 950 条规定:"盗赃或遗失物,如占有人由拍卖或公共市场或由贩卖与其物同种之物之商人,以善意买得者,非偿还其支出之价金,不得回复其物。"第 951 条规定:"盗赃或遗失物,如系金钱或无记名证券,不得向其善意占有人请求回复。"

(三)竞合之存在上的逻辑基础

依不同法律规定所发生之请求权所以会发生竞合,有其存在面之逻辑基础。该存在基础首先是:法律规定之构成要件要素有重合或包含的情形。盖必须,但也只要法律规定之构成要件要素有重合或包含的情形,与各该构成要件连结之法律效力(请求权)即因而发生。接着始从这些法律效力是否互相冲突,决定其间有无应排斥适用的关系。依据经这道手续处理后留存下来之规定所发生的请求权间必须再从其全部实现有无重复满足的情形,决定据之发生之请求权是否有竞合的关系。如属否定,则这些请求权不但在存在上,而且在行使上都可以并存;如属肯定,则这些请求权视情形而有请求权有竞合或请求权规范竞合的关系。究为哪一种竞合,为其所依据之法律规定之规范评价的结果。请求权规范竞合为对于多数请求权之存在有深一层之理解后所获得之当为上的判断。是故,请求权规范竞合说之发展及其在司法实务上的实践,取决于学说上与实务上

---

① "最高法院"2002 年度台上字第 551 号民事判决:"按民事诉讼采不干涉主义,凡当事人所未声明之利益,不得归之于当事人,所未提出之事实及证据,亦不得斟酌之,此观"民事诉讼法"第三百八十八条之规定及本院 1958 年台上字第 403 号判例意旨自明。本件被上诉人起诉时,系依侵权行为之法律关系为请求⋯⋯并未主张'民法'第九百五十六条所定恶意占有人应负赔偿责任之法律关系,乃原审竟据第九百五十六条之法律关系,为上诉人不利之判决,显系就当事人(被上诉人)所未声明之利益,归之于该当事人,殊难认为适法。纵就被上诉人所起诉之事实认为尚有'民法'第九百五十六条之法律关系,原审既未依'民事诉讼法'第一百九十九条、第一百九十九条之一规定予以阐明是否为诉之追加,及上诉人是否同意被上诉人所为诉之追加,径依'民法'第九百五十六条之法律关系为判决,依'民事诉讼法'第四百四十六条第一项规定,亦有未合。"该判决立基于旧诉讼标的理论。'民事诉讼法'第 446 条第 1 项规定:"诉之变更或追加,非经他造同意,不得为之。但第二百五十五条第一项第二款至第六款情形,不在此限。"

对于多数请求权之存在与当为间之联系的认识。这是为何不同学说或不同法系对于同一事实所以有不同之规范看法的道理。在前述构成要件要素之比较前，必须先正确分辨构成一套法律规定之法律条文分别所规定者，究竟是其组成之法律规定的构成要件或法律效力，不可以有混淆的情事。例如"民法"第 949 条究以盗赃物为第三人善意取得为构成要件，还是以盗赃物自被盗时起，在 2 年内不能被善意取得为其法律效力。以第三人已善意取得为构成要件者，第 949 条自然只适用于盗赃物之善意取得者；以盗赃物在 2 年期间内不能被善意取得为其法律效力者，该条之适用对象自不限于盗赃物之善意取得者。

当同一个法律事实满足两个以上关于请求权或形成权之发生规定的构成要件时，即构成竞合。该现象之发生肇因于这些规定所定之抽象构成要件事实的特征，亦即要件要素有重合或包含的情形。如果是重合，其适用固不互相排斥，但视情形可能只得择一行使；如果是包含，则视其法律效力是否不能并存而定其竞合关系。如果其分别连结之法律效力不能并存，有疑义时，包含他规定之要件要素者论为特别法，受包含者论为普通法，依特别法优于普通法的原则，应适用特别法。学说传统上称此种竞合为法律竞合或法条竞合（Gesetzeskonkurrenz）。由于该用语具有多义性，Larenz 主张避免使用，并建议以"排斥性竞合"（normenverdrängender Konkurrenz）代之。[1] 属于此种竞合者例如关于公务员因执行职务而有侵权行为时，"民法"第 186 条之于第 184 条；关于非财产上之损害赔偿，"民法"第 194 条及第 195 条之于第 216 条。[2]

不同规定之要件要素纵有一个规定包含另一个规定的情形，然倘其法律效力在存在上并无，而仅在行使上有排斥性或选择性，则权利人就依各该规定成立

---

[1] Larenz, Allgemeiner Teil des deutschen Bürgerlichen Rechts，5. Aufl. 1980，S. 231f..

[2] 关于非财产上之损害赔偿，在其规定的外观上，"民法"第 194 条及第 195 条之于第 216 条的特别法关系并不像德国民法相当之规定那样明显。按"德国民法"首先在第 253 条规定："非财产上之损害仅于法律有明文规定的情形，得请求以金钱赔偿之。"此为原则；而后才在第 847 条规定："损害他人身体或健康，以及剥夺他人自由者，纵使是非财产上的损害，受害人亦得请求赔偿适当之金额（第一项）。违反善良风俗侵害妇女或利用诈欺、胁迫，或滥用服从关系使其同意婚姻外之性关系者，该妇女亦有相同之请求权（第二项）。"此为例外。由此观之，德国民法第 847 条之于第 253 条有比较明白之特别法关系。依第 253 条，原则上不得请求以金钱赔偿非财产上损害，而依第 847 条，在该条所规定之情形则例外的得请求以金钱赔偿非财产上损害。比较台湾地区"民法"与德国民法，不难经常发现台湾地区"民法"不重视明文规定原则规定与例外规定之关系。因之，条文间之此种关系常常需要经由解释认识或认定之。这在学说上与实务上增加了许多说明上的负担与莫须有的争议。

之请求权或形成权便只得择一行使。此为"选择性竞合"（alternative oder elektive Konkurrenz）。[①] 属于此种竞合者例如"民法"第 359 条、第 360 条所定关于请求减少价金、解除契约、不履行之损害赔偿；第 196 条与第 213 条所定关于金钱赔偿与回复原状之赔偿方法；第 225 条第 1 项加第 266 条与第 225 条第 2 项所定关于解除契约与代偿请求权；第 256 条加第 260 条与第 226 条第 1 项所定关于解除契约与不履行之损害赔偿间的选择。[②]

　　不同规定之要件要素纵有重合，或有一个规定包含另一个规定的情形，然倘其法律效力不但在存在上，而且在行使上皆无排斥性或选择性，则权利人就依各该规定成立之请求权，于其给付目的不同时，便可同时或先后累积地行使。此为"累积性竞合"（kumulative Konkurrenz）。不过，究诸实际，其实在这种情形相关规定之要件要素间的关系处在交集状态，而非重合或包含的关系。属于此种竞合者例如"民法"第 192 条关于侵害生命权之财产上损害的赔偿或第 193 条关于侵害身体健康之财产上损害赔偿与第 194 条关于侵害生命权之非财产上损害赔偿或第 195 条关于侵害身体、健康、名誉或自由之非财产上损害赔偿间的累积请求规定。此外，像第 259 条各款就契约解除时所定之回复原状的请求权间，"民法"第 540 条关于受任人之报告义务、第 541 条关于交付金钱物品孳息及移转权利之义务、第 542 条关于挪用款项应附加利息返还并赔偿损害的义务、第 544 条关于积极侵害债权或逾越权限之损害赔偿责任等间亦皆属于累积性竞合的规定。[③] 构成累积性竞合之请求权的给付内容固可能相同，但其给付目的随其依据之规定的规范意旨，必不相同，因此，该竞合之请求权得累积行使。

　　与累积性竞合类似，有要件要素交集之特征，但因其竞合之请求权的给付目的相同，致其法律效力在行使上虽互无排斥性或选择性，然为避免重复满足，而仍不得重复或累积行使者，构成请求权竞合（Anspruchskonkurrenz）或请求权规范竞合（Anspruchsnormenkonkurrenz）。究竟是请求权竞合或请求权规范竞合，因学说上与竞合之规定分别的规范意旨而有不同的看法。传统的见解简单将之一概论为请求权竞合，后来始基于诉讼经济的考虑，配合诉讼标的理论原则

---

　　① 在选择性竞合的情形，债权人行使其请求权之一，往往具有在该竞合之请求权中选择其一之形成的意义。这与选择之债的选择相同。请参考 Esser, Schuldrecht, 2. Aufl., 1960, aaO. S. 71.

　　② Larenz, aaO. (FN20) S. 232.

　　③ Larenz, aaO. (FN20) S. 232.

上论为请求权规范竞合，①｛关于诉讼标的之定义，涉及其究竟应包含哪些要素的问题。"在德国其民事诉讼法于规定权利争议之标的（der Gegenstand des Rechtsstreites）时，原则上不提诉讼标的（der Streitgegenstand）。其最常提及者为请求权（der Anspruch）……在一些条文中，可见该法视请求权为权利争议之标的。例如第60条、第148条规定请求权构成权利争议之标的；第147条规定，倘构成权利争议标的之请求权有法律上之关连，得合并其程序。这些规定清楚显示，利用每一个诉提起一个请求，该请求构成权利争议之标的，同时也构成裁判之标的。"（Rosenberg/ Schwab, Zivilprozeßrecht, 12. Aufl. 1977, S. 500）因之，请求权之概念及其内容首先决定请求权之数，而后决定关于诉讼系属、诉之追加、诉之变更、诉外裁判、一事不再理及既判力之客观范围有关的问题。关于诉讼标的之理论在德国的发展为，Windscheid 在其 1856 年所著关于罗马民事诉讼法之诉权一书，将请求权的概念导入德国法学中来。唯将民事诉讼法中之请求权的概念与实体法中之请求权的概念等同而论，很快就遭遇到困难。首先是在确认之诉与形成之诉无相当于实体法之请求权。是故，不能在该三种诉讼共同适用民法中之请求权的概念。更为困难者为实体法上之请求权竞合在程序法上引起的问题。盖当肯认，为同一目的而可以依不同的规定发生互相竞合之多数请求权时，因传统上认为每一个请求权即有一个诉权，于是，在诉讼法上自然导致诉的重叠（die Klagenhäufung）等不易解决的问题。这些困难引起建立具有程序法上内容之请求权概念的需要。Rosenberg 在其民事诉讼法一书第一版（至第五版）提出民事诉讼法上之请求权应由原告提出之事实（der Sachverhalt）及诉之声明（der Antrag）定其内容。主张事实及诉之声明应当是界定诉讼标的范围（der Streitgegenstand）之同等价值与同等重要的因素。在学说的发展上，自实体法上之请求权发展出该具有程序法内容之程序法上的请求权是一个重要的一步。该步的重要性为：关于诉讼标的范围之界定因素，将诉之理由排除在外，促使事实与诉之声明成为其界定之决定性因素，从而在程序法上，基本化解了由同一事实产生数个同一目的之请求权的竞合问题。然由于在实体法上还可能由数个事实产生同一目的（das Ziel）之数个请求权，而造成违反于其目的之请求权的或诉的累积性竞合。为克服该例外的情况，德国诉讼法学说上有进一步提出应单以诉之声明作为诉讼标的之成分，而将支持该声明之事实排除在外的意见。Rosenberg 自前揭书第六版开始持该见解。就诉讼标的之范围的界定，在请求权目的同一的前提下，该见解将其成分缩减为诉之声明。该缩减之目的

---

① 　Esser, aaO.（FN22）S. 73；在这种情形，原则上将之论为请求权规范竞合可以让法院不用费心，从事关于系争规定间之普通与特别关系之乏味的审查。

在于使诉讼标的之概念可统一适用于由"一个或数个"事实产生同一目的之数个请求权的情形。唯是否适当就诉讼标的之概念因素,为一切案件类型统一到这个程度,学说上意见并不一致。程序上既得以目的之同一为理由,将由一个事实产生之数个请求权化约为一个,自当得以同一理由,将由数个事实产生之数个请求权化约为一个,以解决由之引起之诉讼系属、诉之变更及既判力有关的问题。诉讼法上之请求权或诉讼标的之理论的发展,后来也回馈至实体法之请求权理论上来。亦即采请求权规范竞合说,在实体法上将由一个事实发生之为同一目的之数个请求权化约为一个请求权〔Esser, aaO. (FN22) § 23; Larenz, Lehrbuch des Schuldrechts, Besonderer Teil, Bd. II, 11. Aufl., 1977, § 75 VI; Apostolos Georgiades, Die Anspruchs — konkurrenz im Zivilrecht und Zivilproze? recht, 1967, §§17f.〕。详请参考 Rosenberg/ Schwab, aaO. (FN25) S. 500ff.; Apostolos Georgiades, aaO. (FN25) § 4. 不过,实体法上尚未发展到,将由数个事实发生之为同一目的之数个请求权,化约为一个请求权的阶段。在这种情形还继续认为该数个请求权构成请求权竞合,请求权人得依其选择,行使其中的请求权,并于其受满足的程度,其他请求权同归消灭。请参考 Esser, aaO. (FN22) S. 73; Apostolos Georgiades, aaO. (FN25) S. 280.}仅于互相竞合之规定,因其个别之不同的规范意旨或功能[1]有不适合论为请求权规范竞合的情形,始论为请求权竞合。[2] 论为请求权规范竞合或论为请求权竞合之效力上的差异主要为,论为请求权规范竞合时,系争法律事实只构成一个请求权,但有数个规范依据;反之,论为请求权竞合时,则构成在存在上互相独立,但不能重复满足之数个请求权。当论为请求权规范竞合时,由于认为根据系争之法律事实只发生一个请求权,因此,除了在实体关系上,其处分例如移转、免除必须统一为之外,在诉讼上也只构成一个诉讼上的请求权[3]或诉讼标的,亦即该法律事实不分别按其规范基础成立不同之诉讼标的。是故,本来认为成立之请求权的规范基础中,经审理的结果如发现有一部分不成立,一部分成立,法院就不成立的部分并无须为无理由之判决,而只需以成立之部分为基础,为有理由之判

---

① 这通常表现在各请求权之可让与性、担保、破产或强制执行中之受偿的优先性、清偿期或清偿地等有不同的情形。另在选择性竞合及累积性竞合,因债权人或者应先选择其一,而后行使之,或者得同时或先后行使各请求权,并享有其受领之给付,所以并无该等请求权究应论为请求权竞合或请求权规范竞合的问题。请参考 Esser, aaO. (FN22) S. 73.

② Esser, aaO. (FN22) S. 72f.; Larenz, Allgemeiner Teil des deutschen Bürgerlichen Rechts, 5. Aufl. 1980, S. 236.

③ Esser, aaO. (FN22) S. 72.

决。必须全部都不成立时,方得以无理由驳回之。① 为该法律事实之规范,该互相竞合之规定间不仅在构成要件,而且在法律效力都有必须互相调和,以去除其矛盾的地方。② 关于构成要件例如主观要件、③消灭时效期间④如有划一的必要,应予划一。

德国学说上认为应构成请求权竞合的类型主要有:⑤(1)所有物返还请求权与用益债务契约终止后之契约标的物的返还请求权或不当得利返还请求权;⑥(2)自无因债务(例如票据债务)发生之请求权与自该债务所要清偿之旧债务关

---

① 这是配合当今关于诉讼标的之理论,就请求权之竞合所发展出来的见解。依请求权规范竞合说,在这种情形,"原告只需向法院陈述作为其诉之基础的事实,而无须陈述其请求(诉之声明)的法律依据。盖事实之法律评价为法院的事务。因此,原告并非如早期之诉讼法所定,依某一特定之法律上的诉讼理由,例如依契约或依侵权行为起诉,而只是诉求其请求之给付。请求权竞合说尚未完全摆脱早期诉讼法的看法;从而在此限度,与当今诉讼法的思潮不符。……驳回该诉之确定判决原则上排除,以同一法律事实为基础,而仅是附以不同法律理由之新诉"[Larenz,aaO.(FN28)S.235]。

② Larenz,aaO.(FN28)S.235f.。

③ 这通常发生在积极侵害债权与侵权行为之竞合的情形。例如"民法"第434条与第184条第1项前段所定之主观要件应划一为"故意或重大过失"。但也有不得划一者,例如在侵权行为与危险责任之竞合的情形。在这种情形无过失的部分仅构成危险责任,但其请求之范围原则上受有法定最高限额的限制。例如"强制汽车责任保险法"第25条规定:"本保险之给付项目如下:一、伤害医疗给付。二、残废给付。三、死亡给付(第一项)。前项给付之标准及金额,由'财政部'会同'交通部'视社会及经济实际情况拟订后,报请"行政院"核定之(第二项)。"

④ 由于消灭时效以请求权为其规范对象,所以,在采请求权规范竞合说的情形,因为一个请求权不能适用不同的时效期间,通常会遭遇到消灭时效期间不一致时之调和问题。例如在契约责任与侵权行为责任竞合的情形。这时候通常以契约法所定之时效期间为准[Larenz,aaO.(FN28)S.235]。此外,关于抵销之禁止、责任范围、慰抚金及举证责任,请求权之各竞合的规范基础亦可能有不同的规定。这种情形通常不能划一其规定。例如在依侵权行为的规定请求慰抚金之赔偿时,不得同时依"民法"第224条之规定,请求债务人赔偿其因履行辅助人之故意或过失行为引起之非财产上的损害。请参考 Rosenberg/ Schwab, aaO.(FN25)S.504f.;Larenz, Lehrbuch des Schuldrechts, Bd. II, Besonderer Teil, 11. Aufl.,1977,§75 VI;Larenz/Canaris, Lehrbuch des Schuldrechts, Bd. II, Halbband 2, Besonderer Teil, 13. Aufl.,1994,§83 VI.

⑤ Larenz, aaO.(FN28)S.236;Apostolos Georgiades, aaO.(FN25)S.219ff.;Larenz/Canaris, aaO.(FN33),§83 VI.

⑥ 因为物权的请求权与债权的请求权可以互相独立、并存,所以也可以分别移转。例如在租赁期间,出租人可以利用移转租赁物之返还请求权的方法(指示交付),转让其对于租赁物之所有权给第三人("民法"第761条第3项)或将之交付给新的承租人,以便其在租赁期间届满时,直接向原承租人请求交付租赁物。

系(例如货款债务)发生的请求权。本类型有一个共同特征即:该数个请求权系分别基于不同的事实,而非基于同一个事实而发生。由于分别处分的交易需要(例如为将契约标的物返还请求权独立移转以为指示交付,或为将票据债权独立背书转让),在实体法上,尚不宜将此种竞合中之数个请求权,化约为一个请求权。

德国学说上认为应构成请求权规范竞合的类型主要有:[1](1)因违反依契约所负之保护义务而发生之积极侵害债权与侵权行为之损害赔偿请求权,例如加害给付、失火烧毁租赁物;[2](2)因开车肇事所负之侵权行为责任与(中间)危险责任(第191条之二、"强制汽车责任保险法"第4条);[3](3)受任人因挪用委任人之物或金钱而构成不当得利(第179条)、侵权行为(第184条)及契约上的返还或赔偿义务(第543条);(4)自数个侵权行为规定发生之请求权(第184条第1项前段、第2项);(5)自数个契约规定发生之请求权;(6)自侵权行为规定及自公平交易法关于不正当竞争行为之规定发生的请求权;(7)自数个不当得利规定发生之请求权;(8)自不当得利与侵权行为发生之请求权;(9)自不当得利与占有

---

[1] Apostolos Georgiades, aaO. (FN25)§18.

[2] 该竞合情形,"最高法院"1996年度台上字第2509号民事判决认为应构成请求权竞合,而非请求权规范竞合,债权人非不可择一行使:"债务人违约不履行契约之义务,同时构成侵权行为时,除有特别约定足认有排除侵权责任之意思外,债权人非不可择一行使,不得仅因债权人对债务人有债务不履行之损害赔偿请求权之故,即认为债权人不得对债务人行使侵权行为损害赔偿请求权。"

[3] 由于"强制汽车责任保险法"第4条规定:"汽车所有人应依本法规定投保本保险。军用汽车,亦同。"第5条规定:"因汽车交通事故致受害人体伤、残废或死亡者,加害人不论有无过失,在相当于本法规定之保险金额范围内,受害人均得请求保险赔偿给付。"使汽车所有人就汽车交通事故所肇致之体伤、残废或死亡应负无过失之危险责任。唯该法所定危险责任之给付项目及其给付之标准及金额,由"财政部"会同"交通部"视社会及经济实际情况拟订后,报请"行政院"核定之(第25条第2项)。亦即有最高赔偿金额的限制。因此,汽车肇事之侵权行为责任,并不因该法课以强制汽车责任保险之危险责任而完全丧失其意义。然因同法第28条规定:"被保险汽车发生汽车交通事故时,受益人得在本法规定之保险金额范围内,直接向保险人请求给付保险金。"使得该危险责任与侵权行为责任之竞合关系在外部的表现不是很清楚。不过,同法第29条规定:"被保险汽车发生汽车交通事故,加害人或被保险人已为一部之赔偿者,保险人仅于本法规定之保险金额扣除该赔偿金额之余额范围内,负给付责任。但受益人与加害人或保险人约定不得扣除者,从其约定(第一项)。前项加害人或被保险人先行赔偿之金额,保险人于本法规定之保险金额范围内归垫。但前项但书之情形及加害人未经被保险人允许而使用被保险汽车者,不在此限(第二项)。"第30条规定:"保险人依本法规定给付之保险金,视为加害人或被保险人损害赔偿金额之一部分;加害人或被保险人受赔偿请求时,得扣除之。"该法上述规定还是充分显现该二请求权间之竞合关系。

关系发生之请求权;(10)自不当得利与无因管理发生之请求权;(11)自不当得利与解除契约发生之请求权。

(四)相关规定之竞合问题

因记名股票失窃而构成之竞合可能有下述态样:(1)对于窃贼之侵权行为的损害赔偿请求权、不当得利返还请求权;(2)对于现占有人之返还请求权,例如所有物或占有物返还请求权、盗赃物回复请求权。该两种竞合态样虽然分别,但所有物或占有物返还请求权、盗赃物回复请求权之行使如有成功的结果,则随其成功的程度,将减少侵权行为之损害或不当得利之利益的大小。反之,侵权行为之损害赔偿请求权或不当得利之返还请求权的行使如有成功的结果,且其请求以所有权人丧失其对于失窃记名股票之权利为要件者,则所有权人之所有物或占有物返还请求权、盗赃物回复请求权亦当随同丧失。由此观之,该两种群请求权之义务人的身份虽可能有现占有人及非现占有人之别,且不一定同一人,但其间有类似于请求权竞合的关系。在其义务人不同,而给付目的相同时,而构成类似于连带债务的状态。所不同于一般连带债务者为:其规范基础分别为债法(例如侵权行为)及物权法(例如物上请求权或盗赃物回复请求权)。①

与本案有关比较重要者为:所有物或占有物返还请求权、盗赃物回复请求权之竞合关系究当如何? 就构成要件要素论之,在所有权人或原占有人基于所有权或占有状态而应受保护之所有或占有利益因遭受侵夺,而致改为他人所占有的情形,因所有权含有为占有之权利,所以,所有物返还请求权可涵盖占有物返还请求权。两者皆足以为请求返还的规范基础。其请求之规范基础虽然不同,但请求之内容则同样是:返还占有。② 盗赃物回复请求权与一般所有物或占有物返还请求权所不同者为:(1)在成立要件上多了一个要素:所有权人或占有人因遭窃而丧失系争标的之占有;(2)在效力上得到加强:可对抗善意取得。要之,盗赃物回复请求权之构成要件要素包含所有物或占有物返还请求权之构成要件要素;至其效力则除可请求返还系争标的,以回复其占有利益外,并得对抗善意取得。前述要素之包含正当化其效力之强化。在此意义下,该三个物权法上之

---

①　为连带债务之构成,并不要求其发生之规范基础或给付义务之内容必须同一。例如责任保险之保险人的给付义务内容可能自始约定为金钱给付,而被保险人对于受害人所负之损害赔偿之债原则上以回复原状为其内容("民法"第 213 条)。请参考 Esser/Schmidt, Schuldrecht, Band I, Allgemeiner Teil, Teilband 2, 8. Aufl. , 2000, § 39 I(S. 343f.).

②　基于物权提出权利客体之返还上的请求皆可能遭遇基于个别关系之抗辩。例如相对人主张其有可以对抗所有权人之地上权、租赁权或其他得为占有之权利。

请求权构成竞合状态。这是否至少应与债法上之请求权竞合的情形一样,采请求权竞合说,认为这些请求权在行使上应无互相排斥的关系,其请求权人得任选其一而为返还的请求;还是同样应配合诉讼经济之要求,舍请求权竞合说,改采请求权规范竞合说,以化约基于该等规定可能构成之诉讼标的之个数?采请求权竞合说时,对于原告有诉讼上请求之规范基础之正确主张的难题;采请求权规范竞合说时,则无。唯诉讼法学说对于新旧诉讼标的理论之取舍虽有激烈的讨论,且基本上新实体法说所主张之请求权规范竞合说亦为学者所赞同,但在司法实务上就如何落实请求权规范竞合说,在判决中尚未针对性地表示其意见。在民事诉讼法上如采原告得以原因事实特定诉讼标的,或在实体法上采请求权规范竞合说,关于诉讼上请求之规范基础的主张所涉问题的层次即下降至两造之攻击防卫方法的层次。基于辩论主义,未经两造在言辞辩论中陈述者,固不得引为裁判基础,[①]但"审判长(仍)应注意令当事人就诉讼关系之事实及法律为适当完全之辩论。审判长应向当事人发问或晓谕,令其为事实上及法律上陈述、声明证据或为其他必要之声明及陈述;其所声明或陈述有不明了或不完足者,应令其叙明或补充之"("民事诉讼法"第 199 条)。如何透过阐明权的行使,令原告就其请求之规范基础有完足之陈述,显然是实践请求权规范竞合说或新诉讼标的理论之成败的关键所在。唯"'民事诉讼法'第一百九十九条规定审判长之阐明义务或阐明权之行使,应限于辩论主义范畴,故审判长并无阐明令当事人提出新诉讼资料之义务"("最高法院"1998 年度台上字第 901 号民事判决)。

盗赃物回复请求权在成立上多一个要件要素的意义,在效力上虽为,其返还请求权得对抗现占有人之善意取得的抗辩,但不应认为盗赃物回复请求权只得对于主张善意取得者行使。盖从规范逻辑论之,只要系争标的是一件失窃未满 2 年之盗赃物,其所有权人即得依"民法"第 949 条向占有人请求回复其物。认为所有权人只得对于主张善意取得者行使第 949 条所定之盗赃物回复请求权,显然是拘泥于该条规定在系统上之位置的形式外观,误将得"对抗善意取得"之效力规定认定为"以现占有人已善意取得盗赃物"为必要之要件规定,以致无视于所有权人基于其所有权,对于无权之现占有人得为返还之请求的权利实质。[②]

---

① "最高法院"1971 年台上字第 2085 号判例:"民事诉讼除法律别有规定外,不得斟酌当事人未提出之事实,此为辩论主义之当然结果。原审就当事人未主张之事实依职权斟酌,显有认作主张之违法情形。"

② 按完整的法律规定由构成要件与法律效力两部分所组成。构成要件与法律效力间有法定之条件与结果的关系。由于法律规定常非由一个单一法条组成,因此体系上规定在先者,究竟是规定在后者之要件或效力规定的一部分,有时会引起解释上的疑义。

或谓依"民法"第949条得请求回复者为,真正权利人依善意取得规定已丧失之所有权或其他权利,而依"民法"第767条得请求返还者为系争标的之占有。如无所有权或其他权利之丧失,其回复之请求即属无的放矢。然因所有权含得为占有之权利,如由于所有权未丧失,致其回复之请求范围超出事实上的需要,自当将原告之请求经由解释限缩为:请求返还占有。至其以效力过大之第949条为请求依据,应尚不至于导致请求无理由的结果。何况,"民法"第949条也仅规定:"占有物如系盗赃或遗失物,其被害人或遗失人,自被盗或遗失之时起,二年以内,得向占有人请求回复其物。"在文字上并没有挑明得向占有人请求者限于回复其物之所有权。是故,为方便相关法律关系之发展,大可不必因为该条规定在善意取得制度之相关条文间,即认为该条规定之适用,以现占有人符合善意取得之要件为必要,或认为据之得为请求回复者限于该物之所有权。

(五)配套之程序规范

由于实体法上之请求权与程序法上之诉权本来即有密切的关系,所以,民事诉讼法上之诉权的观点立即冲击到民事实体法之请求权学说,发展出请求权规范竞合说替代请求权竞合说,用以说明大多数过去利用请求权竞合说阐述的法律类型,以维系实体法上之请求权与程序法上之诉权间没有矛盾的对应关系。[①]在这个发展中,法律事实在规范存在上的独立性对于用以特定诉讼标的之原因事实的单位或数的决定有重要意义。

当一个原因事实可以满足数个法律构成要件,成立数个法律关系时,依新诉讼标的理论仅构成一个诉讼标的,例如对于他人之物负有保管义务者,倘因可归责的不履行其保管义务,致所保管之物毁损或灭失时,对于寄托人纵使应负契约及侵权行为法上之赔偿责任,但仍只构成一个诉讼标的。同理,出卖人因瑕疵给付而致买受人之固有利益受到损害,构成不完全给付中所称之有害给付(积极侵害债权)者,该原因事实至少可构成积极侵害债权及侵权行为之法律关系。其瑕疵在缔约时即已存在者,并可构成缔约上过失。又以不正当的方法从事竞争者,其因此受害之竞争者,得依侵权行为("民法"第184条)及"公平交易法"第31条、第32条的规定请求赔偿。[②] 在上述情形,因法院应在当事人声明之范围内

---

① 请参考 Esser, Schuldrecht, 2. Aufl., 1960, § 201 3 g;Apostolos Georgiades, aaO.(FN25), § 20; Esser/Schmidt, Schuldrecht, Band I, Allgemeiner Teil, Teilband 1, 8. Aufl., 1995, § 4 I 4.

② 请参考 Apostolos Georgiades, aaO.(FN25), § 18.

为判决,而不得为诉外裁判,①所以"民事诉讼法"第 199 条之一第 1 项规定:"依原告之声明及事实上之陈述,得主张数项法律关系,而其主张不明了或不完足者,审判长应晓谕其叙明或补充之。"以衡平原告之利益。同理,同条第 2 项规定:"被告如主张有消灭或妨碍原告请求之事由,究为防御方法或提起反诉有疑义时,审判长应阐明之。"然法院之阐明纵有未尽,依新诉讼标的理论,其风险仍由当事人自负,并不因此而缩小系争判决之既判力的客观范围。对于当事人之该一实体利益上的不利,是新诉讼标的理论所以被旧诉讼标的理论的支持者质疑的要点之一。其补救方法为:将法院应阐明而未阐明之情事,规定为判决违背法令,得为上诉或提起再审之理由。

此外,一件原因事实所当构成之法律关系,因原告对其该当之法律规定的判断发生错误而误用时,固不改变其原因事实,但会造成原告引用以支持其应受判决事项之声明的法律关系,发生错误,成为一个无理由的主张。例如预售屋之交易究竟应论为买卖或包工又包料的承揽(工作物供给契约)? 这将影响到其物之瑕疵究当适用买卖或承揽之担保规定,从而形成不同的法律关系。又如在附条件的买卖之标的物失窃时,买受人仅得依占有物,而非所有物返还请求权向窃贼请求返还。如有误引,也会发生诉之声明无理由的情事。在债之更改,如其更改有是否无效之疑义,就应受判决事项之声明(诉之声明)如不以预备合并的方式为之,就其效力的判断如有错误,同样会造成诉之声明无理由的情事。又在当事人之一方为他方对于第三人给付金钱时,其原因关系究竟为何? 也常因双方未为明白约定,而在事后引起其原因事实该当之法律规定的争执。这时如必须起诉请求返还所给付之金钱,同样引起诉讼标的之声明的困难。然无论如何,原告

---

① "最高法院"1987 年度第十四次民事庭会议决议:"甲乙系夫妻,甲夫向法院起诉请求判决准两造离婚,乙妻并未提起反诉请求由其监护子女,法院于判决准两造离婚时,不得为子女之利益,径于判决主文中谕知两造所生之子女由乙妻监护。盖别有规定外,法院不得就当事人未声明之事项为判决,'民事诉讼法'第三百八十八条定有明文。乙妻未以反诉请求由其监护子女,法院自不得依职权判命子女由乙妻监护,否则,即属诉外裁判。"该决议后来经同院 2000 年度第二次民事庭会议予以变更:"当事人依'民事诉讼法'第五百七十二条之一第一项为未成年子女监护之附带请求,依同条第四项规定,法院对之为裁判,不受当事人所为应受判决事项声明之拘束。本院前此所为 1985 年 1 月 8 日民事庭会议决议及 1987 年 11 月 10 日民事庭会议决议二则,嗣后在实务上均不得再予援用。"

还是必须明确表明,法院还是必须为明确之认定,不得模棱两可为之。① 本案在该当之请求规范基础的判断上存在此种问题。

基于上述"民法"第 767 条及第 962 条所定所有物或占有物返还请求权与第 949 条所定盗赃物回复请求权之竞合,进一步引起请求之规范基础的判断问题。依旧诉讼标的理论,这涉及诉讼标的之特定。然不论采取新旧诉讼标的理论,这皆有待于法院对于当事人为适当之阐明,以协助其克服请求规范基础之主张上的难题。②

八、结论

本案在两次"最高法院"之审判中,先有未质疑原告之请求的规范基础,而仅质疑原第二审法院就印鉴印文之真伪,在笔录上无勘验及使当事人为辩论之记载,而予废弃,发回高等法院更审。待更审判决再上诉至"最高法院"时,该院才质疑原告之请求的规范基础不正确,再予废弃,发回高等法院更审。

这当中在实体法上涉及请求权之竞合或规范竞合,在程序法上涉及法院之

---

①　"最高法院"1990 年度台上字第 2342 号民事判决:"查原告以单一之声明,主张数项诉讼标的之法律关系,无论其为合并之主张或选择性之主张,法院为原告胜诉之判决时,仍应就其认定之事实及基于如何之诉讼标的判决原告胜诉,为明确之说明始可。原审起先认定,被上诉人主张将钱出借或代上诉人与黄丸榭之合伙缴纳工程受益费之事实,为实在,已属含糊。其旋谓,由上诉人在被上诉人签发之支票背书后,交付财务法庭缴纳系争工程受益费之情形,已堪认定其为消费借贷,且纵非消费借贷,'亦可成立委任或无因管理之不当得利关系'。被上诉人依前开法律关系,请求返还,为无不合云云,尤嫌模棱。原审究竟依如何之诉讼标的判决被上诉人胜诉,并未明确审认,依前开说明,自难谓合。"这类案件之争点整理应按下列顺序为之:(1)原告有无为被告之利益给付系争金额给被告之债权人,从而使被告得到利益;(2)被告认为其取得该利益之法律上原因为何;(3)如有法律上原因,依该原因被告有无返还义务,以及是否已履行;如无,则原告可主张构成无因管理或不当得利。因本件所涉第三人债权系工程受益费,依第 174 条第 2 项及第 176 条主张构成无因管理,请求返还管理费用,或依第 179 条及第 182 条第 2 项主张构成不当得利,请求返还不当得利,应当不至于遭遇障碍。不过,应注意,消费借贷、委任、无因管理及不当得利等在这种情形下不可能属于一个一定数额之金钱返还请求权之多项的规范基础,从而构成请求权规范竞合。盖满足这些规定之构成要件的要件事实,有不能并存之存在上的逻辑关系。因为前三者如果有其一成立,其给付即非无法律上原因;前二者如果有其一成立,其给付即非无因管理;至于消费借贷与委任二者,如成立消费借贷,则无所谓原告以自己之金钱基于委任,为被告支付缴纳工程受益费所需之金钱。必须不成立消费借贷,原告之支付被告所负工程受益费始构成为被告处理事务。当其基于双方合意,属于委任;否则,视原告有无管理被告缴纳工程受益费之事务的意思,定其应适用无因管理或不当得利。

②　关于诉讼标的理论与请求权之竞合学说,请参考黄茂荣:《论诉讼标的》,载《植根杂志》第 20 卷第 1 期,第 32 页以下。

阐明权的行使,以辅助原告特定诉讼标的,或正确主张其诉讼上请求之规范基础,俾能经济有效解决纷争。这些问题之处理在该案所以没有期待的效率,其首要原因当在于:"民法"第 949 条规定:"占有物如系盗赃或遗失物,其被害人或遗失人,自被盗或遗失之时起,二年以内,得向占有人请求回复其物。"该条规定在理解上,使对于盗赃物之所有物返还请求权,质变为盗赃物回复请求权,以便据以回复已因善意取得规定,而为善意第三人取得之所有权及占有。于是,认为如无善意取得要件之满足,第 949 条之适用成为无的放矢。盖在这种情形,并无依法已失去之所有权,而只有失去之占有需要回复。其结果,提供新旧诉讼标的理论在实务上之角力的机会,提高了人民利用诉讼制度解决纷争的难度。德国民法第 935 条第 1 项直接将盗赃物及遗失物,排除在其第 932 条至第 934 条关于善意取得规定的适用之外,使失去对于所有物之占有的所有权人在任何情形都是以所有物返还请求权为其请求回复占有的规范基础,而无针对盗赃物及遗失物视其是否已为他人善意取得,分别适用不同规定的规范需要。参照"民法"第 949 条在实务上引起之困难,显现德国民法第 935 条第 1 项在规范体系之安排上的细腻。值得参考。当采德国民法前述规定的安排,就盗赃物之返还,其规范基础依然是:所有物或占有物返还请求权。然盗赃物已为他人善意取得,其实也可以不解释为第 949 条之适用的要件,而是该条所定之请求权在效力上得对抗之或有的情况(标的物已为他人善意取得)。该效力固高于所有物返还请求权(第 767 条),但在无善意取得的情形,仍不碍其所有权人得据第 949 条,向盗赃物之现占有人单纯请求返还占有。

为消弭本案所示案件之权利在行使上的技术障碍,有必要参考德国民法第 935 条第 1 项将"民法"第 949 条修正为:"占有物如系盗赃或遗失物,其被害人或遗失人得向恶意占有人请求返还该物之占有;占有人以动产所有权或其他物权之移转或设定为目的,而自他人善意受让该动产之占有者,自被盗或遗失之时起,二年以内,其被害人或遗失人除得向占有人请求返还该物之占有外,并得请求回复其对于该占有物之所有权或其他物权。"另一种可能的修正为在"民法"第 801 条及第 886 条分别增定第 2 项:"前项规定对于占有物系盗赃物或遗失物者,不适用之。"如采第二个修正方案,必须并将第 949 条删除。

在第 949 条修正前,"最高法院"应当还是可以利用从宽解释,认为依该条规定,所有权人得请求回复之利益可视情形指:对于盗赃物之占有,或其所有权及占有。①

---

① 本文为在财团法人民法研究基金会、台北律师公会于 2004 年 7 月 10 日在台北律师公会会馆举办之研讨会中的报告。会后已参考与会学长的宝贵意见给予部分修正。在此特别感谢学长的指正。

附录一

"最高法院"1996 年度
台上字第 1329 号民事判决

印文之真伪,法院得自行核对印迹证之。此项核对,其性质本为勘验,故应适用关于勘验之规定,"民事诉讼法"第 359 条定有明文。本件遍查全卷笔录,并无将系争股票背面出让人栏及股票转让过户通知书上被上诉人印文与股票印鉴卡上之被上诉人印文,折角比对之记载,更无当事人就该鉴定之结果为辩论之资料。原审谓参诸第一审以对角折叠比对法,即可得知上开文件上之被上诉人印文与股票印鉴卡上之印文不同,而为上诉人不利之判断,自属可议。

上　诉　人　首都证券股份有限公司
　　　　　　设台北市林森北路 50 号 6 楼之六
法定代理人　林××等
被 上 诉 人　张××等

右当事人间请求返还股票事件,上诉人对于 1995 年 10 月 9 日台湾高等法院第二审更审判决(1994 年度重上更(一)字第 154 号),提起上诉,本院判决如左:

主　文

原判决废弃,发回台湾高等法院。

理　由

本件被上诉人主张:如第一审判决附表(下称附表)所示之记名股票(下称系争股票)分别为伊三人所有,于 1991 年 7 月 14 日失窃,嗣各该股票经以诉外人刘荣哲名义向上诉人开户委托买卖,并办理交割手续,唯因股票印鉴不合,不能过户,致遭发行公司退回上诉人,现仍由上诉人占有中。系争股票为盗赃物,上诉人竟拒不返还等情,爰依"民法"第 949 条规定,求为命上诉人将系争股票分别返还之判决。上诉人则以:系争股票背面、过户申请书及委托书上之被上诉人印鉴,以肉眼判断或折角比对,无由辨其真伪,伊并无过失。又伊系自股票交易集中市场取得系争股票,应有"民法"第 950 条规定之适用。被上诉人对于损害之发生与扩大与有过失等语,资为抗辩。

原审维持第一审所为上诉人败诉判决,驳回其上诉,无非以:被上诉人主张上诉人现占有之系争股票为伊失窃之盗赃物，系争股票背面、股票转让过户通知书等文件上之被上诉人印文，经第一审送请宪兵学校鉴定结果为伪造，第一审并以对角折叠比对法，用肉眼详细比对，显示被上诉人名义之股票转让过户通知书上印文与股东印鉴卡上印文，就书写方式、笔画之粗细等，均有差异。又将被上诉人占有之股票及股票转让过户通知书送请法务部调查局鉴定结果：股票背后受让人栏被上诉人原留之印文与股票转让通知书上之印文不同。故系争股票背面出让人栏及股票转让过户通知书上出让人栏，被上诉人之印文均系伪造，殆无疑义。查系争股票为记名股票，委托上诉人买卖者系刘荣哲并非被上诉人本人，为上诉人所明知，参诸第一审以对角折叠比对法，即可得知上开文件上之被上诉人印文与股票印鉴卡上之印文不同，上诉人为专业证券交易商，岂能谓前揭文件上被上诉人印文，非以精密仪器详为分析比对，无从辨别其伪？所辩其已竭尽注意义务，并无过失云云，自无可取。况按"证券经纪商受托卖出第一手股票时，若委托人非其所有权人，于交割时，应依本公司订定之证券经纪商受托卖出第一手股票申报处理作业要点规定办理；所称第一手股票，系指未曾转让之记名股票或已转让并向发行公司办理过户登记后第一次转让之记名股票"，台湾证券交易所股份有限公司营业细则第 82 条之一定有明文。又依证券经纪商受托买卖有价证券作业手册第 35 条第 7 款之规定，第一手卖出之股票，若委托人非股票所有权人，于交割时，应请股票所有权人在股票及过户申请书上以原留发行公司印鉴背书，并填具委托他人卖出之委托书第一联并同交割单留存，第二联送交易所留存。系争股票系第一手股票，上诉人明知委托买卖股票者为刘荣哲，并非该股票之所有权人，竟未遵守上开股票交易之规定，令委托人刘荣哲于交割时，请股票之所有权人填具委托他人卖出之委托书，自有过失。又上诉人并非系争股票之买受人，而系受托出售系争股票，因印鉴不符，遭发行公司退回，占有系争股票者，则所称系继受善意买受人之地位而取得该股票云云，自乏依据。其辩称被上诉人应偿还对价，始得请求回复股票云云，即非可采。再被上诉人于 1991 年 7月 14 日股票失窃，翌日即 1991 年 7 月 15 日，被上诉人之弟张胜超即代被上诉人向警局报案，被上诉人于清查股票号码后，复向发行公司办理挂失。上诉人指称被上诉人迟延办理挂失手续，自非可取。又依"民法"第 217 条规定，过失相抵须"损害之发生或扩大，被害人与有过失"及"重大之损害原因，为债务人所不及知，而被害人不预促其注意或怠于避免或减少损害"方属相当。本件损害之发生，肇因于上诉人受非被上诉人之他人委托出售被上诉人所有之系争记名股票，未发现该股票背面及转让过户通知书等文件上被上诉人之印文系属伪造，又未遵守前述证券交易法令所致，被上诉人之失窃系争股票，为通常事变，难谓与有过失。从而，被上诉人基于被害人之地位，依"民法"第 949 条规定，诉请系争股票占有人之上诉人,返还股票,洵属有据,应予准许等词,为其判断之基础。唯查印文之真伪,法院得自行核对印迹证之。此项核对,其性质本为勘验,故应适用关于勘验之规定,"民事诉讼法"第 359 条定有明文。本件遍查全卷笔录,并无将系争股票背面出让人栏及股票转让过户通知书上被上诉人印文与股票印鉴卡上之被上诉人印文,折角比对之记载,更无当事人就该鉴定之结果为辩论之资料。原审谓参诸第一审以对角折叠比对法,即可得知上开文件上之被上诉人印文与股票印鉴卡上之印文不同,而为上诉人不利之判断,已属可议。且上诉人在原审一再抗辩:系争本票虽系在刘荣哲账户内卖出,然刘某系经由江明寿介绍而认识曾木荣,并经由曾木荣之操作而在刘某账户内卖出系争股票,曾木荣欲代刘某操作卖出时,曾先将股票送交伊鉴定,伊将之送发行公司鉴定,送鉴之第一批股票有部分印鉴不符,曾木荣等复补送另一批股票,经伊再送发行公司鉴定印鉴无误后,伊始接受委托卖出系争股票,又刘某在鼎旺证券公司开户卖出另一批股票,鼎旺证券公司亦曾将股票送交服务代理机构中国信托公司城中分公司服务科求证核对印鉴无误后始接受卖出,而所卖出之股票有部分已在发行公司办理过户完毕之情,业经证人曾木荣、江明寿、陈景星、钱森宝等人在台湾台北地方法院检察署 1991 年度侦字第 20803 号结证在卷,请调阅该案全卷自明。足证系争股票背面、过户申请书及委托书上之被上诉人印鉴,因其伪造技术高明,非经仪器旷时废日之鉴定,仅以肉眼判断或折角比对加以鉴定,实无由辨其伪,因之伊在核印义务已尽其注意之程度,自无过失可言等语(见一审卷 34 页、原审更一卷 58、59 页),自属其重要之防御方法,乃原审漏未斟酌,说明其取舍意见,亦有判决不备理由之违法。上诉论旨,指摘原判决不当,求予废弃,非无理由。

据上论结,本件上诉为有理由。依"民事诉讼法"第 477 第 1 项、第 478 条第 1 项,判决如主文。

1996 年 6 月 16 日

"最高法院"民事第六庭

审判长法官 吴启宾

法官 洪根树

法官 谢正胜

法官 刘福来

法官 黄熙嫣

附录二

"最高法院"1997年度
台上字第 2423 号民事判决

上　诉　人　首都证券股份有限公司
法定代理人　林××等(即清算人)
被上诉人　张××等
共　　　同
诉讼代理人　郑洋一律师
　　右当事人间请求返还股票事件,上诉人对于 1996 年 12 月 13 日台湾高等法院第二审更审判决(1996 年度重上更(二)字第 95 号),提起上诉,本院判决如左:
　　主　文
　　原判决废弃,发回台湾高等法院。
　　理　由
　　本件被上诉人主张:如第一审判决附表(一)至(四)、附表(五)至(十)、附表(十一)至(十三)所示之记名股票依序为被上诉人张胜鉴、张金日、张金品所有,于 1991 年 7 月 14 日失窃,嗣各该股票经由以诉外人刘荣哲名义向上诉人开设之账户委托卖出,并办理交割手续,唯因印鉴不符,不能过户,经发行公司退回上诉人,现仍由上诉人占有中。系争股票为盗赃,上诉人竟拒不返还等情,爰依"民法"第 949 条规定,求为命上诉人分别返还系争股票之判决。
　　上诉人则以:伊系证券经纪商,受客户委托买卖股票,并非系争股票之买受人,无"民法"第 949 条规定之适用。且系争股票上被上诉人之印文伪造技巧甚为高明,伊虽尽注意义务仍不能辨出其伪,应无过失可言。又伊另行自交易集中市场购买同类股票交付买受人以换回系争股票,应有"民法"第 950 条规定之适用,被上诉人非偿还伊支出之价金,不得回复其物。再者,被上诉人于系争股票失窃后,迟未向发行公司办理挂失手续,为与有过失等语,资为抗辩。
　　原审以:被上诉人于 1991 年 7 月 14 日在其家中失窃之系争股票,为第一手之记名股票,该股票现由上诉人所占有等情,有系争股票可稽,并为上诉人所不争,自堪信为真实。依"民法"第 949 条规定被害人得对之请求回复盗赃之对象为占有人,凡现实占有其物,而直接或间接由窃盗之人取得占有之人,均包括在内,不以买受人为限。按上诉人为证券经纪商,系以自己名义为他人之计算,为证券之交易而受报酬,为行纪人,则其受刘荣哲之委托出卖系争股票,依"民法"第 583 条之规定,应认系受刘荣哲之寄托而占有系争股票。上诉人虽将股票出卖他人,唯因系争股票之印鉴不符,无从办理过户,上诉人乃另购同类股票交付买受人而换回系争股票,核系履行其瑕疵担保责任,回复与刘荣哲间原来之寄托关系,并非由公共市场善意买得系争股票,与"民法"第 950 条规定之要件不符,自无请求被上诉人偿还其支出之价金之余地。上诉人虽辩称:因刘荣哲伪造被上诉人印文之技术甚为高明,伊已尽注意之能事仍难辨其真伪,并无过失可言,且被上诉人于系争股票失窃后,未及时向各该发行公司办理挂失手续,致未能阻止系争股票流入市场,为与有过失云云。唯按盗赃回复请求权并不以占有人有过失为要件,应无过失相抵法则之适用。况上诉人系以接受委托买卖股票为其业务,于接受客户委托出卖股票时,应核对是否由原所有人提出委托书及其所盖印文与原存留印鉴是否相符,始得谓已尽善良管理人之注意义务。查系争股票系第一手股票,刘荣哲并非所有权人,上诉人受托出卖股票未由所有权人(即被上诉人)于交割时提出委托书,反而由刘荣哲以自己名义提出委托书,已有疏忽,且系争股票背面受让人栏之印文系股票所有权人在原发行公司办理过户登记时所盖用,与原留发行公司印鉴卡上之印文相同,而转让过户通知书上被上诉人之印文,经原审以肉眼折角比对法比对或经送请法务部调查局以重叠比对法比对,均可发现其不同之处,可见上诉人未详予核对,即率予接受委托,难认为无过失。又系争股票系遭窃后被盗卖,对被上诉人而言,难谓其有何过失。而被窃之系争股票分属 24 家上市公司之股票,于 1991 年 7 月 14 日失窃时,被上诉人适身在国外,闻讯后兼程返国,分向各发行公司查询股票号码、张数,并至警局制作失窃笔录,办理挂失手续,前后未及一月,对于防止损害之发生与扩大,已尽其能事,并无与有过失情事。从而被上诉人依"民法"第 949 条规定请求上诉人返还系争股票,洵属正当,应予准许,因而维持第一审所为被上诉人胜诉之判决。

按台湾地区"民法"为保护交易安全,设有动产善意取得制度,凡以动产所有权或其他物权之移转或设定为目的,而善意受让该动产之占有者,纵其让与人无移转所有权或设定其他物权之权利,受让人仍取得其所有权或其他物权。此所谓受让,系指依法律行为而受让,如因买卖、互易、赠与、出资等交易行为,受让人与让与人间有物权变动之合意与交付标的物之物权行为存在者均属之。而"民法"第 949 条所定盗赃或遗失物之回复请求权,乃善意取得规定之例外,故盗赃或遗失物之现占有人必须符合法律所定善意取得之要件,否则被害人或遗失人尽可依"民法"第 767 条、第 962 条之规定请求回复其物,尚无适用该条规定之余地。查上诉人系证券经纪商,受诉外人刘荣哲委托出卖系争股票,其占有系争股票系受刘荣哲之寄托,为原审认定之事实,则上诉人与刘荣哲间所为之法律行为是否有物权变动之合意存在?是否符合法律所定善意取得之要件?尚非无疑,原审就上诉人取得系争股票之占有,是否符合法律所定善意取得之要件,未予调查审认,遽认被上诉人得依"民法"第949条之规定请求上诉人无偿返还系争股票,尚嫌速断。上诉论旨,指摘原判决不当,求予废弃,非无理由。

据上论结,本件上诉为有理由,依"民事诉讼法"第477条第1项、第478条第1项,判决如主文。

1997年7月31日

"最高法院"民事第四庭

审判长法官 林奇福

法官 许朝雄

法官 曾煌圳

法官 陈国祯

法官 李彦文